Julia Ahrens
Going Online, Doing Gender

Critical Media Studies
Band 4

Editorial

Die Reihe Critical Media Studies versammelt Arbeiten, die sich mit der Funktion und Bedeutung von Medien, Kommunikation und Öffentlichkeit in ihrer Relevanz für gesellschaftliche (Macht-)Verhältnisse, deren Produktion, Reproduktion und Veränderung beschäftigen. Dies kann sowohl aus sozial- wie kulturwissenschaftlicher Perspektive erfolgen, wobei sich deren Verbindung als besonders inspirierend erweist.

Das Spektrum der Reihe umfasst aktuelle wie historische Perspektiven, die theoretisch angelegt oder durch eine empirische Herangehensweise fundiert sind. Die Herausgeberinnen orientieren sich dabei an einer kritischen Gesellschaftsanalyse, die danach fragt, in welcher Weise symbolische und materielle Ressourcen zur Verfügung gestellt bzw. vorenthalten werden und wie soziale und kulturelle Einschluss- und Ausschlussprozesse gestaltet sind. So verstandene kritische Kommunikations- und Medienwissenschaft schließt die Analyse der sozialen Praktiken der Menschen, ihrer Kommunikations- und Alltagskulturen ein und fragt danach, wie gesellschaftliche Dominanzverhältnisse reproduziert, aber auch verschoben und unterlaufen werden können. Als relevante Dimensionen gesellschaftlicher Ungleichheit und sozialer Positionierung werden insbesondere Geschlecht, Ethnie, soziale und kulturelle Differenz sowie deren Intersektionalität in den Blick genommen.

Die Reihe wird herausgegeben von Elisabeth Klaus, Margreth Lünenborg, Jutta Röser und Ulla Wischermann.

Julia Ahrens (Dr. phil.) hat am Institut für Kommunikationswissenschaft und Medienkultur der Universität Lüneburg promoviert und absolvierte Auslands- und Forschungsaufenthalte an der Harvard University, der Australian National University, der University of Western Sydney sowie dem Royal Melbourne Institute of Technology. Ihre Forschungsschwerpunkte sind Medienalltagsforschung, ländervergleichende Medienforschung und Internetnutzung.

JULIA AHRENS
**Going Online, Doing Gender.
Alltagspraktiken rund um das Internet
in Deutschland und Australien**

[transcript]

Für meine Eltern

Julia Ahrens wurde mit einem Stipendium der Studienstiftung des deutschen Volkes sowie mit dem Endeavour Australia-Europe Award des Australian Minister for Education, Science and Training gefördert.

Bibliografische Information der Deutschen Nationalbibliothek
Die Deutsche Nationalbibliothek verzeichnet diese Publikation in der Deutschen Nationalbibliografie; detaillierte bibliografische Daten sind im Internet über http://dnb.d-nb.de abrufbar.

© 2009 transcript Verlag, Bielefeld

Die Verwertung der Texte und Bilder ist ohne Zustimmung des Verlages urheberrechtswidrig und strafbar. Das gilt auch für Vervielfältigungen, Übersetzungen, Mikroverfilmungen und für die Verarbeitung mit elektronischen Systemen.

Umschlaggestaltung: Kordula Röckenhaus, Bielefeld
Umschlagabbildung: »Mann an der Maus«, © Denise Betak, photocase.com 2009
Satz: Dr. Brigitte Geiger
Druck: Majuskel Medienproduktion GmbH, Wetzlar
ISBN 978-3-8376-1251-6

Gedruckt auf alterungsbeständigem Papier mit chlorfrei gebleichtem Zellstoff.

Besuchen Sie uns im Internet:
http://www.transcript-verlag.de

Bitte fordern Sie unser Gesamtverzeichnis und andere Broschüren an unter:
info@transcript-verlag.de

Inhalt

Danksagung 7

1 Einleitung 9

2 Theoretischer Rahmen und Forschungsstand 17
   2.1 Domestizierung und Diffusion des Internets – theoretische Zugänge 17
   2.2 Alltagsintegration des Internets: Befunde 41
   2.3 Internet im Geschlechterverhältnis 59

3 Methodisches Vorgehen 77
   3.1 Konzeption 77
   3.2 Durchführung 83
   3.3 Bearbeitung und Auswertung 97

4 Internetalltag – Formen von Alltagsintegration des Internets 107
   4.1 Zeitliche Dimension 108
   4.2 Inhaltliche Dimension 127
   4.3 Räumliche Dimension 146
   4.4 Soziale Dimension 168

5 Internet, Technik und Geschlecht 191
   5.1 Internet-Technikkompetenz in Australien und Deutschland 191
   5.2 Doing Gender und Internet-Technikkompetenz 203

6 Internet zwischen Haushaltsgerät und Medientechnologie 235
   6.1 Allgemeine Haushaltsaufgaben in Australien und Deutschland 235
   6.2 Diskurse zu Internet und Haushaltsaufgaben 244
   6.3 Fazit 264

7	Diskussion der Ergebnisse	265
	7.1 Internet-Alltagsintegration in Australien und Deutschland	267
	7.2 Gender-Demokratisierungsprozesse im häuslichen Internethandeln	283
8	Anhang	291
	8.1 Tabellen- und Abbildungsverzeichnis	291
	8.2 Fragebogen	294
	8.3 Beobachtungsbogen Wohnungsbegehung	296
	8.4 Leitfaden	296
	8.5 Auszug aus Kodierschema: Dimensionen der Alltagsintegration	303
	8.6 Literaturverzeichnis	308

Danksagung

Viele Menschen haben mich bei der Erstellung dieser Dissertation unterstützt. Mein erster Dank gilt meiner Doktormutter Prof. Dr. Jutta Röser. Ihre Begleitung setzte bereits während meines Studiums bei Seminaren ein und fand ihre Fortführung bei meiner Magisterarbeit, die ebenso wie meine Dissertation im Kontext von ethnographischen Fallstudien entstand, die von Prof. Röser seit 2003 an der Leuphana Universität Lüneburg initiiert wurden. Prof. Röser ermutigte mich, das Promotionsstudium aufzunehmen und unterstützte mich stets durch ihre freundliche Betreuung in bestärkenden und konstruktivkritischen Diskussionen. Meinen weiteren Gutachterinnen, Prof. Dr. Brigitte Hipfl und Prof. Dr. Christine Garbe, gilt an dieser Stelle ebenfalls mein ausdrücklicher Dank.

Diese Dissertation wurde von einem Stipendium der Studienstiftung des Deutschen Volkes unterstützt sowie dem Endeavour Europe Award des australischen Bildungsministers für die Durchführung des australischen Teils der Studie, dafür möchte ich mich herzlich bedanken. Ebenso gilt mein Dank der Research School of Social Sciences der Australian National University, der School of Applied Communication des Royal Melbourne Institute of Technology und dem Centre for Cultural Research der University of Western Sydney, die mir als Visiting Scholar an ihren Instituten einen wissenschaftlichen Austausch ermöglichten. Unterstützt haben mich hierbei besonders Dr. Brian Morris und Dr. Elaine Lally. In diesem Zusammenhang möchte ich mich ebenfalls beim Oxford Internet Institute und dem Berkmen Center for Internet and Society der Harvard University für ein Stipendium zur Teilnahme am Summer Doctoral Program 2007 bedanken, in dessen Rahmen ich meine Arbeit zur Diskussion stellen konnte.

Mein Dank gilt auch meinen deutschen und australischen Kolleginnen und Kollegen sowie Freundinnen und Freunden für ihre moralische Unterstützung während der gesamten Zeit meiner Dissertation und ihre Hilfe bei den Korrekturen, vor allem Kathrin Müller, die mir immer eine hilfreiche und motivierende Gesprächspartnerin war, Caroline Rothauge, Alice Clement, Terry Johal, Trenton Milner, Diana Bossio, Maike Nolte, Annika Diehl und Parvis Soltan-Panahi. Mascha Brichta, Corianna Peil und Hendrik Buhl danke ich ebenfalls für anregende Diskussionen im Rahmen des Dissertationscolloquiums am Institut für Kommunikationswissenschaft und Medienkultur der Leuphana Universität Lüneburg. Ich danke besonders meiner Familie, die stets an mich glaubte und mich ermutigte diese Arbeit zu schreiben.

1 Einleitung

Das Internet ist eine junge Kommunikationstechnologie. Erst Anfang der 1990er Jahre wurde das World Wide Web zur allgemeinen Benutzung freigegeben. In den letzten gut 15 Jahren zeigte sich eine enorme Entwicklung, für viele ist mittlerweile das Internet kaum noch aus alltäglichen Routinen wegzudenken. „We are moving from a world of Internet wizards to a world of ordinary people routinely using the Internet as an embedded part of their lives" (Haythornwaite/Wellman 2002: 6). Das Internet ist kein exklusives Medium für einzelne technisch versierte Personen mehr, sondern zunehmend eine allgemein gebräuchliche Technologie für viele Menschen. Nachdem sich das Internet in professionellen Bezügen etabliert hat, ist es mittlerweile verstärkt zu einem Bestandteil des häuslichen Alltags geworden. Der Begriff Domestizierung beschreibt diesen Prozess, „[...] in dem Medien in die Haushalte einziehen, von den NutzerInnen in das Alltagshandeln und in die Medienmenüs integriert werden und sich auf diesem Weg massenhaft und über soziale Grenzen hinweg verbreiten" (Röser 2007b: 8).

Doch wie sieht die Integration des Internets in den Alltag genau aus? Anfang der 1980er Jahre beschrieb Herman Bausinger (1983) den häuslichen Alltag einer Familie und zeigte, wie stark Mediennutzung und Alltag miteinander verwoben sind. Bezogen auf das Internet könnte ein typischer Tag von Paaren heute wie folgt aussehen:

> Direkt nach dem Weckerklingeln fährt er den Computer hoch, überprüft seine Emails und liest anschließend die Schlagzeilen von zwei bis drei Tageszeitungen. Während er das Frühstück macht, geht sie kurz ins Internet. Nach der Arbeit verbringen die beiden den Abend in ihrem Wohnzimmer an zwei PCs im Internet. Er nutzt den feststehenden Computer am Schreibtisch, hat Kopfhörer auf, ist in ein Onlinespiel vertieft und chattet dabei mit anderen Nutzern, während sie mit ihrem Laptop auf dem Sofa sitzt und mit ihrer Freundin im Ausland per Skype telefoniert. Nach dem Abendessen sehen beide gemeinsam die neueste Folge ihrer Lieblingsserie online. Später buchen sie ihre nächste Urlaubsreise, organisieren das Wochenendprogramm, kaufen ein und erledigen Bankgeschäfte – alles per Internet. Manchmal streiten sich die beiden, weil sie findet, dass er zu lange Zeit online ist.

Für ein anderes Paar könnte sich die Internetnutzung zu Hause anders darstellen.

> Sie geht drei Mal die Woche ins Internet; er nutzt es zwar selbst gar nicht, gibt ihr aber ständig Recherheaufträge, die sie für ihn erledigt. Zudem hält sie per Email Kontakt zu ihren im Ausland lebenden Kindern, druckt

neue Nachrichten von ihnen dann für ihren Mann aus, er liest sie ihr noch mal laut nach dem Abendessen vor und beide unterhalten sich über die Neuigkeiten der Kinder.

Die zwei beschriebenen Beispiele zeigen, dass die Integration des Internets in den häuslichen Alltag vielschichtig ist: Die NutzerInnen beziehen das Internet in ihre zeitlichen Routinen und Abläufe ein, führen alltägliche Aufgaben und Tätigkeiten aus oder gehen Hobbies nach. Manche Haushaltsmitglieder führt das Internet eher zusammen, weil sie sich über ihre Nutzung austauschen. Es können aber auch Konflikte rund um die Internetnutzung entstehen: Wenn nur ein einziger Zugang vorhanden ist, müssen die Nutzungszeiten aushandelt werden. Auch will der Standort für Internetanschluss und Computer in den Zimmern der Wohnung wohl überlegt sein. Bei der Einrichtung und Nutzung des Internets im Haushalt handelt es sich um einen komplexen und dynamischen Prozess. Das Internet hält nicht einfach „nur" als ein zusätzliches technisches Gerät Einzug in die häusliche Sphäre, vielmehr betrifft die Integration der neuen Technologie in den Alltag unterschiedliche Aspekte des Haushalts und seiner Mitglieder.

Die voranschreitende Domestizierung des Internets verlangt nach wissenschaftlichen Analysen, welche die Integration dieser Technologie in den Alltag aus der Perspektive der NutzerInnen genauer in den Blick nehmen. Die Betrachtung der Alltagsintegration des Internets ist von Relevanz, da sie Rückschlüsse auf die Gesamtentwicklung der Mediatisierung, also den Wandel von Medien und Kommunikation, ermöglicht (vgl. Krotz/Thomas 2007). Eine Veränderung der Medienumgebungen, des kommunikativen Handelns und die sich daraus ergebenden Konsequenzen können im häuslichen Kontext transparent gemacht werden. Die Forschung muss diese Entwicklungen begleiten, um ein besseres Verständnis für aktuelle und zukünftige Technologieimplementationen sowie für Auswirkungen auf den häuslichen Alltag zu erlangen. Untersuchungen zur Internetnutzung im häuslichen Alltag liegen jedoch bisher kaum vor. Zwar existieren statistische Daten, aber es fehlen qualitative Studien, die Antworten auf die Frage geben, wie die Integration des Internets in den bereits bestehenden Alltag aussieht. Gleichwohl bleibt zu fragen, ob alle Mitglieder des Haushaltes das Internet auf die gleiche Weise nutzen und das Internet ähnlich in die einzelnen Haushalte integriert wird. Erste Ergebnisse und Antworten von medienbezogenen Wandlungsprozessen liegen zwar für das Generationenverhältnis vor, also für Kinder und Eltern, die Analyse des Geschlechterverhältnisses im Zusammenhang mit der Internetnutzung ist bisher ein Desiderat geblieben.

Eine instruktive Forschungsperspektive auf die Medienaneignung eröffnen die Cultural Studies, die als zentrales Thema das Verhältnis von Kultur, Medien und Macht in den Blick nehmen und eine differenzierte Analyse der Verzahnung politischer und sozialer Prozesse ermöglichen. Ausgehend von einem aktiven Verständnis der Medienrezeption verleihen erst die RezipientInnen im Rahmen ihres kulturellen Wissens und ihrer Erfahrungen medialen Produkten einen Sinn und messen ihnen subjektive Bedeutungen zu (vgl. Winter 1999: 50 ff.). Gesellschaftliche Diskurse fungieren dabei als Interpretationsfolie der Medienrezeption. Wenn das Internet in den häuslichen Kontext einzieht, ist es also bereits mit symbolischer Bedeutung aufgeladen; diese gilt es bei einer Untersuchung der Alltagsintegration des Internets mit zu erfassen, um ein ganzheitlich orientiertes Bild der Dimensionen der Internetaneignung zu erhalten. Das in der Forschungstradition der Cultural Studies entwickelte Domestizierungskonzept eröffnet einen spezifischen theoretischen Bezugspunkt und eine Analysemöglichkeit der häuslichen Internetnutzung. Mit Hilfe des Domestizierungskonzepts kann die situative und die soziale Einbettung der Mediennutzung erfasst werden. Dies ist von Relevanz, da so die Verwebung von Alltag und Mediennutzung mit berücksichtigt und die Untersuchung der Nutzung von Medien nicht von ihrem bedeutungsverleihenden Kontext isoliert wird. Da das Domestizierungskonzept allerdings vor gut 20 Jahren ursprünglich im Rahmen eines Forschungsprojektes über traditionelle Medien entwickelt worden ist (vgl. Silverstone et al. 1991; 1992), machen die Charakteristika des Internets, die ihm als „neue" Kommunikationstechnologie inhärent sind, eine Überprüfung dieses Konzeptes notwendig, ebenso wie eine voranschreitende Mediatisierung mit Entwicklungen wie Duplizierung, Personalisierung und Mobilität von Medien. Aufgrund einer zunehmenden Mediatisierung aller Lebensbereiche hat der Domestizierungsansatz in Deutschland zwar mittlerweile mehr Beachtung erhalten (vgl. Röser 2007b: 8), dem Internet wurde in diesem Zusammenhang von der Mediennutzungsforschung allerdings bislang zu wenig Aufmerksamkeit geschenkt.

Einen weiteren theoretischen Zugriff auf das Forschungsfeld der Integration von Medientechnologien bietet die Geschlechterforschung. Diese Perspektive ist für die Untersuchung des Internets im häuslichen Kontext relevant, weil Geschlecht eine entscheidende Rolle beim Umgang mit Medientechnologien spielt. Internethandeln wird von gesellschaftlichen Macht- und Dominanzverhältnissen geprägt: In der Art und Weise, wie sich Individuen Technologien aneignen und sich mit ihnen auseinandersetzen, drücken sie auch ihre Geschlechtszugehörigkeit aus (vgl. Klaus 2005). Sozial konstruierte Geschlechterrollen fungieren als Vorbild und werden zugleich durch das Verhalten des Einzelnen mit gestaltet. Ein solches „doing gender" kann sich durch unterschiedliche Erwartungen von Männern und Frauen gegenüber dem Internet, verschiedenen alltäglichen Nutzungsweisen und Interaktionen innerhalb von Partnerschaften zeigen.

Eine Zeitlang bestand die Sorge, dass ein „digital divide" zwischen Männern und Frauen dauerhaft bestehen bleibt: Während in den ersten Diffusionsphasen zunächst nur wenige Frauen zu den Nutzern gehörten, glichen sich jedoch die Zugangsunterschiede zwischen den

Geschlechtern im Zuge einer voranschreitenden Domestizierung des Internets an. Die Verminderung sozialer Differenzen der Ziel- und Nutzergruppen, wie Alter, Bildung aber auch Geschlecht bezeichnet Morley (2000: 95) als „Demokratisierung". Quantitativ gesehen zählen mittlerweile Männer und Frauen annähernd gleich zu den InternetnutzerInnen, das heißt die Benachteiligung bei der *Teilhabe* (Röser 2007c: 16) von Frauen an der Informationsgesellschaft wurde bezüglich des Internets weitgehend abgebaut. Die Ergebnisse quantitativer Studien verweisen aber immer noch auf offene Fragen, die in qualitativen Studien weiter verfolgt werden müssen: Warum verbringen Frauen weniger Zeit online als Männer? Warum stehen sie im Vergleich zu Männern über alle Altersgruppen hinweg multimedialen Angeboten wie Audio- und Videodateien, Downloaden und Computerspielen eher zurückhaltend gegenüber? Generell stellt sich die Frage, welche Funktionen das Internet für Frauen und Männer im häuslichen Alltag hat. „Female-male differences in Internet use do not just happen and they do have consequences" (Kennedy et al. 2003: 73). Zu untersuchen bleibt die Thematik, ob sich im Zuge der Domestizierung des Internets Demokratisierungsprozesse zeigen, die über eine verstärkte Partizipation von Frauen an der Internetnutzung hinausgehen. In Anlehnung an Morley (2000: ebd.) wird im Folgenden von Gender-Demokratisierungsprozessen gesprochen, wobei darunter mehr als eine Angleichung der Nutzerzahlen der Geschlechter verstanden wird: Die Überprüfung eines möglichen Bedeutungsverlusts geschlechtskultureller Kodierungen des Internets soll im Mittelpunkt stehen. Der Fokus liegt dabei auf der Analyse der Aspekte *Technikkompetenz und Haushaltsaufgaben*. Auf der einen Seite steht die Dominanz von Männern in den ersten Diffusionsphasen des Internets im Zusammenhang mit der anfänglichen Zuordnung des Internets zum Technikbereich, ein traditionell männlich kodiertes Kompetenzressort. Auf der anderen Seite besteht zunehmend die Möglichkeit Haushaltsaufgaben online auszuführen, einem traditionell weiblich kodierten Tätigkeitsfeld. Die Frage ist, wie sich die Integration des Internets auf die traditionelle Rollenverteilung bei den Haushaltsaufgaben und dem Technikexpertentum auswirkt, ob die Technologie zum neuen Vehikel für alte doing gender-Muster wird oder neue Impulse liefert. Die Ausgestaltung der Internetnutzung im Zusammenhang mit Gender-Diskursen bleibt somit zu untersuchen. An diese Forschungslücke anknüpfend leistet die vorliegende Studie ihren Beitrag und gibt einen Einblick in den häuslichen Alltag ausgewählter Paare und ihr „Zusammenleben" mit dem Internet.

Forschungsvorhaben

In dieser Arbeit wird die häusliche Internetnutzung in zwei Ländern perspektiviert. Anhand des Vergleichs zwischen Australien und Deutschland und der so durchgeführten Gegenüberstellung von zwei westlichen Industrienationen in etwas unterschiedlichen Diffusions- und Domestizierungsstadien kann die Forschungsperspektive bedeutend erweitert werden. Quantitativ gesehen nutzen in Australien schon seit längerer Zeit mehr Menschen das Internet, auch gibt es dort mehr Haushalte mit Internetzugang als in Deutschland. Außerdem verringerten sich die Zugangsdifferenzen zwischen Männern und Frauen in Australien früher. Ziel dieser Arbeit ist es, anhand einer ethnographischen Studie in beiden Ländern zu überprüfen, wie Paare zum einen das Internet in ihren häuslichen Alltag integrieren, und zum anderen daraus Schlussfolgerungen abzuleiten hinsichtlich der Entwicklung von Gender-Demokratisierungsprozessen. Berücksichtigt man, dass im Rahmen einer Dissertation eine Langzeitstudie über mehrere Jahre nicht durchführbar ist, kann durch die Einbeziehung der beiden Länder in das Forschungsdesign Deutschland mit einem Land verglichen werden, das sich in einer bereits fortgeschrittenen Diffusions- und Domestizierungsphase befindet. So ist trotz einer Momentaufnahme – zwar aufgrund der qualitativen Anlage der Studie und kulturellen Besonderheiten keine direkte Übertragbarkeit von Land zu Land – jedoch das detaillierte Aufdecken von Mustern hinsichtlich der Entwicklung von Gender-Demokratisierungsprozessen möglich.

In der vorliegenden Untersuchung werden somit zwei Forschungsbereiche fokussiert: Bei der *Alltagsintegration* des Internets geht es um die Frage, wie die Technologie in den jeweiligen häuslichen Kontext der australischen und deutschen Paare eingebunden ist und ob sich ähnliche Muster der Alltagsintegration zeigen. Diese Arbeit setzt es sich zur Aufgabe, ein Indikatorensystem zu entwickeln, das die Vielschichtigkeit der Integration des Internets in den häuslichen Alltag abbildet und damit vergleichbar macht. Zudem soll eine Typologie der Alltagsintegration ermittelt werden. Bei den *Gender-Demokratisierungsprozessen* geht es wiederum um folgende Fragestellungen: Werden über die Internetnutzung im Haushalt traditionelle Geschlechterverhältnisse fortgeführt oder zeigt sich ein Rückgang? Sind geschlechtsgebundene Kodierungen des Internets erkennbar? Für die vorliegende Studie wurden bewusst Paare ausgewählt, um geschlechtskulturelle Diskurse und Interaktionen zwischen den Partnern zu eruieren. Untersucht werden Gender-Demokratisierungsprozesse konkret anhand zweier Aspekte: Technikkompetenz und Hausarbeit.

Methodisches Vorgehen

Die Internetnutzung im häuslichen Alltag wurde mittels einer ethnographischen Studie untersucht. Diese ermöglicht den Mediennutzungskontext, in dem Bedeutungen konstruiert werden, mit einzubeziehen. Um genaue Einsichten in alltägliche Praktiken des Internethandelns zu gewinnen, wurde die Studie im Haushalt der Paare durchgeführt. Dieser qualitative Ansatz wurde gewählt, da so zum einen eine genaue Beschreibung eines komplexen Problems in seiner ganzen Breite möglich ist. Zudem eignet sich ein exploratives Verfahren, da die Thematik der häuslichen Internetnutzung noch nicht gut erforscht ist. Zum anderen stehen bei der vorliegenden Forschungsfrage die individuellen, subjektiven und tiefgehenden Begründungen der InternetnutzerInnen im Mittelpunkt der Untersuchung: Qualitative Ansätze ermöglichen detaillierte Aussagen über wenige Menschen. Gerade ethnographische Studien folgen der Perspektive der untersuchten Personen, ihre Praktiken und Diskurse stehen im Mittelpunkt.

Um die Sicht der Befragten zu ermitteln, wurden als methodische Instrumente Problemzentrierte Interviews, Fragebögen und Wohnungsbegehungen eingesetzt. Die Problemzentrierten Interviews fungierten als Hauptinstrument: Auf der einen Seite garantierte ein Leitfaden, dass alle forschungsrelevanten Themen angesprochen wurden und somit die Aussagen der Befragten in der Auswertung gut miteinander verglichen werden konnten. Auf der anderen Seite konnte die Interviewerin durch Variationen der Fragen individuell auf die jeweiligen Personen eingehen (vgl. Mayring 2002: 67 ff.).

Im Rahmen der ethnographischen Studie hielt sich die Interviewerin sowohl in Australien als auch in Deutschland auf. Insgesamt drei Mal zwischen Anfang 2005 und Ende 2006 wurde von der Verfasserin dieser Arbeit ein Aufenthalt in Australien organisiert, um die Untersuchung zu planen und durchzuführen. Aus beiden Ländern nahmen an der Studie 48 Personen, bzw. 24 heterosexuelle Paare, teil – aus den Städten Berlin, Frankfurt und Köln sowie Canberra, Sydney und Melbourne.

Aufbau der Arbeit

Diese Arbeit ist in sieben Kapitel unterteilt. Nach der Einleitung wird im *zweiten Kapitel* der theoretische Rahmen erarbeitet und ein Überblick über den Forschungsstand gegeben. Am Anfang des Kapitels 2.1 stehen ethnographische Studien im Vordergrund, welche die Entwicklung des Domestizierungskonzeptes beeinflussten. Anschließend wird dieser Ansatz ausführlich vorgestellt. Zudem wird die Verbreitung des Internets in Australien und Deutschland anhand statistischer Daten beschrieben, um Diffusions- und Domestizierungsprozesse in beiden Ländern zu vergleichen. Sodann werden Befunde zu häuslichem Medien- und insbesondere Internethandeln vorgestellt (Kapitel 2.2), gefolgt von einer Darstellung des zusätzlichen theoretischen Bezugspunkts der Geschlechterforschung und Ergebnissen von Studien zur Internetnutzung von Männern und Frauen (Kapitel 2.3).

Im *dritten Kapitel* geht es um das methodische Vorgehen. Zunächst werden die drei angewandten Methoden Fragebogen, Problemzentriertes Interview und Wohnungsbegehung erläutert und ihre Auswahl begründet. Zusätzlich steht in diesem Kapitel die Beschreibung der Durchführung der Untersuchung im Mittelpunkt, gefolgt von der

2 Theoretischer Rahmen und Forschungsstand

In diesem Kapitel werden der theoretische Rahmen der Studie zur häuslichen Internetnutzung dargelegt und der Forschungsstand analysiert. Zunächst wird in Kapitel 2.1 als theoretischer Bezugspunkt der vorliegenden Studie auf das Domestizierungskonzept eingegangen und dem Konzept des digital divide und der Diffusionstheorie gegenübergestellt. Anschließend wird die Diffusion des Internets in den ausgewählten Ländern Australien und Deutschland untersucht.

In Kapitel 2.2 werden Forschungsbefunde zur Alltagsintegration von Technologien im Allgemeinen sowie des Internets im Besonderen zusammengetragen. Hierbei werden die Aspekte Medienalltag und Zeit, soziale Beziehungen und Räume genauer betrachtet.

In Kapitel 2.3 geht es um geschlechtsspezifische Aspekte der Internetaneignung. Es werden zunächst drei Ansätze der kommunikationswissenschaftlichen Geschlechterforschung vorgestellt und die vorliegende Studie verortet. Anschließend werden Faktoren für Geschlechterkonstellationen im Verlauf von Diffusion und Domestizierung des Internets und die Thematik des doing gender beim Internethandeln betrachtet.

2.1 Domestizierung und Diffusion des Internets – theoretische Zugänge

Im Mittelpunkt des Forschungsinteresses dieser Arbeit steht die häusliche Internetnutzung von Paaren aus Deutschland und Australien.[1] Mit dem Domestizierungskonzept kann die Internetaneignung im häuslichen Kontext theoretisch gefasst und anhand ethnographischer Studien methodisch untersucht werden. So wird eruiert, wie Medien in das alltägliche Leben integriert werden – Prozesse von Akzeptanz, Ablehnung und Nutzung von Medien stehen im Fokus der Analyse

---

[1] Auf der technischen Ebene zielt der Begriff Internet auf die Vernetzung von Netzwerken zum Datentransport ab (vgl. Clarke 2004: 16). Unter der Bezeichnung Internet werden hier verschiedene Online-Dienste verstanden und subsumiert wie World Wide Web, E-Mail und Chat (vgl. Döring 2003: 19). In der Alltagssprache hat sich der Begriff Internet schon seit einigen Jahren als Sammelbezeichnung für Anwendungen der Internet-Technologie etabliert (vgl. Winter 2004: 274). In der vorliegenden Arbeit wird im Zusammenhang mit dem Internet auch immer wieder auf die Nutzung von Computer und Laptop zurückgegriffen, da diese zum Zeitpunkt der Datenerhebung der qualitativen Studie vor allem als Zugangsgerät zum Internet genutzt wurden (vgl. Statistisches Bundesamt 2005: 27).

(vgl. Berker et al. 2006a). Der Entstehungskontext der vorliegenden Studie steht in Zusammenhang mit Forschungsarbeiten von Prof. Dr. Jutta Röser, die seit 2003 an der Leuphana Universität Lüneburg im Bereich Mediennutzung und Medientechnologien in Alltagskontexten grundlegende Studien durchführt hat. Insbesondere Überlegungen zur empirischen Anlage sowie zur Weiterentwicklung des Domestizierungskonzeptes haben ihre Wurzeln in diesem Arbeitszusammenhang (vgl. Röser 2004, 2005, 2007a, 2008).[2] Röser (2007c: 15 ff.) unterscheidet zwei Analyseebenen des Domestizierungskonzeptes, die im weiteren Verlauf dieser Arbeit eine Rolle spielen werden (vgl. Tab. 2-1). Die erste Analyseperspektive betrachtet die Mediennutzung im häuslichen Kontext. Daneben ermöglicht eine zweite Analyseperspektive eine Beschreibung von Diffusionsprozessen.

Tab. 2-1: Analyseebenen des Domestizierungskonzeptes

Erste Analyseebene	Einzug und Integration von Medien in den Haushalt
Zweite Analyseebene	Impulsgeber für Diffusionsprozesse

Da das Domestizierungskonzept in der Forschungstradition der Cultural Studies steht, wird im folgenden Kapitel 2.1.1 auf diesen Ansatz kurz eingegangen und in diesem Zusammenhang die Kontextualisierung der Medienaneignung durch ethnographische Studien hervorgehoben. Sodann werden in Kapitel 2.1.2 Stärken und Grenzen der in der Internetnutzungsforschung dominierenden Ansätze diskutiert, das Konzept des digital divide und der Diffusionstheoretische Ansatz, um anschließend das Potenzial des Domestizierungskonzeptes darzulegen. Kapitel 2.1.3 vergleicht die Daten zur Internetverbreitung und -nutzung in Australien und Deutschland und eröffnet anhand der zweiten Analyseebene des Domestizierungskonzeptes eine andere Perspektive auf die Internetdiffusion.

2.1.1 Ethnographische Studien: Kontextualisierung der Medienaneignung

Die Cultural Studies widmen sich seit den 1970er Jahren vor allem der qualitativ ethnographischen Erforschung von Jugend- und Medienkulturen. Von Großbritannien aus verbreiteten sie sich nach Australien und in die USA, wo Schüler der „Birmingham School" verschiedene Projekte entwickelten, die an diese Tradition anknüpften. Das Verhältnis von Kultur, Medien und Macht ist das zentrale Thema der Cultural Studies. Wesentliches Ziel ist eine differenzierte Analyse der

---

2 Vgl. hierzu auch das Forschungsprojekt von Röser „Domestizierung des Internets. Rekonstruktion häuslicher Aneignungsprozesse eines neuen Mediums 1997–2007", gefördert durch die Deutsche Forschungsgemeinschaft.

Auswertung des Materials anhand der strukturierenden qualitativen Inhaltsanalyse nach Mayring (2007).

Die Ergebnisse der Studie werden in den Kapiteln vier bis sechs präsentiert. In *Kapitel vier* werden Befunde zur Alltagsintegration des Internets anhand von vier Dimensionen – zeitlich, inhaltlich, räumlich und sozial – vorgestellt. In Kapitel 4.1 steht die zeitliche Dimension der Internet-Alltagsintegration im Vordergrund. Es soll ermittelt werden, wie stark oder schwach das Internet in zeitliche Abläufe und Routinen des Alltags integriert ist. In Kapitel 4.2 geht es um die inhaltliche Dimension von Internet-Alltagsintegration und die Frage, welche alltäglichen Aufgaben und Tätigkeiten online ausgeführt werden, welche Motive dahinter stehen und wie der Stellenwert des Internets im Medienmenü gesehen wird. Kapitel 4.3 widmet sich dem Aspekt, inwieweit das Internet hinsichtlich der räumlichen Dimension integriert ist und welche Motive jeweils dahinter stehen. Unter dem Stichwort der sozialen Dimension geht es in Kapitel 4.4 um die Rolle der Beziehung der Paare bei der Internet-Alltagsintegration; dabei werden fragmentierende und gemeinschaftsstiftende Elemente der Internetnutzung thematisiert.

Die Kapitel fünf und sechs konzentrieren sich auf das geschlechtskulturelle Internethandeln, wobei *Kapitel fünf* den Schwerpunkt auf Technikkompetenz und Kapitel sechs auf Haushaltsaufgaben legt. In Kapitel 5.1 wird zunächst überprüft, ob für die befragten Paare Technik geschlechtskulturell konnotiert ist und eine Analyse der Aufteilung des Technikexpertentums in der Beziehung der interviewten Paare vorgenommen. Weiterhin wird die Einschätzung der interviewten Paare über die Zuordnung des Technikexpertentums an Männer und Frauen allgemein eruiert. Untersucht wird dann die Frage, inwiefern das Internet technisch und geschlechtskulturell konnotiert ist oder bereits zum „neutralen" Alltagsgegenstand geworden ist. Diese Bestandsaufnahme ist wichtig, um im folgenden Schritt doing gender-Muster rund um die Anwendungs- und Technikkompetenz des Internets zu analysieren. Häufig vorkommende doing gender-Muster der interviewten Paare im Bereich der Technikkompetenz werden in Kapitel 5.2 herausgearbeitet. Es wird auf den Umgang mit Problemen und die Installation des Internets sowie auf die Anwendung der Technologie eingegangen.

In *Kapitel sechs* wird die Internetnutzung im Geschlechterverhältnis im Kontext von Haushaltsaufgaben betrachtet. Zunächst soll in Kapitel 6.1 überprüft werden, wie die interviewten Paare Aufgaben im Haushalt unter sich aufteilen und wie sie dies generell bei anderen Paaren einschätzen. Danach soll in Kapitel 6.2 untersucht werden, welche Rolle das Internet bei den Haushaltsaufgaben spielt, um Unterschiede und Gemeinsamkeiten in diesen Bereichen zu ermitteln. Auf diese Weise wird eruiert, inwieweit die Interviewten das Internet bereits für Routine-Haushaltsaufgaben nutzen und welche geschlechtskulturellen Diskurse sich in diesem Zusammenhang zeigen.

Zum Vergleich mit dem Internet werden auch andere (Haushalts-) Technologien in die Analyse mit einbezogen.

Die Arbeit endet mit *Kapitel sieben,* in dem die Ergebnisse zusammenfassend diskutiert werden. Zum einen wird eine Bilanz der Internet-Alltagsintegration gezogen. Dazu werden vier Dimensionen und eine Typologie der Alltagsintegration des Internets vorgestellt und die Interviewten nach Nutzertypen gruppiert. Zudem werden die Ergebnisse mit traditionellen Medien verglichen und mit der Alltagsintegration des Internets zusammenhängende Faktoren erörtert. Zum anderen steht eine zusammenfassende Analyse der ermittelten Gender-Demokratisierungsprozesse im häuslichen Internethandeln im Mittelpunkt des letzten Kapitels. Die Rahmung des Internets und gesellschaftliche Rollenerwartungen sowie ein De- und Regendering im Internethandeln werden im Rückgriff auf den theoretischen Rahmen der vorliegenden Studie sowie den Forschungsstand vertiefend diskutiert.

Verzahnung politischer und sozialer Prozesse. Ein wichtiges Modell zu Beginn der Cultural Studies war dabei das Encoding/Decoding-Modell von Stuart Hall, der Anfang der 1970er Jahre zu erfassen versuchte, welche ideologische Macht Medien ausüben können (vgl. Hall 1999: 92 ff.; Winter 1999: 50). Die beiden Seiten Medienproduktion (Encoding) und Aneignung der Produkte durch die RezipientInnen (Decoding) werden so zum ersten Mal systematisch unterschieden.

Hervorzuheben für die Entstehung des Domestizierungskonzeptes sind vor allem die in den Cultural Studies stattfindende Betrachtung und Analyse von Medienaneignungsprozessen im Zusammenhang von Text und Kontext sowie das Verständnis einer aktiven Medienaneignung.

„Denn die Rezeption wird nicht als isolierende Beziehung zwischen Text und LeserIn gefasst, sondern die Rezipierenden produzieren Bedeutungen im Kontext ihres gesamten Seins, lesen den Text vor dem Hintergrund von Genrewissen und situativen Faktoren, aber auch im Kontext ihrer Alltagserfahrungen und ihrer Sichtweisen von Welt, die immer perspektiviert sind durch die eigene gesellschaftliche Positionierung (Röser 2000: 45)."

Erst die RezipientInnen verleihen den medialen Produkten einen Sinn, messen ihnen subjektive Bedeutungen zu. Maßgeblich ist eine konstruktive Sichtweise der Rezeption. Das mediale Produkt wird von den RezipientInnen im Rahmen ihres kulturellen Wissens und ihrer Erfahrungen erfasst. Dabei fungieren gesellschaftliche Diskurse als Interpretationsfolie, auf die NutzerInnen bei der Rezeption Bezug nehmen (vgl. Winter 1999: 50 ff.; Pürer 2003: 353 ff.). Kontexte können auf zwei Ebenen, der Makro- und der Mikroebene, betrachtet werden. Erstere bezieht sich auf gesellschaftliche Strukturen, auf Dominanz- sowie Machtverhältnisse. Die Mikroebene zielt auf beobachtbare situative Kontexte ab wie beispielsweise Fangruppen, Netzwerke oder Familienalltag und häuslicher Kontext (vgl. Röser 2000: 49 f.).[3]

Die Entwicklung des Domestizierungskonzeptes wurde besonders durch ethnographische Studien beeinflusst, die seit den 1980er Jahren im Rahmen der Cultural Studies vor allem in den USA und Großbritannien durchgeführt wurden (vgl. Gray 1987; Morley 1986; Lull 1988, 1990; Radway 1984). Gerade in Deutschland war diese Form der ethnographischen Medienerforschung lange randständig, obwohl der deutsche Ethnologe Hermann Bausinger Anfang der 1980er Jahre als einer der ersten detailliert die Untersuchung der Mediennutzung mit häuslichem Alltag und Familienleben verband (vgl. Bausinger 1983:

---

3 Krotz/Thomas (2007: 33 ff.) resümieren, dass der Begriff des Alltags in der Kommunikationswissenschaft nur sehr offen definiert ist. Herauszuheben für die vorliegende Studie ist, dass sich auf den *häuslichen* Bereich als Ort des Alltagshandelns konzentriert wird (vgl. hierzu auch Kapitel 2.2). Gleichzeitig ist dieser jedoch ohne die Kontexte „Handlung, Gesellschaft und Kultur" (ebd. 36) nicht zu verstehen. In diesem Zusammenhang werden in der vorliegenden Untersuchung geschlechtsspezifische Aspekte fokussiert.

33 f.).⁴ Ethnographische Studien können Medienaneignung ganzheitlich erfassen, denn sie thematisieren den Einfluss der Medien auf den Alltag und alltägliche Routinen, beziehen also die Umgebung der Mediennutzung mit ein, in der die Bedeutung konstruiert wird (vgl. zur Ethnographie auch Kapitel 3.1.1). Der Begriff „ethnographisch" ist in diesem Zusammenhang deswegen einschlägig, „as it reflects an engagement with everyday life and qualitativ research" (Gauntlett/Hill 1999: 8). Auch wenn in kommunikationswissenschaftlichen Studien selten ein längerfristiges Zusammenleben mit den zu untersuchenden Subjekten stattfindet, sind ähnliche Intentionen der ForscherInnen gegeben, geht es doch um die Erfassung von „situational embeddedness" (Moores 1993: 4) kultureller Praktiken. Der Begriff ethnographisch, mit dem im weiteren Verlauf gearbeitet wird, ist mittlerweile für die oben genannte Art von Rezeptionsstudien akzeptiert (vgl. ebd.; sowie ausführlich zur ethnographisch orientierten Rezeptionsforschung: Röser 2007c: 18 ff.; Krotz 2005). Ethnographisch angelegte Studien erhalten mittlerweile eine stärkere Anerkennung in der Medien- und Kommunikationsforschung und werden als eine wichtige Entwicklung in den Medienwissenschaften angesehen (vgl. Gauntlett/Hill 1999: 8; Morley 2001: 21).⁵ Auf Befunde der ethnographischen Studien, die für die vorliegende Untersuchung von Bedeutung sind, wird genauer im Kapitel 2.2 eingegangen.

Geprägt durch ethnographische Rezeptionsstudien entstand das Domestizierungskonzept letztlich Anfang der 1990er Jahre im Zuge einer empirischen und theoretischen Studie über Kommunikationstechnologien im häuslichen Kontext, dem Household Use of Information and Communication Technology (HICT)-Projekt (vgl. Silverstone et al. 1991; 1992).⁶ In der HICT-Studie wurde untersucht, „wie die einzelnen Mitglieder eines Haushaltes den Stellenwert (oder die Bedeutungslosigkeit) der verschiedenen neuen Geräte in ihrem Leben bewerten" (Morley 2001: 20).⁷ Mit dem Domestizierungskonzept wurde auf die in den Cultural Studies aufgestellte Forderung nach einer Kontextualisierung der Medienrezeptionsforschung reagiert (vgl. Haddon 2004: 3). In seiner Entstehungsphase war das Domestizierungskonzept somit Ausdruck von Kritik gegenüber der bisherigen Mediennutzungsforschung, wie das Stimulus-Response-Modell oder der Uses- and

---

4 Die Studie wurde ein Jahr später ins Englische übersetzt (Bausinger 1984) und beeinflusste weitere Untersuchungen namhafter ForscherInnen der Cultural Studies (vgl. Röser 2007c: 16).
5 Moores (1993: 1) spricht gar von einem ‚ethnographic turn', der in der Mediennutzungsforschung stattgefunden hat.
6 Die erste Analyseebene des Domestizierungskonzeptes wurde dabei maßgeblich von den ethnographischen Studien beeinflusst, während die zweite Ebene auf dem HICT-Projekt und Untersuchungen zur Verbreitung von Radio und Fernsehen basiert (vgl. Röser 2007c: 15).
7 Weiter entwickelt wurde das Konzept in den 1990ern durch ein akademisches europäisches Netzwerk: EMTEL, COST248, COST269 (vgl. Haddon 2004: 3).

Gratification-Ansatz. Dem Stimulus-Response-Modell Anfang der 1920er Jahre lag die Annahme zugrunde, dass ein Reiz bei allen Menschen die gleichen Reaktionen hervorrufe. Das Publikum wurde als passive und zu schützende Masse angesehen, eine eigenständige Medienkompetenz wurde den Rezipienten nicht zugetraut. Einen Paradigmenwechsel leitete der Uses- and Gratification-Ansatz ein. Dieser Ansatz geht von einem aktiven Publikum aus: Die NutzerInnen der Medien wählen aus den Angeboten das für sie passende aus und konstruieren nach eigenem Belieben aktiv Bedeutungen (vgl. Pürer 2003: 346 ff.). Beide vorgestellten Ansätze berücksichtigen allerdings weder alltägliche Kontexte des Medienhandelns noch werden die Rezipienten darin als gesellschaftlich verortete Individuen analysiert. Im Rahmen der Entwicklung des Domestizierungskonzeptes stand deswegen vor allem eine stärkere Rekontextualisierung der Fernsehforschung im Mittelpunkt, eine Untersuchung der Fernsehnutzung unter Einbezug des sozialen und technischen Rahmens (vgl. Morley 1999a: 311).

Insgesamt wurde die häusliche Nutzung *traditioneller Medien*, vor allem die des Fernsehers, in verschiedenen Studien bereits analysiert (vgl. Bausinger 1983; Cornelißen 1998; Gauntlett/Hill 1999; Lull 1990; Morely 1986; Morley 1992; Silverstone 1994; Silverstone et al. 1992), neue Medien und Kommunikationstechnologien sind dagegen bisher weniger gut untersucht. Gerade vor dem Hintergrund des fortschreitenden Domestizierungsprozesses des Internets sollten damit einhergehende Veränderungen wissenschaftlich begleitet werden. Im Rahmen des Domestizierungskonzeptes wurde verstärkt die Mediennutzung von *Kindern* sowie *Eltern-Kind-Beziehungen* analysiert (vgl. Haddon 2004: 31 ff.). Für das Generationenverhältnis im Zusammenhang mit medienbezogenen Wandlungsprozessen neuer Medien liegen somit erste Ergebnisse und Antworten vor (vgl. beispielsweise Bakardjieva 2005; Haddon 1992; Hirsch 1992; Lally 2002; Livingstone 1992, 2001, 2002; Rompaey/Roe 2001). *Geschlechterbeziehungen* hingegen wurden noch nicht ausreichend beleuchtet, obwohl sie als ein wichtiger Einflussfaktor auf die Gestaltung der Mediennutzung gelten (vgl. Gray 1987; Haddon 2004: 55; Morley 1992). Einige der oben genannten Studien streifen zwar den Genderaspekt, stellen ihn jedoch nicht in den Mittelpunkt der Analyse (vgl. Bakardjieva 2005; Lally 2002; Livingstone 2002). Das Geschlechterverhältnis im Zusammenhang mit der häuslichen Internetnutzung betrachten allenfalls einzelne Studien (vgl. Ahrens 2007; Großmann 2007; Hirsch 1998, Morley 2001; Röser 2007c; Singh 2001; van Zoonen 2002). Aufgrund der schnellen Veränderungen des Internets können jedoch einige dieser Untersuchungen mittlerweile schon als veraltet eingestuft werden. Zudem beschränkt sich der Großteil der oben genannten Untersuchungen auf *einzelne nationale Studien*, Ländervergleiche sind selten.

Feststellbar sind an dieser Stelle somit zunächst drei größere Forschungslücken: Erstens wurde das Internet als relativ neue Technologie im häuslichen Kontext anhand von ethnographischen Studien noch nicht ausreichend untersucht. Zweitens bedarf der Aspekt Geschlecht einer genaueren Betrachtung. Drittens fehlt es an ländervergleichenden Studien. Diese drei Aspekte sollen in der vorliegenden Studie berücksichtigt werden: Es wird um die Technologie Internet und ihre Nutzung im häuslichen Bereich gehen, dabei besonderes Augenmerk auf die Analyse des Geschlechteraspekts gelegt und die Situation in den Ländern Australien und Deutschland verglichen. Befunde zur Alltagsintegration des Internets werden ausführlich in Kapitel 2.2 dargelegt.

2.1.2 Potenziale des Domestizierungskonzepts gegenüber digital divide und Diffusionstheorie

In diesem Kapitel wird zuerst auf das Konzept des digital divide sowie den diffusionstheoretischen Ansatz eingegangen, die in der Internetnutzungsforschung immer noch als theoretische Basis herangezogen werden. Die Potenziale und Grenzen dieser beiden Ansätze werden dem Domestizierungskonzept gegenübergestellt.

Digital divide und Diffusionstheoretischer Ansatz

Die Kluft zwischen denjenigen, die Zugang zu digitalen Technologien haben, und denjenigen, die keinen haben, wird als digital divide bezeichnet (vgl. Robinson et al. 2003: 2), welcher in den vergangenen Jahren intensiv in der politischen und wirtschaftlichen Diskussion behandelt wurde (vgl. Bonfadelli 2005; Hargittai 2004b; Krings/Riehm 2006).[8] Vor allem folgende Indikatoren sind im Zusammenhang mit dem digital divide ausschlaggebend: Herkunftsland und -region, Beschäftigungsstatus, Einkommen, Bildungsgrad, ethnische Zugehörigkeit, Alter, Geschlecht und Familienstruktur (vgl. DiMaggio et al. 2004). Aufgrund der unterschiedlichen Ausprägungen sozioökonomischer Indikatoren geht man von mehreren digitalen Klüften aus (vgl. Chen/Boase/Wellman 2002).[9] Sowohl beim Konzept des digital

---

8   Der Ansatz des digital divide beruht auf der Theorie der Wissenskluft. Menschen, die über eine höhere Bildung und einen höheren sozioökonomischen Status verfügen, eignen sich mehr Wissen schneller an. Die Wissenskluft verstärkt sich durch eine zunehmende Verbreitung der neuen Medien (vgl. Gleich 2004: 233). Einzelne Bevölkerungsgruppen nehmen den wachsenden Informationsfluss durch die Massenmedien schneller auf als andere.
9   Wissenschaftliche Beiträge zum digital divide können grob in zwei Gruppen geteilt werden. Zum einen analysieren Studien zum first level digital divide den ungleichen Zugang zum Internet und damit die Unterschiede zwischen Onlinern und Offlinern (Hargittai 2002). International gesehen liegen Studien über den first level digital divide in erster Linie zu den USA vor, dann, mit voranschreitender globaler Diffusion des Internets, zu anderen Industrienationen. Bi- oder internationale Vergleiche sind bis heute selten (Chen/Boase/Wellman 2002: 74 ff.). Zum anderen gibt es mittlerweile in der Internetforschung vermehrt Studien, die über die binäre Onliner/Offliner-Diskussion hinaus gehen und im Rahmen des second level digital divide vor allem die Analyse der Qualität der Internetnutzung und damit Differen-

divide als auch beim Diffusionstheoretischen Ansatz spielt die Analyse repräsentativer Datenerhebungen eine Rolle.[10] Als Diffusionsprozess bezeichnet der Begründer des Diffusionsansatzes Everett Rogers die verschiedenen Phasen, die neue Produkte bei ihrer Verbreitung durchlaufen (vgl. Rogers 2003: 13).[11] Rogers definiert Diffusion als „the process by which an innovation is communicated through certain channels over time among the members of a social system" (ebd.: 5). Bei der Diffusion von Innovationen spielen demnach hauptsächlich vier Elemente eine Rolle: die Innovation selbst, die Kommunikationskanäle, die Zeit und das soziale System (ebd.: 11 ff.).

Das Potential des Konzepts des digital divide sowie der Diffusionstheorie liegt darin, dass durch Rückgriff auf repräsentative Datenerhebungen sozioökonomische Differenzen offensichtlich werden und die Diffusion des Internets als Prozess transparent gemacht werden kann. In Kapitel 2.1.3 wird die Verbreitung des Internets in Australien und Deutschland deswegen kurz dargestellt, um die Stärken der Ansätze zu nutzen und einen Überblick über die Situation in den beiden Ländern zu geben. Beide Konzepte sind jedoch wegen ihrer einseitigen Anlage problematisch, die sich auf Innovationen und bezüglich des Internets auf den Zugang konzentrieren und damit ein technikdeterministisches Moment beinhalten. Die Geschichte von Misserfolgen bei der Implementierung neuer Technologien allein in diesem Jahrhundert zeigt, dass es bei Medientechnologien mehr auf deren soziale Formen und den Kontext ihrer Nutzung ankommt als auf technologische Kapazitäten per se (vgl. Livingstone 1999: 60). Die Technologie bekommt erst durch die NutzerInnen Bedeutung zugesprochen. Sie sind es, die entscheiden, ob und in welcher Form sie von ihr Gebrauch machen und in ihren Alltag einbinden (vgl. Röser 2007c: 23). Eine weitere Schwierigkeiten ist, dass in diesen Ansätzen der Kontext des Entscheidungsprozesses weg fällt (vgl. Punie/Frissen 2001) und deshalb der Symbolgehalt des Internets nicht mit beachtet werden kann. Medien und Kommunikationstechnologien sind jedoch schon mit Bedeutungen gefüllt, bevor sie von den NutzerInnen adap-

---

zen innerhalb der Gruppe der Onliner in den Vordergrund rücken (vgl. DiMaggio et al. 2004; Hargittai 2004). Eine Auflistung möglicher Ausprägungen des second level digital divide stellen DiMaggio und Hargittai (2001) auf. Sie unterscheiden fünf Dimensionen des Nutzungsdivide: Ausstattung, Autonomie in der Nutzung, Internet-Fähigkeiten, soziale Unterstützung und Nutzungsgründe.
10 Für Deutschland sind dies vor allem die jährliche ARD/ZDF-Online-Studie (für 2006 van Eimeren/Frees 2006) sowie der (N)Onliner Atlas (für 2006 vgl. TNS Infratest/Initiative D21 2006). Für Australien publiziert das Australian Bureau of Statistics einmal im Jahr die Studie Household Use of Information Technology (für 2005/2006 vgl. Australian Bureau of Statistics 2006). Weltweit kann der Survey 2000 als Beispiel genannt werden (vgl. Chen/Boase/Wellman 2002). Häufige Erhebungsmethoden sind z. B. Telefoninterviews (vgl. van Eimeren/Frees 2006).
11 Rogers selbst benutzt die Begriffe Technologien und Innovationen synonym, denn die meisten stattgefundenen Analysen über die Diffusion „neuer Ideen" waren technologische Innovationen (vgl. Rogers 2003: 13).

tiert werden. Gerade diese sind für die Relevanzzusprechung der NutzerInnen ausschlaggebend (vgl. Kapitel 2.3). Diffusionstheorie und das digital divide-Konzept „enden" mit der positiven Entscheidung, das Internet zu nutzen.[12] Was passiert danach? Wie gestalten sich Aneignung und Adaption des Internets? Kritisiert wird zudem im Zusammenhang mit dem digital divide, dass noch exakt nachgewiesen werden müsse, inwieweit welche Benachteiligungen tatsächlich durch einen Verzicht auf die Internetnutzung bzw. durch eine „qualitativ schlechte" Nutzungsweise[13] entstehen können (vgl. hierzu ausführlich Krotz 2007). Der Zugang zum Internet allein ist nicht automatisch mit Attributen wie Chancengleichheit oder Teilhabe an der Informationsgesellschaft gleichzusetzen (vgl. Rötzer 2003: 11).[14] Gerade für eine gesellschaftspolitische Perspektive könnte das Domestizierungskonzept neue Antworten auch auf die Problematik des digital divide geben, was im Laufe dieses Kapitels genauer ausgeführt wird.

Chancen des Domestizierungskonzeptes

Zum einen kann die zweite Analyseperspektive des Domestizierungskonzepts einen neuen Blickwinkel auf die Diffusion des Internets eröffnen (vgl. Röser 2007c: 15 ff.), was im anschließenden Kapitel 2.1.3 anhand der ausgewählten Länder Australien und Deutschland dargelegt wird. Zum anderen betrachtet die erste Analyseebene des Domestizierungskonzeptes detailliert Einzug und Integration von Medien in den Haushalt und bietet weiterführende Einsichten in das häusli-

---

12 In der Diffusionstheorie werden verschiedene zeitliche Phasen beschrieben, die ein potentieller Konsument durchläuft, bevor er sich entscheidet, ein neues Produkt auszuprobieren und dann kontinuierlich zu nutzen: Knowledge, persuasion, decision, implementation, confirmation – Wissen über das Bestehen einer Innovation, Verfolgen dieser Information, Entscheidung für die Technologie, Ausführung (Kauf/Installation) und Bestätigung (vgl. Rogers 2003: 169 ff.).
13 Bezogen auf den second level digital divide.
14 Hinter der Analyse des first level digital divide steht die Annahme, dass der Zugang zum Internet Gewinnbringend ist. Dennoch wollen manche Menschen in den Industrienationen auch bewusst das Internet nicht nutzen (vgl. Riehm/Krings 2006). Hinter der Untersuchung des second level digital divide verbirgt sich die Hypothese, dass eine „qualitativ" hochwertige Internetnutzung wünschenswert ist. Jeder Onliner ziehe positiven Nutzen aus der Internetnutzung. Bezogen auf unterschiedliche Nutzungsweisen werden OnlinerInnen z. B. in informations- und unterhaltungsorientierte Gruppen unterteilt, zwischen denen aufgrund der Inhalte trotz gleicher Zugangschancen eine Kluft bestehen bleibe (vgl. Gleich 2004: 233; vgl. hierzu auch Wirth 1999: 12, der von angebotsbedingten Zugangsbarrieren spricht). Beispielsweise bestehen zwischen den Onlinern Differenzen, wie bei dem Faktor Bildung, die selbst bei gleichem Internetzugang zu Nachteilen führen könnten. Die geschätzte knapp 80-prozentige Dominanz von englischsprachigen Internetseiten sorge dafür, dass bei nicht-englischsprachigen Ländern besser ausgebildete Menschen mehr Gewinn aus dem Zugang zum Internet für sich erzielen könnten (Chen/Boase/Wellman 2002: 79). Das Internet könnte demnach sogar Ungleichheiten zwischen Bevölkerungssegmenten verstärken, anstatt, wie erhofft, Differenzen aufzulösen (vgl. Bonfadelli 2005: 6).

che Internethandeln. Somit geht das Domestizierungskonzept an der Stelle weiter, an der digitial divide und diffusionstheoretischer Ansatz aufhören: Aneignung und Adaption des Internets werden untersucht. Insgesamt berücksichtigt das Domestizierungskonzept jene Aspekte, die nach der Durchsicht der vorherrschenden Methoden unzureichend beachtet wurden: Zunächst wird nach der *Bedeutung von Medien für die NutzerInnen* gefragt (vgl. Haddon 2003). Ausgangspunkt ist die Distanzierung vom technologischen Determinismus. Technologien „wirken" nicht einfach: Sie verursachen nicht monokausal Veränderungen der Gesellschaft, des Haushaltes oder einer Beziehung. Vielmehr eignen sich NutzerInnen die Technologien an und messen ihnen Bedeutungen zu, sie integrieren sie in ihren Alltag oder lassen sie außen vor. Zudem wird aus der Perspektive des Domestizierungsansatzes nicht nur das Internethandeln der NutzerInnen analysiert, sondern auch die *Beziehung der Haushaltsmitglieder* untereinander. In der vorliegenden Studie steht dabei vor allem die Paarbeziehung im Zentrum des Forschungsinteresses. Des Weiteren wird im Rahmen des Domestizierungskonzeptes Medienkonsum *zweigleisig* betrachtet: Die Mikroebene des Haushaltes und die gesellschaftliche Makroebene beeinflussen sich gegenseitig. Auf der einen Seite ist eine neue Technologie bereits mit symbolischen Bedeutungen behaftet, wenn sie in den häuslichen Alltag einzieht. Auf der anderen Seite kann die Integration von Medientechnologien die Haushaltsmitglieder dazu bewegen, andere Sichtweisen und Handlungsoptionen zu entwickeln (vgl. ebd.). Gerade durch die Analyse des häuslichen Kontextes als Ort der Internetnutzung können übergeordnete Fragen nach gesellschaftlichen Ungleichheiten und Dominanzen beantwortet werden (vgl. Röser 2007c: 24 ff.). Das Spannungsfeld von Mikro- und Makroebene wird in der vorliegenden Studie bezogen auf Gender-Demokratisierungsprozesse analysiert, die Verbindungen von gesellschaftlichen Diskursen und Internetnutzung im häuslichen Alltag stehen im Mittelpunkt des Forschungsinteresses. Geschlechterrollen, die innerhalb der Familie angenommen und gelebt werden, haben Einfluss auf die Mediennutzung und werden „ihrerseits durch dominante öffentliche Gender-Diskurse innerhalb der jeweiligen zu untersuchenden Kultur strukturiert" (Morley 1999b: 450).

Das Domestizierungskonzept widmet sich nicht öffentlichen Zugangsmöglichkeiten zum Internet oder seiner Nutzung am Arbeitsplatz, sondern der häuslichen Nutzung. Es geht dabei von der Annahme aus, dass die Aneignung und Nutzung vieler Medientechnologien verstärkt im häuslichen Alltag geschieht (vgl. Morley 2001: 20 ff.). Mit dieser Ausrichtung betrachtet das Domestizierungskonzept zugleich nur einen Ausschnitt aus dem breiten Spektrum der Mediennutzung. Aufgrund einer voranschreitenden Mobilität von Medientechnologien wie Handy und Laptop und angesichts der Tatsache, dass sich der Alltag von Menschen auf mehr als nur das Häusliche bezieht, wird eine Erweiterung des Domestizierungskonzeptes verlangt (vgl. Bakardjieva 2006; Berker et al. 2006b). Diese Aufforderung wird hier nicht verfolgt, da grundsätzlich das Problem der Einbeziehung unterschiedlicher Kontexte in einer potenziellen Unendlichkeit liegt (vgl. Ang 2008: 68 ff.). Die vorliegende Studie beschränkt sich bewusst auf das Zuhause, den weltweit primären Nutzungsort für den Internetgebrauch (vgl. Chen/ Boase/Wellmann 2002: 90). Zudem stehen Geschlechterverhältnisse im Forschungsinteresse, welche gerade im häuslichen Alltag ausgestaltet werden. Eine Fokussierung auf den häuslichen Kontext muss keine Einengung des erkenntnistheoretischen Blickwinkels bedeuten. Studien, die Mikroprozesse in häuslicher Umgebung untersuchen, können Bedeutungen von größeren Prozessen effektiv erfassen und dazu beitragen, gesellschaftliche Diskurse transparent zu machen (vgl. Morley 1999b: 442). Für die vorliegende Studie werden Einsichten besonders für die oben angesprochenen Gender-Demokratisierungsprozesse erwartet.[15]

Aufgrund einer zunehmenden *Mediatisierung* aller Lebensbereiche hat der Domestizierungsansatz in Deutschland mittlerweile mehr Beachtung erhalten (vgl. Röser 2007a: 8). Mediatisierung meint „den Wandel gesamtgesellschaftlicher wie individueller medialer Potenziale und darauf bezogener Kommunikationspraktiken auf unterschiedlichen Ebenen und die damit zusammenhängenden Folgen für Alltag und Lebensbereiche, Wissensbestände, Identitäten und Beziehungen der Menschen sowie für Kultur und Gesellschaft" (Krotz/Thomas 2007: 39). Die Wirkung von Medien ist diesem theoretischen Ansatz zufolge weniger an Inhalte geknüpft, sondern an die Tatsache, dass Medien von Menschen benutzt werden (Krotz 2007). Bezogen auf den Mikrokosmos des häuslichen Alltags kann sich eine Mediatisierung zunächst in einer Veränderung der Medienumgebungen, im kommunikativen Handeln und in seinen Konsequenzen zeigen (vgl. ebd.). Befunde zu Domestizierungsprozessen, wie die der vorliegenden Studie, können Aufschlüsse für die Gesamtentwicklung der Mediatisierung liefern und den Wandel von Medien und Kommunikation im häuslichen Alltag perspektivieren. Gleichzeitig verlangt die voranschreitende Mediatisierung eine Überprüfung des vor 20 Jahren entwickelten Domestizierungskonzeptes: Zum einen existiert eine massenhafte Verbreitung neuer Technologien. Gerade das Internet avancierte in den letzten Jahren zum Massenmedium (vgl. ABS 2007[16]; Statistisches Bundesamt 2006b). Zum anderen entstanden in den vergangenen Jahren in der Medienaneignung neue Phänomene wie Duplizierung, eine Mehrfachausstattung von Medien, Personalisierung im Sinne von individuell genutzten Technologien und Mobilität, also eine gesteigerte

---
15 Ein früher Kritikpunkt von Moores (1993: 101) bezog sich darüber hinaus auf die nicht umfassende Veröffentlichung des Materials der ersten HICT-Studie. Gleichwohl problematisiert Moores damit ein allgemeines Problem der ethnographischen Forschung, da mit dieser Methode gewonnenes Material aufgrund des Umfangs schwer auswertbar ist. Auf diese Problematik wird im Zusammenhang mit der vorliegenden Studie in Kapitel 3 eingegangen.
16 Im Folgenden werden die Studien des Australian Bureau of Statistics mit ABS abgekürzt.

Anzahl tragbarer Medien. Außerdem wurde dieses Konzept an einem Forschungsprojekt über Fernsehen entwickelt, viele Untersuchungen zur Domestizierung von Technologien konzentrieren sich auf traditionelle Medien (vgl. Silverstone et al. 1991; 1992). Das Internet als neue Medien- und Kommunikationstechnologie trägt somit neue Fragestellungen an das Domestizierungskonzept heran, welche im anschließenden Kapitel 2.2 mit berücksichtigt werden sollen.

2.1.3 Internet in Australien und Deutschland: Diffusion und Domestizierung

Im Folgenden wird zunächst die Verbreitung des Internets in Australien und Deutschland dargelegt und sodann das Domestizierungskonzept als Ansatz, der zur Beschreibung der Internetdiffusion dienen kann, hinzugezogen.

Verbreitung des Internets

In Australien und Deutschland zeichnete der Diffusionsverlauf des Internets eine S-Kurve, die dem ähnlich ist, den Rogers als idealtypischen Diffusionsprozess beschreibt (vgl. Abb. 2-2): Die erste Implementierungsphase startete relativ langsam, gefolgt von einer Phase des schnellen Wachstums, der sich ein abgeschwächter Anstieg anschließt, bis der Marktsättigungspunkt erreicht wird (vgl. Rogers 2003: 22 ff.).

Abb. 2-2: Diffusionsverlauf des Internets in Australien und Deutschland (vgl. Tab. 2-3)

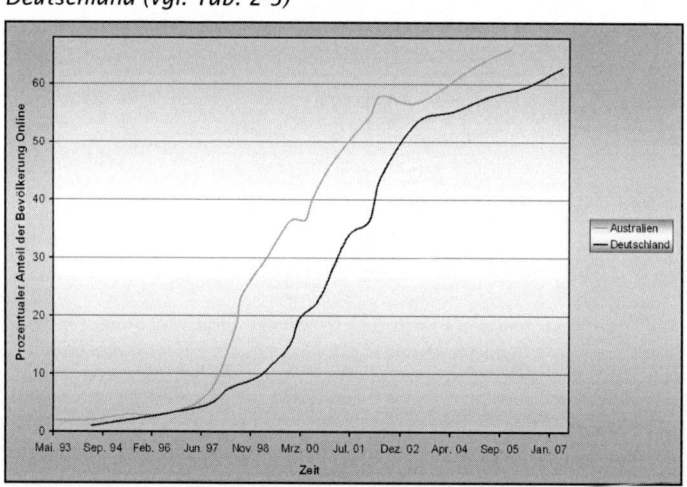

In Australien startete die Internetdiffusion etwas früher als in Deutschland, deswegen verlief die Entwicklung in beiden Ländern zeitversetzt. Die erste Implementierungsphase begann in beiden Ländern langsam.

Ab 1997 stieg die Verbreitung in Australien in der Phase des schnellen Wachstums rasant an: Bereits im Jahr 1998 war ein Viertel der australischen Bevölkerung online, 1999 ein Drittel und 2001 die Hälfte. In Deutschland ist diese Entwicklung erst zwei Jahre später erreicht worden (vgl. Tab. 2-3). In beiden Ländern wurden die Wachstumsraten in den letzten Jahren langsamer, ein Marktsättigungspunkt scheint jedoch noch nicht erreicht zu sein. Zum Zeitpunkt der Durchführung der vorliegenden Studie im Jahr 2005/2006 nutzten in Australien zwar anteilig immer noch mehr Menschen das Internet als in Deutschland, der Abstand hat sich jedoch in den letzten Jahren deutlich verringert (vgl. Tab. 2-3).

Tab. 2-3: InternetnutzerInnen in Australien und Deutschland[17]

Monat/ Jahr	Australien Prozent der Bevölkerung Online	Quelle	Monat/ Jahr	Deutschland Prozent der Bevölkerung Online	Quelle
1993	2	Weltbank	1993	–	Weltbank
1994	2	Weltbank	1994	1	Weltbank
1995	3	Weltbank	1995	2	Weltbank
1996	3	Weltbank	1996	3	Weltbank
September 1997	6,7	International Data Corporation	September 1997	4,7	Nua Internet Surveys
Juni 1998	18	Morgan Research	März 1998	7,3	NOP Research Group
August 1998	23,4	Australian Bureau of Statistics	Oktober 1998	8,7	Gesellschaft für Konsumforschung
Mai 1999	30,5	Australian Bureau of Statistics	März 1999	10	Gesellschaft für Konsumforschung
Dezember 1999	36,4	Computer Industry Almanac	Dezember 1999	14,97	Computer Industry Almanac
Mai 2000	36,5	Nielsen NetRatings	März 2000	19,37	Gesellschaft für Konsumforschung

---

17 Die Befunde sollten unter Vorbehalt betrachtet werden, da eine Problematik der systematischen Vergleichbarkeit der Daten gegeben ist. Die Werte stammen aus unterschiedlichen Quellen; selbst bei internationalen Studien können oft keine länderübergreifenden Parameter aufgestellt werden, weil Befragungsmethoden, Auswahl der Probanden und ähnliches von Land zu Land verschieden ausfallen (Chen/Boase/Wellman 2002). Es wurde versucht, für die Tabelle ähnliche Erhebungszeitpunkte auszuwählen, leichte Abweichungen ließen sich nicht vermeiden. Ab 1997 wurden mehrere Zeitpunkte pro Jahr ausgewählt, um den Anstieg der Nutzerzahlen über kürzere Zeiträume zu verdeutlichen. (vgl. www.nua.com/surveys/how_many_online/europe.html, 28. 12. 2007; www.nua.com/surveys/how_many_online/asia.html, 28. 12. 2007; ABS 2007; van Eimeren/Frees 2007: 363; http:go.worldbank.org/1SF48T40L0, 6. 8. 2008).

Juli 2000	39,4	Nielsen NetRatings	August 2000	21,74	Gesellschaft für Konsumforschung
November 2000	43,94	Nielsen NetRatings	November 2000	24,28	Mediagruppe Digital
Juli 2001	49,95	Nielsen NetRatings	Juli 2001	33,61	Nielsen NetRatings
Februar 2002	54,38	Nielsen NetRatings	Februar 2002	36,37	SevenOne Interactive
2002	58	Australian Bureau of Statistics	2002	44,1	ARD/ZDF Online-Studie
2003	56,79[18]	Weltbank	2003	53,5	ARD/ZDF Online-Studie
2004–05	63	Australian Bureau of Statistics	2004	55,3	ARD/ZDF Online-Studie
2005–06	66	Australian Bureau of Statistics	2005	57,9	ARD/ZDF Online-Studie
2006–07	69,5	Australian Bureau of Statistics	2006	59,5	ARD/ZDF Online-Studie
			2007	62,7	ARD/ZDF Online-Studie

(vgl. eigene Zusammenstellung nach ABS 2007; van Eimeren/Frees 2007: 363; http://www.nua.com/surveys/how_many_online/europe.html, 28. 12. 2007; http://www.nua.com/surveys/how_many_online/asia.html, 28. 12. 2007; http:go.worldbank.org/1SF 48T40L0, 6. 8. 2008)

Die Phasen des Internetdiffusionsprozesses wurden in Australien und in Deutschland von einigen KonsumentInnen früher durchlaufen als von anderen. Die Diffusionstheorie unterscheidet zwischen fünf Adoptergruppen: Innovator, Early adopter, Early majority, Late majority, Laggard.[19] Eine Betrachtung der weltweiten Entwicklung von Internetnutzergruppen zeigt, dass länderübergreifend die gleichen Bevölkerungssegmente zur jeweiligen Adoptergruppe gehören (Chen/Boase/Wellman 2002: 77). Im Laufe der weiteren Internetdiffusion glichen sich die Nutzerzahlen immer mehr an und der digital divide verringerte sich. Aufschlussreich ist an dieser Stelle ein Vergleich der Internetdiffusion in Deutschland und Australien mit dem Internet-Pionierland USA, da sich dort ähnliche Prozesse früher abzeichneten und somit übergreifende Faktoren der Nutzergruppen offensichtlich werden. Das Internet wurde in den USA Anfang der 1990er Jahre implementiert.

---

18 Die Zahl aus dem Jahr 2003 ist zwar niedriger als die aus dem Jahr 2002, dies bedeutet jedoch nicht, dass die Internetnutzung rückläufig war, sondern hier liegt vermutlich eine leichte Abweichung vor, da die Daten aus verschiedenen Studien zusammenstellt werden mussten.
19 Übersetzbar mit Innovatoren, frühen, mittleren, späten und nachhinkenden Nutzern. In diesem Zusammenhang heben Kubicek, Schmidt und Wagner (1997) auf verschiedene Phasen des Diffusionsprozesses einer neuen Technologie ab: Sie unterscheiden zwischen „Rahmung" und „universeller Öffnung".

Mitte der 1990er Jahre, in einem relativ frühen Diffusionsstadium, dominierten als typische Nutzer die „young, white, university-educated, English-speaking, middle/upper-class, male North Americans" (Chen/Boase/Wellman 2002: 77). Bereits 1999 war es in den USA im Vergleich zu Deutschland und Australien wahrscheinlicher, dass Onliner weiblich, älter und weniger gut ausgebildet waren. In den folgenden Jahren stieg auch in Deutschland und Australien der Anteil von Bevölkerungsgruppen, die in den ersten Diffusionsphasen wenig vertreten waren. In Australien und Deutschland zeigte sich damit der gleiche Diffusionsverlauf wie in den USA, nur zeitlich versetzt, wobei in Australien eine schnellere Verbreitung des Internets stattfand als in Deutschland (vgl. ABS 2007; Chen/Boase/Wellman 2002; Statistisches Bundesamt 2006b). Auf diese unterschiedliche Entwicklung der Diffusion in Australien und Deutschland wird in diesem Kapitel später genauer eingegangen.

Ähnliche Diffusionsmuster sind jedoch nicht nur ländervergleichend, sondern auch medienübergreifend auffällig. Medienhistorisch gesehen sind sozioökonomische Unterschiede bei den Nutzergruppen zu Anfang der Implementierung einer neuen Medientechnologie kein ungewöhnlicher Befund. Jede Kommunikationstechnologie wurde zumindest zeitweise von bestimmten Bevölkerungsgruppen mehr als von anderen genutzt. Die Verbreitung von Radio, Fernsehen oder Telefon dauerte jeweils mehrere Jahrzehnte. Beispielsweise brauchte es über 80 Jahre, bis 94 Prozent der amerikanischen Haushalte über ein Telefon verfügten (vgl. Rogers 2001: 97).

Insgesamt sind anhand des internationalen und medienhistorischen Vergleichs zwei Auffälligkeiten festzustellen: Erstens werden die Nutzerprofile im Laufe der Zeit heterogener. Zweitens sind immer die gleichen sozioökonomischen Faktoren für eine frühe Nutzung ausschlaggebend. Geschlecht ist einer dieser Faktoren, die den Einstiegszeitpunkt in den Internet-Diffusionsprozess beeinflussen (vgl. Chen/Boase/Wellman 2002; Cole et al. 2001). In der Diffusionstheorie wurden zwar Adoptergruppen charakterisiert, Geschlecht als Indikator dabei jedoch weitgehend übergangen (vgl. Rogers 2003: 288 ff.).[20] Für bestimmte Innovationen, die Rogers in der Vergangenheit analysiert hat, mag Geschlecht tatsächlich keine Rolle gespielt haben.[21] In Bezug auf das Internet zeigt sich jedoch ein anderes Bild. Sowohl in Australien als auch in Deutschland sind Männer bevorzugt den Gruppen Innovator, Early adopter sowie Early majority zuzurechnen. Frauen gehören überproportional häufig zu den

---

20 Jedoch hat nach Rogers' Generalisierung beispielsweise auch das Alter keinen Einfluss auf den Adaptionszeitpunkt. Bezogen auf das Internet gehören ältere Menschen aber zu den späteren Adopter-Gruppen (vgl. ABS 2007; Statistisches Bundesamt 2006b).
21 Die Diffusionstheorie bezieht sich nicht nur auf Medientechnologien, sondern auf Innovationen im Allgemeinen. Rogers verfolgte in seinen Untersuchungen zur Diffusion einen sehr breiten Ansatz, beispielsweise analysierte er die Verbreitung von Nachrichten zum „11. September", die Diffusion moderner Mathematik oder von agrarwissenschaftlichen Produkten (vgl. ausführlich Rogers 2003).

Gruppen der Late majority, Laggard sowie Non adopter (vgl. ABS 2007; Statistisches Bundesamt 2006b). In den ersten Diffusionsphasen war somit ein gender divide deutlich erkennbar, welcher sich mittlerweile bezogen auf die Zugangszahlen in Australien fast komplett aufgelöst hat. Auch in Deutschland ist in den letzten Jahren die Zahl der Onlinnerinnen signifikant gestiegen und ab 2006 deutet sich eine Annäherung der prozentualen Nutzerzahlen von Männern und Frauen an (vgl. Tab. 2-4). Festzuhalten ist, dass sich der Verlauf der Nutzungszahlen zwischen den Geschlechtern in beiden Ländern ähnlich abzeichnete, in Deutschland nur zu einem späteren Zeitpunkt als in Australien (vgl. ABS 2007; Statistisches Bundesamt 2006b).

Tab. 2-4: Internetnutzung in Deutschland und Australien in Prozent 1998 bis 2007[22]

Jahr	Deutsche Männer	Deutsche Frauen	Australische Männer	Australische Frauen
1998	15,7	5,6	26	19
1999	23,9	11,7	39	34
2000	36,6	21,3	53	47
2001	48,3	30,1	57	51
2002	53,0	36,0	61	56
2003	62,6	45,2	[23]	[24]
2004/05[25]	64,2	47,3	64	62
2005/06[26]	67,5	49,1	67	65
2006/07[27]	67,3	52,4	71	68
2007	68,9	56,9		

(vgl. van Eimeren/Frees 2007: 364; ABS 2007; ABS 2003)

---

22 Die australischen Daten aus den Jahren 1998 und 1999 beziehen sich jeweils auf den Februar. In diesen Jahren gab es mehrere Erhebungen (Februar 1998, Mai 1998, August 1998, November 1998). Seit 2005/06 werden Personen ab 15 Jahren mit einbezogen, in den Studien davor waren es Personen ab 18 Jahren (vgl. ABS 2007: 16). Die Untersuchungen der ARD/ZDF-Online-Studie werden jährlich jeweils im zweiten Quartal des Jahres erhoben. In die Grundgesamtheit gehen Personen ab 14 Jahren ein (vgl. van Eimeren/Frees 2007).
23 Im Jahr 2003 wurden vom Australian Bureau of Statistics nur Daten zu Behinderten, Ureinwohnern und Menschen unter 15 Jahren gesammelt, weswegen auch nach telefonischer Auskunft die Daten für dieses Jahr nicht eruiert werden konnten. Für die nachstehende Grafik wurde der Mittelwert aus dem Jahr davor und dem danach ermittelt (vgl. ABS: 2004).
24 Siehe vorhergehende Fußnote.
25 Die Angaben für Deutschland beziehen sich auf das Jahr 2004, die Angaben für Australien auf das Jahr 2004–2005.
26 Die Angaben für Deutschland beziehen sich auf das Jahr 2005, die Angaben für Australien auf das Jahr 2005–2006.
27 Die Angaben für Deutschland beziehen sich auf das Jahr 2006, die Angaben für Australien auf das Jahr 2006–2007.

Domestizierung als Impulsgeber für Diffusionsprozesse

Eine mögliche Erklärung für die zeitlich versetzte Entwicklung der Nutzerzahlen der Geschlechter in Deutschland und Australien könnte das Domestizierungskonzept bieten. „Grundannahme des Domestizierungskonzeptes ist es, dass die Verbreitung neuer Medien- und Kommunikationstechnologien entscheidende quantitative und qualitative Impulse durch die Integration in die häuslichen Kontexte bekommt und sich in diesem Prozess soziale Ungleichheiten im Zugang vermindern" (Röser 2007d: 158). Für die These, dass die Domestizierung des Internets wesentliche Impulse für die Verminderung sozialer Ungleichheiten im Zugang liefert, sprechen statistische Daten (vgl. für Deutschland ausführlich Röser 2005; 2007c). In Australien zog das Internet früher in die Haushalte ein als in Deutschland, parallel dazu glichen sich auch die Nutzerzahlen von Männern und Frauen in Australien früher an als in Deutschland. Die Integration in zeitliche Routinen und in das Alltagsleben sowie die Ausführung alltäglicher Aufgaben durch das Internet ging mit der Erweiterung der Nutzerkreise einher. Dies wird in diesem Kapitel später genauer dargestellt. Domestizierungsprozesse des Internets deuten somit auf eine Verminderung der Gefahr eines dauerhaften digital divide hin. Die vorliegende Studie wird diese These anhand der Untersuchung der Internetnutzung im häuslichen Kontext weiter überprüfen. Dabei darf Domestizierung nicht als einziger Faktor verstanden werden, sondern als einer von mehreren Variablen. Andere Aspekte wie die Weiterentwicklung der Technologie, deren gesteigerter Gebrauchswert, eine größere Bedienerfreundlichkeit, eine Kostensenkung der Produkte und eine breitere Ansprache von Zielgruppen spielen gleichzeitig eine Rolle (vgl. hierzu ausführlich Röser 2007c: 23).

Demokratisierungsprozesse im Zusammenhang mit der Domestizierung sind vor allem anhand des Mediums Radio untersucht worden (vgl. Schmidt/Pater 1997; Pater/Schmidt 2007; Moores 2000, 2007). Deswegen wird im Folgenden knapp die Domestizierung des Radios skizziert, da so grundlegende Einsichten in diese Prozesse gewonnen werden können. In der Frühphase Anfang der 1920er Jahre war das Radio eine Herausforderung für seine Nutzer. Das Radiohören war mit einer komplizierten Wartung verbunden, erfolgte nur über Kopfhörer und der Empfang war selten störungsfrei (vgl. Schmidt/Pater 1997: 22 ff.). Radiohören war ein zeitlich aufwändiges Unterfangen, verbunden mit Disziplin und Konzentration sowie einer ständigen Verfeinerung der technischen Kompetenzen (vgl. ebd.). Unter den ersten Nutzern waren vor allem junge Männer zu finden (vgl. Moores 2000: 43). Während Männer das Radiogerät als Spielzeug ansahen, empfanden es Frauen als eine Zeit-, Platz- und Geldverschwendung. Es störte den Familienalltag, da Rücksicht auf die radiohörenden Männer genommen und jegliche die Radionutzung störenden Geräusche vermieden werden mussten (vgl. Schmidt/Pater 1997: 22; Moores 2000: 47). Mit den „Bastlern" konnte allerdings nicht der erhoffte wirtschaftliche Profit erreicht werden, dieser war nur mit einem massenhaften Absatz des Radiogeräts realisierbar. Mit dem Anschluss von Lautsprechern an das Gerät und einer zunehmenden Bedienerfreundlichkeit entwickelte sich der Radiohörer „vom technischen Kenner zum Konsumenten" (Schmidt/ Pater 1997: 24), das Radio wurde „domestiziert" und „demokratisiert", was sich auch in der Ansprache der Zielgruppen durch die Werbung und in spezifischen Radioprogrammen äußerte (vgl. ebd. ff.).

Domestizierung des Internets

Im Folgenden soll die Domestizierung des Internets im Ländervergleich Australien und Deutschland für den Faktor Geschlecht ausführlich dargestellt werden.

In Australien besaßen mehr Haushalte früher einen Internetzugang als in Deutschland. Ab 1998 erfolgte ein stärkerer Anstieg der gesamten Nutzerzahlen sowie ein ausgeglicheneres Zugang der Geschlechter zum Internet, was die These des Impulsgebers Domestizierung stützen könnte (vgl. Tab. 2-5). In beiden Ländern erkennt man eine ähnliche Entwicklung, die zeitlich versetzt verlief.

Tab. 2-5: Haushalte mit Internetzugang 1998–2006 über PC oder Laptop in Australien und Deutschland[28]

Jahr	Prozente der Haushalte in Australien	Prozente der Haushalte in Deutschland
1998	16	8,1
1999	22	10,7
2000	32	14
2001	42	38
2002	46	43
2003	53	51 (46[29])
2004/05[30]	56	57
2005/06[31]	60	58
2006/07[32]	64	61

(vgl. ABS 2007: 13; Statistisches Bundesamt 2006b: 45; Statistisches Bundesamt 2004: 114.; Statistisches Bundesamt 2003: 12; Statistisches Bundesamt 2000: 778).

---

28 Die Tabelle beinhaltet nicht die Internetzugänge von zu Hause über Handy oder Palmtop, sondern konzentriert sich auf PC und Laptop. Letztere werden vor allem als Zugangsgerät zum Internet genutzt (vgl. Statistisches Bundesamt 2005: 27). Keines der Interviewpaare der eigenen Studie ging zum Zeitpunkt der Befragung über Handy online, weswegen auch in der Darstellung der statistischen Daten dieser Punkt nicht mit einbezogen wird.
29 Die Zahlen variieren bezogen auf das Jahr 2003. Laut der Ergebnisse der Einkommens- und Verbrauchsstichproben (EVS) hatten von je 100 Haushalten 46 einen Internetanschluss (Statistisches Bundesamt 2004: 114).
30 Die Angaben für Deutschland beziehen sich auf das Jahr 2004, die Angaben für Australien auf das Jahr 2004–2005.
31 Die Angaben für Deutschland beziehen sich auf das Jahr 2005, die Angaben für Australien auf das Jahr 2005–2006.
32 Die Angaben für Deutschland beziehen sich auf das Jahr 2006, die Angaben für Australien auf das Jahr 2006–2007.

In den Jahren 1999 und 2000 verzeichnete Australien ein Wachstum von über 50 Prozent bei den häuslichen Internetzugängen, im Jahr 2000 hatte bereits ein Drittel aller australischen Haushalte einen Zugang. Im Jahr 2000 war in Australien ein fast ausgeglichener Zugang zum Internet zwischen Männern und Frauen festzustellen (vgl. Tab. 2-4). In Deutschland gab es im Jahr 2000 immer noch weniger häusliche Internetzugänge als in Australien zwei Jahre zuvor. Eine starke Zunahme der häuslichen Internetanschlüsse erfolgte in Deutschland erst zwischen 2000 und 2001. Seit 2006 zeichnet sich eine Annäherung der prozentualen Nutzerzahlen von Männern und Frauen ab (vgl. Tab. 2-4). Diese Entwicklungen beschränken sich nicht auf Australien und Deutschland, sondern werden auch bei der Analyse der Nutzerzahlen anderer Länder evident. Beispielsweise zeigte sich in Dänemark und Schweden, beides Nationen mit einem frühen Start der Internetdiffusion, bereits im Jahre 1999, dass das Internet mehr zu Hause als am Arbeitsplatz genutzt wurde (vgl. Slevin 2000: 43). Gleichzeitig haben sich in den darauf folgenden Jahren in diesen Ländern die Nutzungszahlen zwischen Männern und Frauen angeglichen (vgl. ebd.). Dies bedeutet, dass der Impulsgeber Domestizierung für Diffusionsprozesse als länderübergreifendes Phänomen auffällig ist.

Bei den Australiern erkennt man, dass zwischen 2000 und 2005–06 die Nutzung zu Hause signifikant angestiegen ist, während am Arbeitsplatz nur ein geringer Anstieg zu verzeichnen war (Tab. 2-6). In Deutschland verringerte sich zwischen 2000 und 2005 die alleinige Nutzung am Arbeitsplatz zu Gunsten der Nutzung zu Hause[33] (Tab. 2-7).

Tab. 2-6: Orte der Onlinenutzung in Australien 2000 und 2005–06 in Prozent

	An jedem Ort[34]	Zu Hause[35]	Am Arbeitsplatz[36]
Männer 2000	53	35	28
Frauen 2000	47	29	23
Männer 2005–06	67	58	31
Frauen 2005–06	65	55	28

(vgl. ABS 2006: 14 ff.; ABS 2001: 8)

---

33 Nur zu Hause/sowohl zu Hause als auch am Arbeitsplatz.
34 Unter diese Kategorie fällt die Nutzung zu Hause, am Arbeitsplatz, bei Bekannten und Verwandten, in der Bibliothek, in der Schule und an sonstigen Orten (vgl. ABS 2006: 14).
35 Nutzung zu Hause unabhängig von der Nutzung an anderen Orten (vgl. ABS 2006: 14).
36 Nutzung am Arbeitsplatz unabhängig von der Nutzung an anderen Orten (vgl. ABS 2006: 14).

Tab. 2-7: Orte der Onlinenutzung in Deutschland 2000 und 2005 in Prozent[37]

	An jedem Ort[38]	Nur zu Hause	Nur Arbeitsplatz/ Universität/Schule
2000	33	43	22
2005	37	49	14

(vgl. van Eimeren/Frees 2005: 372)

Somit stieg die Bedeutung der häuslichen Internetnutzung in beiden Ländern in den letzten Jahren an und das Zuhause ist, neben einer Nutzung des Internets von unterschiedlichen Orten aus, mittlerweile der bevorzugte Ort, um online zu gehen (vgl. Abb. 2-8, 2-9).

Abb. 2-8: Bedeutungszunahme des Zuhauses als Ort der Onlinenutzung in Australien

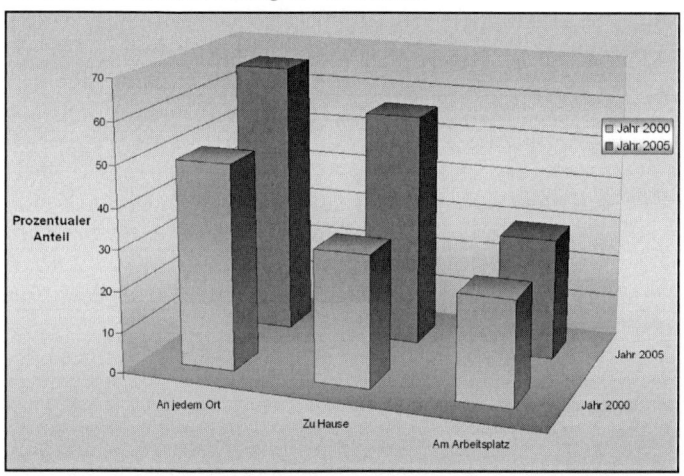

Zum Zeitpunkt der Erhebung der vorliegenden Studie gaben knapp 60 Prozent der australischen InternetnutzerInnen über 15 Jahre an, vor allem zu Hause das Internet zu nutzen (vgl. ABS 2006: 6). Das Internet außer Haus zu gebrauchen, wie z. B. am Arbeitsplatz, fällt mittlerweile weitaus weniger ins Gewicht (vgl. ebd.: 18).[39] Auch in Deutschland nutzten 2005 die meisten OnlerInnen das Internet nur zu Hause oder sowohl zu Hause als auch am Arbeitsplatz (vgl. Tab. 2-7.).

---

37 Diese Daten liegen nicht nach Männern und Frauen getrennt vor.
38 Unter diese Kategorie fällt nur die Nutzung *sowohl* zu Hause *als auch* am Arbeitsplatz/Uni/Schule (vgl. van Eimeren/Frees 2005: 372).
39 Einflussfaktoren für die Anschaffung eines häuslichen Internetzugangs sind in beiden Ländern im Jahr 2006 neben dem Einkommen auch Alter und Familienstruktur: Niedriges Einkommen, ältere Personen sowie kinderloser Haushalt sind häufig Merkmale von Offliner-Haushalten. Das Vorhandensein von Kindern unter 15 Jahren im Haushalt erhöht dagegen die Wahrscheinlichkeit, zu den Haushalten mit Internetzugang zu gehören (vgl. Statistisches Bundesamt 2006b: 47; ABS 2006: 8, 13).

Bei der Erweiterung der Nutzerkreise spielt die Integration in zeitliche Routinen und in das Alltagsleben sowie die Ausführung alltäglicher Aufgaben durch das Internet eine Rolle (vgl. Röser 2007d: 158 ff.), weswegen die Nutzungsdaten der Geschlechter im Folgenden bezogen auf zeitliche und inhaltliche Faktoren genauer betrachtet werden. In diesem Zusammenhang zeigt sich eine zeitversetzte Entwicklung in Deutschland und Australien. Dass das Internet in den zeitlichen Strukturen des häuslichen Alltags der Australier einen Platz gefunden hat, lassen die Daten bereits seit einigen Jahren vermuten. Knapp ein Drittel der Australier war bereits im Jahr 2000 täglich von zu Hause aus online und weitere 40 Prozent zwischen zwei und sechs Mal die Woche (ABS 2001: 4). Zum Zeitpunkt der vorliegenden Studie nutzte der Großteil der Australier das Internet zu Hause täglich, genauso wie mittlerweile die meisten Deutschen (vgl. Tab. 2-10; 2-11). Zwei Auffälligkeiten sind bei der Betrachtung der australischen und deutschen Daten feststellbar:[40] Im Laufe der Zeit ist der Gebrauch des Internets für viele zu einer täglichen Handlung geworden und Männer sind nach wie vor häufiger online als Frauen (vgl. 2-10; 2-11). Ähnliche Unterschiede wie bei der Nutzungshäufigkeit zeigen sich bei der Nutzungsdauer zwischen den Geschlechtern: Männer sind länger online als Frauen (vgl. Statistisches Bundesamt 2006b: 52 f.; ABS 2008). Hervorzuheben ist jedoch für Australien der stärkere Anstieg der täglichen Nutzungshäufigkeit bei Frauen als bei Männern im Zeitraum 2005 bis 2007, insofern zeigen sich hier Veränderungstendenzen hin zu einer Angleichung der Nutzungshäufigkeit der Geschlechter (vgl. ABS 2007: 29). In der vorliegenden qualitativen Studie soll nach Erklärungen für diese Entwicklung gesucht werden.

Abb. 2-9: Bedeutungszunahme des Zuhauses als Ort der Onlinenutzung in Deutschland

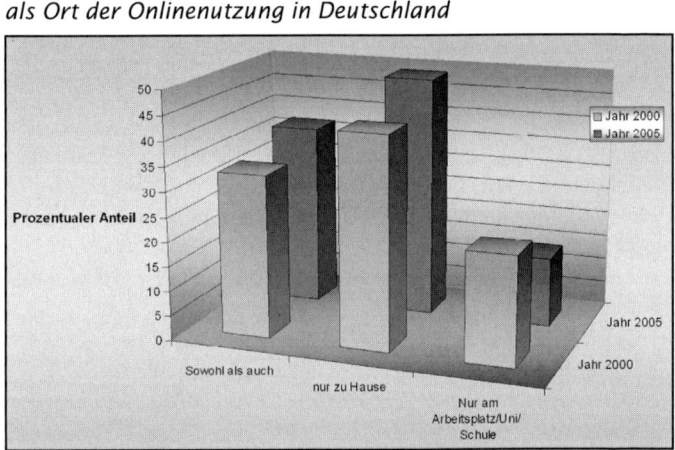

---

40 Die Daten für Australien und Deutschland können nicht direkt verglichen werden, da sich die australischen Daten nur auf die häusliche Internetnutzung beziehen und die deutschen Daten auch die Nutzung des Internets am Arbeitsplatz, in Universität und Schule erfassen.

Tab. 2-10: Nutzungshäufigkeit zu Hause in Australien 2005–06 in Prozent

	Männer 2005–06	Frauen 2005–06
Täglich	47	38
Mindestens wöchentlich	43	49
Mindestens monatlich	9	12

(vgl. ABS 2006: 17, 27)

Tab. 2-11: Nutzungshäufigkeit in Deutschland an allen Orten 2005 in Prozent

Jahr	Männer 2005	Frauen 2005
Täglich[41]	57	41
Mindestens wöchentlich	28	36
Mindestens monatlich	10	17

(vgl. Statistisches Bundesamt 2006b: 52 f.)

Auch Daten zur inhaltlichen Onlinenutzung deuten bereits im Jahr 2001 auf eine voranschreitende Integration des Internets in Australien hin. Die Technologie wurde zur Erledigung alltäglicher Aufgaben genutzt: So sparten 73 Prozent der Befragten Geld oder Zeit, weil sie das Internet zu Hause für Homebanking, das Begleichen von Rechnungen, die Kommunikation per Email und für „window-shopping", also einem Abgleichen von Preisen und Produkten, nutzten (vgl. http://www.noie.gov.au/projects/access/Access/Save@Home/index.htm, 30. 4. 2008).

Jedes Jahr kaufen zunehmend mehr Australier per Internet ein, 2004–05 war es gut ein Drittel: Am häufigsten wurden Reisen sowie Flugtickets gebucht, zehn Prozent der OnlinerInnen erwarben Lebensmittel, knapp ein Drittel kaufte im Internet CDs, DVDs und Videos sowie Computer-Software und -Hardware und 20 Prozent Kleidung, Sportartikel sowie Spielzeug (vgl. ABS 2005: 27 f.). Australische Männer und Frauen nutzten dabei 2006 zu gleichen Anteilen das Internet, um Waren einzukaufen (vgl. Tab. 2-12).

Tab. 2-12: Internetnutzung: Warenkauf oder Buchung von Services für private Zwecke in Australien in Prozent[42]

	Männer 2006–07	Frauen 2006–07
Warenkauf per Internet	62	60
Kein Warenkauf per Internet	38	40

(vgl. ABS 2007: 31)

---

41 Jeden Tag oder fast jeden Tag online zu sein, wurde in dieser Kategorie zusammengefasst (vgl. Statistisches Bundesamt 2006b: 52).
42 In den letzten zwölf Monaten bezogen auf alle Nutzungsorte.

Als Grund dafür, dass sie das Internet *nicht* für den Wareneinkauf nutzen, nennen aber mehr Männer als Frauen „kein Bedarf" (vgl. Tab. 2-13). Da Frauen den größeren Teil der alltäglichen Haushaltsaufgaben übernehmen, legt das die Vermutung nahe, dass sie (mittlerweile) einen Teil der Haushaltsaufgabenerledigung online ausführen (vgl. hierzu ausführlich Kapitel 2.3).

Tab. 2-13: Hauptgründe, um das Internet nicht zum Wareneinkauf zu nutzen (in Prozent)

	Männer	*Frauen*
Kein Bedarf	38	31
Präferenz vor Ort einzukaufen	19	20
Sicherheitsbedenken	18	22
Privatsphäre schützen	6	7

(vgl. ABS 2007: 33)

Insgesamt zeigt sich zwar, dass private Nutzungsmotive der Hauptgrund für beide Geschlechter sind, um zu Hause online zu gehen, mit weitem Abstand gefolgt von beruflichen Gründen (vgl. Tab. 2-14). Die Angabe „private Gründe" gibt aber noch keinen Hinweis darauf, ob das Internet für Haushaltsaufgaben oder für Freizeitaktivitäten genutzt wird. Gerade hier könnte sich jedoch eine unterschiedliche Aufteilung zwischen den Geschlechtern andeuten (vgl. hierzu auch Kapitel 2.2). Ebenso ist auffällig, dass als Hauptgrund für die häusliche Internetnutzung die Kategorie „private Gründe" für Frauen zwischen 2005–06 und 2006–07 um vier Prozentpunkte angestiegen ist, für Männer nur um ein Prozent. Somit deutet sich eine gewichtigere private Nutzung von Frauen als von Männern an (vgl. Tab. 2-14). Dieser Entwicklung soll anhand der vorliegenden Studie nachgegangen werden.

Tab. 2-14: Wofür wird das Internet in Australien hauptsächlich zu Hause genutzt (in Prozent)?

Hauptgrund	*Männer 2005–06*	*Männer 2006–07*	*Frauen 2005–06*	*Frauen 2006–07*
Privat	65	66	65	69
Beruf	21	21	15	13
Ausbildung und Studium	10	10	17	15

(vgl. ABS 2006: 16, ABS 2007: 27)

Im Vergleich zu Australien ist in Deutschland eine langsamere Entwicklung der Einbindung des Internets in den häuslichen Alltag erkennbar. *„Inhalte des Internets sind für den Haushalt nicht nützlich"* war für knapp 50 Prozent der Befragten Hauptgrund gegen einen privaten Internetzugang für deutsche Haushalte im Jahr 2002, noch vor den

Kriterien *"zu hohe Anschaffungs- und Zugangskosten"* oder *"fehlende Internetkenntnisse"* (vgl. Statistisches Bundesamt 2004: 106). Schaut man sich die Nutzungszahlen der nachfolgenden Jahre an, entwickelte sich das Internet aber durchaus hin zu einem Alltagsmedium, wobei sich zum Zeitpunkt der Durchführung der vorliegenden Studie im Jahr 2005–06 bezogen auf alle deutschen OnlinerInnen ein gemischtes Bild zeigt: Der Aussage, das Internet sei *"täglicher Begleiter für alle möglichen Fragen und Themen"*, stimmten 60 Prozent der deutschen Onliner zu, 68 Prozent sagten 2006 jedoch auch aus, das Internet sei ein *"Instrument, das ich nur ab und zu für die eine oder andere Information bzw. Auskunft brauche"* (van Eimeren/Frees 2007: 367). Insgesamt gab 2007 ein Drittel der Deutschen als Nutzungsmotiv an *"weil es aus Gewohnheit dazugehört"* (van Eimeren/Frees 2007: 367). Laut der Nutzertypologie der ARD/ZDF-Onlinestudie nutzte die Hälfte der deutschen Internetnutzerlnnen 2005–06 die Technologie in einer stark habitualisierten Form, die andere Hälfte hatte *"das Internet noch nicht in ihren (Medien)-Alltag integriert"* (van Eimeren/Frees 2007: 366). An dieser Stelle muss allerdings festgehalten werden, dass in der ARD/ZDF-Onlinestudie zunächst nicht deutlich wird, was unter Alltagsintegration des Internets genau verstanden wird. Wahrscheinlich ist eher nach einer regelmäßigen Nutzung im Vergleich zu anderen Medien gefragt worden. Zudem wurde die Nutzung am Arbeitsplatz und zu Hause vermischt, beide können sich im Hinblick auf die Alltagsintegration jedoch unterschiedlich darstellen.

Auch in Deutschland sind Auffälligkeiten zwischen der Internetnutzung von Männern und Frauen feststellbar. Deutsche Frauen nutzen über alle Altersgruppen hinweg multimediale Angebote, wie das Abrufen von Audio- und Videodateien, Radiohören über das Internet, aber auch Downloaden sowie Computerspiele sehr viel weniger im Vergleich zu Männern (vgl. van Eimeren/Frees 2007: 365). Selbst junge Frauen, die eine ähnliche Internetbiographie wie Männer aufweisen, stehen den genannten Anwendungen eher zurückhaltend gegenüber. Wie lassen sich diese Unterschiede erklären? Van Eimeren und Frees sehen als Ursache die für Frauen scheinbar weniger interessanten Inhalte der multimedialen Angebote selbst sowie die Nutzungssituation und schließen eine mangelnde Technikkompetenz gerade in Bezug auf jüngere Frauen aus (vgl. ebd.). Diese offensichtlich geschlechtsspezifischen Unterschiede werden leider nicht weiter analysiert.

Insgesamt bleiben Fragen offen, z. B. die Gründe für die unterschiedliche Dauer sowie Inhalte bei der Nutzung des Internets durch Männer und Frauen. Warum nutzen Frauen das Internet wesentlich häufiger, wenn Kinder im Haushalt wohnen? Und warum scheint dieser Umstand keinen Einfluss auf die Internetnutzung der im gleichen Haushalt lebenden Männer zu haben (vgl. Haythornthwaite/Wellmann 2002: 32)? Genau hier können ethnographische Fallstudien einsetzen und Einsichten in die häusliche Internetnutzung geben. Diese Arbeit will hierzu einen Beitrag leisten.

2.1.4 Fazit

Die vorliegende Untersuchung geht von einem aktiven Verständnis der Medienaneignung im Rahmen der Cultural Studies aus, demgemäß erst die RezipientInnen im Rahmen ihres kulturellen Wissens und ihrer Erfahrungen medialen Produkten einen Sinn verleihen und ihnen subjektive Bedeutungen zumessen. Hervorzuheben ist deswegen die Analyse von Medienaneignungsprozessen im Zusammenhang von Text und Kontext.

Daraus ergeben sich folgende Überlegungen für die Untersuchung der Internetaneignung:

(1) Die Perspektive der NutzerInnen soll in den Blick genommen und die Bedeutungen ihrer Internetaneignung rekonstruiert werden.

(2) Die Internetaneignung wird sowohl auf der Mikroebene als auf der Makroebene kontextualisiert. Die vorliegende ethnographische Studie nimmt zum einen den häuslichen Alltag als situativen Kontext in den Blick, zum anderen sollen im häuslichen Internethandeln gesellschaftliche Diskurse transparent gemacht und dabei insbesondere geschlechtskulturelle Prozesse erhellt werden (vgl. hierzu ausführlich Kapitel 2.3).

(3) Internethandeln wird als zweigleisig verstanden, wobei sich die Mikroebene des Haushaltes und die gesellschaftliche Makroebene gegenseitig beeinflussen. Wenn das Internet in den häuslichen Alltag einzieht, ist es bereits mit symbolischen Bedeutungen behaftet. Die Integration des Internets in den Alltag wiederum kann die Nutzerinnen dazu bewegen, andere Sichtweisen zu entwickeln. Diese wechselseitige Wirkung gilt es mit in die vorliegende Studie einzubeziehen und gesellschaftliche Strukturen, Dominanz- sowie Machtverhältnisse im Hinblick auf den Faktor Geschlecht in der Internetaneignung zu erfassen.

Als ein Element des theoretischen Rahmens dieser Studie wurde das Domestizierungskonzept gewählt, da mit diesem Ansatz die Internetaneignung im häuslichen Kontext theoretisch gefasst und anhand ethnographischer Studien methodisch untersucht werden kann. Die erste Analyseperspektive des Domestizierungskonzepts widmet sich der Mediennutzung im häuslichen Kontext (vgl. hierzu ausführlich das folgende Kapitel 2.2). So wird die Internetaneignung aus der Sicht der NutzerInnen in den Blick genommen, zugleich können übergeordnete Fragen nach gesellschaftlichen Ungleichheiten und Dominanzen vertieft werden. Die zweite Analyseebene des Domestizierungskonzepts eröffnet darüber hinaus eine neue Möglichkeit zur Beschreibung der Internetdiffusion. Anhand der ausgewählten Länder Australien und Deutschland wurde in diesem Kapitel die Verbreitung des Internets analysiert. Dieser Vergleich machte drei Auffälligkeiten transparent:

(1) Die Nutzerprofile werden im Laufe des Diffusionsprozesses heterogener.

(2) Immer die gleichen sozioökonomischen Faktoren sind für eine frühe Nutzung ausschlaggebend. Geschlecht wurde als einer der Faktoren identifiziert, die den Einstiegszeitpunkt in den Internet-Diffusionsprozess beeinflussen: Länderübergreifend gehören Frauen eher zur Gruppe der late adopter und Männer verstärkt zu den early adopter.

(3) Es deutet sich ein Zusammenhang zwischen der voranschreitenden Domestizierung des Internets und der Angleichung der Nutzerzahlen an: Die These ist, dass Domestizierung als ein Impulsgeber für Diffusionsprozesse fungiert (vgl. Röser 2007c: 15 ff.). Dieser These wurde zunächst anhand quantitativer Daten im Ländervergleich Deutschland und Australien nachgegangen und es offenbarte sich in beiden Ländern eine ähnliche Entwicklung: Das Internet zog zunehmend in viele Haushalte ein und es waren Zeichen für die Einbindung in das Alltagsleben erkennbar, wie eine verstärkt stattfindende tägliche Internetnutzung oder die Ausführung alltäglicher Aufgaben durch das Internet. Im Zuge dieser voranschreitenden Domestizierung glichen sich die Nutzerzahlen von Männern und Frauen in Australien immer mehr an. Dieser Prozess zeichnet sich in Deutschland zeitlich etwas versetzt nun auch ab. Hintergrund ist vermutlich die frühere Implementierung des Internets in Australien gegenüber Deutschland (vgl. Kapitel 2.1.1).

In der vorliegenden ethnographisch angelegten Studie soll die These des Impulsgebers Domestizierung nun weiter überprüft und Gender-Demokratisierungsprozesse analysiert werden, die über ein verstärktes „Teilhaben" (Röser 2007c: 16) von Frauen an der Informationsgesellschaft hinausgehen. Hierauf wird detailliert in Kapitel 2.3 eingegangen.

Im anschließenden Kapitel 2.2 werden zunächst Befunde zum Medienalltag zusammengetragen und genauer im Hinblick auf das vorliegende Forschungsvorhaben analysiert.

2.2 Alltagsintegration des Internets: Befunde

Mediennutzung und Alltag sind miteinander verwoben. Mediennutzung geschieht beispielsweise bei der täglichen Hausarbeit (vgl. Bausinger 1983: 30; Röser 2007d:166); Medienangebote dienen zur zeitlichen Strukturierung des Tagesablaufes, sie bestimmen Zeitpunkte wie das Abendessen oder Schlafengehen (vgl. Neverla 1992: 192 ff.). Mediennutzung ist in die Semantik des Alltags eingebunden, Worte und Handlungen können hier etwas Differentes als in anderen Kontexten bedeuten (vgl. Bausinger 1983: 24). Ein abendliches Einschalten des Fernsehers kann beispielsweise das Bedürfnis nach Ruhe signalisieren und nicht primär für die Konsumierung von Medieninhalten stehen (vgl. ebd.: 26 ff.).

Der Alltag zeichnet sich vor allem durch seine Unauffälligkeit aus. Alltägliche Handlungsweisen werden nicht ständig neu geplant und überprüft, sondern es existiert eine Selbstverständlichkeit des Handelns, „das vielmehr ‚einfach' so vonstatten geht" (ebd.: 24). Solche Entlastungen sind im Sinne einer Reduktion von Komplexität unerlässlich. Es wäre viel zu mühsam, alltägliche Abläufe ständig zu hinterfragen und neu zu entscheiden. Gleichzeitig garantiert der Alltag eine Sicherheit von Abläufen. Routinen und Rituale im Sinne von schematisierten Handlungen stiften Vertrautheit und Geborgenheit, sichern eine Gleichmäßigkeit von Alltagssituationen und bieten dabei Sicherheit, aber auch Entspannung und Orientierung (vgl. ebd.: 24 ff.). Wie ist das Internet in diese alltäglichen Handlungen und Abläufe integriert? Bausinger untersuchte Anfang der 1980er Jahre detailliert die Mediennutzung im häuslichem Alltag (vgl. Bausinger 1983: 33 ff.).[43] Seine Ergebnisse sind eine Ausgangsbasis für die vorliegende Studie, da sie immer noch grundlegende Aspekte zur häuslichen Medienaneignung darstellen: Erstens sollte man einzelne Medien nicht isoliert betrachten, sondern davon ausgehen, dass jeder mit einem bestimmten Medienmenü umgeht. Zweitens werden Medien nicht mit voller Konzentration genutzt. Drittens sind Medien in den Alltag integriert. Viertens ist der Gebrauch von Medien meistens ein kollektiver Prozess. Fünftens kann man die mediale nicht von der personalen Kommunikation trennen, Medien dienen als Gesprächsstoff. Sechstens sind Medieninhalte mehrdeutig hinsichtlich ihrer inneren Struktur und durch das offene Feld, den Alltag, in dem sich Kommunikation abspielt (vgl. Bausinger 1983: 32 ff.). Welche weiteren Befunde zur Alltagsintegration liefert das Domestizierungskonzept und in diesem Zusammenhang durchgeführte Studien? Dies ist Gegenstand des folgenden Kapitels.

Grundannahmen des Domestizierungskonzeptes zur Alltagsintegration

Die erste Analyseebene des Domestizierungskonzeptes bezieht sich auf den Prozess, wenn Medien in den Haushalt einziehen und von ihren NutzerInnen in den Alltag integriert werden (vgl. Röser 2007c: 15). Die Grundannahmen des Domestizierungskonzeptes unter dem Blickwinkel von Alltagsintegration stellen sich wie folgt dar (vgl. Haddon 2003): Es existiert eine *Prozess*-Fokussierung, d. h. die Adaption wird nicht als einmaliges Ereignis, sondern als dynamischer Vorgang gesehen. Medien werden in bestehende Routinen des Haushaltes integriert oder es entstehen neue Abläufe. Dieser Prozess kommt nach

---

[43] Die Studie wurde ein Jahr später ins Englische übersetzt (Bausinger 1984) und beeinflusste weitere Studien namhafter ForscherInnen der Cultural Studies (vgl. Röser 2007c: 16).

einer anfänglichen Experimentierphase manchmal zum Stillstand, doch können Veränderungen durch Ereignisse im Haushalt, durch einen Wandel in der Gesellschaft oder auch durch Weiterentwicklungen der Technologien selbst stattfinden. Der Prozess der Integration ist somit niemals komplett abgeschlossen. Die Domestizierung ist *wandelbar, manchmal unvollständig* und *kein einheitlicher, identischer Ablauf* (vgl. ebd.). Sie kann partiell stattfinden oder gar scheitern. Kommunikationstechnologien können in den Haushalt eingebunden sein oder nur für bestimmte Zwecke unter spezifischen Umständen genutzt werden. Die Domestizierung ist nicht immer „erfolgreich": Haushaltsmitglieder können Medien nutzen, sie emotional jedoch ablehnen, sie tolerieren, jedoch nicht wirklich wertschätzen (vgl. ebd.). Anhand der Grundannahmen des Domestizierungskonzeptes wird deutlich, dass von verschiedenen Ausprägungen der Medien-Alltagsintegration ausgegangen wird, von einem Scheitern bis hin zu einer erfolgreichen Domestizierung.

Medien wird im Domestizierungskonzept eine doppelte Bedeutung zugesprochen (Silverstone et al. 1991; Silverstone/Haddon 1996). Zum einen treten sie als Objekt in Erscheinung (technische Dimension), zum anderen werden Inhalte transportiert (textliche Dimension) (vgl. Hartmann 2006). Diese doppelte Artikulation (Silverstone et al. 1991) spiegelt sich auch in den *vier zusammenhängenden Phasen* „appropriation", „objectification", „incorporation" und „conversion" des Domestizierungskonzeptes wider (vgl. Silverstone et al. 1992: 20 ff.). Bei der „objectification"- und „incorporation"-Phase steht der materielle Aspekt der Technologie im Vordergrund, wohingegen es bei der „appropriation"- und „conversion"-Phase verstärkt um die symbolische Bedeutung der Objekte geht (vgl. Hartmann 2006: 127; ebd. 2008: 406). „Appropriation" findet statt, wenn die Technologie gekauft, in Besitz genommen und in die häusliche Sphäre gebracht wird (vgl. Silverstone et al. 1992: 20 ff.). „Objectification" bezieht sich auf die Platzierung der Technologie im Haushalt. Mit der Platzierung des Mediums gehen oftmals Veränderungen in der häuslichen Sphäre einher, z. B. werden neue Möbel angeschafft, auf die das Gerät gestellt wird, Gegenstände verschoben oder sogar Zimmer in ihrer Funktionsweise verändert. In der „incorporation"-Phase findet die Einfügung der Technologie in den zeitlichen Ablauf des Haushalts und seiner Mitglieder statt. „Conversion" schließlich beschreibt die Beziehung zwischen dem Haushalt und der Außenwelt, „the boundary across which artefacts and meanings, texts and technologies, pass as the household defines and claims for itself and its members a status in neighbourhood, work and peer groups in the ‚wider society'" (ebd.: 25). Die persönliche Bedeutung, die die NutzerInnen der Medientechnologie zuschreiben, wird wieder zum Teil der öffentlichen Bedeutung (vgl. Hartmann 2006: 128). Dieser *mehrstufige Prozess* verdeutlicht, dass verschiedene Aspekte bei der Alltagsintegration von Medien betroffen sind, wie räumliche Strukturen und zeitliche Abläufe (vgl. hierzu auch Kapitel 2.2.1–3). Auch wenn der Prozess der Alltagsintegration im Domestizierungskonzept anhand von vier Phasen detailliert beschrieben wird, kann das Ausmaß von Alltagsintegration daraus nicht abgeleitet werden.

In anderen Studien zur häuslichen Nutzung traditioneller Medien, vor allem von Radio und Fernseher, lassen sich unterschiedliche Aspekte zum Ausmaß der Medien-Alltagsintegration finden. Für das Internet könnten sich die genannten Indikatoren aufgrund dessen Beschaffenheit jedoch anders darstellen, was im Folgenden ausgeführt werden soll.

Zeitliche Indikatoren: Gauntlett und Hill (1999: 23) eruieren in ihrer Studie eine starke Alltagsintegration des Fernsehers, die daran festgemacht wird, dass Haushaltsmitglieder ihre täglichen Aktivitäten verschieben, verkürzen oder verändern, um ein bestimmtes Fernsehprogramm sehen zu können. Im Vergleich dazu sind Allokation, Rhythmik und Dauer bei der Internetnutzung allerdings nicht mehr vorgegeben, sondern ins Ermessen der NutzerIn gestellt (vgl. Neverla 2007: 50). Während Fernsehprogramme zeitlich gesetzt sind, lässt das Internet den NutzerInnen freie Hand bei der Gestaltung.

Räumliche Indikatoren: Gauntlett und Hill (1999: 35) bewerten die Platzierung des Fernsehers im Zentrum von Räumen als ein Zeichen für eine starke Alltagsintegration. Die Nutzung des Internets findet auch über tragbare Laptops statt, weswegen im Haushalt eine höhere Mobilität möglich ist. Livingstone (1999) verbindet mit einer fortgeschrittenen Alltagsintegration eines Mediums das Vorhandensein mehrerer Geräte und persönlicher Zugänge zu einem Medium im Haushalt. Die Frage ist, ob eine stärkere Integration vorliegt, wenn mehrere Anschlüsse in einem Haushalt existieren oder ob das Teilen eines Anschlusses auch eine intensive Form der Alltagsintegration darstellen kann.

Soziale Indikatoren: Soziale Faktoren werden ebenfalls im Zusammenhang mit einer stärkeren Alltagsintegration genannt, beispielsweise stehe die Medientechnologie im Zentrum des sozialen Geschehens (vgl. Gauntlett/Hill 1999: 35). Allerdings wird das Internet häufig nur von einer Person bedient, daneben könnten Duplizierungsprozesse zu einer ausgeprägten personalisierten Nutzungsweise führen. Eine erfolgreiche Domestizierung wird mit *positiven* Attributen besetzt:

> „When the domestication of technologies has been „successful", the technologies are not regarded as cold, lifeless, problematic and challenging consumer goods at the root of family arguments and/or work-related stress, but as comfortable, useful tools – functional and/or symbolic – that are reliable and thrustworthy." (Berker et al. 2006b: 3)

Es bleibt an dieser Stelle zu fragen, ob trotz einer negativen Einstellung und Konflikten mit anderen Haushaltsmitgliedern eine starke Integration einer Technologie vorliegen kann.

Inhaltliche Indikatoren: In dem angeführten Zitat von Berker et al. wird die inhaltliche Nutzungsweise von Medien im Alltag angesprochen, beispielsweise ihr Einsatz als komfortable, funktionale Werkzeuge oder symbolische Technologien. Während beispielsweise der Fernseher verstärkt für Freizeitzwecke eingesetzt wird, besteht beim Internet die Möglichkeit, berufliche Arbeit, häusliche Aufgaben und Hobby online auszuführen. Inwiefern hat diese Bandbreite an Funktionen Einfluss auf das Ausmaß der Alltagsintegration des Internets? Zusätzlich gibt es einen stärkeren aktiven Part in der Nutzung durch die Bedienung von Tastatur und Maus. Die Nutzung des Internets als Hintergrundmedium könnte aufgrund dessen geringer ausfallen.

„Unauffälligkeit" als Indikator: Bausinger (1983: 27 ff.) beschrieb bereits Anfang der 1980er Jahre das unauffällige Verschwinden von Technologien im Alltag als Zeichen von Integration, „es durchdringt den Alltag, es wird vom Alltäglichen verschlungen und absorbiert" (ebd.: 31). Ähnlich argumentieren auch Berker et al.: „They have all lost their magic and have become part of the routine" (2006b: 3). In diesem Sinne wäre eine Alltagsintegration des Internets dann gegeben, wenn es so stark in Routinen und Rituale des Alltags eingebunden ist, dass es nicht mehr auffällt und zu einer Selbstverständlichkeit geworden ist.

Insgesamt zeigen sich anhand des Domestizierungskonzeptes sowie der in diesem Rahmen durchgeführten Studien verschiedene Faktoren, die für einen hohen Grad der Alltagsintegration sprechen: Duplizierung und Personalisierung der Technologien, zeitliche Ausrichtung der Mediennutzung, inhaltlich pragmatische sowie entspannende Nutzungsweise, Platzierung im Zentrum des Haushaltsgeschehens. Deutlich ist jedoch, dass hier ein Forschungsbedarf für die Untersuchung existenter Formen von Alltagsintegration besteht; denn das Ausmaß der Alltagsintegration wird in der Literatur meist anhand unterschiedlicher Aspekte und nur für traditionelle Medien, vor allem für den Fernseher, beschrieben. Das Domestizierungskonzept fokussiert den Prozess der Alltagsintegration von Medien. Deswegen bleibt ein Vergleich von voranschreitender Domestizierung mit Gender-Demokratisierungsprozessen schwierig.

2.2.1 Zeit und Medienalltag

Im folgenden Abschnitt wird auf Befunde zu Zeit und Medienalltag eingegangen. Dabei stehen der Zeitaufwand für Mediennutzung, parallele Tätigkeiten, sowie Zeitersparnis und Zeitverlust im Vordergrund.

Zeitaufwand

Zum Zeitpunkt der eigenen Studie im Jahre 2005 wurden in Deutschland 600 Minuten pro Tag für Mediennutzung aufgewendet (vgl. Reitze/Ridder 2006: 50). Die meiste Zeit entfällt auf Hörfunk und Fernsehen. Etwas abgeschlagen sind das Lesen von Tageszeitungen, Büchern und Zeitschriften, das Musikhören per CD/LP/MC/MP3 und die Nutzung des Videogeräts (vgl. Tab. 2-15). Die tägliche Internetnutzung ist in den letzten Jahren von 13 Minuten im Jahr 2000 auf 44 Minuten im Jahr 2005 stark angestiegen. Somit ist der zeitliche Aufwand für das Internet von einem der letzten Plätze in das obere Mittelfeld vorgerückt (vgl. ebd.).[44]

Tab. 2-15: Zeitaufwand für Mediennutzung Deutschland 2005

Kommunikationstechnologien	Nutzungsdauer in Minuten/Tag (Gesamt)
Hörfunk	221
Fernsehen	220
CD/LP/MC/MP3	45
Internet	44
Tageszeitung	28
Bücher	25
Zeitschriften	12
Video/DVD	5

(vgl. Reitze/Ridder 2006: 50)

In den beiden ausgewählten Ländern der vorliegenden Studie ist der Zeitaufwand für Medien hoch. In Australien wird ähnlich wie in Deutschland die meiste Zeit auf audio-visuelle Medien verwendet (vgl. Tab. 2-16).

---

[44] Die Daten der „Langzeitstudie Massenkommunikation", einer medienübergreifenden Nutzungsstudie, werden seit 1964 im Abstand von vier bis sechs Jahren erhoben. Die letzte Erhebung wurde im Jahre 2005 durchgeführt (vgl. Reitze/Ridder 2006).

*Tab. 2-16: Zeitaufwand für Mediennutzung
Australien 2006*

Kommunikationstechnologie oder Aktivität[45]	Nutzungsdauer in Minuten/Tag (Freizeit)
Audio-visuelle Medien	261
Reden (inklusive Telefonieren), Schreiben, Lesen der eigenen Korrespondenz	103
Lesen[46]	23
Internet[47]	12

(vgl. ABS 2008, Tabelle 1 und 4)

Da die Daten der beiden Länder nach unterschiedlichen Kriterien erhoben wurden, lassen sich die Befunde nicht direkt vergleichen: Zum einen beziehen sich die Daten aus Deutschland auf die Nutzung von Medien innerhalb *und* außerhalb der Freizeit, die Daten aus Australien lediglich auf die Mediennutzung *in* der Freizeit. Einzelne Werte liegen auch für Deutschland nur für die Mediennutzung innerhalb der Freizeit vor, interessant ist hier ein Blick auf die Internetnutzung: In ihrer Freizeit verwenden die Deutschen nur 25 Minuten für das Online-Gehen, damit halbiert sich fast der Wert der gesamten Nutzung von 44 Minuten (vgl. Reitze/Ridder 2006: 59). Zum anderen sind in Australien z. T. die Angaben, wie die Nutzung des Internets, nur als Primäraktivität zu verstehen. Deswegen darf insgesamt die geringe Nutzungsdauer in Australien nicht mit der vermeintlich hohen in Deutschland gleichgesetzt werden (vgl. Tab 2-16). Gleichwohl wird an dieser Stelle ein wichtiger Punkt offensichtlich: Der auf den ersten Blick hohe Zeitaufwand für die gesamte Mediennutzung relativiert sich durch damit oft einhergehende Paralleltätigkeiten, d. h. Primär- und Sekundärtätigkeiten laufen gleichzeitig, was im Folgenden genauer dargelegt wird.

Paralleltätigkeiten

Zum einen wird die Nutzung einzelner Medien häufig von nichtmedialen Tätigkeiten begleitet und zum anderen können mehrere Medien gleichzeitig genutzt werden.[48] Das Ausmaß von Paralleltä-

---
45 Die Daten liegen nicht aufgeschlüsselt nach einzelnen audio-visuellen Medien vor.
46 Hierunter fällt nur Lesen als Primäraktivität.
47 Daten zum Zeitaufwand der Mediennutzung, die in den Veröffentlichungen des Australian Bureau of Statistics nicht enthalten waren, verdankt die Verfasserin dieser Arbeit der persönlichen Auskunft der Mitarbeiter des Büros der Abteilung Time Use Survey.
48 Opaschowski und Neverla kommen in zwei unterschiedlichen Studien zu diversen parallelen Aktivitäten, die während eines Fernsehabends ausgeübt werden. Es wird dabei zu Abend gegessen, telefoniert, gelesen, sich unterhalten, geschlafen,

tigkeiten während der Mediennutzung variiert dabei je nach Technologie. Beispielsweise ist die Radionutzung für eine gleichzeitige Ausübung von Tätigkeiten besser geeignet als die Internetnutzung, bei der haptische, visuelle und zum Teil auditive Sinnesfunktionen gleichzeitig beansprucht werden. Die Internetnutzung erfordert eine im Vergleich zu anderen Medien hohe Aufmerksamkeit und Konzentration. Durch die unterschiedlichen Onlineanwendungen variiert der Grad der Konzentration jedoch erheblich, das Verfassen einer Email verlangt mehr Aufmerksamkeit als das Downloaden einer Musik-Datei. Ebenso können unterschiedliche Dispositionen wie Alter, Übung und Einstellung gegenüber dem Internet Einfluss auf die Konzentration der Internetnutzung haben (vgl. Ahrens 2007; Großmann 2007). Die parallele Nutzung von Fernseher und Internet spielt zwar insgesamt noch eine untergeordnete Rolle (vgl. Fisch/Gscheidle 2006: 440); Fernseher und Audiogeräte nehmen nach den Ergebnissen einzelner Studien als Hintergrundmedien für eine parallel stattfindende Internetnutzung jedoch bei jungen Paaren an Bedeutung zu (vgl. Bakardjieva 2005: 150; Großmann 2007: 177). Dagegen zeigte eine ethnographische Studie zur Internetnutzung von älteren Paaren, dass diese selten Paralleltätigkeiten ausüben, weil sie die Nutzung nicht als Entspannung werten, sondern schnell abschließen möchten und zudem häufig zu den Internetneulingen gehören und sich auf die Nutzung als singuläre Tätigkeit konzentrieren (vgl. Ahrens 2004).

Paralleltätigkeiten erlauben Rückschlüsse auf die Geschlechterrollen im Haushalt, die bisher allerdings vor allem anhand anderer Medien und weniger für das Internet untersucht wurden. Für Frauen ist das Zuhause zusätzlich zur außerhäuslichen Erwerbstätigkeit ein Ort der Arbeit, für Männer dagegen häufig ein Ort der Entspannung, was sich auch anhand der Mediennutzung ausdrückt (vgl. hierzu auch Kapitel 2.3).[49] Das Ausführen paralleler Tätigkeiten während der Mediennutzung kann eine Strategie der Zeitverdichtung darstellen (vgl. Neverla 2007: 48), die vor allem von Frauen eingesetzt wird – man denke beispielsweise an die Erledigung von Hausarbeiten als parallele Tätigkeit während des Fernsehens (vgl. Röser/Kroll 1995: 25). Daraus, dass Frauen insgesamt mehr Hausarbeit leisten als Männer, erklärt sich die in Untersuchungen festgestellte höhere Fernsehnutzung von Frauen (vgl. Cornelißen 1998: 90). Auch überwachen Mütter die Internetnutzung der Kinder und üben häufig parallel dazu Haushaltsaufgaben im gleichen Raum aus (vgl. Bakardjieva 2005: 149 ff.). Eine gemeinsame Internetnutzung fand jedoch oft zwischen Vätern und Kindern statt (vgl. ebd.)

Hausarbeiten oder Körperpflege erledigt (vgl. Opaschowski 1999: 29–30; Neverla 1992: 182).
49 Vgl. zur Verteilung von Berufs- und Hausarbeit von Männern und Frauen in Australien und Deutschland Kapitel 3.1.2.

Insgesamt sind parallele Tätigkeiten im Zusammenhang mit der Internetnutzung bisher noch wenig untersucht worden. Es wird sich demnach für die vorliegende Studie zeigen, ob während des Internetgebrauchs parallel andere Tätigkeiten ausgeführt werden und welche Zeitstrategie die Geschlechter dabei jeweils einsetzen.

Zeitstruktur und Zeitempfinden

Beim Internet wird die Zeitkonstante auf die bloße Präsenz von NutzerInnen reduziert (vgl. Neverla 2007). Ethnograpische Studien ermittelten, dass junge Paare das Internet fest in ihren Tagesablauf einfügen (vgl. Röser/Großmann 2008: 97), wohingegen ältere Paare wenig zeitliche Routinen aufwiesen und bei ihnen keine Strukturierungsfunktion des Internets im Gegensatz zu anderen Medien erkennbar war (vgl. Ahrens 2007: 193).

Das Empfinden von Zeitverlust und Zeitgewinn variiert beim Erlernen des Umgangs mit dem Internet. Neverla differenziert zwischen drei Stadien: In der Anfangsphase überwiegt das Gefühl von Zeitverlust, bei den Fortgeschrittenen dominiert das Empfinden von Zeitbeherrschung, welches in der anschließenden Routinephase wieder relativiert wird (vgl. Neverla 2007: 49; 1999: 136 ff.). Für die eigene Studie wird es interessant sein zu sehen, ob das Internet als Zeitverlust oder als Zeitersparnis von den Interviewpaaren eingestuft wird.

In verschiedenen Studien wurde der Einfluss der Internetnutzung auf die Zeiteinteilung untersucht (vgl. Nie/Hillygus/Erbring 2002; Robinson et al. 2002; Chopher/Kanfer/Walker 2002). In diesem Zusammenhang dominieren drei Modelle die theoretische Debatte, die jeweils durch empirische Studien unterstützt werden: Efficiency hypothesis, Hydraulic model und Communitarian model (zur Übersicht: vgl. Nie/Hillygus/Erbring 2002). Die Efficiency hypothesis basiert auf dem Argument der zeitsparenden Funktion des Internets. Dadurch, dass das Internet viele Tätigkeiten einfacher mache, könne Zeit gespart werden, die dann wiederum für Freizeitbeschäftigungen genutzt werden kann. Das Hydraulic model dagegen gründet sich auf die These der Unersetzbarkeit der verwendeten Internetzeit. D. h. die Zeit, die man mit dem Internet verbringt, fehlt bei anderen zeitlichen Aktivitäten. Das Communitaran model geht weg von der quantitativen Sichtweise von Zeit hin zu einer qualitativen Perspektive. Durch das Internet können z. B. lokale Entfernungen überbrückt und Kontaktmöglichkeiten verbessert werden (vgl. ebd.: 217). In Studien konnte kein Rückgang anderer Mediennutzungen oder Freizeitaktivitäten durch die Internetnutzung festgestellt werden (vgl. Robinson et al. 2002). OnlinerInnen hatten allerdings weniger Zeit, sich um die Familie zu kümmern, während der Kontakt zu Freunden oder Arbeitskollegen gleich blieb (vgl. ebd.). Wenn ein neues Medium Einzug in die Haushalte hält, wird demnach das Gestalten von Zeit durch traditionelle Medien nicht obsolet, sondern komplementär eingesetzt (vgl. Neverla 1990, 1992).

Insgesamt treten langfristige Veränderungen zeitlicher Strukturen, Tätigkeiten, aber auch Beziehungen durch die Internetnutzung laut älterer Studien nur marginal oder gar nicht auf (vgl. Nie/Hillygus/Erbring 2002; Robinson et al. 2002; Copher/Kanfer/Walker 2002; Anderson/Tracey 2002). Vielmehr unterstützt das Internet bereits existierende Lebensstile. Das Internet bietet Möglichkeiten, alte Aktivitäten in neuer Weise auszuführen und OnlinerInnen nutzen diese Angebote. „They are doing old things in new ways and finding that some of those new ways suit their lifestyles better" (Anderson/Tracey 2002: 160). Auf diese Gesichtspunkte wird in den nächsten zwei Kapiteln genauer eingegangen.

2.2.2 Soziale Beziehungen und Medienalltag

Im Jahre 1976 wurde in einem Experiment Paaren für vier Wochen der Fernseher entzogen. Es zeigten sich interessante Konsequenzen für die Beziehung der Paare, da sie ohne Fernseher mehr stritten. Offenbar fungiert das Fernsehen im Alltag als „Puffer", der Konfliktsituationen entschärft oder gar nicht erst aufkommen lässt. Bei einem Probandenpaar litt vor allem die Frau unter dem Experiment. Ihr fehlten nun Rückzugsmöglichkeiten gegenüber ihrem Ehemann, der mehr „nörgelte". Wahrscheinlich hörte die Frau mit Fernsehgerät einfach nicht hin und hatte das Gefühl, ihre Ruhe zu haben (vgl. Bauer et al. 1976). Auch wenn diese Studie gut 30 Jahre alt ist, werden doch grundlegende Funktionen von Medien für soziale Beziehungen deutlich, die nach wie vor relevant sind: Medien können zur Abgrenzung und zum Rückzug eingesetzt werden (vgl. Röser 2003; 2004).[50] Durch eine gemeinsame Nutzung wird Nähe hergestellt, beispielsweise ermöglicht das Fernsehen eine passive Entspannung und vermittelt trotzdem das Gefühl, etwas gemeinsam erlebt zu haben. Darüber hinaus entsteht rund um die gemeinsame Mediennutzung Gesprächsstoff. Mittlerweile ist das Internet ein Bestandteil des häuslichen Alltags vieler Menschen geworden, was zugleich Fragen nach dem Einfluss des Internets auf die sozialen Beziehungen der in dem Haushalt lebenden Personen aufkommen lässt. Im Zusammenhang mit dem Einzug neuer Technologien sind grundsätzlich unterschiedliche Szenarien vorstellbar. Auf der einen Seite ist eine gemeinschaftsstiftende Funktion von Medien möglich (vgl. Morley 2001: 20). Auf der anderen Seite wird die Gefahr einer Fragmentierung der Familien aufgrund der Verfügbarkeit von individuellen und tragbaren Technologien gesehen (vgl. Silverstone 1991: 5).

---

50 Überlegungen zu Rückzug/Fragmentierung und Gemeinschaftsstiftung mit Medien basieren auf Grundlagen von Forschungsarbeiten von Prof. Dr. Jutta Röser (vgl. Röser 2004, 2005, 2007a, 2008).

Personalisierung und Fragmentierung

In den letzten Jahren kam es zu Veränderungsprozessen in der Beschaffenheit von Medientechnologien wie Personalisierung, Duplizierung, Tragbarkeit und Mobilisierung (vgl. Röser: 2004). Beispielsweise zeigt ein Blick auf die Geräteausstattung von Haushalten, dass immer mehr unterschiedliche Technologien in jeweils höherer Anzahl vorzufinden sind. Zweit- und Drittgeräte sind keine Seltenheit mehr. Knapp 40 Prozent aller deutschen Haushalte verfügen über zwei und mehr Fernsehgeräte, in der Hälfte aller Haushalte befinden sich vier und mehr Radiogeräte, über die Hälfte aller Haushalte besitzen einen PC inklusive Laptop und ca. 60 Prozent einen Internetanschluss (vgl. Tab. 2-17). In Australien ist die Geräteausstattung etwas ausgeprägter: Es besitzen zwei Drittel der Haushalte zwei und mehr Fernsehgeräte, über 70 Prozent einen PC und knapp zwei Drittel einen Internetanschluss (vgl. Tab. 2-18). Dabei spielten zum Zeitpunkt der Durchführung der vorliegenden Studie die Einwahl über Handy oder Palmtop ins Internet im häuslichen Kontext nur eine marginale Rolle (vgl. Statistisches Bundesamt 2005: 27).

Personalisierte Technologien zeichnen sich durch drei Eigenschaften aus: Erstens macht eine bestimmte technische Ausstattung der Geräte wie Kopfhörer sie zu individuell genutzten Medien, zweitens ist die Art und Weise der Nutzung relevant (beispielsweise individueller oder gemeinschaftlicher Gebrauch) und drittens spielt die Anzahl der Geräte in einem Haushalt eine Rolle (vgl. Röser 2004: 7). Gerade das Internet zählt zu den personalisierten Technologien: Die Bedienungsweise ist individuell angelegt, da Computer und Laptop über nur eine Tastatur und Maus bedient werden, d. h. die NutzerInnen gehen verstärkt alleine online (vgl. Röser/Großmann 2008: 98). Zudem sind Haushalte zunehmend mehrfach mit PCs und Internetanschlüssen ausgestattet (vgl. Media Perspektiven Basisdaten: 2006: 65).

Tab. 2-17: Unterhaltungselektronik: Geräteausstattung (Auswahl) Deutschland im Jahre 2006

Personen aus Haushalten mit:	Anzahl in Prozent
Zwei und mehr Fernsehgeräten	38,4
Vier und mehr Radiogeräte	50,8
PC	60,0
Internetanschluss	58,2

(vgl. Media Perspektiven Basisdaten 2006: 65)

Tab. 2-18: *Unterhaltungselektronik: Geräteausstattung (Auswahl) Australien im Jahre 2006*

Personen aus Haushalten mit:	Anzahl in Prozent
Zwei und mehr Fernsehgeräte	67,7
PC	72,7
Internetanschluss	64 (2006–07)

(vgl. ABS 2007: 13; ABS 2008: Tabelle 19)

Durch personalisierte Technologien kann jedes Familienmitglied an einem anderen Ort des Haushalts Medien nutzen, was das Familienleben beeinflussen kann. Dieser Trend kann Konflikte zwischen den Haushaltsmitgliedern entschärfen, lässt aber auch Befürchtungen einer Fragmentierung aufkommen (vgl. Gauntlett/Hill 1999: 242; Morley 2001: 22). Konflikte können bei nur einmal vorhandenen Medien und Kommunikationstechnologien um den Zugang entstehen, Haushaltsmitglieder müssen sich einigen und Prioritäten verteilt werden.[51] Zugriffshoheiten zum Internet werden in Bezug auf den Faktor Geschlecht genauer in Kapitel 2.3 thematisiert.

Medien werden auch dazu genutzt, um sich von anderen Haushaltsmitgliedern abzugrenzen (vgl. Röser 2003; 2004). Kommunikationstechnologien sind nicht die Verursacher dieses Verhaltens, der Wunsch nach Abgrenzung existiert unabhängig von der Technologie (vgl. MpFS 2003: 43).[52] Wird das Internet in einem separaten Raum untergebracht, kann die Internetnutzung zum räumlichen Rückzug eingesetzt werden (vgl. Bakardijeva 2005: 140). Zudem eröffnet das Internet die Möglichkeit, sich physisch im gleichen Raum wie die weiteren Familienmitgliedern aufzuhalten und sich gleichzeitig abzugrenzen: Im Internet befinden sich die OnlinerInnen an einem anderen „Ort" (vgl. Rompaey/Roe 2001: 365; sowie ausführlich Kapitel 2.2.3). Ethnographische Studien zeigen, dass jüngere und ältere Paare das Internet gleichermaßen vor allem als personalisierte Technologie nutzen (vgl. Ahrens 2007; Großmann 2007). Einige erachten die Internetnutzung sogar als Teil ihrer Privatsphäre und machen sich kein genaues Bild von der inhaltlichen Internetnutzung des anderen (vgl. Großmann 2007: 177).

---

51 Medien bergen gerade im Generationenverhältnis Konfliktpotential: Oft reglementieren Eltern die Mediennutzung ihrer Kinder, wobei Unterscheidungen zwischen einzelnen Medien gemacht werden. Während zu viel Fernsehen von den Eltern als negativ angesehen wird, ruft die Computernutzung der Kinder deutlich weniger Konfliktpotential hervor – im Gegenteil: Sie wird zum großen Teil von den Eltern unterstützt, damit die Kinder den Anschluss an zukünftige Entwicklungen nicht verpassen (vgl. Süss 2000; MpFS 2003).
52 MpFS: Medienpädagogischer Forschungsverbund Südwest.

Gemeinsame Mediennutzung und Mediengespräche

Medien können Gemeinsamkeit unter den Haushaltsmitgliedern stiften: Sie werden zum Zusammensein mit anderen genutzt und sie bilden die Basis für Gespräche (vgl. Barthelmes 2001: 88; Bausinger 1983: 32 ff.; Röser 2003; 2004). Das Teilen von Medienerfahrungen ist ein Ritual geworden, durch das Familien als eine Einheit zusammenkommen. Für viele bedeutet Familienzeit zugleich „Medienzeit" (vgl. Livingstone 2002: 166 ff.). Es scheint, dass vor allem der Fernseher trotz verschiedener Interessen und ungelöster Konflikte einen komfortablen und gängigen Weg repräsentiert, um miteinander Zeit zu verbringen (vgl. ebd.: 189).[53] Röser und Kroll (1995: 33) kamen in ihrer Studie beispielsweise zu dem Ergebnis, dass die Mehrheit der Befragten, die in einer festen Partnerschaft leben, Sendungen im Fernsehen mitverfolgt, die sie sich alleine nicht angesehen hätten. Beim Internet scheint eine gemeinsame Nutzung auf den ersten Blick aufgrund der personalisierten Bedienungsweise schwierig. Doch auch hier gibt es gemeinsame Anknüpfungspunkte, etwa eine gemeinsame Internetnutzung vor einem Bildschirm bei Hilfestellungen, die Ausführung von Tätigkeiten, die beide Partner betreffen, und Gespräche rund um das Internet (vgl. Ahrens 2007: 194 f.; Bakardjieva 2005: 150; Großmann 2007: 177; Röser 2007d: 167). Bakardjieva (2005: 150) konnte in ihrer Studie sogar vereinzelt männliche Probanden finden, die der gemeinsamen Internetnutzung einen gleich hohen Stellenwert wie dem gemeinsamen Fernsehen einräumen und zwischen Internet und Fernseher im Hinblick auf Gemeinschaftsstiftung keinen qualitativen Unterschied sehen. Insgesamt kommt jedoch eine gemeinsame Nutzung zwischen Eltern und Kindern öfters vor (vgl. ebd.)[54] – bei Paaren besteht diesbezüglich noch Forschungsbedarf.

Zusammenfassend kann festgehalten werden, dass sowohl die These einer Fragmentierung als auch die These einer reinen Gemein-

---

[53] Livingstones Studie über die Bedeutung von neuen Formen der Medien im Leben junger Menschen im Alter von 6 bis 17 Jahren zeigte, dass die Mehrheit der Kinder ihre Lieblingsfernsehprogramme in Begleitung sehen, meistens mit einem Familienmitglied. Dabei spielten neue PC-basierte Medien eine geringere Rolle in der Kind-Eltern-Beziehung als traditionelle Medien wie Bücher und Musik. Rufe nach einer reduzierten Medienzeit könnten laut Livingstone auch die Zeit verringern, die Eltern mit ihren Kindern verbringen, und dazu beitragen, den Individualismus in Familien zu steigern (vgl. Livingstone 2002: 184 ff.). Laut einer Studie über Kinder und Medien wird das Internet in Deutschland von Eltern und ihren Kindern überwiegend gemeinsam genutzt. So gehen 39 Prozent der Kinder zwischen sechs und 13 Jahren mit ihren Eltern oder einem Elternteil gemeinsam online. Bei Jüngeren ist der Anteil an einer gemeinsamen Nutzung noch größer. Je älter die Jugendlichen werden, um so öfter gehen sie alleine ins Internet. Diese Entwicklung bezogen auf den Anstieg des Alters der Kinder und einer zunehmenden individuelleren Nutzungsweise deutet auf einen „natürlichen" Abgrenzungsprozess von Jugendlichen hin (vgl. MpFS 2003: 43).
[54] Medien bilden einen Rahmen für gemeinsame Tätigkeiten sowohl innerhalb der Familie als auch mit Freunden (vgl. Barthelmes 2001: 88).

schaftsstiftung in Bezug auf das Internet zu einseitig sind. Fallstudien zur Internetnutzung von Paaren zeigten unterschiedliche Facetten der Einbindung in soziale Interaktion (vgl. Ahrens 2007; Großmann 2007; Röser/Großmann 2008; Röser 2007d). Das Internet kann Gemeinschaft stiften, Gespräche evozieren, aber auch Rückzug unterstützen und Konflikte zwischen den Haushaltsmitgliedern auslösen. Etablierte Medien, besonders der Fernseher, spielten bei einer gemeinsamen Mediennutzung bisher eine größere Rolle. Für das Internet besteht in diesem Zusammenhang gerade in Bezug auf Geschlechterbeziehungen noch Forschungsbedarf.

2.2.3 Räume und Medienalltag

Die Raumstruktur kann eine gemeinschaftliche oder individuelle Mediennutzung eher fördern oder behindern; wobei der individuelle Rückzug in transitionalen[55] architektonischen Strukturen schwerer realisierbar ist als in traditionellen. Traditionelle Häuser sind mit einer geschlossenen Raumaufteilung auf Privatsphäre hin ausgerichtet (vgl. Rompaey/Roe 2001). Transitionale Häuser ermöglichen dagegen weniger Privatsphäre, da die Raumstruktur offen und gemeinschaftsorientiert ist.[56] Einzelne Räume wie Wohnzimmer sind eher offen angelegt, während Schlafzimmer stärker abgetrennt werden. In der häuslichen Sphäre gibt es zwei Abgrenzungsmöglichkeiten: Haushaltsmitglieder können sich physisch oder symbolisch zurückziehen. Rompaey und Roe unterscheiden deswegen zwischen einem „physical space" und einem „symbolic space".[57] Eine physische Abgrenzung von anderen Personen ist durch die Architektur der Räume möglich, z. B. durch den Rückzug ins eigene Zimmer (vgl. ebd.: 351). Mentale Trennung von anderen Familienmitgliedern kann durch eine symbolische Privatsphäre geschaffen werden. Beispielsweise können sich OnlinerInnen durch das Internet an einen anderen Ort versetzen, obwohl sie zu Hause im Wohnzimmer am Computer sitzen (vgl. ebd.: 352 ff.).[58]

---

55 Offene Raumstruktur
56 Häufig existiert eine Vermischung der beiden Typen in einem Haus (vgl. Rompaey/Roe 2001).
57 Rompaey und Roe führten die Studie „The Home as a Multimedia Environment" durch. Die teilnehmenden Familien der Studie erhielten die Aufgabe, ihr ideales Zuhause gemeinsam zu zeichnen. Das ideale Zuhause der Probanden ist ein Ort, der häufig aus einer Mischung von ‚transitional' und ‚traditional' besteht. Die meisten gemeinschaftlich orientierten Räume wie Wohn-, Esszimmer und Küche waren offener gestaltet, während die jeweiligen Zimmer der Familienmitglieder mit Wänden und Türen voneinander getrennt gezeichnet wurden.
58 Auch als „Physical compartmentalization" (physische Abgrenzung) und „Symbolic compartmentalization" bezeichnet (symbolische Abgrenzung) (vgl. Rompaey/Roe 2001).

Platzierung des Internets im Haushalt

Wenn neue Medien in Haushalte einziehen, muss ein Platz für die Technologie gefunden werden. Hinter dem Aufbewahrungsort für die Technologie stehen neben dem pragmatischen Aspekt auch symbolische Prozesse. Dabei werden Konzepte wie Individualität und Gemeinschaft, Arbeit und Freizeit, räumliche Isolation und Repräsentation, Rückzug und öffentliche Präsenz, Dominanz und Gleichheit, Ästhetik und Pragmatismus berührt (vgl. Bakardjieva 2005; Lally 2002; Rompaey/Roe 2001). Ausgewählte Aspekte sollen im folgenden Abschnitt genauer beleuchtet werden.

Bei der Platzierung von Medien spielt die Entscheidung für *Individualität* oder *Gemeinschaft* eine entscheidende Rolle (vgl. Bakardjieva 2005: 137 ff.). Dahinter steht auf der einen Seite das Bedürfnis nach Privatsphäre und auf der anderen Seite eine Stärkung des Familien- oder Paarzusammenhalts. Die Haushaltsmitglieder können sich gemeinsam für einen Platz entscheiden. Es gibt aber auch Fälle, in denen einzelne Mitglieder des Haushaltes dominieren oder in denen das jeweilige Gerät personalisiert im Sinne einer eigenen Technologie für ein Haushaltsmitglied angeschafft wird.[59] Stehen Medien in offenen, gemeinschaftsorientierten Räumen, so ist die gemeinsame Nutzung wahrscheinlich. Wenn sie dagegen in einem Zimmer mit einer klaren Raumhoheit für ein Familienmitglied situiert wurden, muss meistens das Einverständnis für eine (Mit)Nutzung der Technologie eingeholt werden (vgl. Rompaey/Roe 2001). Bei einer Platzierung des Internets im Wohnzimmer ist die Internetnutzung oft mit anderen Aktivitäten verwoben, die zur gleichen Zeit im selben Raum stattfinden; die Internetnutzung wird verstärkt gemeinsam oder unter der Beobachtung anderer Familienmitglieder ausgeführt (vgl. Bakardjieva 2005). Forschungsergebnisse in Bezug auf Geschlecht und Medienplatzierung zeigen verschiedene Aspekte: Wenn Frauen die führende Rolle bei der Besitznahme von Medien spielen, versuchen sie zum einen, PC und Internet eher in gemeinschaftlichen Räumen zu platzieren (vgl. ebd.: 160). Dies könnte im Zusammenhang mit der Übernahme der Überwachung der Internetnutzung der Kinder stehen, welche vor allem Aufgabe der Frauen ist (vgl. ebd.: 149 ff.; Singh 2001). Zum anderen

---

59 Livingstone fand in ihrer Studie „Young People and New Media" heraus, dass bei Familien, bei denen eine Entscheidung für die Anschaffung eines Computers getroffen wurde, vor allem das Geschlecht bei der Auswahl des Standortes eine Rolle spielte. Jungen haben in Großbritannien öfter einen eigenen Computer in ihrem Zimmer als Mädchen. Eltern von Mädchen dagegen favorisieren die Nutzung und damit Platzierung des Computers in gemeinschaftlich genutzten Räumen, statt ihn dem persönlichen Eigentum der Tochter zu überlassen. Auch in Deutschland steht immer noch in mehr Kinderzimmern von Jungen als von Mädchen ein Computer (vgl. Rötzer 2003: 12). Dies wiederum könnte erklären, warum weniger Jungen als Mädchen mit ihren Eltern gemeinsam ins Internet gehen – erstere haben durch den Besitz eines eigenen Computers in ihrem Zimmer eher die Möglichkeit einer individuellen Online-Nutzung.

sind Frauen selbst froh, wenn sie sich durch eine Computernutzung physisch zurückziehen und sich damit von dem Familienleben erholen können (vgl. Lally 2002: 195 ff.). Bakardjieva fand in ihrer kanadischen Studie das Phänomen des „going downstairs", um im „wired basement"[60], einer exklusiven Männerdomäne, ungestört der Internetnutzung nachzukommen, allerdings ausschließlich bei Männern (vgl. Bakardjieva 2005: 140).

Die Platzierung gibt Aufschluss über den *Stellenwert* der einzelnen Medien. In Studien zeigte sich, dass der Fernseher seine Position als „the most important focus of the family home" auch behielt, wenn neue Medien in den Haushalt einzogen (Rompaey/Roe 2001: 360). Er steht inklusive Videorekorder im Zentrum des Wohnzimmers, oft ist die vorhandene Sitzecke auf das Fernsehgerät hin ausgerichtet. Der Computer nimmt jedoch für viele Familien einen ähnlich hohen Stellenwert ein (vgl. ebd.: 356 ff.).[61] Die Internetnutzungsdaten der letzten Jahre weisen darauf hin, dass der Stellenwert von Computer und Internet weiter steigt (vgl. Kapitel 2.1). Deswegen wird es interessant sein zu sehen, wie sich dies anhand der Platzierung in der vorliegenden Studie niederschlägt. Die Platzierung von Medien in einem bestimmten Raum kann für die jeweiligen Haushaltsmitglieder Unterschiedliches bedeuten. Für die einen stellen sie eine weitere Freizeitmöglichkeit dar, andere sehen darin einen unästhetischen Einrichtungsgegenstand. Hirsch (1998: 168) beschreibt im Rahmen der HICT-Studie, wie ein Konflikt zwischen einem Ehepaar durch einen tragbaren Laptop entstand. Der Mann baute abends sein Notebook im Wohnzimmer auf, um daran zu arbeiten, die Frau fühlte sich durch die Entscheidung ihres Mannes gestört, ihrer Meinung nach habe ein Laptop im Wohnzimmer nichts verloren und sollte ins Arbeitszimmer. Dieses Szenario zeigt ein grundsätzlich mögliches Problem beim Einzug von neuen Medien auf: Die ursprüngliche Raumfunktion kann verloren gehen, ein in der Vergangenheit gemeinschaftlich genutzter Raum kann durch neue Technologien von einem Familienmitglied eingenommen werden.

Analysen über Internet und Raumverteilungen bei Paaren geben somit über interne Geschlechterarrangements Aufschluss (vgl. Röser 2007d: 167). Während die räumliche Sphäre der Kinder klar durch eigene Zimmer ausgewiesen ist, herrscht zwischen Eheleuten oft keine klare Raumaufteilung – Räume werden gemeinschaftlich genutzt, wobei intern *Zuschreibungen zu Hoheitsbereichen* existieren (vgl.

---

60 Ein mit technischen Geräten gefüllter Kellerraum.
61 Die ausgewählten Familien wurden im Vorfeld nach ihrer realen Medienausstattung in Typen eingeteilt. Dabei konnten drei Gruppen identifiziert werden: Der „traditionelle" Familientyp (geringe Medienausstattung mit Fernseher, Telefon und einer limitierten Anzahl von Audiotechnologien), der „intermediate" Typ (mehrere Fernseher und Audiotechnologien, jedoch kein Internetzugang) und der „multimedia" Familientyp (mit einer hohen Medienausstattung inklusive Internet). Der Computer war vor allem für den letztgenannten Familientyp auch bei der Zeichnung des idealen Zuhauses von enormer Bedeutung.

ebd.).⁶² Der weibliche Hoheitsbereich umfasst die Küche, den Garten und zum Teil den Fernsehraum, in dem parallel zur Mediennutzung Hausarbeit ausgeführt wird (vgl. Bakardjieva 2005; Gray 1987). Computer sind Einrichtungsgegenstände, die Platz einnehmen und das ästhetische Bild eines Raumes mitprägen. Dies lässt die Frage aufkommen, wer bei Paaren vom Einzug von Computer und Internet in den Haushalt profitiert. Die räumliche Platzierung kann einer Person von vornherein einen bevorzugten Zugang zur Technologie verschaffen. In der Studie von Bakardjieva (2005) zeigte sich, dass Kellerräume mit Internet typischerweise als Terrain des Mannes gelten. Die Männer grenzen ihre Frauen nicht unbedingt explizit aus, oft betreten Frauen diese Räume nicht mehr. Bei diesen Paaren herrscht zugleich eine starke Rollenaufteilung der Geschlechter vor (vgl. ebd.: 161). Hier wird der PC in einem männlichen Bereich aufgestellt, wodurch sich die männliche Konnotation der Technologie auch räumlich verstärkt (vgl. hierzu auch Kapitel 2.3). Ein Familiencomputerzimmer dagegen gibt es eher bei Paaren mit einer flexibleren Rollenverteilung, da hier beide Partner gleich stark den Zugang zum Internet für sich beanspruchen (ebd.). Die Geschlechteridentität kann also auch über räumliche Arrangements ausgelebt werden; deswegen passiert es manchmal, dass verdeckte Absprachen aus der Balance geraten, wenn PC und Internet in den Haushalt einziehen (vgl. Röser 2007d: 167).

Neben einer offenen Platzierung von Medien gibt es Haushalte, in denen Computer in Möbeln „versteckt" werden. In der HICT-Studie von Morley, Hirsch und Silverstone bringt eine Frau alles technisch Anmutende im Schrank unter. Der Ehemann arbeitet in einer Branche, in der das Familienleben zu Hause häufig durch Anrufe gestört wird. Der Hintergrund für die Handlung der Ehefrau ist ein Versuch, die Verbindung zur Außenwelt, die sich in die eigene Beziehung einmischen könnte, visuell zu verbannen (vgl. Morley 2001: 23). Röser und Großmann (2007: 98) stellten bei jungen deutschen Paaren den Wunsch fest, Internetanschluss und Computer in separaten Arbeitszimmern unterzubringen, was jedoch aufgrund knappen Wohnraumes oft nicht möglich ist.

Dieses Kapitel verdeutlicht, dass die Platzierung von Medien symbolische Prozesse berührt. Diese gilt es für die Unterbringung von PC und Internetanschluss in der vorliegenden Studie mit einzubeziehen, wobei der Mobilität über Laptops ein zusätzliches Augenmerk gebührt. Bezogen auf die Platzierung des Internetanschlusses sollen mögliche Dominanzverhältnisse zwischen Männern und Frauen dabei genauer analysiert werden.

---

62 Bei älteren Paaren, bei denen die Kinder bereits ausgezogen sind, ändert sich diese Situation allerdings, da mit dem Auszug der Kinder mehr Räume zur eigenen Nutzung zur Verfügung stehen und in diesem Fall wiederum neben gemeinschaftlich genutzten Räumen ebenfalls einzelne eigene Zimmer klar ausgewiesen werden können.

2.2.4 Fazit

In diesem Kapitel wurden Forschungsbefunde zur Alltagsintegration des Internets und anderer Medien zusammengetragen. Wie ist das Internet in alltägliche Handlungen und Abläufe integriert? Von dieser Fragestellung ausgehend wurden das Domestizierungskonzept und die in diesem Zusammenhang durchgeführten Studien betrachtet. Für die eigene Untersuchung können folgende drei Gesichtspunkte als wichtige Ergebnisse festgehalten werden:

(1) Mit dem Domestizierungskonzept lassen sich Rahmenbedingungen und Prozessphasen der Integration einer Technologie gut erklären, jedoch kann daraus nicht abgeleitet werden, wie die Alltagsintegration des Internet genau aussieht. Trotzdem wird deutlich, dass von verschiedenen Ausprägungen der Medien-Alltagsintegration ausgegangen werden kann, die NutzerInnen messen Medientechnologien unterschiedliche Bedeutungen zu, integrieren Technologien „erfolgreich" in ihren Alltag oder lassen sie außen vor.

(2) Weiterhin kann festgestellt werden, dass die Alltagsintegration in den durchgeführten Studien zu Domestizierungsprozessen meistens nur für Medien wie Fernseher und Radio beschrieben wird. Da jeweils verschiedene Aspekte der Integration in den Blick kommen, können bisher auch keine einheitlichen Indikatoren für das Ausmaß der Alltagsintegration von Medien bestimmt werden. Allerdings lassen sich verschiedene Faktoren sammeln, die auf einen hohen Grad der Alltagsintegration deuten und denen in der vorliegenden Studie nachgegangen wird: Duplizierung und Personalisierung der Technologien, zeitliche Ausrichtung der Mediennutzung, inhaltlich pragmatische sowie entspannende Nutzungsweise und Platzierung im Zentrum des Haushaltsgeschehens. Einzelne Untersuchungen zum häuslichen Internethandeln weisen allerdings darauf hin, dass sich die Alltagsintegration des Internets aufgrund seiner Beschaffenheit anders darstellen könnte. Beispielsweise lässt das Internet den NutzerInnen freie Hand bei der zeitlichen Gestaltung im Gegensatz zu gesetzten Nutzungszeiten beim Fernseher. Die Nutzung des Internets kann auch über tragbare Laptops stattfinden, wodurch im Haushalt eine höhere Mobilität dieser Technologie entstehen könnte. Das Internet wird häufig nur von einer Person bedient und das könnte eine ausgeprägtere personalisierte Nutzungsweise zur Folge haben als es bei traditionellen Medien der Fall ist. Während Medien wie der Fernseher überwiegend für Freizeitzwecke eingesetzt werden oder vor allem von Frauen zur parallelen Nutzung neben Hausarbeiten, besteht beim Internet die Möglichkeit, sowohl berufliche Arbeit als auch häusliche Aufgaben und Hobbies *online* auszuführen.

(3) Obwohl anhand der Analyse des theoretischen Rahmens und des Forschungsstandes noch nicht beurteilt werden kann, wie die Alltagsintegration des Internets genau aussieht, lassen sich verschiedene Bereiche identifizieren, die für die Untersuchung der Alltagsintegra-

tion des Internets in der eigenen Studie wichtig sind. Diese Aspekte wurden gesammelt und in einer ersten Übersicht zusammengetragen. Diese sind: Zeit, Raum, soziale Beziehungen und Inhalt (die inhaltliche Nutzungsweise im Zusammenhang mit alltäglichen Aufgaben und Tätigkeiten wurde in Kapitel 2.1 bereits thematisiert). Mit den angeführten Bereichen werden nicht alle Aspekte des häuslichen Alltags abgedeckt, jedoch mit Rückgriff auf den theoretischen Rahmen und Forschungsstand zunächst elementar wichtige Aspekte im Zusammenhang mit dem Internet im häuslichen Kontext erfasst. Die vorgestellten Studien in diesem Kapitel veranschaulichen, wie stark Mediennutzung und Alltag miteinander verflochten sind.

Der Frage nach dem Ausmaß der Internet-Alltagsintegration kann sich nur empirisch genähert werden, indem zum Beispiel die RezipientInnen selbst zu ihrer häuslichen Internetnutzung interviewt werden. Aufgabe muss deswegen zunächst sein, Indikatoren für die Internet-Alltagsintegration zu ermitteln. Ziel dieser Untersuchung ist keine Langzeitstudie zum Domestizierungsprozess, sondern eine Momentaufnahme der Alltagsintegration. Mit dem Vergleich der Situation im häuslichen Kontext in den Ländern Australien und Deutschland erweitert sich die Forschungsperspektive, da so analysiert wird, ob sich länderübergreifend ähnliche allgemeine Muster heraus kristallisieren.

Insgesamt zeigen sich in diesem Kapitel bestehende Forschungslücken: Die Alltagsintegration des Internet im häuslichen Kontext wurde anhand von ethnographischen Studien noch nicht ausreichend untersucht (vgl. auch Kapitel 2.1.1), der voranschreitende Domestizierungsprozess des Internets der letzten Jahren macht jedoch wissenschaftliche Analysen für diese relativ neue Technologie wichtig. Zudem deutet sich in diesem Kapitel bereits an, dass das häusliche Medienhandeln für Frauen und Männer unterschiedlich ausfallen kann, weswegen der Aspekt Geschlecht in diesem Zusammenhang einer genaueren Analyse bedarf. Dies soll im folgenden Kapitel betrachtet werden.

2.3 Internet im Geschlechterverhältnis

„Technologies embody power relations. They are a form of social knowledge, practices and products" (Wajcman 1994: 12). Geschlechterkonstellationen sind eine Form von Machtverhältnissen. Ausgangsfrage dieses Kapitels 2.3 ist, inwiefern Technologien bei ihrem Einzug in den häuslichen Kontext bereits geschlechtsspezifischen Zuordnungen unterliegen (vgl. Klaus 2005). Aus diesem Grund wird im Folgenden die Geschlechterperspektive ausführlich thematisiert. Zunächst wird auf drei Ansätze in der kommunikationswissenschaftlichen Geschlechterforschung eingegangen. Daran schließt die Beschreibung und Analyse der Geschlechterverhältnisse in den unterschiedlichen Internet-Diffusionsphasen an. Zum Schluss werden doing gender-Muster im Internethandeln betrachtet.

2.3.1 Drei Ansätze in der kommunikationswissenschaftlichen Geschlechterforschung

Die kommunikationswissenschaftliche Geschlechterforschung kann nach Klaus (2005: 14) in drei theoretische Ansätze unterteilt werden: Gleichheitsansatz, Differenzansatz sowie (De-) Konstruktivismus. Diese drei Ansätze werden in diesem Abschnitt vorgestellt. Dabei wird geprüft, inwiefern sie sich als Grundlage für das eigene Forschungsvorhaben eignen. Jeder Ansatz basiert auf einer anderen „gesellschaftstheoretischen Position" (Klaus 2001: 14) und auf unterschiedlichem Subjekt- und Machtverständnis (vgl. hierzu ausführlich Klaus 2001: 23 ff.; 2005: 14 ff.). Sowohl im Differenz- als auch im Gleichheitsansatz wird zwischen „sex" als biologisch vorgegebenem und „gender" als kulturellem Geschlecht unterschieden (vgl. Klaus 2005: 14 ff.); während der (de-)konstruktivistische Ansatz die Zweigeschlechtlichkeit als kulturell konstruiert ansieht (vgl. Butler 1995; Klaus 2005: 14 ff.). Es zeigt sich in der kommunikationswissenschaftlichen Geschlechterforschung zwar eine zeitliche Entwicklung vom Gleichheits- über Differenz- hin zum (de-)konstruktivistischen Ansatz. Da sie sich aber gegenseitig kritisieren, kontrollieren und ergänzen, gilt keiner der Ansätze als überholt (vgl. Dorer/Klaus 2008: 107; Klaus 2005: 16).

Der *Gleichheitsansatz* knüpft an den Liberalismus als theoretischem Bezugspunkt an. Aus dieser subjektzentrierten Perspektive werden Frauen aufgrund unterschiedlicher Rollenvorgaben als Opfer einer patriarchalen Gesellschaft gesehen (vgl. Klaus 2005: 41 ff.). Diese Ungleichheit gilt als traditionales Machtverhältnis, das individuelles Freiheitsstreben verhindert (vgl. Klaus 2001: 24). Deswegen fordern die VertreterInnen dieses Ansatzes die Gleichheit der Geschlechter. Studien im Rahmen des Gleichheitsansatzes untersuchen, wie Frauen aufgrund gesellschaftlicher und individueller Mechanismen diskriminiert werden (vgl. Klaus 2005: 14). Der Schwerpunkt der Medienforschung liegt in diesem Zusammenhang auf der Untersuchung medialer Texte sowie der Situation von Frauen im Berufsfeld Journalismus. Es wird analysiert, wie Frauen in der medialen Darstellung trivialisiert und übergangen und wie sie als Journalistinnen diskriminiert werden (vgl. z. B. Neverla/Kanzleiter 1984). Aus der Perspektive des Gleichheitsansatzes stellt Klaus für neue Informations- und Kommunikationstechnologien die Frage: „Wie bildet sich die Stellung der Geschlechter in der Technologieentwicklung ab?" (Klaus 2005: 68). Die Beschreibung dieses Prozesses für das Internet erfolgt später in diesem Kapitel und ist im Abgleich mit der Technologieentwicklung anderer Medien und Technologien als Grundlage für die vorliegende Studie deswegen interessant, weil zum einen mögliche Veränderungen der Stellung der Geschlechter im Laufe der Zeit und zum anderen mit diesem Prozess zusammenhängende und medienübergreifende Faktoren analysiert werden können. Im Rahmen des Gleichheitsansatzes spielt allerdings der Blickwinkel der RezipientInnen in Form von Medienaneignungsstudien keine Rolle. RezipientInnen sind nach dieser Theorie passive NutzerInnen und als solche Medieninhalten ausgeliefert (vgl. ebd.: 51). Die vorliegende Studie stellt jedoch gerade die Perspektive der InternetnutzerInnen in den Mittelpunkt des Forschungsinteresses.

Der *Differenzansatz* wurde in den Kommunikationswissenschaften Anfang der neunziger Jahre vor allem unter Rückbezug auf strukturtheoretische Ansätze aufgegriffen. Er basiert auf der Annahme unterschiedlicher Lebensäußerungen von Männern und Frauen aufgrund der Einbindung in differente alltägliche Erfahrungswelten (vgl. Klaus 2005: 15, 51 ff.; 2001: 25). Geschlecht wird aus dieser Perspektive als abhängig von der sozialen Struktur angesehen (vgl. Klaus 2005: 15). Aufgrund sozialer Verhältnisse ist das Individuum unmittelbar in gesellschaftliche Machtkonstruktionen eingebunden, die Ungleichheit der Geschlechter ist dieser Hierarchie nachgeordnet (vgl. Klaus 2001: 24). Studien, die mit dem Differenzansatz arbeiten, untersuchen unterschiedliche Ausdrucksformen der Geschlechter im Medienhandeln (z. B. vgl. Cornelißen 1994). Für neue Kommunikationstechnologien würde die Fragestellung aus der Perspektive des Differenzansatzes lauten: „Wie gehen Männer und Frauen mit Technologien um, welche Bedeutung erlangen diese in ihrem Alltag?" (Klaus 2005: 68). Bezogen auf das vorliegende Thema gerät die geschlechtsspezifische Aneignung, Nutzung und Einstellung gegenüber dem Internet in den Blick. Untersuchungen auf der Grundlage des Differenzansatzes thematisieren auch Medienaneignung in Form von Rezeptionsstudien, deswegen verspricht dieser Ansatz *zunächst* einen interessanten Blickwinkel auf das häusliche Internethandeln von Frauen und Männern. Im weiteren Verlauf dieses Kapitels werden aus diesem Grunde Ergebnisse aus ausgewählten Studien zur Internetaneignung und Nutzung vorgestellt.

Im Mittelpunkt des *(De-)Konstruktivismus* steht die Analyse von Machtverhältnissen, die Herangehensweise ist antisubjektivistisch und das zugrundeliegende Verständnis von Macht als „äußerliche und zugleich den Subjekten innerliche Produktivkraft" (Klaus 2001: 24) mehrdeutig. Männer und Frauen positionieren sich durch ihr Handeln im Geschlechterverhältnis und wirken somit an der kulturellen Konstruktion von Zweigeschlechtlichkeit selbst mit (vgl. West/Zimmermann 1987).[63] Ein Ausgangspunkt des (De-)Konstruktivismus

---

[63] In den letzten Jahren findet verstärkt eine Verschränkung der Cultural Studies und der kommunikationswissenschaftlichen Geschlechterforschung statt (vgl. Klaus 2005: 23). Die beiden Disziplinen ergänzen einander und haben eine stimulierende Wirkung: Den Cultural Studies gelingt es bezogen auf das Medienhandeln, die gesellschaftlich-politische Verortung der RezipientInnen mit zu bedenken, da diese nach diesem Ansatz gesellschaftlich positioniert und kulturell eingebettet sind (vgl. Röser 2000: 45). Gerade weil sich die Cultural Studies zur Beschreibung von Alltags- und Machtstrukturen eignen, eröffnen sie Untersuchungsmöglichkeiten von Geschlecht und Mediengebrauch. Die kommunikationswissenschaftliche Geschlechterforschung wiederum ergänzt die Cultural Studies durch ihr „Beharren auf dem Gesellschaftsbezug" (vgl. Klaus 2005: 26).

ist die Annahme des „doing gender". Darunter wird ein komplexes soziales Phänomen verstanden, „durch welches das dichotome Ordnungsschema der mentalen, psychischen und sozialen Attribuierung von Männlichkeit und Weiblichkeit lebensweltlich realisiert wird" (Collmer 1997: 83). Eine Ausgestaltung der Geschlechtszugehörigkeit durch die Subjekte wird immer wieder neu hergestellt, das Handeln nach kulturellen Geschlechtervorgaben spielt jedoch nicht in allen Situationen eine Rolle (vgl. Ang/Hermes 1994). Deswegen ist es Aufgabe von kommunikationswissenschaftlichen Studien, die mit dem (de-)konstruktivistischen Ansatz arbeiten, zu ermitteln, ob ein doing gender vorliegt – kulturelle Geschlechterrollen in einer sozialen Handlung eine Bedeutung haben oder nicht. (De-)konstruktivistische Studien erforschen Genderingprozesse und „wie Menschen sich in einer zweigeschlechtlich konstruierten und codierten Welt verorten" (ebd: 16). Für neue Technologien wäre die Frage zu stellen: „Wie üben Menschen in der Aneignung von Technologien ihre geschlechtliche Identität aus?" (Klaus 2005: 72). Bei der Untersuchung des Internets geht es folglich um doing gender-Prozesse im Internethandeln. Mit dem (de-)konstruktivistischen Ansatz können in der vorliegenden Studie Prozesse und Rahmenbedingungen aufgedeckt werden, die dazu führen, dass Geschlechterrollen im Internethandeln reproduziert oder neu gestaltet werden (vgl. Dorer 2001: 265, Klaus 2005: 20).

Als theoretischer Überbau dient der vorliegenden Studie der (de-)konstruktivistische Ansatz, der vor allem die Anlage und Interpretation bestimmt. Im Rahmen dieses Ansatzes ist es jedoch schwierig, Forschungsfragen konkret empirisch zu untersuchen: Geschlechterkonstruktionen müssen zunächst hergestellt werden, um doing gender-Prozesse im Internethandeln aufdecken zu können (vgl. Klaus 2005: 77). Deswegen bedient sich das vorliegende Forschungsdesign darüber hinaus des Differenzansatzes, um Forschungsfragen operationalisierbar zu machen. Durch die Herstellung von Geschlechterdifferenz, also der Erforschung, wie sich Männer und Frauen im Umgang mit dem Internet verhalten, besteht allerdings die Gefahr an der Naturalisierung von Zweigeschlechtlichkeit mitzuwirken (vgl. ebd.: 59 f.). Als Konsequenz muss die eigene Position im Forschungsprozess bezogen auf die Interpretation und Auswertung der Daten immer wieder reflektiert und die Befunde kritisch hinterfragt werden (vgl. Gildemeister 2004: 220 ff., Klaus 2005: 374, vgl. deswegen hierzu auch Kapitel 2.3.4, 3.2, 3.3, 7.2).

2.3.2 Faktoren für Geschlechterkonstellationen im Verlauf von Diffusion und Domestizierung des Internets

Im folgenden Abschnitt wird zunächst das Geschlechterverhältnis in verschiedenen Internet-Diffusionsphasen miteinander verglichen. Genaue Prozentzahlen zur Internetnutzung der Geschlechter wurden in

Kapitel 2.1 dargelegt. Nun gilt es, aus der Perspektive der Geschlechterforschung jene Faktoren zu erfassen, die mit den Entwicklungsprozessen der Geschlechterkonstellationen zusammenhängen.

Geschlechterverhältnis in der Internetentwicklung

Die Entwicklungs-, Implementierungs- und ersten Diffusionsphasen des Internets waren ähnlich wie die anderer Technologien stark von Männern dominiert (vgl. Dorer 2001: 241; hierzu auch ausführlich Kapitel 2.1 für Australien und Deutschland). Als eine generalisierende Persönlichkeitsvariable für den Einstiegszeitpunkt in den Diffusionsprozess wird in der Diffusionstheorie eine positive Einstellung gegenüber (technischen) Wissenschaften genannt (vgl. Rogers 2003: 288 ff.; siehe hierzu auch Kapitel 2.1). „Earlier adopters have a more favorable attitude towards science than do late adopters. Because innovations are often the product of scientific research, it is logical that innovators are more favorably inclined towards science" (Rogers 2003: 2902). Viele Technologien, die später im häuslichen Alltag adaptiert wurden, sind ursprünglich für industrielle oder militärische Zwecke entwickelt worden (vgl. Wajcman 1994: 8 ff.). Auch die Entwicklung des Internets Anfang der 1960er Jahre war eine Zusammenarbeit von amerikanischen Universitäten mit dem Pentagon (vgl. Dorer 2001: 241). Die Zuschreibung von Wissenschaft und Technik als männlich kodierter Bereich wird in der Literatur im Zusammenhang mit der Dominanz von Männern in den Entwicklungs- sowie ersten Diffusionsphasen von Technologien bewertet, da Technik eine symbolisch stark aufgeladene Sphäre darstellt, die traditionell als „männliches" Kompetenzressort eingestuft wird (vgl. Dorer 2001: 244, Klaus 2005: 69, Sarparniene/Merkys 2005: 40). Wie schon bei der Einführung verschiedener anderer Medien, z. B. bei Radio, Videorekorder und PC, dominierte auch beim Internet in den Anfangsphasen eine technische Rahmung (vgl. Klaus 2005: 69, Schönberger 1999: 250). Diese technische Rahmung und männliche Konnotation wird im Sinne des (De-)Konstruktivismus in gesellschaftlichen Diskursen und im Handeln der Subjekte hergestellt (vgl. Dorer 2001: 245). „Männliche Codierung von Technik beruht auch auf sozialen Praxen und Alltagspraxen, in denen diese Verbindung immer wieder reproduziert und das Nicht-Bestätigen sanktioniert wird" (ebd.: 246). Während Männern Technikinteresse und -kompetenz zugeordnet werden, stehen Frauen mit Techniksscheu, -angst, -ablehnung und -inkompetenz in Verbindung (vgl. ebd.: 241). Diese Zuordnungen sind im Laufe der Zeit zum Bestandteil der geschlechtlichen Identität geworden. Frauen finden aufgrund des Konnex von *technischer Rahmung* und *männlich kodiertem Bereich* in den ersten Diffusionsphasen schwerer einen Zugang zu Technologien (vgl. Schönberger 1999, Klaus/Pater/Schmidt 1997: 804 ff.). Auf Ergebnisse aus Studien zum Internethandeln der Geschlechter wird im Abschnitt 2.3.3 genauer eingegangen.

Geschlechterverhältnis im weiteren Verlauf der Internetdiffusion

In Kapitel 2.1 wurde bereits dargelegt, wie sich im weiteren Internet-Diffusionsverlauf die Nutzerzahlen von Männern und Frauen in Australien angenähert haben, eine Entwicklung die sich seit 2006 auch in Deutschland andeutet. Die zunehmende Angleichung erklärt sich aus verschiedenen Faktoren: der voranschreitenden Domestizierung, der zunehmenden Ansprache von Frauen als Zielgruppe, der bedienerfreundlicheren Nutzeroberfläche des Internets, der Ausweitung der Angebotsseite der Onlineaktivitäten mit „weiblich" attribuierten Präferenzen wie Onlineshopping und einer möglichen Erledigung von Haushaltsaufgaben wie Onlinebanking (vgl. Dorer 2001: 242, Röser 2007c: 23). Der Vergleich der Aneignung und Nutzung von anderen Medien macht deutlich, dass die technische Zuordnung und männliche Konnotation von Technologien nicht dauerhaft bestehen bleiben müssen. Dies zeigt sich auch an der Entwicklung des Radios vom technischen „Bastlergegenstand" zum Alltagsmedium (vgl. hierzu auch Kapitel 2.1.3). Vor allem im häuslichen Kontext können Geschlechterverhältnisse im Umgang mit Technologien neu ausgehandelt werden (vgl. hierzu ausführlich Kapitel 2.2.3; Klaus 2005: 68 ff.; Schmidt/Pater 1997: 22; Moores 2000: 47). Obwohl Frauen das Internet im Laufe des Diffusionsprozesses zunehmend nutzen, wird ihnen keineswegs eine höhere Technikkompetenz zugesprochen. Vielmehr zeichnete sich in der Vergangenheit ein Rückgang bis hin zum Verlust der „leading-edge" Charaktereigenschaften von ehemaligen High-Tech-Technologien ab (vgl. Wajcman 1991). Für das Internet beschreibt Dorer (2001: 242) ähnliche Prozesse: „Die konstatierten Defizite in ihrer Technikkompetenz sollten durch die Technik selbst – durch eine neue benutzerfreundlichere Oberfläche des Internet – behoben werden, so dass nun frauen- und kindergerecht gesurft werden kann." Für die vorliegende Studie gilt es, im Rahmen der häuslichen Alltagsintegration das komplexe und zum Teil widersprüchliche Zusammenwirken von technischer und alltagskultureller Rahmung sowie geschlechtskultureller Kodierung des Internets zu beleuchten. Gerade der binationale Vergleich könnte interessante Erkenntnisse zum Vorschein bringen, da in Australien das Internet schon vermehrt in Haushalte eingezogen ist und die Zugangszahlen der Geschlechter zum Internet sich ausgeglichener darstellen als in Deutschland. Eine leitende Forschungsfrage lautet deswegen: Wie unterscheidet sich die technische und alltagskulturelle Rahmung des Internets und seine geschlechtskulturelle Konnotation in Australien und Deutschland?

2.3.3 Doing gender und Internethandeln

Weiterhin gilt es zu verfolgen, wie sich das Internethandeln von Männern und Frauen im häuslichen Kontext darstellt. Bei der Einstellung, Aneignung und Nutzung von Internet und PC spielen geschlechtskulturelle Deutungsmuster eine wichtige Rolle (vgl. Klaus 2005; Schönberger 1999; Singh 2001). Im folgenden Abschnitt werden Befunde aus ausgewählten Studien vorgestellt. Um den Verlauf der Entwicklung aufzuzeigen, wird zum Vergleich auch auf ältere Untersuchungen zurückgegriffen. Dieses Unterkapitel gliedert sich wie folgt: Zunächst werden die Internet-Aneignungsweisen vorgestellt, danach stehen die Einstellungen der Geschlechter gegenüber PC und Internet im Mittelpunkt, um anschließend auf inhaltliche Nutzungsweisen einzugehen.

Internet-Aneignungsweisen

In der Literatur wird zwischen einem technikimmanenten, spielerischen und inhaltsbezogenen Einstieg in Technologiennutzung unterschieden (vgl. Collmer 1997; Lenhart 1995; Schönberger 1999). Der *technikimmanente Zugang* zu Internet und Computer ist begleitet von allgemeinem Interesse an der Funktionsweise von Internet und PC und wird traditionell vor allem Männern zugeschrieben (vgl. Schönberger 1999).[64] Schönberger fand auch bei einer Frau Aspekte, die auf technische Neugierde hinwiesen, diese wurden von der Interviewpartnerin jedoch nicht weiter thematisiert. Schönberger interpretiert dies als ein von Frauen prinzipiell mögliches, häufig aber nicht artikuliertes Technikinteresse, da es im Selbstbild von Frauen gesellschaftlich nicht vorgesehen ist (vgl. ebd.: 268). Internet-Technikinteresse und Weiblichkeit scheinen nicht vereinbar und durch ihr zurückhaltendes Verhalten gegenüber Technik positioniert sich die Interviewpartnerin wieder im Geschlechterverhältnis. Dies stellt eine wichtige Erkenntnis dar, die im Laufe der vorliegenden Studie weiter verfolgt und auf ihre Geltung hin überprüft werden soll.

Der *spielerische Einstieg* in Technologiennutzung erfolgt beispielsweise über Computerspiele. Dabei entsteht der Erkenntnisgewinn vor allem durch Ausprobieren (vgl. Collmer 1997; Lenhart 1995). Während Collmer (1997) feststellt, dass ein Einstieg für Frauen im Prinzip nie über Computerspiele stattfindet, zeigt sich in Schönbergers Studie (1999) der *spielerische Zugang* sowohl bei Frauen als auch bei Männern.[65]

Der *inhaltlich-anwendungsbezogene Einstieg*, also Aneignungsformen und Gebrauchsweisen, die mit bestimmten inhaltlichen Interessen, Anwendungen und Themen verbunden sind, findet Schönberger (1999) ebenfalls bei Männern und Frauen, obwohl der inhaltlich-anwendungsbezogene Zugang „gemeinhin als ‚der' weibliche Weg bezeichnet wird" (ebd.: 269). Nach einer Studie des Statistischen Bun-

---

64 Schönberger führte für seine Studie problemzentrierte Interviews mit 30 berufstätigen männlichen und weiblichen InternetnutzerInnen. Die ProbandInnen gehörten verschiedenen Bildungsschichten an und nutzten alle das Internet privat von zu Hause aus (vgl. Schönberger 1999: 263).
65 Hierunter fielen ProbandInnen, die zum einen „Freude an der Technik" fanden, aber auch jene, die dem spielerischen Typus zuzuordnen waren und kein großes technisches Interesse vorzuweisen hatten (vgl. Schönberger 1999).

desamtes aus dem Jahr 2006 eignet sich der Großteil der Befragten beider Geschlechter Kenntnisse und Fertigkeiten im Umgang mit PC und Internet mit Hilfe von Freunden, Verwandten oder Kollegen an (vgl. Tab. 2-19). Leichte Unterschiede zeigen sich darin, dass Männer stärker als Frauen den Umgang in Eigeninitiative erlernen: Männer bringen sich die Nutzung vermehrt durch „learning by doing" oder mit Hilfe von Fachliteratur bei (vgl. Tab. 2-19). Pragmatische und funktionale Aspekte der Computeraneignung wurden von Collmer (1997) und Lenhart (1995) vor allem Frauen zugeordnet. Frauen hatten einen vorsichtig-vortastenden Lernstil, ihr Lernen und Arbeiten am Computer orientierte sich an Effizienzkriterien. Sie favorisierten eine Aneignung von Computerkenntnissen im Rahmen einer Lerngruppe (vgl. Collmer 1997).

Tab. 2-19: Aneignung von Internetkenntnissen von Frauen und Männern in Prozent

	Mit Hilfe von Freunden, Verwandten, Kollegen	„Learning by doing"	Fachliteratur, Lernprogramme	Kurse in Schule, Universität, Berufsschule	Kurse in Weiterbildungseinrichtungen aus privatem Interesse
Männer	82,9	81,7	46,6	23,8	9,9
Frauen	87	73,7	29,3	24,5	13,9

(vgl. Statistisches Bundesamt 2007: 47)

Der Vergleich von älteren Studien zur Internet- und PC-Aneignung mit Untersuchungen der letzten Jahre verweist auf eine Angleichung der Internetaneignungsweisen von Frauen und Männern, dennoch spielen geschlechtskulturell differente Praktiken immer noch eine gewisse Rolle (vgl. Collmer 1997; Lenhart 1995; Liff/Shepherd 2004; Schönberger 1999; Statistisches Bundesamt 2006b).[66] Die Angleichung der Aneignungsmethoden zwischen Männern und Frauen weist auf einen Rückgang der technischen zugunsten einer voranschreitenden alltagskulturellen Rahmung des Internets hin. Die qualitativen Studien (vgl. z. B. Schönberger 1999) erweisen sich im Vergleich zu quantitativen (vgl. z. B. Statistisches Bundesamt 2006b) für die eigene Untersuchung als ertragreicher, da sie vertiefende Einblicke in doing gender-Muster geben und aufzeigen, wie Menschen in der Internetaneignung ihre geschlechtliche Identität ausüben. Jedoch könnten in Schönbergers (1999) qualitativer Studie möglicherweise Verzerrungen der Ergebnisse vorliegen, da keine early adopter in das Untersuchungssample mit einbezogen wurden. Eine Berücksichtigung dieser Gruppe hätte zu stärker geschlechterdifferenten Resultaten führen können, da gerade häufig männliche Personen in frühen Diffusionsphasen über einen technikimmanenten Zugang den Nutzungseinstieg finden.

---

[66] Ein direkter Vergleich der Studien ist immer nur beschränkt möglich, da unterschiedliche Samples sowie Methoden angewendet wurden.

Einstellungen von Frauen und Männern zu PC und Internet

Studien in früheren Diffusionsphasen zeigten ein geringer ausgeprägtes Selbstbewusstsein von Frauen bezüglich ihrer Computer- und Internetkompetenz. Das hinderte sie daran, den PC zu nutzen (vgl. Campbell 1990; Schumacher/Morahan-Martin 2001). Männer hatten größeres Vertrauen in die eigenen Computer-Fähigkeiten und eine positive Einstellung gegenüber dem PC (vgl. ebd.). Mittlerweile wird davon ausgegangen, dass sich in fortgeschrittenen Diffusionsphasen geschlechterspezifische Differenzen in der Internetkompetenz weniger bei routinemäßigen als bei komplizierteren Aufgaben zeigen (vgl. Sarparniene/Merkys 2005: 40). Hargittai und Shafer (2006) fanden Auswirkungen der Einstellung von Frauen und Männern in Bezug auf *neue* Onlineaktivitäten. Da Frauen häufiger als Männer dazu tendierten, ihre Internetfähigkeiten zu unterschätzen, kann diese Einstellung dazu führen, dass sie neue Onlineaktivitäten gar nicht erst ausprobieren, weil sie glauben, diese nicht zu beherrschen (vgl. ebd.). Bei den vorhandenen Internetfähigkeiten von Männern und Frauen konnten Hargittai und Shafer (2006) jedoch keine Unterschiede feststellen: Offenbar hinderte die Frauen an der Nutzung neuer Onlinetätigkeiten nur ihre Einstellung. Insgesamt bleibt es nach wie vor beim geringer ausgeprägten Selbstvertrauen der Frauen in die eigenen Internetfähigkeiten – dies ist aber mittlerweile weniger für eine generelle Nutzung entscheidend als für das Ausprobieren neuer Onlineaktivitäten. Diese Veränderung ist ein weiterer Hinweis für einen Rückgang der technischen hin zu einer alltagskulturellen Rahmung des Internets.

Wenn Männer über ihre Technikkompetenz sprechen, grenzen sie ihre Fähigkeiten oftmals gegenüber Frauen ab: Männer vertraten häufiger die Meinung, sie seien besser als Frauen in der Lage, Computer zu nutzen (Levin/Gordon 1989; Whitley 1997). Sonia Livingstone (2002) kam in ihrer Studie „Young People and New Media" zu dem Ergebnis, dass Geschlecht der Schlüssel zu häuslichen Kommunikationstechnologien ist: Brüder und Väter sahen sich zu Hause doppelt so oft als „Experten" als ihre Schwestern und Mütter. Die Studie von Livingstone war eingebettet in eine europäische Untersuchung in zwölf anderen Ländern.[67] Im Gesamtvergleich stellten sich die Geschlechterunterschiede in den europäischen Ländern weitgehend ähnlich dar: Die Unterschiede zwischen Männern und Frauen in der häuslichen Nutzung von Computern in den nördlichen Ländern, in denen die Geschlechterbeziehungen in der Gesellschaft ausgeglichener sind, waren trotzdem ähnlich stark ausgeprägt wie in den mediterranen Ländern,

---

67 Ein Team von Wissenschaftlern untersuchte in zwölf Ländern den Umgang von Kindern und Jugendlichen im Alter zwischen sechs und siebzehn Jahren mit neuen und alten Medien im Rahmen einer kulturübergreifenden und vergleichenden kommunikationswissenschaftlichen Studie. Ziel war es, den Umgang dieser Kinder und Jugendlichen mit audiovisuellen Medien zu beschreiben (vgl. Krotz et al. 1999: 10 ff.).

in denen der soziale und berufliche Status von Frauen gegenüber dem der Männer wesentlich niedriger ist (vgl. Livingstone 2002: 197). Der Zusammenhang von Männlichkeit und Technikkompetenz ist somit länderübergreifend auffällig.

Die Befunde der Studien zu Internet und PC entsprechen allgemeinen Untersuchungen über neue Technologien: Frauen wird eine ambivalente, teilweise sogar kritische oder distanzierte Haltung gegenüber neuen Technologien zugeschrieben, sie sehen die Anwendung unter dem Aspekt ihrer Bedeutung für menschliche Bedürfnisse – und fragen nach ihrem Gebrauchswert (Böttger/Mettler-Meiborn 1990: 6 f.). Männer dagegen haben ein instrumentelles Verhältnis zu Technologien, sie bewerten sie nach Kriterien, die die Technik selbst zur Verfügung stellt (vgl. Klaus/Pater/ Schmidt 1997: 812; Schönberger 1999: 262). Die skeptische Haltung von Frauen gegenüber Technik ist jedoch nicht als kategorische Ablehnung zu verstehen, sondern als rational zu bewerten, „weil sie von dem Wissen um die schädlichen Wirkungen eines unangemessenen Technikeinsatzes gerade für den privaten Lebenszusammenhang getragen ist" (Böttger/ Mettler-Meiborn 1990: 7). Somit ergibt sich für den späteren Einstieg von Frauen in den Internet-Diffusionsprozess ein neuer Blickwinkel: Solche late adopter warten zunächst ab, welcher Gebrauchswert von Technologien sich herausstellt und entscheiden dann, ob es sich nach pragmatischen Gesichtspunkten überhaupt lohnt, etwa das Internet zu adaptieren. „Innovators must be able to adopt a new idea largely on the basis of rather abstract stimuli, such as are received from the mass media. Later adopters can observe the innovation in the here-and-now of a peer's operation" (Rogers 2003: 289).

Eine selbstkritische Bewertung der eigenen Technikkompetenz von Frauen ist im Zusammenhang mit dem Neuheits- und High-Tech-Grad der Technologie zu sehen. Frauen definieren Technologien grundsätzlich als männlich (vgl. Singh 2001).[68] Für Frauen ist die technische Konnotation eines Gerätes höher, je weniger sie sich selbst damit auskennen (vgl. Gray 1987; Singh 2001: 407). Sobald sich die Technologien im Alltag etabliert haben und Frauen mit ihrer Hilfe Haushaltsaufgaben erledigen, sind sie sich ihrer eigenen Bedienungskompetenz sicher. Technologien, die mit Haushaltsaufgaben verbunden sind, wie Kühlschrank, Mikrowelle, Backofen, ebenso etablierte Medien z. B. Telefon, Radio oder Fernseher, werden von Frauen nicht als technische Geräte angesehen (vgl. Singh 2001: 407). Sobald Frauen mit dem Umgang einer Technologie vertraut sind, redefinieren sie diese als ein Werkzeug für ihre Aktivitäten: telefonieren, Radio hören oder Hausarbeit (vgl. ebd.).[69] Die Nutzung von Technologien zur

---

68 Singh (2001) führte eine qualitative Studie mit Frauen mit häuslichem Internetzugang in städtischen und ländlichen Gegenden Australiens durch. Singh interviewte 30 Frauen im Alter von 25 bis 55 Jahren.
69 Technische Konnotationen müssen nicht die komplette Technologie betreffen, sondern können sich auch nur auf einzelne Teile beziehen. Interessant ist diesbe-

Hausarbeit wird dabei nicht als Kompetenz im Umgang mit Technologien gewertet (vgl. Wajcman 1994: 8 ff.).[70]

Die Unterschiede der Einstellungen der Geschlechter zu PC und Internet bedeuten keineswegs, dass Technologien prinzipiell Männern zugänglicher sind als Frauen. Vielmehr lassen die Befunde der vorgestellten Studien darauf schließen, dass die Fähigkeit im Umgang mit Technologien weniger von den technischen Eigenschaften des Geräts abhängt, sondern vorrangig von deren instrumentellen und sozialen Funktionen (vgl. Klaus 2005: 72). „Letztlich ist die Unterscheidung von Technikkompetenz und -inkompetenz entlang der Geschlechtertrennung ideologisch, Mittel zur Aufrechterhaltung des geschlechtsspezifischen Machtverhältnisses" (Klaus/Pater/Schmidt 1997: 813). Männer und Frauen beweisen beide gleichermaßen Technikkompetenz. Zugleich ist die Mehrzahl der Menschen beiderlei Geschlechts überfordert, wenn es beispielsweise an das Beheben von einfachen Störungen bei Haushaltsgeräten geht (vgl. Klaus 2005: 73). Das technische Unbehagen der Frauen steht im Zusammenhang mit der gesellschaftlichen Konstruktion der Geschlechterrollen (vgl. Cockburn/Ormrod 1993; Green 2002; Wajcman 1994). Frauen können ihre Geschlechtszugehörigkeit durch technische Hilflosigkeit zum Ausdruck bringen (vgl. Wajcman 1994: 11). Interesse oder gar eine Passion für Computer stehen im Gegensatz zu einem traditionellen Verständnis von Weiblichkeit. Männer dagegen können durch Technikkompetenz ihre Männlichkeit demonstrieren (vgl. ebd.: 8 ff.). Beispielsweise ist der Mann in einer Beziehung derjenige, der bei Problemen bezüglich des Computers um Rat gefragt wird, obwohl die Partnerin selbst über die entsprechenden Fähigkeiten verfügt, jedoch „diesen Abstand als konstitutives Beziehungselement ebenfalls performiert" (Schönberger 1999: 275 ff.). Frauen setzen manchmal ihre angebliche technische Unmündigkeit ein, um häusliche Aufgaben an den Partner zu delegieren (vgl. Ahrens 2007; Gray 1992; van Zoonen 2002: 16 ff.). Dem Mann wird vor allem aus Zeitgründen das Feld der (Medien-)Technikkompetenz überlassen: Frauen scheuen die anfängliche Zeitinvestition, um überhaupt eine neue Technologie bedienen zu können, aber auch die anderen mit der Nutzung verbundenen Aufgaben (vgl. Gray 1987; Green 1998; Schönberger 1999). Die Herstellung eines „Kompetenz-Differentials", der „Aufrechterhaltung einer Abhängigkeits-

---

züglich eine Studie von Ann Gray, durchgeführt Ende der 80er Jahre, über damals neue Unterhaltungsmedien (vgl. Gray 1987). Bei Videorekordern wurden beispielsweise die Fernbedienung oder der timer switch technisch konnotiert.

70 Klaus (2005: 72 f.) argumentiert, Frauen könnten technische Geräte wie Waschmaschinen selbstverständlich bedienen, während die im technischen Bereich zu Experten deklarierten Männer dazu oft unfähig seien. Als der Computer in die Büros einzog, erlernten insbesondere Sekretärinnen, denen zuvor als Frauen Technikkompetenz abgesprochen worden war, den Umgang mit dem Gerät. Daneben zeigt die Bedienung von weiteren technischen Geräten wie Mikrowelle oder Backofen, aber auch von traditionellen Medien, dass Frauen ohne Zweifel über Technikkompetenz verfügen.

hierarchie zwischen ‚männlicher Technikkompetenz' und ‚weiblicher Hilfsbedürftigkeit'" (Collmer 1997: 256) wird von beiden Geschlechtern getragen. Mittels Computern kann beispielsweise der Mann das eigene Wissen zur Schau stellen. Nicht immer verfolgt er dabei das Ziel, der Frau so zu helfen, dass sie später aufkommende Probleme selbstständig lösen kann (vgl. Ahrens 2007; Collmer 1997).[71]

Studien weisen darauf hin, dass das Internet ein männliches Territorium im Haushalt darstellt. Gibt es nur einen Computer zu Hause, muss die Nutzung ausgehandelt werden. Van Zoonen (2002) ermittelte, dass es immer noch die Männer sind, die Vorrang beim Computer und Internet hatten.[72] Entweder wurde der PC von vornherein als eine Männerdomäne aufgefasst oder diejenige Person hatte Nutzungshoheit, die aus Arbeitsgründen an den PC musste. Dies traf wiederum häufiger auf Männer zu. Nur selten nutzten Frauen den PC stärker zu Hause als Männer. In einigen Fällen konnte van Zoonen (2002) jedoch auch den Typ einer „umgedrehten" Medienkultur feststellen. Bei diesen Paaren wollten die Männer aufgrund einer starken berufsbedingten Computernutzung nicht auch noch zu Hause Zeit vor dem PC verbringen und überließen deswegen den Frauen den Computer. Zugleich sind Frauen keine passiven Partnerinnen in diesem Prozess, da sie aktiv an den Wechselbeziehungen teilnehmen, die die entsprechenden Geschlechtsidentitäten festlegen. Beispielsweise grenzen Frauen sich räumlich und zeitlich von der Internetnutzung aus (Bakardjieva 2005: 161). Als Erklärung für dieses Verhalten nennt Bakardjieva „interiorized cultural attitudes regarding the role of the women in the home and the relationship between women and technology" (ebd.: 161). Dieser interessante Befund wird leider nicht näher ausgeführt, deutet jedoch darauf hin, dass zum Teil eine technische Konnotation des Internets noch zu greifen scheint. Veränderungsimpulse könnten sich zum einen zukünftig durch eine zunehmende Personalisierung der Medien ergeben, weil dann der Zugang zum Internet nicht mehr ausgehandelt werden muss. Zum anderen könnte die verstärkte Möglichkeit der Erledigung von Haushaltsaufgaben per Internet zu einer Ablösung der männlichen Dominanz führen (vgl. hierzu ausführlich den folgenden Abschnitt „Inhaltliche Internetnutzung").

Die vorgestellten Studien zeigen, wie sich Männer und Frauen durch die Demonstration von Technikkompetenz/Inkompetenz im Geschlech-

---

71 Collmer (1997) zeigte, dass zwischen „Computer-Insidern" und „Computereinsteigerinnen" ein prekäres Verhältnis herrscht. Collmer fand in ihrer Studie über Aspekte geschlechtsspezifischer Technikaneignung dieses Phänomen vor allem im betrieblichen Rahmen vor (vgl. ebd. 1997: 256). Im Rahmen einer ethnographischen Studie konnte dieses Muster auch im häuslichen Kontext lokalisiert werden (vgl. Ahrens 2004).
72 Van Zoonen (2002) führte eine Studie über Nutzungsweisen des Internets mit 24 jungen kinderlosen holländischen Paaren im Alter von 20 bis 30 Jahren durch. Sie fasste ihre Ergebnisse an Hand von vier Typen von „Medienkulturen" zusammen und bezeichnete diese als „traditional", „deliberative", „individualized" und „reversed".

terverhältnis positionieren. In der Tendenz üben Frauen eher Zurückhaltung und Männer zeigen verstärkt Selbstbewusstsein im Umgang mit dem Computer. Dies spiegelt sich beispielsweise an unterschiedlichen Erwartungen und Gründen für eine Internetaneignung, aber auch in Nutzungsweisen, Rollenverhalten und Interaktion innerhalb einer Partnerschaft rund um das Internet (vgl. Dorer 2001; Singh 2001; van Zoonen 2002). Dabei ist die Expertenrolle der Männer nicht unbedingt auf besseres Fachwissen zurückzuführen (vgl. Ahrens 2007; Schönberger 1999; Turkle 1988; van Zoonen 2002). Internethandeln wird von gesellschaftlichen Macht- und Dominanzverhältnissen geprägt und durch die Nutzung werden wiederum sozial konstruierte Geschlechterrollen fortgeführt oder neu gestaltet. Haushaltstechnologien sind weiblich konnotiert, während die neuen Hightech-Technologien als männlich kodiert und mit Technikkompetenz assoziiert werden. Die Ergebnisse neuer Studien deuten aber auf einen Rückgang der männlichen Kodierung des Internets hin (vgl. Singh 2001), wobei die zunehmende Möglichkeit der Erledigung von Haushaltsaufgaben online eine Rolle zu spielen scheint. Trotzdem greift noch eine männliche Dominanz rund um das Internethandeln (vgl. Bakardjieva 2005; van Zoonen 2002). In diesem Kapitel wurde bereits deutlich, dass es um ein vielschichtiges und zum Teil diskrepantes Zusammenwirken verschiedener Aspekte geht; sowohl ein Re-Gendering, „eine Reproduktion traditioneller Geschlechterkonstellationen", als auch ein De-Gendering, „eine Relevanzverminderung geschlechtsgebundener Codierungen", ist erkennbar (Röser: 2007d: 169) und soll in der eigenen Studie weiter untersucht werden.

Inhaltliche Internetnutzung

Nachdem das Geschlechterverhältnis bei den Internet-Aneignungsweisen und Einstellungen zum Internet beleuchtet wurde, sollen im folgenden Abschnitt schließlich die inhaltlichen Nutzungsweisen des Internets genauer betrachtet werden. Dabei steht die Erledigung von Haushaltsaufgaben per Internet im Mittelpunkt.

Repräsentative Zwecke von Technologiegebrauch werden häufiger Männern unterstellt, konnten für das Internet allerdings bei beiden Geschlechtern gefunden werden (vgl. Schönberger 1999). Frauen nutzen Technologien, um ihre häuslichen Aufgaben oder die Pflege sozialer Kontakte zu erleichtern. Des Weiteren interessieren sich Frauen für Geräte, die sich – wie der Fernseher – zur familiären Freizeitbeschäftigung eignen, sowie beruflich einer pragmatischen Aufgabenbewältigung dienen (vgl. Klaus/Pater/Schmidt 1997: 812). Beispielsweise waren es in Bakardjievas Studie (2005: 142) Frauen, die eine Internetnutzung im Sinne eines passiven Unterhaltens vor allem während des Tages als inkompatibel zu ihrer Rolle im Haushalt fanden.

Während in den ersten Phasen der Nutzung mit dem Internet eher spielerisch umgegangen wurde, konnte mit dem Voranschreiten der Internetdiffusion ein Zuwachs an instrumentellem Umgang festgestellt werden (vgl. Chen/Boase/Wellman 2002: 97 ff.). Diese Entwicklung steht in Verbindung mit dem wachsenden Angebot an entsprechenden Onlineaktivitäten. Aufschlussreich ist an dieser Stelle eine Betrachtung der geschlechtsspezifischen Nutzungsweisen in den USA, dem Land mit einer weiter fortgeschrittenen Diffusion im Vergleich mit anderen OECD-Ländern. Bereits im Jahr 2000 bestand in Nordamerika kein nennenswerter Unterschied zwischen instrumenteller und erholungsmotivierter Internetnutzung bei Männern und Frauen (vgl. ebd.). Im gleichen Jahr war in anderen OECD-Ländern Geschlecht jedoch eines der auffälligsten Differenzierungsmerkmale: Männer nutzten in diesen Ländern das Internet viel stärker zu instrumentellen Zwecken als Frauen. Dies widerspricht auf den ersten Blick Studien, die eine pragmatische Nutzungsweise eher bei Frauen vorfanden (vgl. Dorer 1997: 23; Frissen 1992: 40 ff.).[73] Die Unterschiede zum Survey 2000 sind vermutlich darauf zurückzuführen, dass Männer vor allem den Gruppen early adopter und early majority zuzuordnen sind und somit im Jahr 2000 durchschnittlich mehr und vor allem längere Erfahrung mit der Internetnutzung hatten als Frauen (vgl. Kapitel 2.1). Frauen gehören in früheren Diffusionsphasen proportional häufiger zu den Internetneulingen, nutzen das Internet weniger und nur für eine eingeschränkte Bandbreite an Onlinetätigkeiten (vgl. Chen/Boase/Wellman 2002: 106).[74] In Beziehungen könnten Männer deswegen zunächst für anfallende instrumentelle Aufgaben, wie beispielsweise das Onlineshopping zuständig sein. Denn der entscheidende Faktor für den Einkauf per Internet ist der Internet-Erfahrungsgrad (vgl. Lunn/Suman 2002).[75] Noch vor einigen Jahren befanden sich vor allem Männer unter den Online-Shoppern (vgl. Lohse et al. 1999, 2000; Lunn/Suman 2002). Mit einer voranschreitenden Diffusion sowie einer stärkeren Domestizierung des Internets gerät die Ungleichheit in der Interneterfahrung zwischen Männern und Frauen immer mehr in den Hintergrund. Deswegen könnte die Ausweitung des Angebots, das Überwiegen praktischer Vorteile und vor allem die Zeitersparnis

---

73 Studien zu anfänglichen Diffusionsphasen stellten fest, dass Männer einen spielerischen Umgang mit dem Internet pflegten, während Frauen das Internet gezielt nutzten, vor allem für Emailverkehr und die Suche von Informationen. Frauen verbrachten z. B. weniger Zeit mit ziellosem Surfen (vgl. Dorer 1997: 23; Frissen 1992: 40 ff.).
74 Jedoch ist die Anlage des Survey 2000 generell zu hinterfragen. In der Studie wurden die Internetnutzung zu Hause und am Arbeitsplatz vermischt. Dadurch werden Ergebnisse eventuell verzerrt, denn die Internetnutzung am Arbeitsplatz ist stärker instrumentell orientiert. Zudem ist die Trennung zwischen instrumenteller und erholungsmotivierter Nutzung nicht klar nachzuvollziehen. Ist z. B. die Onlinekommunikation mit Verwandten eine instrumentelle Haushaltsaufgabe oder Erholung? Es besteht Bedarf, mit qualitativen ethnographischen Studien ein genaues Bild zu eruieren, wie die Internetnutzung von Männern und Frauen im häuslichen Kontext aussieht.
75 Der Interneterfahrungsrad bezieht sich z. B. auf die Anzahl der Jahre, die man schon das Internet nutzt (vgl. Lunn/Suman 2002).

(vgl. Lunn/Suman 2002: 573; Swaminathan et al. 1999)[76] zu einem Geschlechterwechsel in der Zuständigkeit des Onlineshoppings führen: Frauen könnten aufgrund von Zeitknappheit die traditionell in ihren Aufgabenbereich fallende Haushaltsaufgabe des Einkaufens künftig verstärkt im Internet erledigen.

In einer Studie von Singh (2001) über die häusliche Internetnutzung von Paaren übernahmen Frauen Haushaltsaufgaben per Internet. Sie benutzten die Technologie überwiegend als ein Werkzeug für verschiedene Aktivitäten, z. B. um online Einkäufe und berufliche Tätigkeiten zu erledigen, nach Informationen zu suchen, den Kindern bei den Hausaufgaben zu helfen oder zu kommunizieren. Für Männer hatte die Internetnutzung erholungsorientierten Charakter, sie pflegten einen spielerischen Umgang, beispielsweise bastelten sie mit der Software. Während sich Männer auch nach Feierabend noch gerne an den Computer setzen, ist für Frauen das Internet primär mit Arbeit verbunden (vgl. Singh 2001). Die unterschiedlichen Internet-Nutzungsweisen von Männern und Frauen könnten damit erklärt werden, dass sie im Alltag über unterschiedlich viel Zeit verfügen. Singh dagegen fand auch bei kinderlosen Ehepaaren, bei denen die Hausarbeit von Männern und Frauen gleichermaßen erledigt wird, Unterschiede in der häuslichen Umgangsweise mit dem Internet (vgl. Singh 2001: 399 f.). Die vorliegende Studie versucht hier einen Erklärungsbeitrag zu liefern.

Während Livingstone (2002: 192 ff.) vermutete, dass die computerbasierten Kommunikationsmedien Männer stärker dazu motivieren würden den Kontakt mit Verwandten zu halten, fanden Boneva und Kraut (2002) sowie Kennedy et al. (2003) heraus, dass bei befragten amerikanischen Paaren trotzdem vor allem die Frauen verstärkt das Internet dafür nutzten. Frauen vollzogen diese traditionell in ihren Aufgabenbereich fallende Tätigkeit nun via Email anstatt mit herkömmlichen Medien wie Telefon oder Briefen. Vor allem waren sie für die Beziehungspflege mit entfernteren Verwandten, auch mit der angeheirateten Verwandtschaft, verantwortlich. Die Männer entdeckten zwar auch das Emailen als Mittel der Kontaktpflege, jedoch vor allem mit weiter weg lebenden Kindern (vgl. Boneva/Kraut 2002: 372 ff.). Insofern kann nur im engen Familienkreis von einer Entwicklung hin zu einer ausgeglicheneren Aufgabenverteilung gesprochen werden. Der Großteil der Kontaktpflege blieb in der Studie von Boneva und Kraut (2002) somit weiterhin den Frauen überlassen. Es wird für die eigene Studie interessant sein zu sehen, wer von den Männern und Frauen die Haushaltsaufgaben per Internet langfristig ausführt. Doing-gender-Muster

---

76 Weitere Vorteile sind günstigere Preise und die Einfachheit der Informationsermittlung. Als nachteilig wird gesehen, dass kein persönlicher Austausch stattfindet, man muss sich auf die im Internet beschriebene Ware verlassen, ohne sie wirklich gesehen zu haben, man hat höhere Sicherheitsängste. Gerade diejenigen, die den Aspekt des sozialen Austausches wertschätzen, betreiben weniger Onlineshopping (vgl. Lunn/Suman 2002: 573; Swaminathan et al. 2000).

sind rund um Online-Haushaltsaufgaben auffällig, beispielsweise verweigerte in Schönbergers Studie (1999) ein Mann die Internetnutzung und seine Frau übernahm die Verantwortung für die Familienkommunikation per Internet durch das Schreiben von Emails. Dieses Beispiel veranschaulicht, wie durch die Internetnutzung der Frau „die traditionelle Rollenverteilung als Mutter, Ehefrau bzw. Hausfrau nun auch via Aneignung der neuen Technologie weitergelebt werden kann" (ebd.: 278). Insgesamt zeigen die Internetstudien zwar einen Zuwachs an neuen Formen von Tätigkeiten die eigentlichen, dahinterstehenden Aktivitäten bleiben jedoch die gleichen. Z.B. hat sich durch die Möglichkeit des Emailens der mediale Modus geändert, nicht jedoch das Ziel der interpersonellen Kommunikation (vgl. Anderson/Tracey 2002: 140). Das Internet könnte somit zum neuen Vehikel für alte doing gender-Muster werden. Diese geschlechtskulturellen Prozesse zu überprüfen stellt sich somit als Aufgabe für die vorliegende Studie.

2.3.4 Fazit

Internetaneignung ist von gesellschaftlichen Macht- und Dominanzverhältnissen geprägt: Wenn das Internet in den häuslichen Alltag einzieht, ist es bereits mit symbolischen Bedeutungen behaftet. In diesem Kapitel wurde herausgearbeitet, dass dabei geschlechtsspezifischen Zuordnungen eine wichtige Rolle zukommt. Ausgehend vom (de-)konstruktivistischen Ansatz konnte ermittelt werden, dass die Differenzen im Internethandeln zwischen Männern und Frauen im Zusammenhang mit gesellschaftlichen Kodierungen entlang des Geschlechterdualismus stehen. In der Art und Weise, wie sich Individuen den Umgang des Internets aneignen und sich damit auseinandersetzen, drücken sie auch ihre Geschlechtszugehörigkeit aus (vgl. Klaus 2005). Das Handeln nach geschlechtskulturellen Vorgaben spielt jedoch nicht in allen Situationen eine Rolle.

Daraus ergeben sich für die vorliegende Studie folgende Überlegungen und wichtige Ansatzpunkte:

(1) Das Internethandeln von Frauen und Männern *und* die wahrgenommene Gesellschaftsebene müssen analysiert werden, um die Verbindung der Mikroebene des Haushaltes und der gesellschaftlichen Makroebene im Hinblick auf geschlechtskulturelle Zuordnungen zu erfassen. Es geht darum, doing gender-Prozesse aufzudecken und zu eruieren, wie Männer und Frauen im Internethandeln ihre geschlechtliche Identität ausüben. Untersucht werden soll im Einzelnen, welche Prozesse und Rahmenbedingungen dazu führen, dass Geschlechterrollen im Internethandeln reproduziert oder neu gestaltet werden.

(2) Der Erforschung von doing-gender-Prozessen liegen selbst bestimmte Grundannahmen über die Beschaffenheit von Geschlechterkonstruktionen zugrunde. Das heißt, dass die Forschung über den Umgang von Männern und Frauen mit dem Internet selbst

Geschlechterdifferenz herstellt und somit an der Naturalisierung von Zweigeschlechtlichkeit mitwirkt (vgl. Klaus 2005: 59 f.). Deswegen muss für die vorliegende Studie die eigene Forschungsposition, die Anlage, die Durchführung und die Interpretation der Ergebnisse immer wieder reflektiert werden.

In diesem Kapitel wurden die Geschlechterkonstellationen im Verlauf der Internetdiffusion genauer betrachtet. In Kapitel 2.1 wurde bereits festgestellt, dass Männer überproportional zu der Gruppe der early adopter gehören, während Frauen eher zu den late adopter zählen. Eine mögliche Erklärung zeigt sich in der Zuschreibung von Technik als männlich kodierten Bereich, der in den vorgestellten Studien im Zusammenhang mit der Dominanz von Männern in den Entwicklungs- sowie ersten Diffusionsphasen des Internets gewertet wird. Diese technische Rahmung und männliche Konnotation wird im Sinne des (De-)Konstruktivismus in gesellschaftlichen Diskursen und im Handeln der Subjekte jedoch erst hergestellt. Aufgrund von gesellschaftlichen Rollenbildern verhalten sich Frauen im Umgang mit Computer und Internet zurückhaltend, bringen technische Hilflosigkeit zum Ausdruck; Männer wiederum zeigen Selbstbewusstsein und demonstrieren Technikkompetenz. Befunde der vorgestellten Studien lassen darauf schließen, dass zum einen die Expertenrolle der Männer nicht unbedingt auf ein höheres Fachwissen zurückzuführen ist und zum anderen die Fähigkeit im Umgang mit Technologien weniger von den technischen Eigenschaften des Geräts abhängt als von seinen instrumentellen und sozialen Funktionen.

Geschlechtskulturelle Kodierungen von Technologien unterliegen jedoch Wandlungsprozessen. Dem Domestizierungsprozess könnte hier eine besondere Bedeutung zukommen, da gerade im häuslichen Kontext Geschlechterverhältnisse neu eingeschrieben werden können. In Kapitel 2.1 wurde die These des Impulsgebers Domestizierung für die zunehmende Angleichung der Internetnutzerzahlen zwischen Männern und Frauen vorgestellt. Studien zeigen, wie mit Hilfe von neu etablierten Technologien Haushaltsaufgaben erledigt oder als Alltagsmedien zu Unterhaltungs- und Kommunikationszwecken eingesetzt werden: Ab diesem Wechsel fühlen sich Frauen im Umgang sicher und eine ursprünglich technische Konnotation weicht zu Gunsten einer alltagskulturellen Rahmung. Entsprechend dem Rückgang der technischen Rahmung vermindert sich dann die Zuschreibung technischer Kompetenz im Umgang mit solchen Technologien, die im Haushalt eingesetzt werden. Einige Studien geben Hinweise auf eine immer noch männliche Dominanz von PC und Internet (vgl. Bakardjieva 2005; van Zoonen 2002), andere stellen dies mittlerweile in Frage (vgl. Dorer 2001: 241). Mit einer zunehmenden Ausweitung der Angebotsseite für Onlineaktivitäten können Haushaltsaufgaben auch im Internet ausgeführt werden, wie das Erledigen von Bankgeschäften, das Einkaufen von alltäglichen Gebrauchsgütern oder auch das Kontakthalten mit

Verwandten. Auf der einen Seite könnte das Internet als relativ neue Technologie Männer dazu motivieren, sich stärker bei der Hausarbeit zu beteiligen, da Männern in Studien eine höhere Kompetenz im Umgang mit dem Internet zugesprochen wird. Auf der anderen Seite gerät mit einer voranschreitenden Diffusion sowie einer stärkeren Domestizierung der Technologie die Ungleichheit in der Interneterfahrung zwischen Männern und Frauen immer mehr in den Hintergrund. Zudem zeigen Studien, dass Frauen Technologien nutzen, um ihre häuslichen Aufgaben oder die Pflege sozialer Kontakte zu erleichtern.

Ausgehend von diesen Befunden und theoretischen Überlegungen ergeben sich mehrere Forschungsaufgaben für die vorliegende Studie:

(1) Im Rahmen des häuslichen Alltags ist die komplexe technische/ alltagskulturelle Rahmung für die ausgewählten Paare aus Australien und Deutschland zu eruieren. In Australien ist das Internet in mehr Haushalte eingezogen und die Zugangszahlen der Geschlechter zum Internet stellen sich seit längerem ausgeglichener dar als in Deutschland. Dies könnte für einen stärkeren Rückgang der technischen Konnotation des Internets in Australien im Vergleich zu Deutschland sprechen.

(2) In diesem Zusammenhang ist zu ermitteln, inwieweit ein Re-Gendering, also die Reproduktion, als auch ein De-Gendering, also ein Rückgang geschlechtskultureller Kodierung, rund um das Internethandeln der Paare vorliegt. Da sich in vielen Untersuchungen die Aspekte Technikkompetenz und Haushaltsaufgaben als Drehpunkte geschlechtskultureller Prozesse herausstellten, also gezeigt werden konnte, wie sich Männer und Frauen durch die Demonstration von Technikkompetenz/Inkompetenz sowie der Verteilung der Haushaltsaufgaben im Geschlechterverhältnis positionieren, wird diesen beiden Gesichtspunkten bei der Analyse besondere Aufmerksamkeit geschenkt. Fokussiert wird in dieser Arbeit die Frage, wie sich die Integration des Internets auf die traditionelle Rollenverteilung bei den Haushaltsaufgaben und auf das Technikexpertentum auswirkt, ob die Technologie in diesem Zusammenhang zum neuen Vehikel für traditionelle doing gender-Muster wird oder neue Impulse liefert.

(3) Als Herausforderung stellt sich, das Zusammenwirken der Rahmung des Internets (Punkt 1) und geschlechtskultureller Kodierungen (Punkt 2) zu beleuchten und Mechanismen transparent zu machen.

Ausgehend von dem Kommunikationsverständnis der Cultural Studies wurde das Domestizierungskonzept als ein Hauptstrang im Kapitel 2.1 und 2.2 vorgestellt und in Kapitel 2.3 die Auswahl des (de-)konstruktivistischen Ansatzes der Geschlechterforschung diskutiert. Nun gilt es, den theoretischen Bezugsrahmen empirisch sichtbar zu machen. Dies soll im nächsten Kapitel anhand des methodischen Vorgehens realisiert werden.

3 Methodisches Vorgehen

Dieses Kapitel beschreibt die methodische Anlage der vorliegenden Studie. Zunächst wird in Kapitel 3.1 die Konzeption der Studie anhand grundlegender Überlegungen zur Verfahrenswahl und zum ländervergleichenden Ansatz vorgestellt. Im Anschluss geht es in Kapitel 3.2 um die Operationalisierung und Durchführung der Studie. Zu den angewandten Methoden zählt das Problemzentrierte Interview, die Erhebung per Fragebogen sowie die Wohnungsbegehung. Danach werden die Auswahl der Befragungsgruppe und die Gütekriterien zur Überprüfung der Durchführung von Interviews erläutert. Kapitel 3.3 handelt schließlich von der Auswertung der Interviews, dem Ablauf ihrer Bearbeitung sowie der qualitativen Inhaltsanalyse als Auswertungsmethode.

3.1 Konzeption

Die Konzeption der Untersuchung ist Thema dieses Kapitels. Zunächst wird die Wahl der ethnographischen Studie begründet, im Anschluss die vorliegende Arbeit im Forschungsfeld länderübergreifender Studien eingeordnet und Vorteile sowie Problematiken dieser Art von Untersuchungen diskutiert. Ebenfalls wird die Wahl der Länder Australien und Deutschland dargelegt.

3.1.1 Grundlegende Überlegungen zur Verfahrenswahl

Die Internetnutzung im häuslichen Alltag wurde in Form einer ethnographischen Studie untersucht. Ethnographische Ansätze zählen zu den qualitativen Verfahren, die sich durch eine genaue Beschreibung eines komplexen Problems in seiner ganzen Breite auszeichnen. Im Gegensatz dazu ist für quantitative Methoden eine Reduktion von komplexen Aussagen kennzeichnend, die auf einer zahlenmäßig breiten Basis gesammelt werden (vgl. Brosius/Koschel 2005: 17 f.). Qualitative Ansätze werden u. a. dann angewendet, wenn ein Gegenstandsbereich noch nicht gut erforscht ist, was für die häusliche Internetnutzung von Paaren zutrifft (vgl. Kapitel 2). Zudem fiel die Entscheidung auf ein solches Verfahren, weil es detaillierte Aussagen über wenige Menschen ermöglicht und bei der vorliegenden Forschungsfrage die individuellen, subjektiven und tiefgehenden Begründungen der InternetnutzerInnen fokussiert. Anstelle von Repräsentativität, die in quantitativen Studien im Vordergrund steht, zielen qualitative Studien auf die Ermittlung von Typisierungen und Mustern ab. Die Anzahl der zu untersuchenden Fälle muss dabei so groß sein, dass verschiedene Typen ermittelt werden können, gleichzeitig jedoch klein genug, um dem Anspruch einer in die Tiefe gehenden Analyse gerecht werden zu können (vgl. Prommer/Mikos 2005: 193 ff.). Bezogen auf die qualitative Medienforschung, das Forschungsfeld dem auch die vorliegende Studie zuzuordnen ist, sind Rezeptionsstudien eines der häufigsten angewandten Instrumentarien. Hier steht als Forschungsinteresse die Rezeptionsaneignung des Publikums im Mittelpunkt (vgl. ebd.). Ethnographische Studien folgen, wie qualitative Rezeptionsstudien, der Perspektive der untersuchten Personen, d. h. im Mittelpunkt stehen „ihre Wissensbestände und -formen, ihre Interaktionen, Praktiken und Diskurse" (Lüders 2004: 390). Sie ermöglichen darüber hinaus die Einbeziehung des Mediennutzungskontextes, in dem Bedeutungen konstruiert werden (vgl. Gauntlett/Hill 1999: 8; Moores 1993: 4). Ein neuer, relativ junger Ansatz der Ethnographie, auch interpretative Ethnographie genannt, thematisiert ForscherInnen als „unterstützende Mitspieler" (Winter 2005: 553). Dieser neue Ansatz setzt sich kritisch mit dem Anspruch der traditionellen Ethnographie als authentische Abbildung der Realität auseinander (vgl. 553 ff.). Dahinter steht die Annahme, dass ForscherInnen bestimmte theoretische und politische Auffassungen und eigene mediale Praktiken haben, mit denen sie sich einem Forschungsprojekt nähern, und die wiederum die Ergebnisse beeinflussen. Die interpretative Ethnographie macht sich zum Ziel, möglichst dicht an den kulturellen Praktiken der ProbandInnen zu agieren. Gleichzeitig impliziert dies eine hohe Reflexivität von Seiten der ForscherInnen, indem eigene Vorannahmen immer wieder hinterfragt und überprüft werden. Angestrebt wird eine Offenheit gegenüber den ProbandInnen und für andere Perspektiven, eine „emphatische Versenkung" (ebd. 556).

Um genaue Einsichten in alltägliche Praktiken des Internethandelns zu gewinnen, wurde die Studie im Haushalt der Probanden durchgeführt.[1] Der gewählte Ansatz wird als ethnographisch aufgefasst, da es um die situationsbezogene Einbettung kultureller Praktiken geht. Einschränkungen müssen hinsichtlich der Dauer der Beobachtung eingeräumt werden: Pro Paar ergab sich im häuslichen Kontext ein Zeitraum von drei bis vier Stunden (vgl. hierzu auch Kapitel 2.1).

Die ethnographische Forschung ist offen für unterschiedliche Methoden, weswegen die ForscherIn vor der Herausforderung steht, einen passenden Methodenkatalog zusammenzustellen (vgl. Lüders 2004: 393 f.). In der durchgeführten Studie wurde das Problemzentrierte Interview als Hauptinstrument gewählt, weil sich diese Metho-

---

[1] So kann man möglichst nah an der „natürlichen" Situation Forschung betreiben – im Gegensatz zu einer Laborsituation.

de zur Exploration von wenig bekannten Aspekten eignet und die persönlichen Einstellungen der ausgewählten Paare zur Internetnutzung im häuslichen Kontext ermittelt werden können (vgl. Atteslander 2006: 131 ff.; Friedrichs 1990: 226). Ergänzt werden die Interviews zum einen durch einen Fragebogen zu Anfang des Probandenbesuchs, um demographischen Daten und die Medienausstattung vorab zu klären, und zum anderen durch eine Wohnungsbegehung nach den geführten Interviews, die das Ziel verfolgte, zusätzliche Informationen über die Platzierung von Medien und Interaktionsmöglichkeiten rund um die Mediennutzung der Paare zu ermitteln.

3.1.2 Ländervergleichender Forschungsansatz

Die vorliegende Studie näherte sich dem Forschungsvorhaben mittels eines Ländervergleichs. Nach der Typologie von Kohn (1989) können ländervergleichende Studien anhand von vier Dimensionen eingeordnet werden: „Nation as object of study", „Nation as context of study", „Nation as unit of anlysis" und „Nation as component of a larger international oder transnational system" (vgl. Tab. 3-1).

Tab. 3-1: Dimension für die Einordnung länderübergreifender Studien nach Kohn (1989)

Dimension	Erklärung
„Nation as object of study"	Bei dieser Dimension gilt es, anhand von Ländervergleichen herauszufinden, was ein Land distinktiv ausmacht.
„Nation as context of study"	Bei diesem Modell geht es darum, Daten von Ländern im Hinblick auf ein bestimmtes Phänomen zusammenzutragen, um zu zeigen wie eine bestimmte Theorie, ein Modell oder Dimensionen in den einzelnen Ländern greifen.
„Nation as a unit of analysis"	Hier wird zunächst eine gewisse Anzahl von messbaren Dimensionen identifiziert, die in Ländern variieren können (z. B. Arbeitslosenquote) und im nächsten Schritt systematische Beziehungen zwischen diesen Dimensionen ermittelt. D. h. jedes Land dient hier als eine Einheit oder Daten-Ressource.
„Nation as component of a larger international or transnational system"	Ausgangspunkt ist die Annahme, dass Länder aufgrund von zugrundeliegender Prozesse (z. B. Kapitalismus) in einer systematischen Beziehung zueinander stehen. Dieses vierte Modell lässt wie die dritte Kategorie eine komplexe Darstellung jedes nationalen Systems zu, jedoch werden hier externe Erklärungen – im Sinne von größer angenommenen transnationalen oder globalen Prozessen – gesucht.

Die vorliegende Studie ist der zweiten Dimension „Nation as a context of study" zuzuordnen, da das Spannungsfeld von Internet-Alltagsintegration und Gender-Demokratisierungsprozessen in zwei verschiedenen Kontexten verglichen wird.

Auch wenn ländervergleichende Studien unterschiedliche Ziele verfolgen (vgl. zur Übersicht: Livingstone 2003; Øyen 1990; Teune 1990), funktionieren sie immer durch die Identifizierung von Gemeinsamkeiten und Unterschieden der betreffenden Länder (vgl. Livingstone 2003: 479). Die vorliegende Untersuchung hat zum Ziel, das Spannungsfeld von Internet-Alltagsintegration und Gender-Demokratisierungsprozessen mittels des Ländervergleichs in *zwei verschiedenen Settings zu testen* (vgl. ebd.). Anhand der Erhebung von Daten in Australien und Deutschland kann überprüft werden, wie dieser Zusammenhang in den einzelnen Ländern greift. Zeigen sich gleiche oder unterschiedliche Muster? Durch den Vergleich zwischen Australien und Deutschland kann die Forschungsperspektive somit bedeutend erweitert werden.

Ländervergleiche sind mit einigen Schwierigkeiten verbunden. Eine Problematik ist die Vergleichbarkeit der angewendeten Methoden sowie Auswertungsinstrumente – häufig konzipieren und führen mehrere Forschungsteams in den jeweiligen Ländern die Analysen durch (vgl. ebd.: 488). Dieses Hindernis wurde in der vorliegenden Studie vermieden, da die Verfasserin dieser Untersuchung das Konzept für beide Länder entwarf, den Leitfaden übersetzte, in Australien und Deutschland selbst die Interviews führte und mit den gleichen Methoden auswertete und somit eine gewisse Konstanz gegeben war. Eine weitere Schwierigkeit liegt darin, Unterschiede und Gemeinsamkeiten zwischen zwei Ländern zu ermitteln, ohne Banalitäten und Stereotypen zu reproduzieren (vgl. ebd.: 491). Damit ist das generelle Problem von Konzeption, Durchführung und Auswertung qualitativer Studien angesprochen, die in besonderem Maße von der Interpretationsleistung der ForscherInnen abhängt (vgl. hierzu auch Kapitel 3.3). Als eine Limitation der vorliegenden Untersuchung ist in diesem Zusammenhang die nicht mögliche Generalisierbarkeit der Ergebnisse hinzuzufügen, dies gilt auch für kulturelle Besonderheiten. Die Studie liefert jedoch detaillierte Antworten zu den Forschungsfragen und macht Muster der Alltagsintegration sowie Gender-Demokratisierungsprozesse der ausgewählten Paare aus beiden Ländern transparent (vgl. hierzu auch Kapitel 3.2.2). Zudem erfolgt eine Einbettung der Ergebnisse der vorliegenden Studie in standardisierte Datenerhebungen.

Auswahl der Länder Australien und Deutschland

Warum wurden die Länder Australien und Deutschland gewählt? Deutschland bot sich zum einen als Lebensmittelpunkt der Verfasserin an, die zudem in einer Studie über die häusliche Internetnutzung von älteren Paaren Grunddaten zur deutschen Internetnutzungssituation sammeln konnte (vgl. Ahrens 2007). Dabei wurden auffällige doing gender-Muster festgestellt, die im Rahmen der vorliegenden Untersuchung weiter verfolgt werden sollten. Das Vergleichsland wurde nun anhand mehrerer Kriterien ausgewählt: Fortgeschritteneres Diffusionsstadium, vorangeschrittene Domestizierungsprozesse, ausgeglichener Internetzugang von Männern und Frauen, ähnliche gesellschaftliche Geschlechterrollen wie in Deutschland (vgl. Tab. 3-2).[2] Um mögliche Zukunftsprognosen für Deutschland ableiten zu können, sollte das Vergleichsland zum Zeitpunkt der Studie 2005/2006 hinsichtlich Diffusions- und Domestizierungsprozessen etwas weiter fortgeschritten sein.

Tab. 3-2: Kriterien für die ausgewählten Länder im Überblick

	Diffusionsstadium	Domestizierungsprozess	Internetzugang nach Geschlecht	Gesellschaftliche Geschlechterrollen
Australien	Etwas weiter fortgeschrittenes Diffusionsstadium als Deutschland (mehr Prozent der Bevölkerung nutzen das Internet)	Etwas weiter vorangeschrittener Domestizierungsprozess als in Deutschland (mehr Haushalte verfügen über Internetanschlüsse)	Ausgeglichenere Internetzugangszahlen zwischen den Geschlechtern als in Deutschland	Ähnlich wie in Deutschland nach Hofstede/ Hofstede (2006)
Deutschland	Etwas weniger fortgeschrittenes Diffusionsstadium als Australien (weniger Prozent der Bevölkerung nutzen das Internet)	Etwas weniger vorangeschrittener Domestizierungsprozess als in Australien (weniger Haushalte verfügen über Internetanschlüsse)	Weniger ausgeglichene Internetzugangszahlen zwischen den Geschlechtern als in Australien	Ähnlich wie in Australien nach Hofstede/ Hofstede (2006)

Australien erfüllte die aufgestellten Kriterien: Prozentual gesehen nutzen in Australien mehr Menschen seit längerer Zeit das Internet (vgl. ABS 2007; Statistisches Bundesamt 2006b), die Internet-Diffusion ist dort weiter fortgeschritten als in Deutschland. Anhand der statistischen Daten zeigen sich Domestizierungsprozesse in Australien ebenfalls etwas früher als in Deutschland (vgl. ebd.). Die Zugangsdifferenzen zwischen Männern und Frauen haben sich in Australien schneller als in Deutschland angeglichen (vgl. ABS 2007; Statistisches Bundesamt 2006b, sowie hierzu ausführlich Kapitel 2.1). Bezogen auf den Internetzugang haben sich in Deutschland zwar die Unterschiede zwischen den Geschlechtern auch verringert, jedoch waren im Jahre 2005/2006 noch deutlich mehr Männer als Frauen online (Statistisches Bundesamt 2006b). In Australien dagegen erkennt man seit 2000 einen fast ausgeglichenen Zugang der Geschlechter zum Internet (vgl. ABS 2007).

---

2 Darüber hinaus war – wegen beschränkter finanzieller Ressourcen – vorgesehen, dass die Verfasserin Interviews selbst durchführte. Aufgrund von verhandlungssicheren Sprachkenntnissen bot sich ein englischsprachiges Land an. Auf der Grundlage eines wissenschaftlichen Austausches mit dem Royal Melbourne Institute of Technology, den sich die Autorin organisierte, konnten dann als visiting scholar dort zunächst im Februar 2005 erste Recherchen durchführt werden.

Ein weiteres Kriterium waren ähnliche kulturelle Geschlechterrollen. Geschlechterrollen sind ein fester Bestandteil jeder Gesellschaft (vgl. Hofstede/Hofstede 2006: 163). Verhaltensweisen, die dem jeweiligen Geschlecht zugeordnet werden, sind jedoch zwischen Gesellschaften unterschiedlich (vgl. ebd.: 161). Im Rahmen der vorliegenden Arbeit gilt es zu ermitteln, ob sich bei ähnlichen Ausgangsvoraussetzungen der Geschlechterrollen gleiche Muster und Veränderungen abzeichnen. Deswegen hätten sich Länder mit ganz unterschiedlichen Geschlechterrollen schlechter als Vergleich für das aufgestellte Forschungsvorhaben geeignet.

Wie kann nun festgestellt werden, ob in den ausgewählten Ländern ähnliche Geschlechterrollen vorherrschen? Als erste Orientierungshilfe wurden die kulturellen Dimensionen von Hofstede/Hofstede (2006) hinzugezogen.[3] Hofstede (1980) führte eine Untersuchung im Bereich der kulturvergleichenden Managementforschung durch. Hierbei handelt es sich zwar um ein anderes Fachgebiet als die Kommunikationswissenschaften, jedoch können die Befunde zur groben Definition der Kultur von Ländern für die vorliegende Studie als Ausgangsbasis hinzugezogen werden.[4] Identifiziert werden Dimensionen, welche die Kultur von Ländern bestimmen. Besonders die Dimension „maskulin versus feminin" ist für eine grobe Bestimmung der Geschlechterrollen in Australien und Deutschland relevant.[5] Hofstede/Hofstede (2006: 165) definieren maskuline und feminine Gesellschaften wie folgt:

> „Eine Gesellschaft bezeichnet man als maskulin, wenn die Rollen der Geschlechter emotional klar gegeneinander abgegrenzt sind: Männer haben bestimmt, hart und materiell orientiert zu sein, Frauen dagegen müssen bescheidener, sensibler sein und Wert auf Lebensqualität legen. Als feminin bezeichnet man eine Gesellschaft, wenn sich die Rollen der Geschlechter emotional überschneiden: sowohl Frauen als auch Männer sollen bescheiden und feinfühlig sein und Wert auf Lebensqualität legen."

Der Maskulinitätsindex (MAS) ist für die gewählten Länder der Studie ähnlich. Australien wird in der Studie von Hofstede und Hofstede mit einem Punktwert von 61, Deutschland mit 66 eingeordnet (vgl. ebd.:166), d. h. es handelt sich bei beiden Nationen eher um maskuline Gesellschaften.[6] Der MAS-Index half für eine erste Orientierung dabei, zwei Länder auszuwählen, in denen vergleichbare gesellschaft-

---
3   Die kulturellen Dimensionen beruhen auf Geert Hofstede (1980), der zunächst die Studie „Culture's Consequences" veröffentlichte. Im Folgenden wird auf eine aktuelle Version von Geert Hofstede und Gert Jan Hofstede zurückgegriffen.
4   Problematisch ist die Studie sicherlich hinsichtlich des Untersuchungssamples: Hofstede (1980) konzentriert sich nur auf IBM-Mitarbeiter, um die Dimensionen zu entwickeln, zudem werden in seiner Studie Unterschiede innerhalb einer Nation vernachlässigt (vgl. zur Übersicht Reimer 2005: 45 ff.).
5   Hofstede/Hofstede (2006) bestimmen vier Dimensionen: Power Distance, Uncertainity Avoidance, Individualism versus Collectivisim, Masculinity versus Feminity.
6   0 = feminine Gesellschaft, 100 = maskuline Gesellschaft

liche Geschlechterrollen herrschen. Zudem zeigt sich eine ähnliche Verteilung in beiden Ländern von Berufstätigkeit und Reproduktionsarbeit zwischen Männern und Frauen. Auffallend ist, dass Männer im Durchschnitt mehr *Zeit* mit Berufsarbeit verbringen, während Frauen mehr von ihrem zeitlichen Budget in Hausarbeit und Betreuung der Kinder investieren. Dabei haben viele Frauen eine Doppelrolle inne, indem sie ihre Zeit auf Berufsarbeit – z. T. halbtags – und Reproduktionsarbeit aufteilen (vgl. ABS 2008: Tabelle 4; Statistisches Bundesamt 2006a: 42 ff.). Die zeitliche Handhabung von Beruf und Hausarbeit bei den interviewten Paaren wird in der vorliegenden Studie analysiert, ebenso werden die wahrgenommenen gesellschaftlichen Geschlechterrollen der interviewten Paare sowie das Handeln nach geschlechtskulturellen Kodierungen mit qualitativen Methoden in einem eigenen Schritt detailliert untersucht (vgl. Kapitel 5 und 6).

3.2 Durchführung

Dieser Abschnitt widmet sich der Anlage der Untersuchung, das heißt hier werden zum einen die Instrumente und zum anderen die Auswahl und Beschreibung der Befragungsgruppe dargestellt. Schließlich werden noch die Gütekriterien expliziert sowie die Art und Weise, wie die Untersuchungsbedingungen kontrolliert wurden. Doch zunächst folgt ein knapper Abriss zum Verlauf der Studie.

Ablauf der Studie

Die Studie unterteilt sich in mehrere Phasen (vgl. Tab. 3-3). Die Entwicklungsphase diente der Konstruktion eines ersten Leitfadens auf Basis der Problemanalyse des Themas. Dieser wurde in der sich anschließenden Pilotphase getestet. In der Durchführungsphase wurden die Daten für die vorliegende Studie erhoben. Darauf folgten Kontroll- sowie Auswertungsphase (vgl. hierzu Kapitel 3.3).

Tab. 3-3: Einzelne Phasen der Studie

Phase	Aufgaben
Entwicklungsphase	Problemanalyse und Leitfadenkonstruktion
Pilotphase	Pretest: Überprüfung des Leitfadens und Erprobung als Interviewerin
Durchführungsphase	Interviews, Fragebögen, Wohnungsbegehungen
Reflektionsphase	Überprüfung der Interviews
Auswertungsphase	Qualitative Inhaltsanalyse, Interpretation

Die ethnographische Studie wurde in beiden Ländern durchgeführt, deshalb hielt sich die Verfasserin insgesamt drei Mal in Australien auf (vgl. Tab. 3-4), das erste Mal von Februar bis Mai 2005 für grundlegende

Recherchen, die Ausführung eines Pretests und weiterführende Kontaktaufnahmen. Während des Pretests war es wichtig, zum einen den Leitfaden zu prüfen und sich zum anderen als Interviewerin mit dem Instrument vertraut zu machen.[7] Nach kleineren Korrekturen wurde dann im August 2005 ein zweiter Pretest in Deutschland gestartet.[8] Anschließend fand die Durchführungsphase zunächst in Deutschland statt. Anfang 2006 erfolgte die zweite Auslandsphase, in dieser Zeit führte die Interviewerin alle australischen Befragungen durch. Ende September 2006 erfolgte dann der dritte Aufenthalt in Australien, um die Erkenntnisse der Erhebungsphasen auf der Konferenz der Association of Internet Researchers in Brisbane vorzustellen und somit im wissenschaftlichen Austausch die australische Durchführungsphase zu reflektieren.

Tab. 3-4: Zeitlicher Ablauf der Phasen nach Ländern

	Phase	Land
Februar bis Mai 2005	Entwicklungs- und Pilotphase	Australien
Juni bis August 2005	Entwicklungs- und Pilotphase	Deutschland
September bis Dezember 2005	Durchführungsphase	Deutschland
Januar bis August 2006	Durchführungsphase	Australien
September 2006	Kontrollphase	Deutschland
Ende September 2006	Kontrollphase	Australien
Ab Oktober 2006	Auswertungsphase	Deutschland

3.2.1 Instrumente der ethnographischen Studie

Die Frage nach der häuslichen Integration des Internets wurde in der vorliegenden Untersuchung mit Hilfe dreier Methoden angegangen: Mit Fragebögen, Problemzentrierten Interviews und Wohnungsbegehungen. Zu Anfang einer Befragung füllten die ProbandInnen einen Fragebogen aus und am Ende einer Befragung stand die Wohnungsbegehung. Im Mittelpunkt der Studie steht das Problemzentrierte Interview.[9] Den ersten Kontakt mit den möglichen Paaren bildete ein

---

[7] Methodologische Grundlagen konnten bereits während der Durchführung einer früheren Studie gesammelt werden, in der die Verfasserin ebenfalls mit problemzentrierten Interviews arbeitete (vgl. Ahrens 2004, 2007). Das methodische Setting der vorliegenden Studie bestehend aus Leitfaden-gestütztem Interview, Wohnungsbegehung und standardisiertem Fragebogen steht im Kontext von ethnographischen Fallstudien, die von Jutta Röser seit 2003 an der Leuphana Universität Lüneburg iniiziert wurden (vgl. Ahrens 2007, Großmann 2007, Röser 2007d).
[8] Beispielsweise wurde so auch der Fragebogen noch einmal überarbeitet und weitere Kategorien (z. B. Frage nach der Existenz von Kindern) hinzugefügt.
[9] Mayring (2002: 67) fasst unter dieser Art von Interviews all jene Formen der offenen, halbstrukturierten Befragung zusammen.

Telefonat oder persönliches Gespräch, in dem die Interviewerin das Projekt vorstellte und erste Daten zu Alter, sozialer Konstellation, Beruf, Schulbildung und Internetanschluss abfragte, um zu überprüfen, ob die Telefonpartner und Telefonpartnerinnen für die Untersuchung in Frage kamen. Danach entschieden die angesprochenen Personen, ob sie an der Studie teilnehmen wollten und es wurde gegebenenfalls ein Termin für das eigentliche Interview vereinbart.[10]

Das Ausfüllen der Fragebögen, die Interviews und die Wohnungsbegehungen fanden im jeweiligen Haushalt der ProbandInnen statt. Dies wurde bei der ersten telefonischen Kontaktaufnahme mit den Interviewten geklärt.[11] Die Interviews wurden in Berlin, Frankfurt und Köln sowie in Canberra, Sydney und Melbourne geführt.

Das Ausfüllen der Fragebögen, die einzelnen Interviews und die Wohnungsbegehungen dauerten pro Paar durchschnittlich drei bis vier Stunden, wobei die Interviews jeweils im Durchschnitt 60–90 Minuten pro ProbandIn, das Ausfüllen der Fragebögen und die Wohnungsbegehung jeweils etwa 20 Minuten einnahmen. Die Gesprächsbereitschaft der ProbandInnen war insgesamt erstaunlich groß, obwohl vor allem private Aspekte und u. a. auch Problematiken innerhalb der Beziehung zur Sprache kamen. Einzelne Themenkomplexe zeigten sich als besonders ergiebig, z. B. der Bereich Internetexpertentum. Alle Aussagen wurden mit Zustimmung der Interviewten auf Tonband aufgenommen, wobei die Befragten darauf hingewiesen wurden, dass ihre persönlichen Daten anonymisiert werden. Es wurden Fotos von der Platzierung des Computers bzw. des Internetzugangs gemacht.

Die durchgeführten Methoden werden nun chronologisch in der Reihenfolge ihrer Anwendung vorgestellt und ihre Auswahl begründet. Zunächst sei jedoch angemerkt, als alternative methodische Erhebungsinstrumente hätten auch Gruppendiskussion, Medientagebücher, Erinnerungsarbeit und teilnehmende Beobachtung angewendet werden können (vgl. Diekmann 2008; Haug/Hipfl 1995; Krotz 2005; Mayring 2002). Die Forscherin entschied sich gegen den Einsatz einer Gruppendiskussion, da der ethnographische Ansatz so schwerer realisierbar gewesen wäre und zudem TeilnehmerInnen bei dieser Methode auf Kritik gefasst sein müssen, z. B. dass Rationalisierungen und psychische Sperrungen offengelegt werden (vgl. Mayring 2002: 76 ff.). Die Gruppendiskussion eignet sich jedoch für die Vertiefung einzelner Aspekte der vorliegenden Studie, wie sie in zukünftigen Projekten

---

10 Bei vielen Personen, die der Interviewerin durch Dritte empfohlen worden waren, stellte sich schon bei einem ersten Telefonat heraus, dass grundlegende Kriterien für eine Teilnahme an der Studie nicht vorlagen, z. B. hatte man keinen Internetanschluss im eigenen Haushalt. Andersherum passierte es allerdings auch, dass die Personen eine Teilnahme an der Studie verweigerten.
11 Es wurde erklärt, dass es aufgrund des gewählten ethnographischen Forschungsansatzes, welcher kurz in einfachen Worten umrissen wurde, wichtig sei, die Interviews in der jeweiligen Umgebung der Nutzung durchzuführen. Dieser Umstand stieß bei keinem der ausgewählten Probanden auf Widerstand.

durchgeführt werden könnte. Die Anwendung von Medientagebüchern, also standardisierten, strukturierten täglichen Aufzeichnungen über einen gewissen Zeitraum, verlangt hohe Einsatzbereitschaft und Zeitaufwand von Seiten der ProbandInnen. Diese Methode wurde beispielsweise von Gauntlett/Hill (1999) in ihrer Studie über Fernsehen im Alltag benutzt und hätte auch für die vorliegende Studie eine sinnvolle Ergänzung sein können. Wichtige Aspekte, beispielsweise die Internetnutzung in zeitlichen Rhythmen, konnten jedoch auch über die Fragebögen und Interviews eruiert werden. Bei der Methode der Erinnerungsarbeit schreiben ProbandInnen Texte zu Erinnerungsszenen, die dann in der Gruppe dekonstruiert und erforscht werden (vgl. Haug/Hipfl 1995). Auch hier wäre eine sehr viel höhere Einsatzbereitschaft der ProbandInnen erforderlich gewesen, da diese Methode vor allem für Personen geeignet ist, die sich in einem Aufbruch befinden und sich weiterentwickeln wollen (vgl. ebd. 7 ff.). Bei der Methode der teilnehmenden Beobachtung nehmen ForscherInnen an der natürlichen Lebenssituation der ProbandInnen teil (vgl. Mayring 2002: 80 ff.). In der eigenen Studie wurde die teilnehmende Beobachtung in minimalisierter Form anhand der Wohnungsbegehung durchgeführt.

Fragebogen

Vor dem Problemzentrierten Interview wurde den Paaren ein Fragebogen vorgelegt, um zunächst allgemeine demographische Daten und Informationen über Medien und deren Nutzung sowie deren Platzierung im Haushalt zu eruieren.[12] Mit einfachen Fragen erfolgte so die Einsetzung des Fragebogens zu Anfang des Gesprächs. Zudem sollte später während des Interviews der Gesprächsfluss der Probanden nicht durch das Abklären von Detailfragen unterbrochen werden.[13]

Einzelne Passagen, die allgemeine Daten betreffen, füllte nur ein Partner aus. Darunter fielen Anzahl und Anschaffungszeitpunkt einzelner Medientechnologien sowie Anzahl und Benennung der einzelnen Räume (Arbeitszimmer etc.) und die dort platzierten Medientechnologien.[14] Angaben zur Nutzungsdauer sollten die Partner individuell ausfüllen (vgl. Fragebogen im Anhang).

---

12 Siehe Fragebogen im Anhang dieser Arbeit
13 Die Interviewerin hielt es für wichtig, den Fragebogen vor Ort ausfüllen zu lassen und nicht zuzuschicken: So konnten interessante Aussagen der ProbandInnen während des Ausfüllens mit aufgenommen werden. Auffälliges notierte sich die Interviewerin und ging dann im Interview darauf ein.
14 Alle Männer füllten den Fragebogen komplett aus. Dies war jedoch nicht von der Interviewerin vorgegeben, sondern ergab sich bei den jeweiligen Besuchen. Bei zwei Paaren kamen die Frauen gerade von der Arbeit nach Hause und wollten sich kurz ausruhen (Frau Mai und Frau Fuchs), bei den anderen Paaren einigte man sich darauf, dass der Mann zuerst mit dem Fragebogen anfing und damit auch als erster interviewt wurde.

Hauptinstrument: Problemzentriertes Interview

Das Problemzentrierte Interview[15] wurde als zentrale Methode für die Durchführung der Untersuchung gewählt. Mayring (2002) fasst darunter alle Formen der offenen bis halbstrukturierten Befragung. Diese Art von Interviews haben somit ihren Platz zwischen einer vollständig strukturierten und unstrukturierten Befragung. Das Problemzentrierte Interview arbeitet mit einem groben Schema, dem Interviewleitfaden. Damit ist es der InterviewerIn möglich, stärker auf die Befragten einzugehen, die Reihenfolge der Fragen zu variieren, Nachfragen zu stellen oder Fragen anders zu formulieren (vgl. Friedrichs 1990: 224; Mayring 2002: 67 ff.; Pürer 2003: 540). Trotzdem erlaubt das Problemzentrierte Interview eine interindividuelle Gegenüberstellung der Interviews, wobei der Leitfaden garantiert, dass alle forschungsrelevanten Themen angesprochen werden (vgl. Mayring 2002: 67 ff.).

Problemzentrierte Interviews sind mit einem großen Zeitaufwand verbunden, weswegen nur wenige davon geführt werden können (vgl. Friedrichs 1990: 225). Vor allem die anschließend zu erfolgende wörtliche Transkription der geführten Interviews sowie ihre Auswertung selbst nehmen viel Zeit in Anspruch. In der eigenen Studie kam eine Textmenge von ca. 1000 einzeilig beschriebenen Seiten zusammen. Des Weiteren stellen sich im Vergleich zu standardisierten Interviews eine höhere Anforderung an Interviewer, es wird aber auch eine höhere Bereitschaft der Befragten zur Mitarbeit verlangt (vgl. Atteslander 2006: 131 f.; Heinze 2001: 160 ff.). Die Interviewerin entschied sich, die ProbandInnen getrennt nacheinander zu befragen, um so auf den Einzelnen individuell eingehen zu können (vgl. hierzu auch Kapitel 3.2.3).

Die Reihenfolge der Fragen im Leitfaden richtete sich nach einer thematisch plausiblen und Interviewtenorientierten-Führung, d. h. es wurde mit einführenden Fragen in das Thema gestartet und komplexere Bereiche im hinteren Teil des Interviews angesprochen (vgl. den Leitfaden im Anhang). Zwischen den beiden Hauptforschungsfragen gibt es fließende Übergänge. Z.B. wurde unter dem Bereich der Alltagsintegration nach Raum- und Zugangshoheiten gefragt, da dies hier aufgrund der Leitfadenabfolge passend war. Dieser Gesichtspunkt wurde jedoch später dem Bereich der Gender-Demokra-

---

15 Oft wird in der Literatur auch der Begriff Intensivinterview verwendet. Friedrich versteht unter einem Intensivinterview alle Formen der mündlichen Befragung, die mit einem geringen Maß an Strukturierung und mit nicht-standardisierten Fragen arbeiten. Demnach können unter Intensivinterview beispielsweise auch die Termini „zentriertes Interview", „qualitatives Interview" oder „Tiefeninterview" gefasst werden (vgl. Friedrichs 1990: 224). In dieser Arbeit wurde mit dem Begriff Problemzentriertes Interview gearbeitet, mit dem sich die Verfasserin der Definition von Mayring (2002: 67) anschließt. Dieser unterscheidet neben teilstandardisierten Interviews im Wesentlichen zwei Formen von qualitativen Interviews: das Problemzentrierte Interview und das Narrative Interview. Während ersteres unter einer stärker strukturierten Interviewform zu subsumieren ist, lässt sich das Narrative Interview zu den weniger strukturierten Interviewformen zählen (vgl. ebd.).

tisierungprozesse zugeordnet (Zu welchen Gunsten entscheidet sich der Zugang zum Internet? Wer dominiert bei Entscheidungen rund um das Internet?).

Wohnungsbegehung

Die Wohnungsbegehung verfolgte den Zweck, die räumliche Platzierung und Integration des Internets und anderer Medien in das häusliche Leben festzustellen. Dieses Instrument kann zur Beobachtung im weiteren Sinne gezählt werden (vgl. zur Beobachtung ausführlich Atteslander 2006). Während der Wohnungsbegehung geht es weniger um die Nutzungssituation als vielmehr um die Platzierung der Medientechnologien sowie um die Ermittlung möglicher Konfliktherde. Insbesondere wurde darauf geachtet, ob Medien eher in Gemeinschaftsräumen oder in Zimmern mit konkreten Raumhoheiten aufgestellt waren – und damit verstärkt eine individuelle oder eine gemeinsame Nutzung vorlag – und ob die jeweiligen Räume speziell der Mediennutzung oder auch anderen Zwecken dienten. Ebenfalls klärte die Interviewerin, ob Medien offen oder verdeckt, z. B. in Schränken, platziert waren.

Die Wohnungsbegehung wurde bereits bei der ersten Kontaktaufnahme mit den Probanden angesprochen und das Einverständnis dazu eigens eingeholt. Diese Methode greift stärker in die Privatsphäre der Menschen ein als andere Verfahren: Die alltägliche Wohnungssituation selbst wird in Augenschein genommen und damit das „lokale Intimleben" ausgebreitet. Die ProbandenInnen sollten mit diesem Untersuchungsschritt nicht erst bei der Befragung konfrontiert werden, sondern die Gelegenheit bekommen, sich darauf einzustellen. Trotz der eben aufgezählten Bedenken hatte keines der befragten Paare ein Problem mit der Durchführung der Wohnungsbegehung. Die Interviewerin betonte während des Telefonats, dass ein authentischer Zustand der Wohnsituation erwünscht sei.

Da wie oben angesprochen, diese Methode einen Eingriff in die Privatsphäre der Menschen darstellt, bot sich auch deswegen deren Anwendung zum Schluss des Interviews an. Denn so konnte die Interviewerin davon ausgehen, dass durch das absolvierte Interview ein Vertrauensverhältnis hergestellt und möglicherweise existierende Hemmschwellen abgebaut waren. Nicht nur für die ProbandenInnen erschien dieser Zeitpunkt günstiger, auch die Interviewerin profitierte von einer späteren Wohnungsbegehung. Einen Einblick besonders in die Thematik der Raumaufteilung und Nutzung gewährte bereits das Interview, woraus ein grundlegendes Verständnis für individuelle Konstellationen und Konfliktpunkte entstand und deswegen Verknüpfungen und Nachfragen leichter zu realisieren waren.

Bei der Wohnungsbegehung stellt, wie bei der wissenschaftlichen Beobachtung im Allgemeinen, vor allem die Selektivität der Wahrnehmung eine Schwierigkeit dar (vgl. Atteslander 2006: 95). Die Beobachterin kann nur einen bestimmten Moment des komplexen Wohnalltags erfassen. Sie wird während der Wohnungsbegehung von den TeilnehmerInnen begleitet. Außerdem stellte sie ihnen Fragen zur räumlichen Integration des Internets, sodass die ProbandInnen selbst auf für sie wichtige Punkte aufmerksam machen konnten.

3.2.2 Auswahl und Beschreibung der Befragungsgruppe

Im Folgenden wird die Durchführung der vorliegenden Studie dargelegt, beginnend mit der Auswahl der ProbandInnen und gefolgt von der Beschreibung des situativen Kontexts der Untersuchung. Da es sich bei der vorliegenden Studie um eine explorative Untersuchung handelt, es demnach nicht um Repräsentativität, sondern um eine gezielte Auswahl typischer Fälle geht, werden keine Zufallsstichproben erhoben (vgl. Lamnek 2005: 265 f.). Diese Vorgehensweise fällt unter das Prinzip des *theoretical samplings* (vgl. ebd.: 265 f.). ForscherInnen wählen einzelne Fälle für ihre Untersuchung nach ihren Erkenntnisinteressen aus. Demnach sind streng genommen keine generalisierenden Aussagen über alle Paare in Australien und Deutschland zulässig. Möglich ist es jedoch, detaillierte Aussagen über die ausgewählten australischen und deutschen Paare und ihr Internethandeln zu treffen, Gemeinsamkeiten festzustellen sowie Strukturen und Zusammenhänge im Rahmen der ausgewählten Fälle offen zu legen (vgl. ebd.: 266).

Die vorliegende Untersuchung wurde mit 48 Personen durchgeführt. Lamnek schreibt informellen Kontakten zu den untersuchenden Personen eine wichtige Rolle bei der Auswahlentscheidung zu, jedoch sollten die Interviewten nicht aus dem eigenen Bekanntenkreis der Forscher rekrutiert werden, um der Gefahr einer mehrfachen Selektivität und damit einer verzerrten Erkenntnis vorzubeugen (vgl. Lamnek ebd.: 384 ff.). Die Auswahl der InterviewpartnerInnen für diese Studie geschah nach dem „Schneeballprinzip". Die Kontakte zu den Interviewpaaren wurden über Dritte gefunden. Die Interviewerin sprach Bekannte an, die dann wiederum weitere Personen fragten usw. Auf diesem Wege erhielt die Interviewerin Empfehlungen für mögliche ProbandInnen. So fand die Interviewerin sowohl in Australien als auch in Deutschland ihre GesprächspartnerInnen, die sie selbst nicht kannte.

Kriterien für die Auswahl der Probanden

Als Voraussetzung für die Teilnahme an den Interviews mussten die Paare in einem gemeinsamen Haushalt leben.[16] Ein unverzichtbares

---

16 Nur bei dem Paar Simone und Alexander gab es eine besondere Wohnsituation. Sie wohnten noch in getrennten Haushalten, hielten sich aber verstärkt bei Simone auf. Als eine Variante von Wohnkonstellation wurde dieser Fall hinzugezogen.

Kriterium für die Probandenauswahl war das Vorhandensein eines Internetanschlusses im Haushalt. Wie stark dieser Anschluss genutzt wurde und ob nur von einem oder von beiden Partnern, spielte dabei keine Rolle. Die Auswahl der Paare erfolgte nach bestimmten Kriterien: Alter, Bildungsniveau und Varietät von Berufen. Ziel war es, im Hinblick auf diese Faktoren eine möglichst breite Streuung zu erzielen und jeweils ähnliche Konstellationen für beide Länder zu erreichen.

Die jüngste Probandin der Studie ist 19 Jahre alt, der älteste Proband 80 Jahre. Angestrebt wurde eine divergierende Altersauswahl. Insgesamt wurden pro Land jeweils drei Altersgruppen gebildet. Die jüngere Altersgruppe ging bis 29 Jahre, die mittlere Altersgruppe von 30 bis 45 Jahre und die ältere Altersgruppe ab 46 Jahre. Jeweils drei Paare aus Australien und Deutschland stammen aus der jüngeren, fünf aus der mittleren und vier aus der älteren Gruppe (vgl. Tab. 3-6). Die Berufe der interviewten Personen sollten ebenfalls unterschiedlich sein (vgl. Tab 3–7; 3–8). Zusätzlich sollten sowohl Rentner als auch Berufstätige an der Studie teilnehmen. Um die Auswahlkriterien zu beschränken, wurden in der vorliegenden Studie ohne jegliche Intention der Diskriminierung keine gleichgeschlechtlichen Paare hinzugezogen.

Tab. 3-5: Beschreibung der Befragungsgruppe nach Alter und Onliner/Offliner

	Australien	Deutschland
Altersgruppen		
Jüngere Altersgruppe	6 Personen	6 Personen
Mittlere Altersgruppe	10 Personen	10 Personen
Ältere Altersgruppe	8 Personen	8 Personen
Onliner/Offliner		
InternetnutzerInnen	24 Personen	22 Personen
NichtnutzerInnen	0 Personen	2 Personen[17]

Der Vergleich der Bildungssysteme und -abschlüsse zwischen Australien und Deutschland ist schwierig. Trotzdem gelang in dieser Hinsicht eine zumindest annähernd vergleichbare Auswahl von ProbandInnen. Es wurden sowohl in Australien als auch in Deutschland etwa die gleiche Anzahl von Personen mit höherem, mittlerem und niedrigem Bildungsabschluss ausgewählt, wobei die ältere Altersgruppe der ProbandInnen aus Deutschland einen überdurchschnittlichen Bildungslevel aufweist.

---

17 Frau Maler und Frau Zabel, beides Frauen aus der älteren Altersgruppe.

Tab. 3-6: Detaillierte Beschreibung der Befragungsgruppe Australien

Paar	Alter	Beruf	Ausbildung	Kinder
Jüngere Altersgruppe				
Amy	24	Studentin und in Teilzeit Lektorin an der Universität	BA[18]	Nein
Marc	27	Verkäufer	Diploma	Nein
Laura	24	Studentin, Verkäuferin	BA	Nein
Richard	23	Student, Kellner	Diploma	Nein
Margret	26	Marketing-Koordinatorin	Year 12	1 Kind (10 Mon.)
Shane	28	Kundenservice	Year 10	
Mittlere Altersgruppe				
Kathy	36	Studentin, Sozialarbeiterin	Diploma	Nein
Jason	42	Busfahrer	Tafe	Nein
Tina	42	Hausfrau, früher Bankangestellte	Year 10	3 Kinder (5, 11, 14 J.)
Samuel	46	Techniker	Tafe, advanced certificate	
Kassandra	43	Bankkauffrau	Year 12	2 Kinder (6, 10 J.)
Gary	43	Elektriker	Year 10	
Tanja	44	Sozialarbeiterin	BA	3 Kinder (7, 9, 12 J.)
Ted	45	Student	BA	
Danielle	45	Berufschullehrerin für Hotelgewerbe	Diploma	2 eigene Kinder (21, 23 J.)
Justin	45	Selbstständig, Reinigungsfirma	Kein Schulabschluss	3 eigene Kinder (23, 25, 27, außer Haus)
Ältere Altersgruppe				
Vicky	59	Beschäftigte im öffentlichen Dienst	PhD	1 Kind (über 20 J., außer Haus)
Tim	59	Hochschullehrer	PhD	
Tracy	61	Rentnerin, vorher Sekretärin	Teachers Certificate	4 Kinder (außer Haus)
Ben	63	Rentner, vorher Schulleiter einer Grundschule	Diploma	
Sandra	75	Rentnerin, vorher Architektin	BA	3 Kinder (außer Haus)
Bob	74	Rentner, vorher wissenschaftlicher Mitarbeiter, Lecturer an Universität	Master	
Rachel	79	Rentnerin, vorher Hausfrau	Year 9	2 Kinder (außer Haus)
Eddy	79	Rentner, vorher Bauarbeiter	Year 9	

18 Year 9, Year 10 und Year 12 benennen die Schulbesuchsjahre, wobei Year 12 der höchste Schulabschluss ist. Tafe (Technical and Further Education) sind Colleges, die mit deutschen Berufsschulen vergleichbar sind. Zu den australischen „undergraduate"-Abschlüssen gehören Diploma und BA (Bachelor), zu den „postgraduate"-Abschlüssen Graduate Diploma, MA (Master) und Forschungsabschlüsse wie Doktortitel/PhD.

Tab. 3-7: Detaillierte Beschreibung der Befragungsgruppe Deutschland

Paar	Alter	Beruf	Ausbildung	Kinder
Jüngere Altersgruppe				
Kerstin	19	Studentin	Studium	Nein
Marcel	22	Student	Studium	
Jasmin	20	FH-Studentin	FH-Studium	Nein
David	27	Technischer Zeichner	Realschule, Ausbildung	
Carmen	23	Team-Assistentin	Realschule, Bürokauffrau-Ausbildung	
Johannes	26	Krankenpfleger	Hauptschulabschluss, Ausbildung zum Krankenpfleger	Nein
Mittlere Altersgruppe				
Manuela	30	Grundschullehrerin	Studium	Nein
Paul	32	Feuerwehrmann	Realschule, Ausbildung	
Anna	30	Hausfrau, früher in Personalabteilung gearbeitet	Ausbildung und Fachhochschule	1 Kind (3 Mon.)
Pascal	33	Lehrer	Staatsexamen	
Natascha	30	Selbstständig, Partyservice und Hausfrau	Realschule, Ausbildung	1 Kind (10 Mon.)
Torben	41	Laborassistent	Hauptschule, Ausbildung	
Carla	34	Lehrerin	Staatsexamen	Nein
Claus	34	Elektriker	Fachhochschulreife, Ausbildung	
Simone	36	Kosmetikerin, selbstständig	Hauptschule, Ausbildung zur Kosmetikerin	3 eigene Kinder (3, 5, 7 J.)
Alexander	33	Arbeitslos, probeweise selbstständig	Realschule, Ausbildung	2 eigene Kinder (7, 9 J.)
Ältere Altersgruppe				
Frau Frei	46	Psychologin	Studium (Psychologie), Diplom	1 gemeinsames Kind (6 J.).
Herr Frei	58	Autor	Studium (Pädagogik), Diplom	Er 1 eigenes Kind (28 J.)
Frau Gabler	57	Medizinisch-Technisch-Assistentin	Realschule, Ausbildung zur MTA	2 Kinder (außer Haus)
Herr Gabler	65	Rentner, vorher Bauingenieur	Studium, Diplom	
Frau Maler	58	Masseurin	Realschule, Ausbildung zur Masseurin	1 eigenes Kind (38 J.)
Herr Maler	50	Arbeitslos, früher Software-Ingenieur	Abitur, abgebrochenes Studium	
Frau Zabel	78	Hausfrau	Realschule	3 Kinder (außer Haus)
Herr Zabel	80	Rentner, vorher Richter	Staatsexamen	

3.2.3 Gütekriterien und Kontrolle der Untersuchungsbedingungen

Zur Bewertung der Qualität von Befragungen können Gütekriterien eingesetzt werden. Die Anforderungen an die Kontrolle der Untersuchung sind bei quantitativen und qualitativen Methoden verschieden (vgl. Atteslander 2006: 66). Die drei klassischen Kriterien quantitativer Messungen sind Objektivität (inter-individuelle Zuverlässigkeit), Reliabilität (Genauigkeit) und Validität (Gültigkeit) (vgl. Bortz/Döring 2006: 326; Lamnek 2005: 138 ff. Mayring 2002: 140). Diese Kriterien quantitativer Forschung lassen sich nicht ohne Weiteres auf die qualitative Forschung übertragen, die – wie aus der wissenschaftlichen Debatte ersichtlich – eigene Kriterien zu entwickeln sucht mit unterschiedlichen Lösungsmöglichkeiten. Bortz und Döring (2006: 326) bezeichnen Objektivität und Reliabilität für qualitative Studien als eher ungebräuchlich, nennen aber eine an qualitative Studien angepasste Form von Validität als wichtigstes Kriterium. Mayring führt (2002: 144 ff.) sechs allgemeine Gütekriterien qualitativer Forschung an: Verfahrensdokumentation, argumentative Interpretationsabsicherung, Regelgeleitetheit, Nähe zum Gegenstand, kommunikative Validität, Triangulation. Helfferich (2005: 138) weist wiederum darauf hin, dass qualitative Befunde immer kontextspezifisch generiert werden und deswegen Reflexivität, Offenheit und intersubjektive Nachvollziehbarkeit die wichtigsten Prinzipien für die Güte qualitativer Forschung sind. Ähnlich argumentiert Lamnek (2005: 180), dass der Forschungsprozess zum Zwecke der Nachvollziehbarkeit offen zu legen sei. Zusammengefasst ist die Problematik der Bewertung von qualitativer Forschung letztendlich „noch nicht zufriedenstellend beantwortet" (Flick 2007: 487). Für die eigene Studie wird eine Transparenz der Durchführung der Studie als Gütekriterium eingesetzt, um LeserInnen dieser Arbeit die Möglichkeit zu geben, den Forschungsprozess nachzuvollziehen und die Schlüssigkeit der Aussagen selbst zu beurteilen. Dabei wird besonders auf Merkmale der jeweiligen Interviewsituation eingegangen, die das Antwortverhalten der Befragten und die Güte der Forschungsaussagen beeinflussen kann (vgl. Bortz/Döring 2006; Atteslander 2006; Roth 1999; Witzel 1982). Es wird auf prägnante Beobachtungen der eigenen Studie eingegangen, um den Forschungsprozess transparent zu machen.

Einflüsse durch die Interviewer

InterviewerInnen spielen eine wichtige Rolle, da sie den Verlauf des Gesprächs und die Antwortbereitschaft der Interviewten erheblich durch ihre Fähigkeiten beeinflussen (vgl. Roth 1999: 167). Gleichzeitig ist die Möglichkeit einer Manipulation der Ergebnisse durch das Verhalten der Interviewer gerade bei Leitfadeninterviews groß. Faktoren, die von Seiten der Interviewer in das Gespräch eingebracht werden und auf seinen Verlauf wirken sind: z. B. äußere Merkmale wie Geschlecht, Kleidung und Alter (Diekmann 2008). Die Auswirkungen dieser Aspekte auf das Interview sind nur schwer zu erfassen und zu kontrollieren. Alle Interviews wurden von einer Person durchgeführt, was eine gewisse Konstanz im Auftreten und Befragungsstil gewährleistet. Da der Forschungsschwerpunkt auf Geschlechterrollen lag, kann die Tatsache, dass eine *Forscherin* auftrat, einen Einflussfaktor darstellen. Die Interviewerin achtete darauf, Beispiele zu *unterschiedlichen* Geschlechterrollen und geschlechtskulturellen Verhalten einzubringen und diese diskutieren zu lassen. Da als Resultat unterschiedliche Positionen zu Geschlechterrollen von den Interviewten geäußert wurden, hatte die Interviewerin den Eindruck, dass sie eine Interviewsituation geschaffen hatte, in der die Interviewten Vertrauen fassten und ihre persönlichen Ansichten und Einstellungen zum Ausdruck brachten. Auch konnten in diesem Zusammenhang keine Unterschiede zwischen der Gesprächsbereitschaft von Frauen und Männern festgestellt werden. Zugleich beobachtete die Interviewerin, dass das anfängliche Ausfüllen des Fragebogens sowie der Einstieg in das Interview mit weniger komplexen und meinungsäußernden Fragen wichtig für die Herstellung eines Vertrauensverhältnisses war.

Bortz und Döring (2006: 328) führen als ein Gütekriterium für qualitative Studien die interpersonale Konsensbildung ein, das heißt, mehrere Personen müssen sich auf die Glaubwürdigkeit und den Bedeutungsgehalt des Materials einigen. Die interpersonale Konsensbildung kann dabei zwischen verschiedenen Personengruppen erreicht werden, eine Möglichkeit ist die *kommunikative Validität* zwischen Interviewerin und Interviewten, welche auch in der vorliegenden Studie angestrebt wurde (vgl. Bortz/Döring 2006: 328; Lamnek 2005: 146 ff.). Die Interviewerin vermied es, Aussagen der Interviewten zu bewerten, allerdings stellte sie Verständnisfragen, spiegelte Antworten der Interviewten zurück und konfrontierte die Befragten mit eventuell auftretenden Widersprüchen ihrer Aussagen (vgl. zu dieser Fragetechnik Witzel 1982: 100). Interviewte konnten ihre Aussagen selbst überprüfen, die Interviewerin erhielt eine Absicherung des korrekten Verständnis der Aussagen. Zugleich fühlten sich die Befragten in ihrer Problemsicht ernst genommen. Vor allem konnte durch die Feststellung ausweichender, versteckter und widersprüchlicher Aussagen die Konstruktion der Realitätsdarstellung der Interviewten offen gelegt werden und so bereits eine Vorinterpretation von Seiten der Interviewerin angestoßen werden.

Interviewteneinflüsse

Die Resultate der Interviews können durch die Interviewten verzerrt werden, Ursachen sind z. B. soziale Erwünschtheit, Erinnerungsfehler, Meinungslosigkeit (vgl. Diekmann 2008). Besonders die soziale Erwünschtheit scheint für das Thema der Geschlechterrollen der vorliegenden Studie problematisch. Je heikler die Frage, desto größer die Gefahr der sozialen Erwünschtheit (vgl. ebd.). Um eine Suggestivwirkung zu verhindern, wurde bei geschlossenen Fragen darauf geachtet, dass beide Antwortalternativen in der Frage enthalten waren (vgl. Atteslander 2006: 135). Beispiele sind: War die Einrichtung des Internetzugangs eine gemeinsame Entscheidung oder ging das von Ihnen oder Ihrer Partnerin/Ihrem Partner aus? Was denken Sie generell: Existieren Unterschiede zwischen Männern und Frauen beim Erlernen des Umgangs mit dem Internet oder nicht?

In den Interviews wurde zwischen Paarebene und wahrgenommener Gesellschaftsebene unterschieden, beispielsweise wurde die inhaltliche Aufteilung der Haushaltsaufgaben der interviewten Paare analysiert, d. h. wer tätigt in der Beziehung wie viele und welche Haushaltsaufgaben (Paarebene)? Zusätzlich ging es um die Meinung der interviewten Paare über die Aufteilung der Haushaltsaufgaben zwischen den Geschlechtern, d. h. welche Haushaltsaufgaben schreiben die interviewten Paare generell Männern bzw. Frauen zu (wahrgenommene Gesellschaftsebene)? Deutlich thematisiert werden muss an dieser Stelle, dass es sich sowohl bei der Paarebene als auch der wahrgenommenen Gesellschaftsebene somit immer um die Perspektive der Paare handelt, d. h. das Gesellschaftsbild nicht von allen Australiern und Deutschen erfasst wurde.

Forschungsthema und Fragen

Das vorliegende Forschungsthema sowie der ethnographische Ansatz bieten Einblick in das private Leben von Menschen. Deswegen wurde mehrfach betont, dass die Daten anonymisiert werden, z. B. wurde dies sowohl beim ersten Telefonat als auch zu Anfang des Interviews angekündigt.

Sprachliche Formulierungen wurden von Seiten der Interviewerin an den Wissensstand der Interviewten angepasst. Gerade der Gesprächsleitfaden erlaubt eine Umformulierung der Fragen, je nach Situation und Gesprächspartner (vgl. Roth 1999: 154). Insgesamt wurde darauf geachtet, wenn möglich, kurze Fragen zu stellen, so dass die Interviewten in ihrem Gesprächsfluss nur wenig gestört wurden (vgl. ebd.). Für die englischen Interviews wurde der Leitfaden von einem Muttersprachler vor Ort kontrolliert.

Insgesamt waren die Fragen des Leitfadens unabhängig von Bildungs- oder Wissensstand der Interviewten ertragreich. Eine Frage erwies sich im Laufe der Interviews allerdings als schwierig: „Wenn Sie dem Internet jetzt eine Farbe zuordnen sollten: Rot steht für weiblich, blau für männlich, lila für neutral. Welche Farbe würden Sie dem Internet geben? Warum?" Einige Befragte konnten mit der Farbzuordnung nichts anfangen. Trotzdem entschied sich die Interviewerin die Frage beizubehalten, da sie in etwa der Hälfte der Fälle sehr gute Diskussionen anregte.

Situativer Kontext

Aufgrund des gewählten ethnographischen Forschungsansatze führte die Interviewerin die Untersuchung bei den Befragten zu Hause durch. Dieser situative Kontext bedeutet für die Interviewten eine vertraute Umgebung. Gleichzeitig sind mit diesem Ort Nachteile verbunden, da die Interviewerin hier die Befragungssituation wenig kontrollieren konnte. Beispielsweise konnte das Hereinkommen anderer Haushaltsmitglieder zu Unterbrechungen führen; ebenso waren andere Störfaktoren wie Telefonanrufe nicht zu verhindern. Gerade die Anwesenheit Dritter kann Einfluss auf das Antwortverhalten der befragten Person haben (vgl. Diekmann 2008). In der durchgeführten Studie wurde u. a. aus diesem Grund darauf geachtet, die Interviews der Paare generell getrennt durchzuführen. In manchen Interviews kamen PartnerInnen während eines Gesprächs in den Raum, was sich sofort auf den Gesprächsverlauf auswirkte, der Gesprächsfluss wurde unterbrochen oder die hinzukommende Person kommentierte den Wahrheitsgehalt des Gesagten.

Ein deutsches Paar um die 80 Jahre bestand darauf, gemeinsam interviewt zu werden. Die Interviewerin hatte den Eindruck, dass dieses Ehepaar generell viel gemeinsam machte und deswegen einer getrennten Interviewsituation nicht zustimmte. Insbesondere die Frau stellte sich vehement gegen ein Einzelinterview. Obwohl die Interviewerin sowohl bei den ersten Telefonaten als auch vor Einstieg in alle Interviews stets herausstellte, dass es sich nicht um eine Wissensabfrage handelt, sondern die persönlichen Meinungen der Paare im Vordergrund stehen, nannte die ältere Frau vor dem Interview mehrfach ihren geringen Internetkenntnisstand als ein Grund für ihr Beharren auf einem Paarinterview.[19] Im Vergleich zu den Einzelinterviews gestaltete sich die Eruierung geschlechtskultureller Muster schwieriger, da beide in ihrem Antwortverhalten auf der Paarebene blieben. Die Interviewerin hatte den Eindruck, dass sich aufgrund der Situation des Paarinterviews besonders Fragen nach Hintergründen für geschlechtskulturelle Handlungen aus der Perspektive der einzelnen Person nicht so vertieft werden konnten wie bei den getrennt geführten Interviews. Eine weitere Problematik bestand darin, dass Nachfragen, die an eine Person gerichtet waren, öfters von der anderen beantwortet wurden. Das Potenzial eines Paarinterviews besteht sicherlich in dem sofortigen Ergänzen bestimmter Alltagsthematiken, wie der Einbindung in zeitliche Routinen aus zwei Perspektiven. Trotzdem bestätigten sich nach diesem einen Paarinterview die Vorzüge der Einzelinterviews.

Zur Validität von Aussagen können auch die Äußerungen von Bekannten der interviewten Person hinzugezogen werden (vgl. Bortz/Döring 2006: 327). Dabei wird kein direktes Nachprüfen angestrebt, da dies das Verhältnis zwischen Interviewerin und Interviewten ne-

---

19 Sie war eine der zwei Personen der Studie, die das Internet selbst nicht nutzte.

gativ beeinflussen könnte (vgl. ebd.). Durch die Situation, dass Paare zu ihrer Interaktion untereinander interviewt wurden, lagen jedoch oftmals automatisch Aussagen von zwei sich bekannten Personen zu einem Aspekt vor. Häufiger machte ein Partner gerade im Bereich der doing gender-Fragen andere Äußerungen als gegenüber dem Partner (vgl. hierzu ausführlich die Darstellung der Befunde in Kapitel 5 und 6). Dies bedeutet nicht automatisch eine Unehrlichkeit des Befragten, sondern „dass sie nicht nur ein ‚wahres Selbst' haben, sondern in unterschiedlichen Interaktionskontexten unterschiedliche Facetten ihrer Persönlichkeit präsentierten" (Bortz/Döring 2006: 327). Die unterschiedlichen Äußerungen bestätigten, dass eine Ausgestaltung der Geschlechtszugehörigkeit durch die Subjekte immer wieder neu hergestellt wird und das Handeln nach kulturellen Geschlechtervorgaben deswegen nicht in allen Situationen eine oder die gleiche Rolle spielt (vgl. Ang/Hermes 1994). Es war gerade die Herausforderung der Interviewerin, durch Fragetechniken diese Muster transparent zu machen (vgl. hierzu den Abschnitt Interviewereinflüsse).

3.3 Bearbeitung und Auswertung

Die Auswertung der Daten stellt in der ethnographischen Forschung eine große Herausforderung dar: Die erhobenen Daten müssen so bearbeitet werden, dass sie als Ethnographie für andere lesbar werden (vgl. Lüders 2004: 399). Für die vorliegende Studie musste ein regelgeleitetes Auswertungsverfahren zusammengestellt werden, das den angewendeten Methoden gerecht wurde und ermöglichte, die Daten aufeinander zu beziehen und sie zu verdichten. Analysiert werden sollten:
- das Ausmaß der Alltagsintegration des Internets
- geschlechtskulturelle Handlungen rund um das Internet, Prozesse, Positionierungen und Deutungen
- Zusammenhänge zwischen Alltagsintegration und geschlechtskulturellen Handlungen, dabei
- Unterschiede und Gemeinsamkeiten zwischen Männern und Frauen, zwischen den australischen und deutschen Paaren sowie, wo ergiebig, zwischen Altersgruppen.

Im Zentrum stand die Auswertung der Interviews; die ausgefüllten Fragebögen sowie die schriftliche und visuelle Dokumentation der Wohnungsbegehung wurden unterstützend hinzugezogen. Für die Analyse der Interviews war ein Verfahren gefragt, das zum einen erlaubt, die Bedeutungszuweisungen und latenten Sinnstrukturen der Interviewten aus dem Material zu extrahieren und dabei den Kontext der Aussagen mit zu berücksichtigen, zum anderen das Material zu verallgemeinern, um übergreifendende Ergebnisse zum Forschungsgegenstand zu erhalten. Die qualitative Inhaltsanalyse nach Maying (2007) ermöglichte diese Aspekte der Auswertung, weswegen dieses

Verfahren in der vorliegenden Arbeit angewendet wurde. Diese Methode hat sich in der qualitativen Forschungspraxis bewährt, doch werden in der wissenschaftlichen Literatur einzelne methodologische Schwächen diskutiert, wie fehlende Interpretationsregeln oder Handlungsweisen für einzelne Schritte der Auswertung (vgl. zur Übersicht Steigleder 2008: 55 ff.). Gleichwohl hat die qualitative Inhaltsanalyse mehrere Stärken, die für die Auswertung der vorliegenden Studie hilfreich waren: Dadurch, dass die Analyse nach expliziten Regeln im Sinne vorher festgelegter Interpretationsschritte erfolgt, ist sie intersubjektiv nachvollziehbar. Die Inhaltsanalyse unterscheidet sich durch das systematische Vorgehen der Auswertung anhand eines Kategoriensystems beispielsweise von der stärker interpretativen hermeneutischen Technik. Im Gegensatz zu anderen Methoden wie der Globalauswertung, die einen schnellen Überblick des Materials ermöglicht, enthält die qualitative Inhaltsanalyse Feinanalysen, d. h. es werden kleinere Sinneinheiten betrachtet. In Anlehnung an die qualitative Inhaltsanalyse nach Mayring (2007) wurden die Daten zunächst aufbereitet und anschließend interpretiert.

Auch bei dem methodischen Schritt der Auswertung ist die Einhaltung von Gütekriterien zu berücksichtigen, wie Verfahrensdokumentation, regelgeleitetes Vorgehen, argumentative Interpretationsabsicherung oder kommunikative Validität (vgl. Mayring 2002: 144 ff.). Die Auswertung wird im Folgenden detailliert dokumentiert und das regelgeleitete Vorgehen der qualitativen Inhaltsanalyse vorgestellt. Ebenso werden im Laufe dieses Kapitels die kommunikative Validität und die argumentative Interpretationsabsicherung thematisiert.

3.3.1 Ablauf der Auswertung

Die Bearbeitung und Auswertung des Materials fand in mehreren Schritten und auf unterschiedlichen Ebenen statt. Dabei wurden folgende Phasen durchlaufen: Erstes Anhören des Materials, Transkription, qualitative Inhaltsanalyse nach Mayring (2007), Interpretation und abschließende Kontrolle.

Erstes Anhören des Materials: Zunächst notierte sich die Interviewerin[20] nach jedem Besuch Gedanken und Beobachtungen, um später bei der Auswertung darauf zurückgreifen zu können. In einem nächsten Schritt hörte sich die Interviewerin nach jedem geführten Gespräch mit den Paaren die Aufnahmen an. Dieses Vorgehen war besonders für die durchgeführten Pretests von Bedeutung, da so noch Anpassungen des Leitfadens vorgenommen werden konnten. Es wurde eruiert, ob einzelne Fragen zu Problemen im Antwortverhalten der

---

20 Da die Verfasserin dieser Arbeit die Interviews als auch die Auswertung durchführte, wird im Folgenden auch bei der Auswertung weiterhin von der Interviewerin gesprochen.

Probanden führen und ob Umstellungen für kommende Interviews vorzunehmen seien.

Transkription der Interviews: Nachdem alle Interviews geführt waren, erfolgte die Transkription der Aufnahmen. Dabei wurde der Teil, der den Fragebogen und die Wohnungsbegehung betraf, in Form von Sequenzen ausgewählt, die thematisch passten. Die ProbandInnen erwähnten auch Aspekte, die nicht die Thematik der Studie betrafen; diese, sowie Bemerkungen, die exakt genauso schriftlich auf dem Fragebogen festgehalten worden waren, berücksichtigte die Autorin bei diesem Schritt der Auswertung nicht. Die Interviews selbst wurden in normales Schriftdeutsch bzw. Englisch transkribiert, Satzbau und Stil wurden etwas geglättet, z. B. Füllwörter gestrichen (vgl. Mayring 2002: 91). Redepausen,[21] gefühlsbetonte Laute, sowie auffällige Betonungen sind an entsprechender Stelle integriert und kenntlich gemacht worden.

Auswertung anhand der qualitativen Inhaltsanalyse: Mit Hilfe der qualitativen Inhaltsanalyse wurden die Daten für die anschießende Interpretation aufbereitet (vgl. hierzu ausführlich Kapitel 3.3.2).

Interpretation: Das durch die qualitative Inhaltsanalyse erhaltene Kategoriensystem wurden anschließend entlang des Erkenntnisinteresses und des theoretischen Rahmens (vgl. Kapitel 1 und 2) interpretiert (vgl. hierzu ausführlich das Ende des Kapitels 3.3.2).

Kontrolle: Lamnek (2005: 404) empfiehlt, zum Abschluss einer Auswertung von qualitativen Interviews eine Kontrollphase anzuschließen. Diese hilft Fehlinterpretationen zu vermeiden. Die Interviewerin kontrollierte ihre Ergebnisse immer wieder unter Hinzuziehung der vollständigen Transkripte. Stellen mit Unklarheiten glich sie mit den Originalaufnahmen der Interviewten nochmals ab. Ebenfalls tauschte sie sich mit anderen WissenschaftlerInnen, besonders mit einer australischen Kollegin, bei der Erstellung und Überprüfung des Kategoriensystems der qualitativen Inhaltsanalyse aus.

3.3.2 Qualitative Inhaltsanalyse

Die qualitative Inhaltsanalyse nach Mayring ermöglicht, die geführten Interviews gezielt zu bearbeiten und somit das Material für eine anschließende Interpretation aufzubereiten (vgl. Mayring 2002: 114). Ziel ist zum einen, ein kontrolliertes Nachvollziehen der Auswertung des Materials zu ermöglichen, zum anderen eine Systematisierung von Mustern aus dem Material zu eruieren (vgl. Lamnek 2005: 511). Das Grundmodell der qualitativen Inhaltsanalyse gliedert sich in elf konkrete Schritte (vgl. Tab. 3-9).

---

21 Kurze Pausen sind durch drei Punkte [...] kenntlich gemacht.

Tab. 3-8: Allgemeines inhaltsanalytisches Ablaufmodell (Mayring 2007: 54)

1. Schritt	Festlegung des Materials
2. Schritt	Analyse der Entstehungseinheiten
3. Schritt	Formale Charakteristika des Materials
4. Schritt	Richtung der Analyse
5. Schritt	Theoretische Differenzierung der Fragestellung
6. Schritt	Bestimmung der Analysetechnik(en) und Festlegung des konkreten Ablaufmodells
7. Schritt	Definition der Analyseeinheiten
8. Schritt	Analyseschritte mittels des Kategoriensystems (Zusammenfassung – Explikation – Strukturierung)
9. Schritt	Rücküberprüfung des Kategoriensystems an Theorie und Material
10. Schritt	Interpretation der Ergebnisse in Richtung der Hauptfragestellung
11. Schritt	Anwendung inhaltsanalytischer Gütekriterien

Im Folgenden wird das Ablaufmodell in knapper Form auf die vorliegende Studie bezogen, um LeserInnen ein Nachvollziehen der Auswertung zu ermöglichen. Gleichwohl ist die qualitative Inhaltsanalyse kein Standardinstrument, sondern muss der jeweiligen Untersuchung angepasst werden (vgl. Mayring 2007: 43).

Schritt 1: Festlegung des Materials
Der inhaltsanalytischen Auswertung liegt das Material der Interviews von 48 Personen vor, welche nach dem theoretical sampling ausgewählt wurden (vgl. zur Konzeption und Durchführung der Studie ausführlich Kapitel 3.1 und 3.2).

Schritt 2: Analyse der Entstehungssituation
Die Interviews wurden von der Autorin dieser Arbeit selbst durchgeführt (vgl. zur Durchführung der Studie ausführlich Kapitel 3.2).

Schritt 3: Formale Charakteristika des Materials
Die Interviews liegen in transkribierter Form vor.

Schritt 4: Richtung der Analyse
Ziel der Analyse ist es, Aussagen über die Alltagsintegration des Internets sowie Gender-Demokratisierungsprozesse rund um das Internethandeln zu treffen.

Schritt 5: Theoretische Differenzierung der Fragestellung
Laut Mayring bedeutet dieser Schritt, „dass die Fragestellung der Analyse vorab genau geklärt sein muss, theoretisch an die bisherige Forschung über den Gegenstand angebunden und in aller Regel in Unterfragen differenziert werden muss" (2007: 52). Die Anbindung

der Fragestellung der vorliegenden Arbeit an die bisherige Forschung wurde in Kapitel 1 und 2 thematisiert. Die Arbeit fokussiert zwei grundlegende Fragestellungen:
(1) Alltagsintegration des Internets
Wie haben die interviewten Paare das Internet in ihren Alltag integriert? Zeigen sich ähnliche Muster der Alltagsintegration?
(2) Gender-Demokratisierungsprozesse
Werden über die Internetnutzung im Haushalt traditionelle Geschlechterverhältnisse fortgeführt oder zeigt sich eine Veränderung? Sind geschlechtsgebundene Kodierungen des Internets erkennbar?

Schritt 6: Bestimmung der Analysetechniken
Die vorliegende Studie lehnt sich an die strukturierende Analysetechnik an.

Schritt 7: Definition der Analyseeinheiten
Da dieser Schritt vor allem für quantitative Analyseschritte wichtig ist (vgl. Mayring 2007: 53) und oberste Priorität der Auswertung für die vorliegende Studie war, den Sinnzusammenhang der Aussagen nicht zu zerstören, wurde hier darauf verzichtet, den kleinsten und größten Textbestandteil zu bestimmen, der unter eine Kategorie fallen kann.

Schritt 8 bis 11
werden im Folgenden in den nächsten Abschnitten dieses Kapitels ausführlicher dargelegt.

Strukturierende qualitative Inhaltsanalyse

Die qualitative Inhaltsanalyse wird von Mayring in mehrere Analysetechniken unterteilt (vgl. Mayring 2007). Für die Auswertung der Interviews lehnt sich die Verfasserin dieser Arbeit an die Technik der Strukturierung an. „Diese wohl zentralste inhaltsanalytische Technik hat zum Ziel, eine bestimmte Struktur aus dem Material herauszufiltern" (Mayring 2007: 82). Dies erschien gewinnbringend, um die große Menge an Material für eine anschließende Interpretation aufzuarbeiten. Einer der zentralen Schritte der Inhaltsanalyse ist die Kategoriendefinition. Diese kann deduktiv ablaufen, d. h. Kategorien werden aufgrund des theoretischen Rahmens und Forschungsstandes zunächst entwickelt und dann auf das Material angewendet. Oder die Kategorienbildung erfolgt induktiv, d. h. aus dem Material werden direkt Kategorien gebildet, ohne diese auf theoretische Überlegungen zu beziehen (vgl. ebd. 2007: 74 f.). Die Kategorien wurden in der vorliegenden Studie sowohl theorie- als auch empiriegeleitet entwickelt (vgl. hierzu auch Steigleder 2008: 185 ff.). Zur Hilfe gezogen wurde das Computerprogramm Nvivo, welches unterstützend für die Bearbeitung qualitativen Forschungsmaterials eingesetzt wurde (vgl. Richards 2005). Die transkribierten Interviews wurden zunächst in das Programm kopiert und die Interviewten nach Land, Geschlecht, Altersgruppe und

Bildungsstand zugeordnet. Dieses Vorgehen erleichterte eine spätere Abfrage der Kategorien nach bestimmten Gruppen.

Für den zentralen Schritt der qualitativen Inhaltsanalyse, die Bildung der Kategorien, bietet sich eine dreischrittige Vorgehensweise an: Als erstes wird definiert, welche Textbestandteile unter eine Kategorie fallen (Definition der Kategorie), als zweites werden Zitate aufgelistet, die als Beispiel unter die jeweilige Kategorie fallen (Ankerbeispiele) und drittens werden dort, wo Abgrenzungen nicht eindeutig ausfallen, Regeln (Kodierregeln) aufstellt, um klare Zuordnungen zu ermöglichen (vgl. Mayring 2007: 83). Nach einer Lektüre der einzelnen Transkripte machte sich die Interviewerin Notizen zur möglichen Kategorienbildung. Aufgrund theoretischer Annahmen und des daraus konstruierten Leitfadens entwickelte sie mit Hilfe von Interviewzitaten einen Kodierleitfaden. Für die vorliegende Studie bildete sie zunächst die zwei Überkategorien gemäß der zwei Forschungsbereiche Alltagsintegration und Gender-Demokratisierungsprozesse. Für die Herstellung der jeweiligen Unterkategorien war es hilfreich, auf Bereiche des Leitfadens zurückzugreifen (z. B. räumliche oder soziale Integration). Antworten auf gestellte Fragen suchte die Interviewerin jeweils an den direkten Interviewstellen zusammen. Zusätzlich ging sie das gesamte Material durch, um thematisch passende Antworten auch bei anderen Interviewabschnitten hinzuzufügen.

Kategorien wurden jedoch nicht nur deduktiv, sondern auch induktiv aus dem Material herausgebildet. Diese Technik wendete die Interviewerin verstärkt für die Bildung von Unterkategorien an, bei denen aus dem Material weitere Ausprägungen erschlossen werden sollten. Bei der induktiven Kategorienbildung wurden folgende Schritte angewendet: Die Interviewerin ging die Textpassagen durch bis eine erste Textstelle gefunden wurde, zu der eine Kategorie konstruiert werden konnte. Diese bezeichnete sie mit einem Begriff oder einem Satz (vgl. Mayring 2002: 116). Anschließend galt es, das Material unter bestehende Kategorien zu subsumieren oder gegebenenfalls eine neue Kategorie zu bilden. Zitate wurden so zugeordnet, dass Sinneinheiten erhalten blieben. Deswegen kam es vor, dass dieselbe Textstelle mehreren Kategorien zugeordnet werden konnte, beispielsweise wenn sich eine Person über die Platzierung des Internetanschlusses äußert, gleichzeitig aber geschlechtskulturelle Muster in der Interviewstelle durch die Dominanz des Partners in der Entscheidung deutlich wurden. Dann ordnete die Interviewerin das Zitat zweimal zu, zum einen der Kategorie „räumliche Integration" und zum anderen „Dominanz und Vorherrschaft". Insofern wich die Auswertung hier von Mayrings Vorgaben ab, der betont, dass das Kategoriensystem so definiert werden muss, dass das Textmaterial immer eindeutig zugeordnet werden kann (vgl. Mayring 2002: 118). Ähnlich beschreibt Friedrichs Eindimensionalität, Ausschließlichkeit und Vollständigkeit der Kategorien als drei Kriterien für die Erstellung allgemeiner Klassifikationen (vgl. Friedrichs 1990, 378). Innerhalb einer Gruppe von Kategorien achtete die Interviewerin jedoch darauf, dass bei unterschiedlichen Ausprägungen der Unterkategorien diese Kriterien zutrafen. Das Abweichen von Mayrings Vorgehen war an manchen Stellen der Kategorienbildung notwendig, da Gender den Großteil der Alltagsintegration-Kategorien durchzieht und somit doppelt zugeordnet werden konnte. Dies stellte sich ebenfalls bei der anschließenden Interpretation heraus (vgl. hierzu vor allem Kapitel 7.1).

In einem ersten Durchlauf wurde anhand jeweils dreier deutscher und australischer Interviews probeweise kodiert. Die Kategorienbildung und Zuordnung wurde immer wieder überprüft und angepasst, Kategorien, die sich als redundant erwiesen, gestrichen, beispielsweise jene, die zwar auf den ersten Blick theoretisch sinnvoll schienen, denen die Textausschnitte jedoch nicht entsprachen. Andere Kategorien wurden wiederum in einer zusammengefasst. In einem zweiten Durchlauf wurden jeweils zwei weitere australische und deutsche Interviews kodiert, um das System erneut zu überprüfen. Zu diesem Zeitpunkt befand sich die Interviewerin im Rahmen eines Visiting Scholar Programms am Royal Melbourne Institute of Technology und zog eine Kollegin hinzu, die anhand des Kategoriensystems einzelne Interviews zum Vergleich gegenkodierte. So konnte das System auf seine Güte hin von der australischen Wissenschaftlerin überprüft werden. Im Anschluss daran wurden alle Interviews kodiert, wobei fortwährend eine Rücküberprüfung des Kategoriensystems statt fand, insofern sind die Schritte 8 und 9 des allgemeinen Ablaufmodells nach Maying (2007) nicht streng hintereinander, sondern im stetigen Wechsel ausgeführt worden.

Die induktive Kategorienbildung, wie sie bei der Auswertung dieser Studie angewandt wurde, ist zentraler Bestandteil der Grounded Theory (Glaser/Strauss 1967), im Deutschen gegenstandsbezogene Theoriebildung genannt (vgl. Krotz 2005: 159 ff.). „Gegenstandsbezogene Theoriebildung geht davon aus, dass der Forscher während der Datensammlung theoretische Konzepte, Hypothesen entwickelt, verfeinert und verknüpft, so dass Erhebung und Auswertung sich überschneiden" (Mayring 2002: 105). Diese Theorie wurde jedoch nicht als Auswertungsinstrument gewählt, da ihr Hauptelement, das gleichzeitige Stattfinden von Datenerhebung und Auswertung, in der vorliegenden Studie nicht praktiziert wurde. Bei den durchgeführten Interviews sollte eine Vergleichbarkeit gewährleistet sein, eine ständige Veränderung der Interviews hätte diesen Aspekt schwierig gemacht. Zudem ist die Mikroanalyse der Grounded Theory zum einen sehr arbeitsaufwendig, zum anderen sollte sie bestenfalls in einer Gruppe von Wissenschaftlern erfolgen. Einzelne Elemente der Grounded Theory erweisen sich jedoch auch für die induktive Kategorienbildung der qualitativen Inhaltsanalyse als sinnvoll. Ertragreich genutzt werden konnte für die vorliegende Auswertung das Element des Bildens von Memos: Wenn während der Erhebungsphase wichtige Gesichtspunkte auftauchen, werden diese anhand von Merkzetteln festgehalten (vgl. Glaser 1978). Diese Memos können dann beim Bilden der Auswertungskategorien hinzugezogen sowie neue Memos während der Bildung der Kategorien erstellt werden (vgl. Krotz 2005: 188 ff.). Mit Hilfe des Computerprogrammes Nvivo wurden die Memos an den entsprechenden Kategorien und Zitaten direkt verankert. Zudem wurde sich an der im Vergleich zur qualitativen Inhaltsanalyse feineren Vernetzung von Kategorien und Subkategorien (axiales Kodieren) der Grounded Theory angelehnt (vgl. Krotz 2005: 183 f.). Das sogenannte axiale Kodieren erwies sich für einzelne Bereiche der vorliegenden Studie, wie Ausprägungen der doing gender-Fälle, als hilfreich. So konnten die Beziehungen der Kategorien tiefergehend analysiert werden. Neben der Grounded Theory stand noch ein weiteres Auswertungsverfahren der qualitativen Sozialforschung in der näheren Auswahl, das hermeneutische Verfahren. Dieses multidimensionale Dialogverfahren erfordert ähnlich wie bei der Grounded Theory ein Forschungsteam, da eine wiederholte Befragung von Daten und Subjekten notwendig ist (vgl. Mayring 2002, Krotz 2005). Für die vorliegende Studie waren diese Bedingungen nicht gegeben, weswegen sich auch gegen dieses aufwendige Verfahren entschieden wurde.

Interpretation

Die Kategorien wurden in der Phase der Interpretation für eine erste Übersicht quantitativ auswertet, d. h. analysiert, ob es sich um Mehrheits- oder Minderheitenaussagen handelt (vgl. Mayring 2002: 117), dabei Australien und Deutschland sowie Männer und Frauen gegenübergestellt. Sodann wurde eine qualitative Auswertung vorgenommen. Bei diesem Schritt der Interpretation wurde versucht, verdeckte Bedeutungen sowie gesellschaftliche Bezüge in den Aussagen der Probanden zu analysieren. Dafür ging die Interviewerin das Material nach widersprüchlichen Äußerungen durch und versuchte, die Sinnkonstitutionen der Befragten zu rekonstruieren sowie die Kontexte der Aussagen zu analysieren. Zusätzlich bemühte sich die Interviewerin, neue, vorher nicht berücksichtigte Gesichtspunkte zu generieren, um so eine erweiterte Analyseperspektive zu erhalten. Gemeinsamkeiten und Differenzen im Internethandeln und der Alltagsintegration des Internets in den Haushalt zwischen den Australiern und Deutschen sowie zwischen Männern und Frauen wurden herausgestellt und diskutiert. Die Auswertung des Gender-Schwerpunktes stellte eine besondere Herausforderung dar. In diesem Teil geht es nicht nur um die einzelnen Individuen, sondern auch noch um die Beziehung zweier Menschen. D. h. es wurden Dynamiken zwischen zwei Personen berücksichtigt und die Aussagen beider Partner zu einer Kategorie hinzugezogen. Besonders wichtig für die Auswertung geschlechtskultureller Prozesse war es deswegen, die einzelnen Paare in den Blick zu nehmen und die jeweiligen Einzelinterviews auf Interaktionen, Positionierung im Geschlechterverhältnis und Doing Gender-Muster sowie ihre Zustimmung und Ablehnung zu wahrgenommenen Geschlechterrollen hin zu analysieren. Aussagen wurden besonders im Hinblick auf gesellschaftliche Bezüge sowie Lebenssituationen kontextualisiert. Mayring nennt als Gütekriterium qualitativer Forschung die argumentative Interpretationsabsicherung: Interpretationen sollen nicht einfach gesetzt werden, sondern ForscherInnen müssen diese argumentativ begründen (vgl. Mayring 2002: 145). Deswegen wurden Argumente anhand von Zitaten belegt, um somit eine Transparenz und Schlüssigkeit zu sichern (vgl. Kapitel 4, 5 und 6).

Unterstützend zu einzelnen Bereichen wurden zusätzlich die erstellten Fotos der Medienplatzierungen hinzugezogen. Diese waren vor allem für die Aspekte der räumlichen und sozialen Dimension wichtig.

4 Internetalltag – Formen von Alltagsintegration des Internets

In diesem Kapitel wird der Internetalltag der interviewten Paare analysiert. Ziel ist es, übergreifende Indikatoren für die Integration des Internets in den Alltag zu identifizieren. Auftretende Unterschiede in den Aussagen der interviewten Personen, besonders hinsichtlich ihres Geschlechts sowie ihrer Herkunftsländer Australien und Deutschland, werden entsprechend ausgewiesen. Nach der ausführlichen Analyse der Interviews sowie einer Anknüpfung an den theoretischen Rahmen (vgl. Kapitel 2) bietet es sich an, die Alltagsintegration des Internets in folgenden vier Hinsichten zu untersuchen:
- Zeitliche Dimension
- Inhaltliche Dimension
- Räumliche Dimension
- Soziale Dimension

Kapitel 4.1 widmet sich der zeitlichen, Kapitel 4.2 der inhaltlichen, Kapitel 4.3 der räumlichen und Kapitel 4.4 der sozialen Dimension (vgl. Tab. 4-1).

Tab. 4-1: Übersicht über Dimensionen, Indikatoren und Leitfragen

Kapitel	Dimension	Indikatoren	Leitfragen
4.1	Zeitliche Dimension	Nutzungsdauer, Nutzungsrhythmen, zeitlicher Nutzungsmodus	Wie sieht die Nutzungsdauer aus? Gibt es Nutzungsrhythmen? Gibt es unterschiedliche zeitliche Nutzungsmodi?
4.2	Inhaltliche Dimension	Spektrum der Onlineaktivitäten, Hauptaktivitäten, Motive der Internetnutzung, Bewertung der Internetnutzung im Medienmenü	Welche Onlineaktivitäten werden wie häufig ausgeführt? Welche Motive stehen hinter der Internetnutzung? Welche Bedeutung nimmt das Internet im Medienmenü der interviewten Paare ein?
4.3	Räumliche Dimension	Platzierungsort, Ästhetik, Raumhoheit	Wo und warum wird das Internet im häuslichen Alltag platziert? Gibt es in Bezug auf das Internet Raumhoheiten? Stören Internet und PC das ästhetische Bild eines Raumes?

4.4	Soziale Dimension	Gemeinschaftsstiftung, Fragmentierung	Welche Rolle spielt die Internetnutzung in der Gestaltung der Paarbeziehung? Welche fragmentierende und gemeinschaftsstiftende Elemente zeigen sich? Wird das Internet personalisiert genutzt? Werden mit der Internetnutzung Rückzugsmöglichkeiten gestaltet?

4.1 Zeitliche Dimension

In diesem Abschnitt steht die zeitliche Dimension der Internet-Alltagsintegration im Vordergrund. Es soll ermittelt werden, wie stark oder schwach das Internet in zeitliche Abläufe des Alltags integriert ist. Dabei werden Nutzungsdauer (Kapitel 4.1.1), Rhythmen (Kapitel 4.1.2) sowie zeitliche Nutzungsmodi (Kapitel 4.1.3) betrachtet. Für einen ersten Überblick werden die Interviewpaare nach ihrer jeweiligen Nutzungsdauer in unterschiedliche Nutzergruppen eingeordnet. Rhythmen beziehen sich auf Routinen rund um die Internetnutzung. Bei den Nutzungsmodi geht es darum, wie die Interviewten ihre Internetzeit wahrnehmen, beispielsweise als Regenerationsphase oder als Arbeitsphase. Als Einstieg dienen zwei Fallbeispiele, die zeigen, wie unterschiedlich die Einbindung des Internets in zeitliche Abläufe ausfallen kann.

Fallbeispiel: Amy

Amy ist Studentin und arbeitet zusätzlich als Lektorin an der Uni, sie ist kinderlos. Wenn Amy morgens und abends zu Hause ist, sind ihre Tätigkeiten zeitlich stark mit der Internetnutzung verwoben.

> Amy: I wake up, I turn on my computer, I check my email.
>
> *I: Right when you got up, before you take a shower or anything?*
>
> Amy: Sometimes, frequently [laugh], in my pyjamas. I'll turn the computer on and go and brush my teeth and then come back and it will be on and ready to go, check my email, read the news headlines on The Age and The New Zealand Herald and then I'll turn it off, have a shower, have breakfast, sometimes I'll read in more depth whilst I'm having breakfast [laugh] and then I'll go to University, so at University I turn on the computer, start again and then come home ...

Genauso wie Amy sich jeden Morgen die Zähne putzt und duscht, handhabt sie auch ihre Internetnutzung als eine tägliche Routine. Weder denkt sie darüber nach, noch entscheidet sie sich jeden Morgen neu; für sie ist die Internetnutzung „natürlich", etwas, das sie zu bestimmten Zeitpunkten in ihrem täglichen häuslichen Leben ausübt. Dabei ist eine hohe zeitliche Priorität zu erkennen. Die Internetnutzung ist das erste, was sie morgens, und das erste, was sie nach der

Arbeit macht sowie ihr letzter Gang vor dem Zubettgehen. Sie nutzt das Internet mehrmals am Tag und ist relativ lang online, d. h. sie räumt dem Internet viel zeitlichen Raum in ihrem Leben ein. Amy ist ein extremes Beispiel für Multitasking und zwar sowohl in Bezug auf Paralleltätigkeiten als auch auf Ausübung mehrerer Online- und Computeraktivitäten. Wenn sie am Computer sitzt, hat sie mehrere Fenster offen und führt unterschiedliche berufs- und freizeitorientierte Onlineaktivitäten gleichzeitig aus.

> Amy: Well at any one time on my computer I'll have a music player on, I'll have the internet with two or more windows open, I'll have email, I'll have two messenger programs so Yahoo and another. I'll probably be mid way through a conversation with at least one person and I'll be yes doing whatever main work. All of that stuff is additional to what I'm actually doing [laugh]. [...]

Dazu kommen noch diverse Paralleltätigkeiten wie Essen, Fernsehen oder das Zeitunglesen. Oft unterhält sie sich auch mit ihrem Freund.

> Amy: Upstairs if I'm, in the mornings if I'm reading the news headlines I'll be eating breakfast often whilst I'm doing that. Like there's squillions of things going on within the computer but in terms of physical activities outside the computer yes I'll eat, if I'm waiting for the computer to sort of get going I might read the newspaper but that's not often.

Amys Internetnutzung ist somit stark in häusliche Abläufe eingebunden; während sie online ist, führt sie alltägliche Tätigkeiten aus und konsumiert andere Medien. Amys häusliches Leben spielt sich oft vor dem PC ab und ist eng mit der Internetnutzung verwoben.

Fallbeispiel: Carla

Carla ist Mitte dreißig, arbeitet als Lehrerin und ist kinderlos. Sie ist nicht täglich online. Wenn sie im Internet ist, dann meistens nur für einige Minuten, jedoch nie länger als eine halbe Stunde. Es gibt keine feste Zeiten oder Abläufe, zu denen sie das Internet nutzt. Die einzige erkennbare Regelmäßigkeit ist die Ausrichtung ihrer Internetnutzung nach der ihres Freundes. Häufig geht sie online, wenn ihr Freund den Computer zur eigenen Internetnutzung hochgefahren hat; wenn der PC angeschaltet ist, fühlt sie sich eher motiviert, auch selbst online zu gehen.

> Carla: Aber, ich, von meinem Antrieb her, würde ich nicht unbedingt gucken. Also ich würde ihn nicht anschalten oder hochfahren. Sondern wenn er dann halt schon einmal an ist, gucke ich halt auch schon mal rein. [...]
> I: Und es gibt auch keine bestimmten Abläufe, zu denen du das Internet nutzt, z. B. immer nach dem Essen?
> Carla: Nein.

Carla übt keinerlei Paralleltätigkeiten während der Internetnutzung aus. Das hängt nicht damit zusammen, dass sie in der Internetnutzung ungeübt wäre – im Gegenteil, sie geht schon seit mehreren Jahren online. Sie möchte die Internetnutzung jedoch so schnell wie möglich beenden und andere parallele Tätigkeiten würden dies verhindern.

Carla: Der Hauptantrieb ist halt dann nicht, dass man lange davor sitzt. Ich möchte das meistens auch schnell abgeschlossen haben, [...] was eigentlich Sache ist. Ja. Sondern deshalb bin ich da und das möchte ich durchziehen und dann können wir das durchziehen.

Es ist interessant, dass Amy und Carla von ihren Lebensumständen[1] her gesehen über die gleichen zeitlichen Möglichkeiten verfügen, das Internet in ihren Alltag zu integrieren. Trotzdem sind deutliche Unterschiede erkennbar, etwa verschiedene Nutzungsdauer, Rhythmen und zeitliche Nutzungsmodi. Die Fallbeispiele leiten über zur generellen Thematik von zeitlicher Alltagsintegration des Internets, deren verschiedene wiederkehrende Indikatoren im Folgenden genauer betrachtet werden.

4.1.1 Nutzungsdauer

Der Aspekt der Nutzungsdauer steht gerade bei quantitativen Studien im Vordergrund (vgl. ABS 2006–07; Statistisches Bundesamt 2006). In diesem Zusammenhang stellt sich die Frage, inwieweit die Dauer der Internetnutzung tatsächlich etwas über die zeitliche Dimension der Alltagsintegration aussagt. Dies wird im Laufe dieses Kapitels diskutiert werden. Die interviewten Männer und Frauen können zunächst fünf zeitlichen Nutzergruppen zugeordnet werden:[2]

- VielnutzerInnen
- starke NormalnutzerInnen
- schwache NormalnutzerInnen
- WenignutzerInnen
- NichtnutzerInnen

Um eine Basis für einen Vergleich herzustellen, wurde der tägliche Durchschnitt der Nutzung errechnet.[3] Da es auch Personen gibt, die fünf Stunden pro Tag online sind, aber das Internet aktiv nur 45 Minuten nutzen, wurde für die Einordnung in die jeweilige Nutzerkategorie die aktive Nutzung der Individuen zu Grunde gelegt. Eine Unterscheidung zwischen „online sein" und „das Internet aktiv nutzen" ist deswegen sinnvoll. Ähnlich wie beim Fernsehen kann das Inter-

---

1 Beide sind kinderlos und arbeiten zum Teil von zu Hause aus.
2 Die VielnutzerInnen sind im Schnitt drei Stunden pro Tag online, die starken NormalnutzerInnen 30 bis 60 Minuten, die schwachen NormalnutzerInnen fünf bis 30 Minuten und die WenignutzerInnen weniger als fünf Minuten.
3 Errechnet wurde dies anhand von Probanden, die zwei Mal die Woche über einen längeren Zeitraum online gingen. Diese Angaben wurden dann auf einen täglichen Durchschnitt umgerechnet.

net eingeschaltet sein, ohne dass die OnlinerInnen davor sitzen. Dies ist z. B. der Fall, wenn die Funktion des Downloadens genutzt wird, bei der die NutzerInnen oft Stunden online sind, aber nicht im Raum anwesend sein müssen. Ein Interviewpartner ist etwa 24 Stunden für Downloads online, sitzt dafür aber nicht rund um die Uhr vor dem Computer.[4]

Australien

Die australischen Männer sind überwiegend Vielnutzer oder starke Normalnutzer. Die australischen Frauen können vor allem den schwachen Normalnutzerinnen zugeordnet werden, daneben gibt es einige, die das Internet intensiv nutzen (vgl. Tab. 4-2).

Tab. 4-2: Australische Interviewpartner

Gruppe	Zeitlicher Umfang im Durchschnitt	Männer	Frauen
VielnutzerInnen	Über 60 Min./Tag	6	2
starke NormalnutzerInnen	30–60 Min./Tag	3	3
schwache NormalnutzerInnen	5–30 Min./Tag	2	7
WenignutzerInnen	Weniger als 5 Min./Tag	1	0
NichtnutzerInnen	Keine Nutzung	0	0

Die australischen Männer verbringen deutlich mehr Zeit im Internet als die australischen Frauen (vgl. Tab. 4-2). Keine einzige Mutter mit zu Hause lebenden Kindern ist eine Vielnutzerin, dagegen zwei Väter mit Kindern (vgl. hierzu Kapitel 6). Diejenigen Frauen, die das Internet zeitlich intensiver nutzen, gehören vor allem zur jüngeren Altersgruppe. Bei den australischen Interviewpartnerinnen variiert die tägliche Nutzungsdauer stark. Besonders bei den schwachen Normalnutzerinnen schwankt die Dauer zwischen Minuten- und Stunden-Sitzung stark. Frauen gehen nur so lange online, wie es nötig ist, um die beabsichtigte Internetanwendung auszuführen – wenn sie etwa beabsichtigen nur ihre Emails abzufragen, beenden sie direkt nach dieser Aktivität die Nutzung (vgl. hierzu auch Kapitel 4.2).

Deutschland

Die Mehrzahl der männlichen Probanden ist zwischen einer halben und einer Stunde pro Tag im Internet und kann damit zu den starken Normalnutzern gezählt werden. Die deutschen Frauen können vor allem der Gruppe der schwachen Normalnutzerinnen zugeordnet werden.

---

4 Marc

Tab. 4-3: Deutsche Interviewpaare

Gruppe	Zeitlicher Umfang im Durchschnitt	Männer	Frauen
VielnutzerInnen	Über 60 Min./Tag	3	1
starke NormalnutzerInnen	30–60 Min./Tag	8	2
Schwache NormalnutzerInnen	5–30 Min./Tag	0	7
WenignutzerInnen	Weniger als 5 Min./Tag	1	0
NichtnutzerInnen	Keine Nutzung	0	2

Ähnlich wie bei den australischen Paaren herrschen auch bei den deutschen NutzerInnen deutliche Unterschiede zwischen Männern und Frauen. Männer sind wesentlich länger online als die Frauen. Die zwei Nichtnutzerinnen sind Frauen. Insgesamt sind deutsche Männer jedoch nicht so lange online wie australische Männer. Dagegen gehen deutsche Frauen ähnlich lange ins Internet wie australische Frauen (vgl. Tab. 4-3).

Die Nutzungsdauer gibt zwar einen ersten Überblick, wirft jedoch weitere Fragen gerade zu den Unterschieden zwischen den Geschlechtern auf. Deswegen soll in den nächsten Abschnitten verstärkt nach Kontextfaktoren für eine unterschiedliche zeitliche Handhabung des Internets gesucht werden.

4.1.2 Nutzungsrhythmen

Im Folgenden sollen die Nutzungsrhythmen unter Berücksichtigung der individuellen Lebensumstände der InterviewpartnerInnen näher betrachtet werden. Vor allem Routinen rund um die Internetnutzung stehen im Mittelpunkt dieses Abschnittes.

Australien

Die Mehrzahl der ProbandInnen behauptet *zunächst*, dass keine zeitlichen Routinen und Abläufe rund um ihre Internetnutzung vorliegen, wie beispielsweise Richard und Rachel.

> Richard: My, I haven't really got a routine because of my lifestyle. No, I haven't really got any set times. [...]
> I: *Do you have like a routine or set times when you go online?*
> Rachel: No, I don't have a routine.

Oft wird ein habituelles Nutzungsverhalten von den Befragten im Laufe des Interviews selbst erkannt, z. B. wird bei der Beschreibung des Tagesablaufes realisiert, dass das Internet doch zu einer bestimmten Tageszeit und in Abhängigkeit von anderen alltäglichen Handlungen genutzt wird. Das fehlende Bewusstsein dafür ist ein Hinweis für eine starke Integration des Internets: Die Nutzung wird habituell ausgeführt, es ist nichts Besonderes mehr und verschmilzt bezogen auf die zeitliche Dimension unauffällig mit dem häuslichen Alltag.

> Richard: I get up, have breakfast, get dressed. [...] I'd probably walk down to the newsagent and get my paper, have a coffee, read the paper for half an hour and then I'll come back and check my emails, and usually do that for about an hour. That's generally when I use it actually, in that break during the day.
>
> Rachel: Often after dinner at night time I'll use the internet, very often. I would say really that's the main time.

Einige Probanden beschreiben, dass die Internetnutzung *mittlerweile* zur Routine geworden ist. Die regelmäßige Nutzungsweise stellte sich also nicht sofort nach Einzug der neuen Kommunikationstechnologie in den Haushalt ein, vielmehr liegt ein Prozess der Routine-Bildung vor.

> I: *So would you say that using the internet was kind of like at set times, like a routine for you, always in the morning and always at night?*
>
> Tim: It's *become* a routine [...]

Das Internet bietet mit seinen vielfältigen Onlineaktivitäten viele Varianten der Beschäftigung. Einzelne Onlineaktivitäten werden stärker gewohnheitsmäßig genutzt als andere. Dazu gehören vor allem das Emailen und das Lesen der Tageszeitung (vgl. Kapitel 4.2). Häufig beeinflussen sich häusliche Internetnutzung und die Nutzung am Arbeitsplatz wechselseitig. Einzelne Onlineaktivitäten kann man auch im beruflichen Kontext erledigen, während z. B. das Lesen der Tageszeitung im Internet stärker mit einer häuslichen Routine verbunden ist.

> Ted: I don't know because if you ask me some of things that are routine then the newspaper is something that I would regard as more routine that I am doing at home. The mail, if I didn't do at home I could do it in the office. The newspaper I would be much less likely to be doing in the office.

Insgesamt konnten drei Rhythmus-Typen ausgemacht werden:
- Markierungspunkt-orientierter Rhythmus
- Unregelmäßiger Rhythmus
- Tageszeitorientierter Rhythmus

Beim Markierungspunkt-orientierten Rhythmus haben sich bestimmte Abläufe eingestellt, vor oder nach denen die Internetnutzung stattfindet. Unregelmäßige Nutzung bedeutet nicht unbedingt seltene Nutzung, vielmehr gibt es bei dieser Art von Nutzung keine festen Zeitpunkte, Abläufe oder bestimmte Tageszeiten. Beim letzten Typ richtet sich die Internetnutzung an den Tageszeiten aus, wobei abends am häufigsten vorkommt.

Markierungspunkt-orientierter Rhythmus: Für die meisten australischen Paare ist die Internetnutzung mit anderen Abläufen und Routinen verbunden. Die häufigsten Markierungspunkte sind Mahlzeiten, das

Zubettbringen von Kindern sowie einzelne Haushaltstätigkeiten. Die ritualisierte häusliche Handlung eröffnet oft die Internetnutzung.

> Shane: That's probably it, yeah. Putting the little one to bed.

Obwohl die meisten Onlinetätigkeiten nicht punktgenau an bestimmte Nutzungszeiten gebunden sind, nutzen einige das Internet als habitualisierte Handlung, um eine zeitliche Struktur in den Tag zu bekommen.

> Tim: it's a routine because that's the way the day becomes structured around cooking and eating [...]

Tim geht sogar so weit zu sagen, dass die Internetnutzung mittlerweile seinen Tag zeitlich konstituiert.

> I: So would you say it's included in your every day life?
> Tim: Oh yes. It constitutes my every day life.

Bei Müttern ist ein eigenes Muster zu erkennen: Die Internetnutzung findet bei den Müttern erst nach der Erledigung der Hausarbeit und Kinderbetreuung statt, d. h. wenn die Kinder im Bett sind.[5] Da die Frauen am Ende des Abends jedoch sehr erschöpft sind, erklärt sich ihre zeitlich begrenzte Nutzung.

> Danielle: It's usually fairly late at night.
> I: What do you mean, like what time?
> Danielle: Ten.
> I: Oh, like really late, like after you've done dinner ...
> Danielle: Everything, after everything [...]
> I: Do you have set times where you use the Internet like a routine.?
> Tanja: It's usually around nine o'clock at night I don't really get to it before then.
> I: So why nine o'clock?
> Tanja: 'Cause the kids are in bed.
> I: Okay, kids are in bed.
> Tanja: It's just a quiet time and I can do it uninterrupted [laughs] unless the phone rings.
> Tina: Well usually I'm doing it when I'm half dead [...]

Aufgrund der häuslichen Rollenverteilung, die den Müttern zusätzlich zur Berufsarbeit den größten Teil der Hausarbeit und Kinderbetreuung überlässt (siehe Kapitel 6.1), wird das Internet zeitlich von Müttern anders als von Vätern gehandhabt. Die Väter nutzen das Internet auch, bevor die Kinder im Bett sind. Grundsätzlich kann man nicht sagen, dass Mütter dem Internet keine zeitlich höhere Priorität einräumen wollen, sondern es faktisch nicht können (vgl. hierzu auch Abschnitt 4.1.3). Während Väter zudem nur selten von ihrer Routine

---

5 Danielle, Margret, Rachel,Tanja.

abweichen, bleibt Müttern aufgrund ihrer häuslichen Zusatzpflichten oft gar nichts anderes übrig (vgl. auch Kapitel 6). Die jüngeren Frauen, besonders die Studentinnen, nutzen das Internet intensiver als die interviewten Mütter. Die junge Altersgruppe kann dem Internet eine andere zeitliche Priorität geben und ist, wie bei dem Fallbeispiel Amy erkennbar, häufig auch schon morgens online.

Unregelmäßiger Rhythmus: Drei australische Männer nutzen das Internet unregelmäßig. Jason, ein Wenignutzer, gebraucht das Internet sehr selten, Samuel kann aufgrund seiner Schichtarbeit keine zeitliche Routine aufbauen und Eddy wiederum ist Rentner und durch seinen Tagesablauf nicht an Routinen gebunden. Unregelmäßig heißt bei den letzten beiden Nutzern nicht selten online sein, sondern nur zu unterschiedlichen Zeiten.

Tageszeit-orientierter Rhythmus: Die Internetnutzung der älteren Australier verläuft im tageszeit-orientierten Rhythmus, häufig gehen sie im Laufe des Vormittags online. Von dieser Routine wird dann abgewichen, wenn gelegentlich andere Dinge wichtiger als die Internetnutzung sind, z. B. Gartenarbeit bei schönem Wetter. Die Internetnutzung muss auch wegen ärztlicher Termine etwas flexibel gehalten werden. Dies wird jedoch nicht gern getan, da die Internetnutzung als fester Bestandteil mithilft, den Tag zu strukturieren. Rentnern fehlt eine feste Tagesstruktur durch Arbeitszeiten.

> I: *So, you have a set routine in the morning after coming home from walking the dog.?*
> Bob: It can't be set because there's too much interference, like there are medical appointments which come at … you know, you never know when they're coming and things like that. But the rough pattern … it's a rough pattern.
> I: *A rough pattern. Okay, we'll put it like that.*
> Bob: I mean, ideally I'd have a routine. But then because of our age and medical appointments and all that sort of thing it all gets mucked up all the time.

Neben einer Strukturierungsfunktion fungiert das Internet auch als eine Art „Zeitfüller". Das beobachtet beispielsweise ein Rentner bei seiner Frau, ebenfalls Rentnerin.

> Eddy: […] Rachel just fills in time as far as she's concerned […].

Deutschland

Auch in Deutschland ist es vielen NutzerInnen, ähnlich wie den Australiern, nicht bewusst, dass sie das Internet bereits in feste zeitliche Routinen eingebunden haben.

> I: *Gibt es feste Zeitpunkte, so dass Sie immer nach dem Aufstehen oder nach dem Abendessen reingehen?*

> Herr Frei: Nein, das kann ich nicht sagen, das ist unregelmäßig. Es geht da in die Lücken rein, da wo ich gerade Zeit habe oder mir einfällt, ich müsste das und das noch nachgucken. Aber feste Zeiten gibt es nicht.

Später im Interview machen verschiedene Aussagen von Herrn und Frau Frei deutlich, dass er das Internet zeitlich gewohnheitsmäßig nutzt. Auch hier lässt sich wieder eine unauffällige Verschmelzung von Internetnutzung und alltäglichen zeitlichen Strukturen beobachten.

> Herr Frei: [...] wenn ich auf eine Mail warte, schau ich zu dem Zeitpunkt nach dem Frühstück auch schon mal rein.
>
> [...] Und abends. Das ist so um 19 Uhr etwa.
>
> [...] wir spielen mit der Kleinen in der Regel und wenn die dann im Bett ist, dann gucke ich nach.
>
> Frau Frei: Also ich würde sagen, dass am Alltag meines Mannes sich etwas geändert hat. Der steht morgens auf, auf dem Weg zum Bad klickt er an seinem Computer. So fängt der Tag hier an. Und so hört er eigentlich auch auf.

Insgesamt binden die deutschen InterviewpartnerInnen das Internet teilweise sehr intensiv und teilweise fast gar nicht in zeitliche alltägliche Abläufe ein.

Markierungspunkt-orientierte Nutzung: Ähnlich wie die meisten australischen Paare richten vier der Probanden und eine Probandin ihre Nutzung nach bestimmten häuslichen Abläufen.[6] Davids Internetnutzung ist stark in häusliche Abläufe eingebunden: Online ist er immer nach der Morgentoilette, zudem direkt, wenn er von der Arbeit nach Hause kommt, abends vor dem Zähneputzen und, wenn seine Freundin abends im Bad ist, ein letztes Mal vor dem Zubettgehen. Der Internetnutzung kommt eine hohe zeitliche Priorität zu, es ist die erste und die letzte Aktivität des Tages. David ist immer online, wenn er zu Hause ist.

> *I: Wann nutzt du das Internet? Gibt es bestimmte Zeiten oder Abläufe bei dir?*
>
> David: Wenn ich da bin.
>
> *I: Deine Freundin hat erzählt, dass du auf jeden Fall morgens immer dran gehst?*
>
> David: Ja, morgens, wenn ich aufstehe, bin ich dran. Wenn ich von der Arbeit heimkomme, bin ich dran und vor dem Schlafen bin ich auch noch dran.
>
> *I: Also das ist für dich sozusagen Routine?*
>
> David: Ja.
>
> *I: Du stehst auf und dann ...?*
>
> David: Nach der Morgentoilette.
>
> *I: Und dann direkt Computer an? Hast du da schon gefrühstückt?*

---

6 David, Herr Gabler, Frau Gabler, Herr Frei, Torben.

David: Nein, da läuft der Computer schon.

I: Und abends, nachdem du zur Haustür reinkommst?

David: PC an. Kann man so sagen.

I:. Also nicht erst essen, sondern gleich?

David: Ja.

Abends vor dem Zähneputzen und ins Bett gehen auch.

[...]

I: Und dann vorm zu Bett gehen? Das heißt, wann gehst du dann noch mal dran?

David: Was weiß ich, wann gehen wir ins Bett? So um 24.00 Uhr gehen wir ins Bett. Zähneputzen. Und wenn Jasmin im Bad ist, bin ich noch mal fünf Minuten dran.

Auch Davids Freundin beschreibt die zeitliche Einbindung seiner Internetnutzung ähnlich.

Jasmin: Aber wenn er heimkommt, geht er eigentlich komplett so eine halbe Stunde an den Computer. Auch morgens, wenn er aufsteht, auch eine halbe Stunde an den Computer. Das ist eigentlich schon so eine Routine irgendwie.

I: Routine? Ist das bei dir auch Routine oder nur bei ihm?

Jasmin: Nein, ich mache manchmal gar nichts. Aber bei ihm ist das wirklich so. Und nach der Arbeit auf jeden Fall.

Interessant ist Davids Wortwahl, er beschreibt seine Nutzung als ein „Muss". Für ihn ist die Internetnutzung keine „Vielleicht-Entscheidung", über die er erst nachdenkt, sondern wesentlicher Bestandteil seines häuslichen Alltags.

David: [...] abends nach dem Heimkommen *muss* ich immer noch mal Emails nachgucken. Gucken, was an Filmen oder Musik fertig geworden ist. Einfach so nach dem Rechten sehen, sozusagen."

Ein weiteres Beispiel für eine Markierungspunkt-orientierte Nutzung ist Herr Gabler, jedoch ist seine Nutzungsweise nicht so intensiv wie bei David. Einmal pro Tag, immer nach dem gemeinsamen Ansehen der Tagesschau mit seiner Frau, geht Herr Gabler ins Internet. Durch sein Rentnerdasein scheint ihm eine zeitliche Strukturierung des Tages wichtig zu sein. Seine Frau richtet sich zeitlich ebenfalls nach dem Ende der Nachrichten, jedoch nicht ganz so punktgenau wie Herr Gabler. Hier versucht das Paar wahrscheinlich einen gemeinsamen Rhythmus zu finden, da Frau Gabler als Berufstätige erst abends nach Hause kommt.

Unregelmäßige Nutzung: Ein Blick auf die Nutzung im Tagesablauf dieser Gruppe zeigt ein zweigeteiltes Bild. Man findet diejenigen, die das Internet nutzen, ‚wann immer es der Tagesablauf erlaubt', und diejenigen, die online sind, ‚wann immer sie Lust haben'. Letztere sind bei den Männern ein Schichtarbeiter, ein Arbeitssuchender und ein Student, bei den Frauen zwei Studentinnen.[7] Durch die jeweilige Arbeitssituation ist man nicht an feste Nutzungszeiten gebunden. Der entscheidende Unterschied zu der Nutzergruppe ‚wenn es der Tagesablauf erlaubt' ist, dass man sich nach externen Einflüssen richten muss. Unter diese Kategorie fallen zwei Mütter mit Kleinkindern. Diese richten ihre Nutzungszeiten danach, ob das Kind schläft oder ob der Mann die Betreuung des Kindes übernimmt.[8]

Tageszeitorientierter Rhythmus: Die Nutzung ist nicht an bestimmte Abläufe oder andere häusliche Routinen gebunden, sondern an die Tageszeit. Diese Gruppe besteht aus berufstätigen Männern und Frauen, die stets zur gleichen Tageszeit online sind. Sie nutzen das Internet in den Abendstunden, weil sie während des Tages nicht zu Hause sind. Das Internet ist jedoch nicht so wichtig, dass man es schon in den frühen Morgenstunden vor der Berufstätigkeit nutzt. Zwei Männer und eine Frau haben Kinder. Überwiegend findet auch bei ihnen die Nutzung in den Abendstunden statt, jedoch erst, nachdem die Familie einige Zeit miteinander verbracht hat.

Die Analyse von Rhythmen rund um die Internetnutzung gibt einen detaillierteren Einblick über das zeitliche Ausmaß der Internet-Alltagsintegration. In diesem Kapitel konnte gezeigt werden, dass der Nutzungsrhythmus von den individuellen Lebensumständen des einzelnen Nutzers abhängig ist und sich in die drei Grundtypen markierungspunktorientierter, unregelmäßiger und tageszeitorientierter Rhythmus einteilen lässt.

4.1.3 Zeitlicher Nutzungsmodus

Unter den zeitlichen Nutzungsmodus fällt die Bewertung der Internetzeit aus Sicht der ProbandInnen. Wird die Internetnutzung beispielsweise als Regeneration oder als Arbeit gesehen? Dabei werden in diesem Zusammenhang stattfindende Paralleltätigkeiten betrachtet, da die Art der Paralleltätigkeit Rückschlüsse auf den Nutzungsmodus erlaubt. Wird z. B. im Hintergrund Musik gehört oder werden nebenbei Haushaltsaufgaben erledigt? Es konnten drei Modi gefunden werden: ‚frei(e)-Zeit' Modus, pragmatischer Modus und situativer Modus.

Australien: Zwischen Zeitersparnis und ‚frei(e)-Zeit'

Die australischen Männer sehen die Zeit, die im Internet verbracht wird, überwiegend neutral, also weder als Zeitverschwendung noch als Zeitersparnis an (vgl. Tab. 4-4). Ein Großteil der Probanden ist sich bewusst, das Internet auch als ein Hobby zu nutzen (vgl. hierzu auch

---

7 Paul, Herr Maler, Marcel, Jasmin, Kerstin.
8 Anna, Natascha.

Kapitel 4.2). Auch wenn man Zeit „verschwendet", so ist das keine verlorene Zeit im eigentlichen Sinne, denn man hat sich mit seinem Hobby beschäftigt, mit etwas, was man gerne macht. Den Tenor der Probanden mit dieser neutralen Einstellung trifft Shane:

> Shane: I'd like to say time saver but I think it's just ... it's like watching TV. It's just a ... it's not a waste of time but it's time that could be better spent but obviously, if you enjoy it, who cares? Just enjoy it.

Tab. 4-4: Australien: Empfundene Zeitersparnis und Zeitverschwendung der Internetnutzung

	Männer	Frauen
Eher Zeitersparnis	3	9
Neutral	8	4
Eher Zeitverschwendung	1	0

Wird das Internet für organisatorische Aufgaben wie Internetbanking genutzt, bedeutet es für alle eine klare Zeitersparnis. Man müsse jetzt nicht mehr zur Bank gehen, sondern könne bequem und schnell von zu Hause aus alles erledigen.[9] Allein Jason sieht die Internetnutzung als eine Zeitverschwendung an. Er hat seine Nutzung deswegen auch vor einiger Zeit eingestellt. Wird das Internet als reiner Zeitverlust angesehen, ist die Motivation zur Nutzung gering, es sei denn, äußere Umstände zwingen dazu.[10]

Die australischen Frauen sehen das Internet mehrheitlich als Zeitersparnis (vgl. Tab. 4-4); nur deshalb können sie es nutzen, denn gerade viele Mütter betreiben ein striktes Zeitmanagement. Anstatt die Kinder in die Bibliothek zu fahren, sucht man nun gemeinsam im Internet nach Literatur. Die Internetnutzung wird von den Frauen zeitlich pragmatisch angegangen. Man überlegt sich vorher, ob man ins Internet muss, dann gebraucht man es auch. Dabei handelt es sich nicht nur um Frauen mit kleinen Kindern im Haushalt. So hat Danielle eine erwachsene Tochter, trotzdem reiht sie sich in eine pragmatische Nutzungsweise ein.

> I: Is it also at the weekend or only during the week?
> Danielle: It's only during the week. Weekends only specifically if we want to find something out, or if I've got a heavy workload on and I need to research a particular area. Then I'll go in and do it, but if I, my weekend doesn't revolve around that.
> I: Why not?
> Danielle: I've got other things to do.

---

9 Ben, Bob, Gary, Justin, Marc, Shane, Ted.
10 Bei Jason kommt hinzu, dass er sich nicht gut mit dem Internet auskennt. Hätte er es besser zu nutzen gelernt, dann wäre seine Einstellung vermutlich positiver, sagt er. Aktuell steht er dem Internet negativ gegenüber und will deswegen den Umgang auch nicht besser lernen. Hier zeigt sich ein Zusammenhang zwischen Internetanwendungs-Kompetenz und der Einstellung zu Zeit und Internet.

> I: *Things that are more important to you than ...*
> Danielle: Sitting down with the internet. I find that you waste too much time in that, your day's gone. It's like art work. You start on a painting, and you look at your watch, and the sun's gone down because you just get absorbed into it. And the net can do that. It can take too much of your time away. I don't like that, I just have to get up. [...] I only go if for a particular reason and when I've had enough, I've had enough and I switch it off and I'll go do some housework or whatever. But it's not one of my main ...

Demgegenüber gibt es einzelne Frauen, wie die zur jungen Altersgruppe gehörende Amy, die das Internet nicht durchgängig zielgerichtet nutzen. Auch die Studentin Laura überlegt sich vorher, was sie nachschauen möchte.

> Laura: No, it's generally when I think, oh I should look this up and I do it straight away. I don't generally go, oh, it's time for the internet.

Bei den Frauen hat es zunächst den Anschein, dass es wichtigere Dinge als die Internetnutzung gibt. Dabei kann man unterscheiden zwischen Frauen, die dem Internet keine höhere Priorität einräumen wollen, und dem Großteil der Frauen, die wegen Haushaltsverpflichtungen und Kinderbetreuung einfach nicht die Möglichkeit haben, der Internetnutzung so viel Zeit einzuräumen wie die Männer. Frauen verfügen in ihren Beziehungen über weniger „freie" Zeit als Männer (vgl. dazu Kapitel 5.1).

„Me-time" für australische Männer

Die Zeit, in der das Internet genutzt wird, sehen viele Männer als „Zeit für sich".

> Shane: That's when you have, you know, me time so to speak. Yeah, definitely, yeah.

Männern passiert es häufig, dass sie plötzlich feststellen, mehr Zeit im Internet verbracht zu haben, als sie eigentlich vorhatten.

> Gary: [...] half the time you get on you don't want to do a specific task, you turn the thing on and something comes up and you're having to do something else or other stuff comes up that you've got to do. So it can end up taking me longer than I wanted it to.

Dagegen bleiben Frauen seltener länger als geplant online. Verbringen sie doch einmal mehr Zeit im Internet, sehen sie dies nicht positiv, sondern als Ärgernis über die vergeudete Zeit.

> Kassandra: Sometimes it's frustrating looking for information because I tend to, it may take me a while to find the answer to a question ...

Garys Beschreibung seiner zeitlichen Nutzungsweise steht im Kontrast zu den Aussagen von Laura, Danielle, Tanja oder Tina, die ihre Nutzung als sehr zielgerichtet beschrieben haben. Oft wissen die Männer zwar, dass sie das Internet erst nutzen sollten, nachdem bestimmte

Aufgaben erledigt sind; in der Realität wird diese Regel jedoch nicht streng eingehalten. Männer setzen das Internet öfters gerade zum Aufschieben anderer Aufgaben ein.

> Ted: [...] theoretically I need to wait till the little darlings are in bed. (.) It's when I have time or need but avoiding certain obligations.

Frauen verfolgen das Ziel, Zeit zu sparen auf zwei verschiedene Weisen: Die erste Gruppe gebraucht das Internet erst am Ende des Tages, wenn alle Aufgaben erledigt sind, und beugt somit möglichen Störfaktoren und Unterbrechungen vor (vgl. hierzu auch den Abschnitt Paralleltätigkeiten in diesem Kapitel). Die zweite Gruppe betreibt während der Internetnutzung Multitasking. Für Frauen wird die „me-time" in Form der Internetnutzung scheinbar nicht von den anderen Familienmitgliedern akzeptiert. Väter werden seltener bei der Internetnutzung unterbrochen als Mütter. Deswegen warten Frauen bis spät abends, um dann die Internetnutzung konzentriert durchzuführen. Unterbrechungen kosten die Frauen Zeit, über die sie nicht verfügen.

> Tanja: And if you want to look at something else you know, you want to be able to follow through the links and things like that so it's a pain if you get started then you've got to get up and do something. It'd be half an hour before you get back to it and you lose your thread or ... you know? So in terms of ... for things where I need to ... you know, where there's a thread that I'm trying to pursue then I'd rather just do it after they're in bed.

> Kassandra: No, because I try not to get ... my children are so excitable and so interested in everything that they make it impossible for you to think when you're on a computer so I prefer to do it when they're in bed or not around.

Andere Frauen versuchen das Zeitproblem zu lösen, indem sie das Internet in die Reihe der Multitasking-Aufgaben einreihen.

> I: *And would you say you had like a set time, a routine when you use it?*
> Tina: No.
> I: *Like whenever it fits in between, you just go on?*
> Tina: Yeah. Usually it's when I'm doing something else.
> Kassandra: I don't know, just from people that I've seen how they use the internet and stuff, men have a lot more patience. I think it's again about women multitasking and having lots to do, whereas men tend to focus on just one thing and once they're focused on the internet and they're not thinking like a woman would, I've got to go and do the washing, they just like get engrossed and keep going kind of thing. [...] I just think that looking for thrills and looking for god knows what I just tend to think that more men do that because they've probably got more *free time* on their hands.

Es sind klare Unterschiede vorhanden zwischen jungen Frauen ohne Kinder und Müttern. Mütter nutzen das Internet zeitlich sehr begrenzt für eigene Interessen. Junge kinderlose Frauen haben auch andere Nutzungsweisen (vgl. Kapitel 4.2).

Paralleltätigkeiten während der Internetnutzung

Der Analyse der Paralleltätigkeiten kommt eine besondere Bedeutung zu, wenn man sich ihre verschiedenen Funktionen anschaut. Durch Paralleltätigkeiten wie der Erledigung von Haushaltsaufgaben während der Fernsehsendung wird eine Zeitverdichtung erreicht (vgl. Neverla 2007). Außerdem kann Mediennutzung angenehmer gestaltet werden, z. B. durch Musikhören während der Internetnutzung. Entscheidend ist nicht, ob Paralleltätigkeiten während der Internetnutzung ausgeübt werden, sondern Grund und Art der Paralleltätigkeit. Hilfreiche Fragen sind hierbei: Macht man eine Paralleltätigkeit, um die Internetnutzung angenehmer zu gestalten? Verzichtet man auf eine zusätzliche Aktivität, weil man die Internetnutzung so kurz wie möglich halten muss? Konkret wäre z. B. zu fragen: Entspanne ich mich mit Musikhören bei der Internetnutzung? Erledige ich parallel Hausarbeiten? Schaue ich nach den Kindern? Antworten auf diese Fragen fallen nach Geschlecht häufig unterschiedlich aus.

Australien

Die australischen Frauen können in zwei Gruppen eingeteilt werden. Entweder werden viele Paralleltätigkeiten, vor allem Essen, TV und Musik, ausgeführt oder gar keine. Zwei jüngere Frauen ohne Kinder[11] und eine Ältere[12] erledigen Paralleltätigkeiten. Die Jüngeren ohne Kinder sowie die Ältere können es sich erlauben, unproduktiv bei ihrer Internetnutzung zu sein.

> Amy: If I'm down here and I'm working on the internet I will often, working on something that I need to be doing and watching something else, always makes me less productive on both parts [laugh].

Die berufstätigen australischen Frauen mit Kleinkindern oder jüngeren Kindern können sich Paralleltätigkeiten während der Internetnutzung nicht leisten, genau sowenig wie eine ziellos verbrachte Zeit im Internet. Die Internetnutzung muss schnell erledigt werden, weil man entweder am Ende des Tages zu erschöpft ist, um die Nutzung zu genießen, oder andere Aufgaben noch erledigt werden müssen. Die dreifache Mutter Tina geht als Hausfrau zwar tagsüber online, schiebt jedoch die Nutzung, wann immer es die Zeit erlaubt, dazwischen. Ist sie dann im Internet, konzentriert sie sich auf die Nutzung.

> Tina: Yeah, more concentrated. I might have the radio on in the background but that's it.

Die konzentrierte Internetnutzung steht im Gegensatz zu den ansonsten ausgeübten Paralleltätigkeiten der Frauen während der Mediennutzung. Häufig werden gerade während des Fernsehens Haushaltsaufgaben erledigt.

---

11 Amy, Laura
12 Vicky

I: So that means with the Internet you're more concentrated but with the other things like TV you do housework while doing it?

Tina: Yeah.

Vicky: TV, sometimes, yeah, I usually have to do something in front of the TV, not the Internet, little sorting and some stuff maybe, it is a household duty, I don't know.

Genau wie die jungen Frauen führen die jungen australischen Männer sowie ein älterer Proband Paralleltätigkeiten während der Internetnutzung in geringem Umfang aus. Dazu gehören Musik oder Radio hören,[13] etwas essen oder TV sehen. Dies sind alles angenehme Paralleltätigkeiten, die die Internetnutzung noch entspannter machen. Sie haben nichts mit Arbeit oder Multitasking zu tun. Diese parallel ausgeübten Tätigkeiten führen nicht zu einer Zeitverdichtung (vgl. Neverla 2007: 48), sondern eher zu einer Verlängerung der Internetnutzung.

Die mittlere Altersgruppe der Männer als auch fast alle älteren üben keine Paralleltätigkeiten aus. Es geht jedoch nicht darum die Internetnutzung schnell zu beenden, sondern sie möchten sich auf das (für viele angenehme) Onlinesein beschränken.

I: When you use the internet do you combine it with other activities like talking, reading, eating or you just concentrate?

Eddy: Just play with the internet.

Die Jüngeren, teilweise auch Personen aus der mittleren Altersgruppe, haben mehrere Fenster im Internet gleichzeitig offen. Dies trifft sowohl auf die deutschen als auch auf die australischen Interviewten zu.[14]

Deutschland: zeitliches Multitasking der Frauen während der Internetnutzung

Unter den männlichen Probanden war keiner dabei, der viele Paralleltätigkeiten während der Internetnutzung ausübt, der Großteil der deutschen Männer beschränkt sich auf wenige oder gar keine Paralleltätigkeiten. Das Gegenteil ist bei den deutschen Frauen der Fall: Die meisten erledigen viele andere Aktivitäten während ihrer Internetnutzung, da entweder andere Familienmitglieder die Frauen brauchen oder sie ihren Alltag nur im Multitasking-Stil meistern können. Frauen sind Paralleltätigkeiten bereits von ihrem sonstigen Mediengebrauch her gewöhnt.

Anna: Ja, irgendetwas ist immer los.

Jasmin: Ich habe eigentlich immer was nebenbei. Das brauche ich, […]

Carmen: Also, ich kann jetzt nicht stundenlang dasitzen und nebenher gar nichts machen.

Simone: Ich mache mehrere Sachen gleichzeitig.

---

13   Richard, Shane, Tim.
14   Z.B. Amy, Natascha.

Bei manchen gibt es auch eine Vermischung von Paralleltätigkeiten und der Handhabung mehrerer Onlineaktivitäten.

> Natascha: Also ich mache immer alles gleichzeitig. Ich habe tausend Baustellen. Ich habe auch mindestens fünf, zehn Fenster gleichzeitig auf und klicke mich da hin und her und mache zwischendurch auch immer wieder etwas anderes. Mal mein Sohn, mal der Hund.

Teilweise ist den Frauen das Multitasking nicht einmal bewusst. So beschreiben einige zunächst, dass sie nicht viel nebenbei machen, sondern sich auf die Internetnutzung konzentrieren, um schnell fertig zu sein; dann aber stellt sich heraus, dass doch mehrere Aktivitäten nebenbei getätigt werden. Eine Ausnahme bilden ältere Frauen; für sie ist es wichtig, sich nur auf die Internetnutzung zu konzentrieren. Dies kann vermutlich im Zusammenhang mit dem vorangeschrittenen Alter gesehen werden.

Für Männer bedeutet die Internetnutzung, Zeit für sich selbst zu haben. Gerade durch leichte Paralleltätigkeiten wie Musikhören führt ihre Internetnutzung zur Entspannung.

> *I: Also es kann auch Entspannung sein?*
>
> Claus: Ja, Musik hören im Hintergrund und ein bisschen rumsurfen, mal gucken, was es da gibt und da, einfach, ja.

Einige Männer nehmen das Online-Sein als Hobby so ernst, dass Paralleltätigkeiten als störend empfunden werden.

> *I: Also, so eine Haupttätigkeit?*
>
> Torben: Da muss man sich konzentrieren. Das ist ja schon ... Es gibt auch Elektronik-Sport. Manche sagen, das wäre Humbug oder so. Aber es gibt richtige Ligen oder so etwas. [...] Als wenn man irgendwo einen Sport macht. Und dann trainierst du und probierst Taktiken aus und Fertigkeiten und so weiter. Und da tut man sich messen. Es gibt deutsche Ligen, Europa-Ligen oder Welt-Ligen oder so etwas [...]

Interessant ist der Vergleich der Paralleltätigkeiten zwischen australischen und deutschen Frauen. Während die Australierinnen wenig nebenbei machen, führen die deutschen Frauen viele Paralleltätigkeiten aus. Diese Differenz erklärt sich aus der inhaltlichen Nutzungsweise des Internets (vgl. 4.2 und 6.2). Für viele der australischen Frauen, gerade für Mütter der mittleren Altersgruppe, ist das Internet ein Werkzeug, mit dem sie die Haushaltsorganisation effektiv und schnell erledigen. Deutsche Frauen dagegen nutzen das Internet stärker für Emails mit Freunden oder zielgerichtetes Suchen nach Informationen. Insofern ist die Internetnutzung für die deutschen Frauen noch nicht dem Haushaltsbereich angegliedert.

Insgesamt zeigt sich beim Nutzungsmodus, wie unterschiedlich die Internetzeit von den InterviewpartnerInnen bewertet wird. Die individuellen Lebensumstände spielen dabei eine Rolle. Hierauf wird im anschließenden Fazit (4.1.4) genauer eingegangen.

4.1.4 Fazit

Gauntlett/Hill (1999) konnten für die Fernsehnutzung ein Verschieben, Verkürzen oder Anpassen zeitlicher Aktivitäten ausmachen. Beim Internet wird die Zeitkonstante auf die bloße Präsenz von NutzerInnen reduziert (vgl. Neverala 2007). Allokation, Rhythmik und Dauer sind nicht mehr von der Medieninstitution vorgegeben, vielmehr kann jeder frei entscheiden, wann, wie oft und wie lange er online ist (ebd.). Obwohl das Internet mehr Spielraum für eine flexible zeitliche Handhabung bietet als beispielsweise das Fernsehen, zeigen sich bei den australischen Paaren zeitlich ritualisierte Nutzungsweisen. Bei den deutschen Paaren ist eine Spanne zwischen Integration und Addition in zeitliche Abläufe des Alltags erkennbar. Jedoch sind gerade bei einigen männlichen Vielnutzern bereits ähnlich habitualisierte Handlungen rund um die Internetnutzung erkennbar wie bei den Australiern. Die individuellen Lebensumstände haben einen großen Einfluss darauf, wie sich das Internet zeitlich integrieren lässt. Dabei scheinen vor allem folgende Faktoren ausschlaggebend zu sein: Geschlecht, Kinder und Arbeitssituation. Berufstätige Frauen mit Kindern sind zeitlich am stärksten gebunden und haben wenig Möglichkeiten zur freien Handhabung des Internets. Männer, kinderlose Paare, Studenten und Rentner dagegen besitzen größere Freiheiten, das Internet zeitlich ausgedehnt und im gewünschten Modus und Rhythmus zu nutzen.

Anhand der Analyse der Interviews wurden in diesem Kapitel drei Indikatoren mit jeweils unterschiedlicher Aussagekraft für die zeitliche Dimension von Internet-Alltagsintegration herausgearbeitet: Nutzungsdauer, Nutzungsrhythmus und zeitlicher Modus.

Nutzungsdauer

In der vorliegenden Studie wurde ermittelt, dass Männer länger und öfters online sind als Frauen; ein Ergebnis, das sich mit repräsentativen Datenerhebungen (vgl. ABS 2006–07; Statistisches Bundesamt 2006) deckt. Die vorliegende Analyse kontextualisierte die Nutzungsdauer zudem mit der generellen zeitlichen Verfügbarkeit. Von der Länge der Nutzung ist das Ausmaß der Integration in den Alltag nur bedingt abhängig. Insbesondere den interviewten Frauen, vor allem Müttern, steht aufgrund von Berufstätigkeit, Haushalt und Kindern weniger freie Zeit als Männern zur Verfügung. Die Dauer ihrer Internetnutzung im Alltag ist daher von anderen Rahmenbedingungen bestimmt. Im Verhältnis zu ihrem Zeitbudget können Frauen das Internet mit fünf bis 30 Minuten pro Tag genauso stark wie Männer nutzen, die mehrere Stunden pro Tag online sind, jedoch ein höheres Zeitbudget zur Verfügung haben. Insgesamt sieht man, dass die australischen Paare das Internet zeitlich intensiver nutzen als die deutschen und zum anderen Männer länger online sind als Frauen.

Nutzungsrhythmen

Es wurden drei unterschiedliche Nutzungsrhythmen gefunden: „unregelmäßig", „tageszeit-orientiert" sowie „markierungspunkt-orientiert". Letzterer richtet sich nach alltäglichen Fixpunkten, wie z. B. Mahlzeiten, und bindet so das Internet am stärksten in zeitliche Abläufe des Alltags ein. InterviewpartnerInnen, die dem tageszeit-orientierten Rhythmus zugeordnet werden können, gehen immer während einer ähnlichen Tageszeit online. Beim unregelmäßiger Rhythmus lassen sich keine wiederkehrenden Zeitpunkte der Internetnutzung ausmachen; er sagt aber nichts über die Nutzungsdauer aus. Nutzungsrhythmen hängen stark von der beruflichen Situation ab: Studentenstatus, Rentnerdasein, Arbeitslosigkeit oder Vollzeittätigkeit außer Haus haben dabei Einfluss, inwieweit jemand überhaupt in der Lage ist, einen wiederkehrenden Rhythmus aufzubauen. Genauso spielt das Vorhandensein von Kindern – bei Frauen – eine Rolle, wie viel Zeit für das Internet übrig bleibt. Insgesamt gesehen nutzen die australischen Paare das Internet verstärkt im markierungspunkt-orientierten täglichen Rhythmus und die deutschen im tageszeit-orientierten. Bei den deutschen Paaren liegt eine größere Spannbreite an Nutzungsrhythmen vor: Das Internet wird von den einen intensiv und von den anderen wiederum überhaupt nicht in alltägliche zeitliche Abläufe eingebunden.

Zeitlicher Nutzungsmodus

Aufschlussreich ist die Art und Weise der zeitlichen Integration. Denn gerade hier zeigt sich, dass es zu kurz gefasst ist, nur aufgrund der Nutzungsdauer Aussagen über die Internethandhabung treffen zu wollen: Hinter der Nutzungszeit stecken unterschiedliche Modi, die sich vor allem in einer differenten Herangehensweise von Müttern und Vätern, aber auch von einigen jüngeren Frauen und Männern zeigen. Es konnten drei Modi festgestellt werden: pragmatischer Nutzungsmodus, ‚frei(e)-Zeit' Modus und situativer Modus. Die interviewten Mütter haben aufgrund geringer Zeit fast alle einen pragmatischen Nutzungsmodus. Australische Mütter üben meistens keine Paralleltätigkeiten aus, um sich auf die häufig mit Haushaltsorganisation verbundenen Onlinetätigkeiten konzentrieren zu können. Dagegen führen deutsche Frauen während der Internetnutzung viele andere Tätigkeiten parallel aus, gehen jedoch nicht wie die australischen Mütter verstärkt wegen Haushaltsaufgaben online. Allgemein tendieren Männer dazu, das Internet in Form einer Aufschiebefunktion sowie als Hobby zeitlich freizügig zu nutzen. Leichte, entspannende Paralleltätigkeiten wie Musikhören potenzieren die Internetzeit als ‚frei(e)-Zeit' Modus. Beim situativen Modus spielen die beiden anderen Modi eine Rolle und werden je nach Bedarf eingesetzt. Hier sind vor allem kinderlose Frauen zu nennen, die das Internet sowohl pragmatisch als auch im ‚frei(e)-Zeit' Modus nutzen.

Insgesamt kann man sich anhand der Indikatoren einer Bestimmung des Ausmaßes der zeitlichen Alltagsintegration nähern, vor allem die Nutzungsrhythmen und der zeitliche Nutzungsmodus geben präzise Aufschlüsse, da hier Kontextfaktoren der zeitlichen Dimension sichtbar werden. Der Faktor Geschlecht durchdringt jedoch alle Indikatoren. Da die australischen Paare das Internet länger und im markierungspunkt-orientierten Rhythmus nutzen, lässt sich als Tendenz eine zeitlich stärkere Internet-Alltagsintegration in Australien gegenüber Deutschland festhalten. Der zeitliche Nutzungsmodus deckt Gründe für die unterschiedliche Handhabung der Online-Zeit von Männern und Frauen auf, die sich vor allem auf ein generell unterschiedliches Zeitbudget der Geschlechter zurückführen lassen (vgl. hierzu ausführlich Kapitel 6).

4.2 Inhaltliche Dimension

In diesem Kapitel geht es um die inhaltliche Dimension von Internet-Alltagsintegration. Zunächst wird das Spektrum der Onlineaktivitäten sowie die Haupttätigkeiten betrachtet. Wie viele Onlineaktivitäten werden ausgeübt? Welches sind die Hauptaktivitäten? Danach wird auf die Motive eingegangen, die hinter der Internetnutzung stehen. Warum wird das Internet genutzt? Zur Unterhaltung, aus beruflichen Gründen oder zur Erledigung von Haushaltsaufgaben? Des Weiteren wird der Frage nachgegangen, welche Bedeutung das Internet im Medienmenü der interviewten Paare einnimmt. Ist das Internet das Lieblingsmedium oder eine lästige Pflicht?

4.2.1 Spektrum der Onlineaktivitäten und Hauptaktivitäten

Für einen ersten Überblick wird das Spektrum der Onlineaktivitäten dargestellt. Darunter fallen auch die Aktivitäten, die nur selten oder nur in der Vergangenheit ausgeübt wurden.[15] Auf den ersten Blick gibt es keine großen Unterschiede zwischen den Onlineaktivitäten der *australischen* Männer und Frauen: Das gesamte Spektrum der Onlineaktivitäten wird von beiden Geschlechtern ungefähr gleich ausgeübt. Einige Onlineaktivitäten, wie Emailen, zielgerichtet nach Informationen suchen, Homebanking und Downloaden, sind populärer als andere (vgl. Tab. 4-5). Bei den *deutschen* Paaren zeigt sich, dass die Männer die Bandbreite der Onlineaktivitäten etwas mehr ausschöpfen als die Frauen. Im Vergleich zu den australischen Paaren hat keines der deutschen Paare die zu dem Zeitpunkt der Durchführung der Studie noch relativ neuen Onlineaktivitäten Blogs und Telefonieren über das Internet ausprobiert (vgl. Tab. 4-5).

---

15 Wenn eine Aktivität nur einmal ausprobiert wurde, wurde diese nicht mit einbezogen.

Tab. 4-5: Inhalt – Was wird mit dem Internet gemacht?

Aktivität	Australien		Deutschland	
	Männer	Frauen	Männer	Frauen
Email	9	12	12	10
Zielgerichtet nach Informationen suchen	12	12	12	10
Surfen	5	5	7	4
Homebanking	9	10	8	6
Download	9	10	9	7
Chats	3	5	5	6
Audio files	5	4	5	1
Auctions[16]	4	3	9	5
Spiele	3	1	3	2
Videos	3	1	2	2
Einkaufen	7	5	10	7
Radio	3	3	3	0
TV	1	1	1	0
Bücher/CD	6	5	6	7
Lotto[17]	1	0	4	1
Tickets	6	5	5	4
Blogs	2	1	0	0
Telefon	4	2	0	0
Zeitung	7	10	10	5
Homepage	1	0	2	1
Sonstiges	0	0	0	0

Im Gesamtvergleich kann man bei den australischen Männern und Frauen eine relativ große Bandbreite, bei den deutschen Männern eine große bis mittlere Bandbreite und bei den deutschen Frauen eine mittlere Bandbreite und damit die am schwächsten ausgeprägte Form von Onlineaktivitäten erkennen.

Hauptaktivitäten

Die Nutzungsinhalte der australischen Frauen und Männer ähneln sich auf den ersten Blick sehr: Als Hauptaktivitäten nennen beide Geschlechter zum größten Teil gezieltes Suchen, Emailen und Homebanking. Einzelne Männer nutzen Downloads, Zeitung Lesen, Telefonieren, Spiele und Audiofiles (vgl. Tab. 4-6). Einzelne Frauen lesen Zeitung, chatten und kaufen als Hauptaktivität ein (vgl. 4-7).

---

16 Bei Onlineaktionen als Käufer oder Verkäufer mitgemacht; nur Produkte ansehen wurde unter „nach Informationen Suchen" aufgelistet.
17 Wenn bei der Tätigkeit „Lotto" nur Resultate überprüft wurden, so wurde dies unter „gezielt nach Informationen suchen" vermerkt.

Tab. 4-6: Australische Männer – Hauptaktivitäten

	1. Hauptaktivität	2. Hauptaktivität	3. Hauptaktivität
Ben	Gezieltes Suchen	Email	Downloads, Homebanking
Bob	Gezieltes Suchen	Skype	Email
Eddy	Gezieltes Suchen	–	–
Gary	Audio Files	Email	Homebanking
Jason	Gezieltes Suchen	–	–
Justin	Gezieltes Suchen	Homebanking, Email	–
Marc	Downloads	Email, gezieltes Suchen	–
Richard	Zeitung Lesen	Email	Homebanking
Samuel	Gezieltes Suchen	–	–
Shane	Spiele	Downloads	Gezieltes Suchen
Ted	Email	Gezieltes Suchen	–
Tim	Email	Gezieltes Suchen, Zeitunglesen	–

Tab. 4-7: Australische Frauen – Hauptaktivitäten

	1. Hauptaktivität	2. Hauptaktivtät	3. Hauptaktivität
Amy	Email	Chat	Gezieltes Suchen
Danielle	Gezieltes Suchen	–	–
Kassandra	Homebanking	Email, gezieltes Suchen	–
Kathy	Email	Gezieltes Suchen	–
Laura	Email	Gezieltes Suchen	–
Margret	Email	Gezieltes Suchen	Homebanking, Shopping
Rachel	Gezieltes Suchen	Email	–
Sandra	Gezieltes Suchen	–	–
Tanja	Gezieltes Suchen	Email	–
Tina	Gezieltes Suchen	Email, Homebanking, Shopping	–
Tracy	Email	Gezieltes Suchen	Zeitunglesen
Vicky	Email	Gezieltes Suchen	–

Gezieltes Suchen nach Informationen, Emailen und Onlineauktionen sind bei den deutschen Männern vor allem die Hauptaktivitäten. Ungefähr die Hälfte der männlichen Probanden übt das Homebanking als einen Schwerpunkt aus (vgl. Tab. 4-8).

Tab. 4-8: Deutsche Männer – Hauptaktivitäten

	1. Hauptaktivität	2. Hauptaktivtät	3. Hauptaktivität
Alexander	Gezieltes Suchen	Email, Homebanking	Spiele
Claus	Email, Onlineauktionen	Gezieltes Suchen, Homebanking	Audiodateien
David	Onlineauktionen	Gezieltes Suchen	Downloads
Herr Frei	Gezieltes Suchen	Email	Homebanking, Downloads, Onlineauktionen
Herr Gabler	Gezieltes Suchen	Zeitung Lesen	Homebanking
Herr Maler	Gezieltes Suchen	Onlineauktionen	Chats
Herr Zabel	Email	Gezieltes Suchen	Homebanking (nur geschäftlich nicht privat)
Johannes	Gezieltes Suchen	Email	–
Marcel	Gezieltes Suchen	Email	Chats
Pascal	Email	Homebanking, Zeitunglesen, Onlineauktionen	–
Paul	Gezieltes Suchen	Email, Onlineauktionen	Newsgroup
Torben	Spiele	Gezieltes Suchen	Downloads

Bei den deutschen Frauen wird deutlich, dass ein Hauptmotiv für die Internetnutzung das Kontakthalten per Email ist. Fast alle Frauen nennen Emailen sogar als ihre erste Hauptaktivität, für die anderen Nutzerinnen liegt das Emailen auf jeden Fall noch an zweiter oder dritter Stelle. Der Großteil der Frauen nutzt das Internet noch für gezieltes Suchen und Homebanking. Einzelne betreiben Shopping, Onlineauktionen, Downloads oder Chatten, jedoch nicht so oft wie die deutschen Männer (vgl. Tab. 4-9).

Tab. 4-9: Deutsche Frauen – Hauptaktivitäten

	1. Hauptaktivität	2. Hauptaktivität	3. Hauptaktivität
Anna	Email	Homebanking	Gezieltes Suchen
Carla	Email	Gezieltes Suchen	Homebanking
Carmen	Email	Gezieltes Suchen	–
Frau Frei	Email	Gezieltes Suchen	–
Frau Gabler	Gezieltes Suchen	Shopping	Email, Homebanking
Frau Maler	Nutzt das Internet nicht		
Frau Zabel	Nutzt das Internet nicht		
Jasmin	Gezieltes Suchen	Email	
Kerstin	Email, Homebanking	Gezieltes Suchen	–
Manuela	Email	Gezieltes Suchen	Downloads, Shopping
Natascha	Email, gezieltes Suchen, Shoppping, Chatten	–	–
Simone	Onlinespiele	Email, Online Auktionen, gezieltes Suchen	–

Insgesamt gesehen sind gezieltes Suchen, Emailen und oft auch Homebanking in beiden Ländern bei beiden Geschlechtern die Hauptaktivitäten. Allerdings sind bei den Männern auch Online-Spiele sowie Online-Auktionen beliebt, die bei Frauen bis auf einzelne Ausnahmen eher eine untergeordnete Rolle spielen. Emailen ist gerade bei vielen deutschen Paaren der Grund, täglich ins Internet zu gehen. Chats werden von Jüngeren oder einigen der mittleren Altersgruppe genutzt. Die Bandbreite der Onlineaktivitäten sowie der Hauptaktivitäten vermittelt zwar einen ersten Eindruck, allerdings erfährt man auf diese Weise nicht, welche Motive hinter der Internetnutzung stehen.

4.2.2 Motive der Onlineaktivitäten – Alltagsbezug

Bei den Interviews standen nicht nur die Onlineaktivitäten als solche zur Diskussion, sondern auch die Frage, was mit den Onlineaktivitäten inhaltlich genau gemacht wird. Beispielsweise gehen die InterviewpartnerInnen für die Ausübung eines Hobbys, die Erledigung von Haushaltsaufgaben oder zum Ausführen beruflicher Pflichten online. Diese Aspekte werden im folgenden Kapitel unter Rückbezug auf individuelle Lebensumstände genauer betrachtet.

Australien

Das Internet stellt für die australischen Paare eine Technologie dar zur Ausübung von Hobbys und beruflichen Aspekten sowie ein Werkzeug zur Erledigung von Haushaltsaufgaben. Sie nutzen das Internet in einer habitualisierten Form für Alltägliches. Beispielsweise wird nicht ab und zu nach speziellen Informationen gesucht, sondern zu vielen alltäglichen Fragen online recherchiert. So werden zum Beispiel Buspläne gegoogelt, Informationen für die Referate der Kinder gesucht, nach Gesundheitsthemen recherchiert. Als Haushaltsaufgaben werden Homebanking ausgeübt, online Kleidung und z. T. Lebensmittel eingekauft, Organisatorisches erledigt in Form von Terminabsprachen, Kontakt mit Verwandten und Bekannten gehalten über Emailen, Internettelephonie, Chats sowie Blogs. Neben diesen praktischen Erledigungen laufen viele alltägliche Freizeitaktivitäten über das Internet, z. B. in Form von Onlinespielen, Updaten und Downloaden von Musikdatenbanken, Lesen der Tageszeitung.

Deutschland

Die Deutschen nutzen das Internet für Alltägliches im beruflichen und Freizeitbereich, weniger für Haushaltsaufgaben. Eine Ausnahme ist das Homebanking, was sich als gewohnheitsmäßige Handlung durchgesetzt hat. Alltägliche Einkäufe sind selten, sie suchen höchstens nach Außergewöhnlichem oder vergleichen Preise online. Auch den Kontakt mit Verwandten pflegen sie zum Zeitpunkt der Interviews wenig über das Internet und mehr über traditionelle Wege wie Telefon. Mit Freunden und Arbeitskollegen schreiben sie sich dagegen durchaus Emails oder chatten.

> Herr Maler: Selten ja. Selten hat man da mal einen Emailkontakt.
>
> Ein paar haben es angeboten. Mit ihrer Schwester waren wir eine Zeitlang mal in Emailkontakt in Japan. Aber das ist nur eine sehr geringe Breite bei uns.
>
> *I: Erledigst du häusliche Aufgaben per Internet? Also Homebanking, haben wir ja schon gesagt, machst Du nicht, wie ist es mit anderen Aufgaben, z. B. Kommunikation mit Verwandten?*
>
> Paul: Nein.
>
> *I: Glaubst du, dass sich das irgendwann mal ändert für dich, z. B. bezüglich Homebanking oder so?*
>
> Paul: Zurzeit nicht vorstellbar.

Erste Anzeichen für eine Entwicklung hin zur alltäglichen Haushaltsorganisation sind aber durchaus gerade bei VielnutzerInnen und starken NormalnutzerInnen erkennbar, z. B. wird nach Kochrezepten recherchiert.

Beispiel Internet-Shopping

Interessant ist ein Blick auf das Internet-Shopping im Ländervergleich: So können spezielle Güter einmalig im Internet gekauft oder alltägliche Einkäufe online erledigt werden. Erfahrung mit dem Kauf alltäglicher Güter haben schon mehrere *australische Paare* gemacht: Sie haben online Lebensmittel gekauft.

> Margret: Yeah. I was using it ... I was living in the city, in an apartment. I didn't have a car and I couldn't get to the supermarket, so I'd shop online and they'd deliver my groceries once a month.

Einige nutzten diese Funktion eine Zeit lang, gaben es dann vor allem aus Kostengründen und wegen Qualitätseinbußen auf. Gründe, warum andere Paare die vielfältigen Möglichkeiten des Online-Shopping nicht nutzen, lassen sich bei näherer Betrachtung finden. Alle Altersgruppen stufen das Internet eher als ein Medium der Distanz ein, d. h. ihnen fehlt der persönliche Kontakt mit einer Person. Obwohl die Möglichkeit für den alltäglichen Lebensmitteleinkauf besteht und bekannt ist, möchten nur wenige davon Gebrauch machen, weil sie die Lebensmittel vor Ort sehen und beurteilen wollen.

> Ted: There are some things where I like to touch, feel, smell the goods and I think online grocery shopping ... The only exception there might be if there is a product that you want which is not available locally, then maybe yes. I ... I've considered buying wine online but I've ended up really getting fed up with merchant.

I: Would you ever consider like buying groceries and stuff like that?

Richard: Probably not, no. No, I wouldn't, no.

I: Why not?

Richard: I like going to the local shops. I like the interaction with people. I only use the internet to buy something I can't get here.

Sicherheitsängste oder langsame Internetverbindungen sind für den Großteil der Interviewpaare kein Hinderungsgrund.

Ben: The security of transactions is not of great concern, it's more wanting to be able to see exactly what it is that I'm buying.

Das Internet muss eindeutige Vorteile bringen, sei es über Preis, Qualität, Einfachheit oder Schnelligkeit, ansonsten greift man lieber auf traditionelle Einkaufsweisen zurück. Wenn aber konkrete Vorteile gesehen werden, z. B. Vergünstigungen oder Zeitersparnis, dann wird über das Internet gerne eingekauft.

Viele der *deutschen Paare* haben Online-Shopping bereits getestet (vgl. Tab. 4-5), allerdings handelt es sich hier zum einen oft um ein einmaliges Ausprobieren und nicht um regelmäßige, alltägliche Einkäufe. Zum anderen kaufen sie eher außergewöhnliche Produkte online.

I: Wie ist es mit Einkauf? Sie hatten ja auch schon gesagt, dass Sie mal ein Buch bestellen.

Herr Maler: Also sehr sporadisch, nicht regelmäßig. Nichts, was man laufend zu tun hat.

I: Machst du noch weitere Einkäufe außer Büchern?

Paul: Nein, ganz selten, das letzte, was wir gekauft haben, war ein Allergiespray für die Katze oder gegen Katzenallergie.

Carla: Jetzt zum Beispiel eBay. Ich kaufe nach wie vor eigentlich meine Sachen vor Ort. Und auch das, was ich kaufe, sind nur Dinge, wo ich denke, na gut, das wird gebraucht.

Trotzdem gibt es erste Hinweise für eine Entwicklung hin zu alltäglichen Produktkäufen, wenngleich sie nur vereinzelt und z. T. mit etwas Misstrauen ausprobiert werden.

Carla: Weil, es könnte doch immer mal was schief gehen bei der Sache. Jetzt bei den Turnschuhen, ... Aber ich habe sie jetzt noch nicht. Da bin ich eben jetzt auch gespannt.

Johannes: Also einkaufen, weiß ich nicht so genau. Ja, zum Beispiel Kontaktlinsen bestellt sie immer über's Internet. Aber ansonsten ist es so, dass wir selten etwas über's Internet kaufen.

Die Deutschen kaufen verstärkt Urlaubsreisen, häufig werden auch Preis- und Produktvergleiche im Internet getätigt – ohne die Güter anschließend online zu kaufen.

Carmen: Und Rucksäcke, was kosten die da und auch für neue Computer oder ... Ja, das ist wie Einkaufen, auch wenn man nichts kauft.

Ein Hinderungsgrund für alltägliche Einkäufe sind in Deutschland die fehlende bzw. nur mäßig attraktiven Angebote zu dem Zeitpunkt der Interviews. Die Auswahl ist begrenzt oder preislich nicht wirklich lukrativ. Doch grundsätzlich ist z. B. David dem Einkaufen von Lebensmitteln über das Internet nicht abgeneigt.

> David: Lebensmittel gibt es ja noch nicht.
>
> I: Aber wenn es Lebensmittel geben würde, würdest du es dann machen?
>
> David: ... Wenn der Preis stimmt.

Onlineaktivitäten zwischen Hobby, Beruf und Haushaltsorganisation

Wie bereits aus dem vorherigen Abschnitt ersichtlich wurde, können hinter ein und derselben Onlineaktivität unterschiedliche Motive liegen: Zielgerichtet nach Informationen suchen kann z. B. heißen, Familienorganisation zu betreiben oder seinem Hobby nachzugehen. Auch dem Suchen nach Busplänen, um für die Kinder den Nachmittag zu planen oder dem Surfen nach der neuesten Musikgruppe für das individuelle Hobby liegen unterschiedliche Nutzungsmotivationen zu Grunde. Ersteres wird für die Familie als Teil von Haushaltsaufgaben erledigt, letzteres ist etwas, was man nur für sich als eine Freizeitaktivität ausübt. Genau an diesem Punkt zeigt sich eine deutliche und entscheidende Tendenz: *Australische Väter* nutzen das Internet mehr für individuelle Anliegen, australische *Mütter* nutzen das Internet mehr zur Familien- und Haushaltsorganisation.

> Danielle: Oh, he does basically what I do, he's got his hobbies that he looks into, so yeah.
>
> I: So you use the same activity but he uses it more for his hobby, more for his personal thing? And you said before that you use it more for the household, is that right?
>
> Danielle: Yeah, he'll ... yeah. He might do a few things for business, that he needs to, but then he'll look for his own pleasure as well.

Für die interviewten Mütter stellt das Internet eine Hilfe bei der Haushaltsorganisation dar. Beispielsweise werden Freizeitaktivitäten der Kinder organisiert, Lebensmittel eingekauft, Bankgeschäfte erledigt, Kontakt zu den Verwandten via Email gehalten. Dies sind alles nur Aufgaben für Familie und Haushalt. Die Nutzung für eigene Bedürfnisse ist zeitlich stark begrenzt, man erkennt immer wieder die stark familienorientierte Nutzungsweise.

> I: What type of information are you looking for?
>
> Margret: Anything. Especially now having the baby, baby stuff, childhood development, swimming lessons in the area, yeah.
>
> I: So more family-related ...
>
> Margret: Yeah, probably.

I: Is it also sometimes for you, just for yourself or hobby like just for you or is that not really the case?

Margret: No, not really.

[...]

I: Do you do online auctions like eBay?

Margret: I have done in the past.

I: What did you buy?

Margret: A dryer.

I: Okay, and did you also sell something or did you just buy things?

Margret: Just buy. I bought a few things, baby stuff. [...] I bought CDs, children's CDs.

I: [...] so that's a lot you do for the family, what you just described. Is it also something you do for your own, for your hobby besides the craftwork that you already mentioned?

Tina: No.

Mütter sehen das Internet in erster Linie als ein Werkzeug, mit dem die Ausführung notwendiger Tätigkeiten erleichtert werden (vgl. hierzu ausführlich Kapitel 6). Lediglich jüngere Frauen ohne Kinder nutzen das Internet zu gleichen Anteilen als Werkzeug und für ihre Freizeit, z. B. als ein Kommunikationsmittel mit Freunden.[18] Bei den australischen Vätern, aber auch kinderlosen Männern stehen andere inhaltliche Motive für Onlineaktivitäten dahinter. Das Internet dient ihnen vor allem zur Befriedigung persönlicher Bedürfnisse. Dies können Hobby, berufliche Zwecke oder Erledigungen sein, die nur den Mann selbst betreffen. Im Internet werden z. B. Filme runtergeladen, Informationen für das eigene Hobby gesucht oder online gespielt. Für Familienaufgaben wird das Internet von den Männern dagegen weniger genutzt (vgl. zur Thematik Geschlecht und Haushaltsaufgaben detailliert Kapitel 6)

Shane: ... like I said, I'm more my gaming and she does practical stuff.

Die älteren australischen Paare nutzen das Internet eher pragmatisch, in Form zusätzlicher Unterstützung bei der alltäglich notwendigen Haushaltsaufgabenerledigung. Onlineaktivitäten ersetzen herkömmliche Erledigungsarten oft nicht, sondern ergänzen sie nur. Zudem möchten die NutzerInnen nicht von neuen Entwicklungen „abgehängt" werden und versuchen, den „Anschluss nicht zu verpassen".

Deutschland

Welches Bild zeigt sich bei den deutschen Paaren? Man erkennt bei Männern und Frauen eine Vermischung aus beruflicher, freizeitorientierter und haushaltsaufgabenorientierter Nutzungsweise, wobei die beiden erstgenannten Motive deutlich überwiegen.

---

18 Amy, Laura.

> Carla: Also ich selbst schaue schon auch im Internet nach Informationen für den Beruf. Dann gucke ich aber schon mal zwischendurch, ob ich Post habe oder so. Und dann auch mal bei eBay. Mehr mache ich eigentlich auch gar nicht.
>
> Natascha: Von der Zeit, die ich es nutze, tue ich zwei Drittel davon beruflich nutzen und ein Drittel privat. Und das Private ist ein bisschen chatten.

Freizeitorientierung bedeutet bei Frauen vor allem Kontakthalten mit Freunden. Wie die australischen zeigen auch die deutschen Männer die Tendenz, das Internet für Spiele zu nutzen. Ebenso werden Onlineauktionen weniger eingesetzt, um Dinge für den Haushalt zu besorgen, sondern mehr als eine Art Freizeitbeschäftigung.

> I: Was machst du hauptsächlich im Internet?
>
> David: Bei eBay stöbern, das meist eine Sinnlos-Auktion.
>
> I: Und was machst du da dann hauptsächlich?
>
> David: Bei eBay stöbern und manchmal ... wenn ich ... guck, ... da kommt man immer von einer Seite zur anderen ...
>
> Torben: Es geht mit Strategie, online oder Ego-Shooter oder so etwas. Also ich spiele mehr Ego [...] Hauptsache tam-tam. Das ist auch gut.
>
> I: Und würdest du sagen, dass das dein Hobby ist?
>
> Torben: Ja.

Jedoch gehen die deutschen Männer nicht ausschließlich für Spiele online. Es gibt durchaus zweckgebundene Nutzungsweisen im Bereich des Besonderen. Z.B. kaufen Männer eher einmalig elektronische Geräte als alltägliche Konsumgüter.

> Alexander: Ja, bei eBay bei den Produkten ... Kinderklamotten ist nicht so viel im Angebot, aber viele technische Artikel, EDV-Geschichten, Fernseh, DVD, Video und so was halt.
>
> Torben: Wenn mich was interessiert oder wenn man Versicherungsvergleiche, Krankenkasse, Auto und so Sachen [...]. Wenn die Abrechnung kommt und die ist ein bisschen teuer, da guck ich mal nach und suche mir günstigere heraus.

Frauen nutzen das Internet weniger zur Entspannung

Für den Großteil der deutschen Frauen ist das Internet kein Medium, um sich zu erholen und zurückzuziehen.

> Carla: Ich gehe ja nicht ins Internet um abzuschalten oder an den Computer um abzuschalten, sondern weil ich dann irgendwas erfahren möchte oder irgendwelche Mitteilungen lesen möchte. [...] Also für mich ist es auch nicht das Non plus ultra ... Nein, es hat nie so eine große Rolle gespielt auch. Internet und auch die Nutzung – nach wie vor nicht. Es ist jetzt nur so eine Art Nebenerscheinung für mich.
>
> Frau Frei: Also ich ziehe mich nicht zurück – ich gehe nicht ins Internet, um mich zurückzuziehen, sondern ich ziehe mich zurück, um diesen Vorgang zu machen.

Über alle Altersgruppen hinweg nutzen Frauen das Internet häufig pragmatisch und zeitsparend, es entsteht der Eindruck einer *begrenzten* Nutzungsweise. Nur von drei Frauen aus jeweils einer Altersgruppe wird die Internetnutzung als Entspannung empfunden.

> Kerstin: Weil, so interessant finde ich das Internet auch nicht. Ich gucke meine Sachen an, die ich im Internet haben will, und weiß nicht, wonach ich noch suchen sollte. Oder was mich sonst noch interessiert im Internet. Dazu bin ich nicht so, wie sagt man, erfahrungslustig, also so Sachen zu suchen und herauszufinden.
>
> Natascha: So bin ich nun auch nicht eingestellt, deswegen brauche ich das Internet nicht, damit ich meine Ruhe habe.

Die älteren Frauen sind allerdings von den Möglichkeiten des Internets beeindruckt und empfinden die Nutzung deswegen nicht als anstrengend, sondern sind eher neugierig.

> Frau Frei: Bestimmt nicht Anspannung, sondern vergnügliche Anregung beim Herauskriegen von Dingen, Recherche. […] Ja, wobei ich aber nie jemand wäre, der stundenlang im Internet unterwegs ist. Das macht mir nicht so viel Freude.
>
> Frau Gabler: Und das finde ich auch toll, so etwas. Dass man vielleicht darüber hinaus, was man sich vorgestellt hat, noch mehr erfahren kann.

Bei den deutschen Männern zeigen sich Tendenzen für verstärkte entspannende Elemente in der Internetnutzung. Auch fällt eine weniger pragmatische Nutzungsweise auf als bei den Frauen.

> Herr Maler: Ja. Ich schalte es nicht für bestimmte Zwecke ein.
>
> Claus: Ja, Musik hören im Hintergrund und ein bisschen rumsurfen, mal gucken, was es da gibt und da, einfach, ja.

So beschreiben auch die meisten die Internetnutzung als Zeit für eigene Interessen. Dies erkennt man an einer häufig vorkommenden Rückzugsfunktion.

> I: *Kommt es auch vor, dass Sie bewusst das Internet nutzen, um sich zurückzuziehen?*
>
> Herr Frei: Ja, das gibt es auch.
>
> Pascal: Ja, immer mal wieder, jetzt nicht bewusst um zu relaxen oder ich selbst zu sein, ist halt, wie wenn man abends die Zeitung liest, man checkt mal seine Emails, ist eigentlich der Hauptgrund, warum ich in das Internet gehe.
>
> I: *Ist das für dich entspannend oder eher anstrengend?*
>
> Pascal: Nicht entspannend, aber es macht halt ein bisschen Spaß ...

Für viele haben jedoch traditionelle Medien nach wie vor Priorität, wenn es um Entspannung geht, was sicherlich mit einer möglichen Vermischung beruflicher und privater Themen im Internet zusammenhängt. Traditionelle Medien werden dagegen nur zum privaten Vergnügen genutzt. Ebenso spielt die räumliche Konstellation eine Rolle (vgl. hierzu ausführlich Kapitel 4.3).

> Marcel: Kommt darauf an, was es gerade ist. Wenn man was Wichtiges recherchiert, ist das eher anspannend, aber entspannend? Dann ist es eher neutral, wenn man nichts nachgeht in dem Moment.
>
> I: *Sind andere Medien für dich entspannend?*
>
> Marcel: Ja, Buch lesen, Fernsehen gucken.
>
> I: *Und woran liegt das, dass das Internet da nicht dazu gehört? Liegt es an den Inhalten oder daran, dass du da was machen musst?*
>
> Marcel: Ich weiß nicht. Das hat für mich keinen entspannenden Faktor. Man sitzt aufrecht gespannt vor dem Bildschirm und ist am Hin- und Herklicken und ...
>
> Paul: Doch auch, aber das ist natürlich eine andere Entspannung, als wenn man dann auf der Couch liegt und hat die Füße hoch, sag ich mal, und guckt dann Fernsehen.

In einem Fall nutzt dagegen die Partnerin das Internet zur Entspannung und der Partner gebrauchte es vorwiegend für praktische Zwecke. Dies bleibt jedoch, bezogen auf die Gesamtheit der Fälle, eine Ausnahme.

> Carmen: Also für mich ist es eigentlich schon Entspannung. Weil, man kann erstens ... gucken. Und das ist ja auch schon wieder sehr entspannend, wenn man Informationen sucht und die dann auch findet. Und dann ist es aber auch Entspannung einfach mal zwischendurch, was weiß ich, Emails zu schreiben oder einfach nur irgendwas zu gucken, egal, ob das nun ganz wichtig ist oder nur ... in Neuseeland die ... anschauen.
>
> I: *Wie ist das bei Deinem Freund, will der das Internet nutzen, um sich zurückzuziehen oder eher nicht?*
>
> Carmen: Ich glaube weniger. Er ist jemand, der, wenn er im Internet guckt, eher funktionelle Sachen guckt. Und auch für die Arbeit jetzt, auch eher Infoseiten oder so etwas. Er verbringt aber weniger Zeit damit, weil er sich halt auch noch nicht so gut damit auskennt. Und dann ist das eher Stress als Entspannung.

Der Wendepunkt für einen Motivwechsel der Internetnutzung ist die Geburt von Kindern. Eine ehemals auch freizeitorientierte Nutzung geht stark zurück – allerdings nur für die Frauen (vgl. hierzu auch Kapitel 6).

> Anna: Früher habe ich immer mal so ein bisschen bei Versandhäusern so gestöbert und mal geguckt, momentan weniger, weil eben auch die Zeit sehr begrenzt ist, geh ich ab und zu mal irgendwie ein Musiktitel runterladen. Das ist momentan das einzige. Alles andere ist dann eher, sind Pflichten, die ich da zu erledigen habe.
>
> [...]
>
> Anna: Ich würde schon sagen, wenn ich jetzt alleine wäre und dann würde ich das Internet wahrscheinlich mehr zu Spielereien nutzen, glaube ich.
>
> I: *Spielereien, was meinst du damit?*
>
> Anna: Ja, mehr Dinge zu recherchieren, die mich interessieren, oder vielleicht auch mehr lesen im Internet, Zeitung lesen oder so was.

Fallbeispiel Simone

Simone ist eine Ausnahme unter den deutschen Frauen. Sie nutzt das Internet zwar für berufliche Aspekte, aber auch intensiv für Onlinespiele, welche gelegentlich die ganze Nacht andauern können.

> Simone: Meistens ist es ja so, dass ich etwas machen muss, geschäftlich. Dass ich sofort die Bestellung ... [...] und dann spiele ich. [...] Rommé, Backgammon [...] bei Yahoo.

Während Simone über ihr Onlinespielen spricht, merkt man eine Veränderung in ihrem Verhalten: Sie wirkt begeistert.

> I: Und entspannt dich die Internetnutzung auch?
>
> Simone: Ja, total.
>
> [...]
>
> I: Ja. du strahlst auch so richtig vor Begeisterung.
>
> Simone: Ist auch Begeisterung. Was ich auch ganz toll fand, dass meine Englischkenntnisse auch teilweise viel verbessert wurden, wenn du da im Yahoo quatschst.

Grund für diese sichtbare Freude ist Simones Überwindung ihrer ehemals isolierten Lebenssituation. Damals hatte sie das Internet vor allem als Kontakt zur Außenwelt genutzt. Seitdem sie wieder vollzeit arbeitet, ist ihre Internetnutzung zum einen zurückgegangen, zum anderen hat sich die Form geändert. Während sie früher sehr gerne beim Onlinespielen gleichzeitig mit anderen gechattet hat, möchte sie dies heute nicht mehr. Hier erkennt man, wie eine Veränderung der Lebenssituation mit einem Wandel der Internetnutzung einhergeht.

> Simone: Und vorher war ich nur daheim und die Kinder waren im Bett. Ja, und was machst du abends. Ich war ja nur zu Hause. [...] Und mittlerweile bin ich ja so im Berufsleben wieder drinnen, dass ich so viel quatsche mit den Leuten, dass ich abends eigentlich nur meine Ruhe will.

Insgesamt wird das Internet für Hobbys, die Erledigung von Haushaltsaufgaben oder beruflicher Pflichten genutzt, wobei sich Geschlechterunterschiede besonders zwischen Vätern und Müttern zeigen. Hierauf wird in Kapitel 6 noch genauer eingegangen. Ein Wandel der Lebenssituation kann zur Modifizierung der Nutzungsmotive und -weise führen, was am letzten Fallbeispiel Simone und ihres veränderten Onlineverhaltens nach der Elternzeit deutlich wurde.

4.2.3 Bewertung der Internetnutzung im Medienmenü

In diesem Kapitel wird auf die Bewertung Internetnutzung im Medienmenü der InterviewpartnerInnen eingegangen: Wie bedeutsam und beliebt ist das Internet im Vergleich zu anderen Medien? Den befragten australischen Männern ist das Internet oft sehr wichtig, es belegt einen oberen Rang unter ihren Lieblingsmedien (vgl. Tab. 4-10).

Ted: Oh no, the Internet to me is more important than all those things.

Marc: No, I couldn't live without that.

Diese Wertschätzung ergibt sich vor allem aus einer Hobby-Nutzung. Die älteren Männer und einer aus der mittleren Altersgruppe weisen das Internet jedoch auf die hinteren Plätze in ihrer Medienrangfolge. Der Interviewpartner aus der mittleren Altersgruppe gehört zu den Wenignutzern und lehnt das Internet insgesamt ab. Ältere beschreiben das Internet mehr als ein Werkzeug.

Ben: It's a tool. It's basically utilitarin for me.

I: *And where would you put the internet?*

Eddy: On the bottom.

Tab. 4-10: Australische Männer – Lieblingsmedien

	1. Platz	2. Platz	3. Platz	Position des Internets
Ben	Musikanlage, Radio	–	–	Hintere Position
Bob	Musikanlage	Bücher	Internet	Platz 3
Eddy	Bücher	–	–	Letzte Position
Gary	Internet	–	–	Platz 1
Jason	DVD-Rekorder	–	–	Letzte Position
Justin	Internet	Fernseher	Radio	Platz 1
Marc	Internet, Fernseher, Handy, DVD-Rekorder	–	–	Platz 1
Richard	Bücher	DVD-Rekorder	Internet	Platz 3
Samuel	Fernseher, DVD-Rekorder	Internet	–	Platz 2
Shane	Radio, Handy, Bücher	–	–	Platz 4
Ted	Internet	–	–	Platz 1
Tim	–	–	–	Hintere Position

Die interviewten australischen Frauen sehen die Bedeutung des Internets im Medienmenü gemischt (vgl. Tab. 4-11). Die Jüngeren geben dem Internet einen der vorderen oder mittleren Plätze, die mittlere Altersgruppe verweist das Internet eher auf hintere Plätze, die Älteren vergeben mittlere und letzte Plätze.[19] Diese Einteilung erklärt sich daraus, dass die meisten Jüngeren noch keine Kinder haben und deswegen viel für eigene Bedürfnisse online gehen. Für die mittlere Gruppe mit Kindern ist das Internet dagegen lediglich für die Haushaltsorganisation bedeutsam. Und für die Älteren ist das Internet im Sinne einer Freizeitbeschäftigung wie die meisten traditionellen Me-

---

19 Die Studentin Amy ist die einzige, die das Internet auf den ersten Platz verweist.

dien nicht ganz so wichtig. Bei der Bewertung des Internets in ihrem Haushalt scheint gerade bei den Müttern eine emotionale Gleichgültigkeit, aber auch anerkennende Praktikabilität vorzuherrschen.

> Tanja: You know, it's not my favourite thing but it can be very valuable at times.

Tab. 4-11: Australische Frauen – Lieblingsmedien

	1. Platz	2. Platz	3. Platz	Position des Internets
Amy	Internet und PC	Bücher, Handy	–	Platz 1
Danielle	Radio	–	–	Hintere Position
Kassandra	Radio, Zeitschriften	–	–	Hintere Position
Kathy	Musikanlage, Bücher	–	–	Hintere Position
Laura	DVD-Rekorder	Bücher, Fernseher	–	Mittlere Position
Margret	Radio	–	–	Einen der vorderen Plätze
Rachel	PC (Spiele), Musikanlage, Fernseher	–	–	Hintere Position
Sandra	Bücher, Musikanlage	–	–	Mittlere Position
Tanja	Bücher	Internet, Radio	–	Platz 2
Tina	Radio	–	–	Mittlere Position
Tracy	Bücher	Fernseher	Internet	Platz 3
Vicky	Radio	Fernseher	PC	Mittlere Position

Auf die Frage, ob man auf das Internet im eigenen Haushalt verzichten könnte, gibt es bei den interviewten deutschen Männern durchmischte Antworten.

> Pascal: Wäre für mich ein Problem.
>
> Paul: Kein Problem.
>
> Herr Maler: Nicht so wichtig, ich möchte aber auch nicht darauf verzichten.

Viele deutsche Männer platzieren das Internet jedoch auf die vorderen Positionen im Medienmenü und nur drei Männer verweisen das Internet auf hintere Plätze (vgl. Tab. 4-12). Oft spielen bei einer positiven Bewertung einzelne Onlineaktivitäten eine gesonderte Rolle, die vor allem im Bereich Hobby, Unterhaltung und Privatvergnügen angesiedelt sind.

> Torben: Das Online-Gehen oder die Kommunikation mit anderen irgendwo ist mir schon wichtig, weil, ich kann halt spielen.

Tab. 4-12: Deutsche Männer – Lieblingsmedien

	1. Platz	2. Platz	3. Platz	Position des Internets
Alexander	Telefon	Fernseher	Internet	Platz 3
Claus	Handy	Internet	Fachzeitschriften	Platz 2
David	PC und Internet	Fernseher	–	Platz 1
Herr Frei	Bücher	Zeitschriften	Tageszeitung	Hintere Position
Herr Gabler	Tageszeitung	Internet	Fernsehen	Platz 2
Herr Maler	Fernseher	Telefon	Internet	Platz 3
Herr Zabel	Telefon	Zeitung	Radio	Hintere Position
Johannes	Musikanlage	Bücher	Telefon	Hintere Position
Marcel	Fernseher, Radio, Tageszeitung, Telefon, PC und Internet	–	–	Platz 1
Pascal	Internet, Printmedien, Fernseher	–	–	Platz 1
Paul	Internet	Fernseher	Radio	Platz 1
Torben	PC und Internet	–	–	Platz 1

Bei den befragten deutschen Frauen sieht man ein sehr geteiltes Bild für die Position des Internets im Medienmenü, von Platz eins über den mittleren Bereich bis zu den letzten Plätzen (vgl. 4-13). Häufig stehen Fernseher und Telefon auf den vorderen Plätzen, welche von den Frauen zur Unterhaltung und Entspannung genutzt werden.

Natascha: Ja. Ganz, ganz wichtig ist eigentlich mein Fernseher.

Die deutschen Frauen nutzten das Internet zum Zeitpunkt der Befragung noch relativ wenig für die Organisation oder Erledigung von Haushaltsaufgaben und mehr für eigene Bedürfnisse, weswegen sie das Internet vermutlich nicht auf die hinteren Plätze verweisen wie teilweise australische Frauen. Im Gegensatz zu den deutschen Männern ist jedoch auch bei den deutschen Frauen der Aspekt einer Erleichterung vor allem im Bereich der Recherche ausschlaggebend, warum sie auf das Online-Gehen nicht verzichten wollen.

Simone: Man kann auch alles ohne Internet machen. Aber es erleichtert halt vieles. Es erleichtert. Das sind zwei paar Schuhe. Ich brauche es nicht, aber es erleichtert.

Tab. 4-13: Deutsche Frauen – Lieblingsmedien

	1. Platz	2. Platz	3. Platz	Position des Internets
Anna	Internet, Fernseher	–	–	Platz 1
Carla	Telefon	Bücher	Musikanlage	Mittlere Position
Carmen	Internet	Bücher	Musikanlage	Platz 1
Frau Frei	Bücher	Radio, Zeitung, Musikanlage, Telefon	–	Mittlere Position
Frau Gabler	Zeitung, Zeitschriften	Fernseher	Internet	Platz 3
Jasmin	Fernseher	DVD-Rekorder	Playstation	Hintere Position
Frau Maler	Zeitschriften, Zeitung, Fernseher, Musikanlage, Radio, Telefon	–	–	Nichtnutzerin
Frau Zabel	Zeitung	Telefon	Radio	Nichtnutzerin
Kerstin	Handy, Musikanlage, Radio, Tageszeitung	–	–	Mittlere Position
Manuela	Telefon	Musikanlage, Radio	Bücher, Fernseher	Mittlere Position
Natascha	Telefon	Fernseher	PC und Internet	Platz 3
Simone	Fernseher, Internet	–	–	Platz 1

Bei den deutschen Paaren ist trotz der unterschiedlichen Bewertung des Internets im Medienmenü eine Tendenz erkennbar: Für den Großteil gehört das Internet zum Alltag, aber es dominiert ihn nicht.

> Pascal: In der Mitte. Also ist keine Nebensächlichkeit, ist schon integriert. Ist nicht unbedingt so, dass wir überhaupt nicht mehr leben könnten ohne Internet. Also, es wäre schlecht und mit Nachteil verbunden, wenn wir ein paar Wochen kein Internet hätten zu Hause […]. Aber es wäre jetzt nicht total undenkbar.

Ergänzung oder Ersatz traditioneller Medien

Das Internet vereint viele Funktionen der traditionellen Medien in sich. Bei den Viel- und NormalnutzerInnen zeigen sich in beiden Ländern erste Anzeichen eines Rückgangs der traditionellen Mediennutzung.

> Marc: Don't really need the newspaper because you can get that online anyway. Same with magazines.

> Herr Frei: Ja, also, wenn ich jetzt nach Neigung und Präferenzen gehe, das Internet insofern, als dass es auch Interessen aus den ersten drei Bereichen bedient, also beispielsweise jetzt die Lektüre von Onlinezeitungen oder so.

Alexander: Ja wichtig, Radio, man hat ja viele Möglichkeiten, die Geschichten über das Internet abzudecken, Fernseher, Radio, könnte man fast schon manchmal verzichten eigentlich, je nach Situation, die über das Radio kommen, kann man auch im Internet genauso nehmen [...] ich könnte es neumodisch zusammenfassen, denn Telefon läuft ja schon mittlerweile über Internet.

Einzelne wollen jedoch bei herkömmlichen Medien bleiben, besonders was Fernsehen und Radiohören betrifft.

I: Do you listen to live radio on the Internet?
Ted: No, not live. I've occasionally listened to archived programs.
I: Okay, but not live?
Ted: If you could listen to it live, why not go and put the radio on?

Das Internet scheint oft durch Praktikabilität, zeitliche Ungebundenheit sowie Angebotsvielfalt Vorteile gegenüber traditionellen Medien zu bieten. NutzerInnen sind beispielsweise nicht wie beim Fernsehen an feste Sendezeiten gebunden oder müssen diese alternativ aufnehmen. Bei einer Zeitschrift liegt nur der betreffende Artikel vor; beim Internet finden sich zur gewünschten Thematik gleich mehrere Informationsquellen.

In der Gesamtbetrachtung entsteht ein durchmischtes Bild bei der Bewertung des Internets im Medienmenü. Zusammenhänge zeigen sich zwischen einer positiven Einschätzung und einer inhaltlich freizeitorientierten Nutzungsweise. Wird das Internet dagegen verstärkt als Arbeitsinstrument eingesetzt, erreicht es selten einen der vorderen Plätze im Medienmenü. Die meisten InterviewpartnerInnen stufen das Internet als praktisch ein, einige jedoch nicht als Erholung (vgl. zu den Geschlechterunterschieden auch Kapitel 6).

4.2.4 Fazit

Die inhaltliche Dimension wurde entlang folgender Aspekte erfasst: Bandbreite der Onlineaktivitäten, Hauptaktivitäten, Motive der Onlineaktivitäten sowie die Bedeutung des Internets im Medienmenü. Was sagen die dargelegten Aspekte zur inhaltlichen Dimension von Internet-Alltagsintegration aus, welche übergreifenden Faktoren werden erkennbar?

Bandbreite der Onlineaktivitäten und Hauptaktivitäten

Die Untersuchung zeigt, dass in Australien eine größere Bandbreite von Onlineaktivitäten in Anspruch genommen wird und sich die Nutzung von Männern und Frauen mehr ähnelt als in Deutschland. Fortbestehende Unterschiede bei den deutschen Paaren, wie die breitere Vielfalt der Onlineaktivitäten bei Männern als bei Frauen, lassen sich mit unterschiedlichen Diffusionseinstiegsphasen sowie dem Grad der

Alltagsintegration erklären: Je länger eine Person zu den OnlinerInnen zählt und je stärker das Internet in den Alltag integriert ist, desto mehr neue Onlineangebote werden ausprobiert. Als Hauptaktivitäten stehen vor allem gezieltes Suchen nach Informationen, Emailen und Homebanking im Vordergrund, bei den Männern kommen Onlinespiele und Onlineauktionen dazu.

Motive der Onlineaktivitäten

Die Motive für die Internetnutzung können in drei Bereiche eingeteilt werden: Beruf (erwerbstätig bedingte Aktivitäten), Freizeit (individuelle Erholungszeit, Hobbys, Interessen) und Haushalt (Reproduktionstätigkeiten und haushaltsbezogene Organisation). Bei den ersten beiden liegen verstärkt persönliche Bedürfnisse vor; die Nutzung geschieht v. a. aus eigenen Interessen heraus. Beim Haushalt steht die Familien- und Haushaltsorganisation im Vordergrund und damit gemeinschaftsorientierte Motive. Mit zunehmender Alltagsintegration sind zwei Entwicklungen zu beobachten: Erstens zeigt sich eine gesteigerte und regelmäßige Ausübung von alltäglichen Aufgaben, gerade auch im Bereich der Haushaltsorganisation. Zweitens gehen die Motive der Frauen und Männer auseinander, besonders deutlich zeigt sich dies bei Paaren mit Kindern. Bei einigen Müttern wechselt eine ehemals persönlich ausgerichtete Nutzungsweise in eine pragmatische Haushaltsorganisation über. Diese Entwicklungen stehen im Zusammenhang mit den zunehmenden Möglichkeiten von Onlineerledigungen. Vätern dient das Internet nach wie vor zur Ausübung *persönlicher* Bedürfnisse. Für den Großteil der Männer ist das Internet in erster Linie ein Hobby, dies erklärt die positive Bewertung des Internets; häufig wird zur Entspannung online gegangen. Gerade Mütter nutzen das Internet als ein Werkzeug zur Erledigung von *Familien- und Haushaltsorganisation*; oft sind sie dem Internet gegenüber emotional gleichgültig, erkennen aber auch seine Praktikabilität an. Lediglich die jüngeren Frauen nutzen das Internet *bi-funktional*, zu gleichen Anteilen als Werkzeug *und* Hobby (vgl. hierzu ausführlich Kapitel 6). Die Deutschen erledigen mit dem Internet insgesamt weniger Haushaltsaufgaben als die Australier, was für eine weniger ausgeprägte Alltagsintegration spricht, jedoch auch mit der geringeren Angebotsvielfalt, z. B. im Bereich von Lebensmitteleinkauf, zusammenhängt. Zusammengefasst lässt sich beobachten, dass beide Geschlechter in Deutschland für ihre persönlichen Bedürfnisse und beruflichen Anliegen online gehen. Insgesamt nutzen Frauen aller Altersgruppen das Internet vorwiegend pragmatisch, deswegen nicht als reines Entspannungsmedium. Dagegen kommt ein Einsatz des Internets zur Erholung vom Berufsalltag bei Männern oft vor.

Bewertung der Internetnutzung im Medienmenü

Steht eine zunehmende Alltagsintegration im Zusammenhang mit einer höheren Bedeutung des Internets im Medienmenü? Nicht unbedingt. Für eine gesteigerte Internet-Alltagsintegration spricht auf den ersten Blick ein zunehmender Relevanzzuwachs im Medienmenü: von Bedeutungslosigkeit über Akzeptanz bis hin zu Wichtigkeit oder sogar Dominanz. Allerdings teilt sich diese Entwicklung entlang der Geschlechter auf: Mit ansteigender Alltagsintegration verschiebt sich das Internet für Männer auf die obersten Plätze. Für Mütter hingegen ist es nicht das Lieblingsmedium, es wird häufig auf die letzten Plätze im Medienmenü verwiesen, da es nicht primär zur Entspannung, sondern für die Haushaltsorganisation genutzt wird.

Insgesamt ist die inhaltliche Dimension bei den meisten australischen Paaren stärker ausgeprägt als bei den deutschen. Auch wenn in Deutschland das Internet zwar schon stark genutzt wird, ist es dennoch lediglich ein begleitendes Hilfsmittel und deswegen weniger in den Alltag integriert. Bezogen auf die aufgestellten Indikatoren lässt sich abschließend festhalten, dass man mit Hilfe der Bandbreite der Onlineaktivitäten und Hauptaktivitäten nur eine Übersicht über die inhaltliche Dimension erhält. An dieser Stelle hören jedoch die meisten quantitativ angelegten Studien auf. Präzise Aussagen über die inhaltliche Dimension der Internet-Alltagsintegration – gerade aus der Geschlechterperspektive – lassen sich vor allem anhand der Analyse der Motive von Onlineaktivitäten treffen. Es werden zwar von Männern und Frauen die gleichen Onlineaktivitäten ausgeübt, jedoch wird aus unterschiedlichen Motiven das Internet genutzt. Der erste Eindruck einer scheinbar ausgeglichenen Internetnutzung von Männern und Frauen muss so revidiert werden (vgl. hierzu auch Kapitel 6.2). Es wird hier deutlich, dass noch weitere qualitative Studien über das Internethandeln der Geschlechter benötigt werden, die nach den Kontextfaktoren der Onlineaktivitäten schauen.

4.3 Räumliche Dimension

Räume in einem Haushalt werden für unterschiedliche Zwecke genutzt. Je nach Größe der Wohnung oder des Hauses sowie der Familienkonstellation gibt es bei den Interviewpaaren typischerweise Wohnzimmer, Schlafzimmer, Arbeitszimmer, Kinderzimmer und Esszimmer; dazu Küche und Bad. Einige verfügen jedoch über deutlich weniger Räume, z. B. nur Schlafzimmer und Wohnzimmer. Hierbei gibt es keine Unterschiede zwischen Australien und Deutschland. Bei Paaren aus beiden Ländern gibt es Häuser und Wohnungen, die offener oder geschlossener konstruiert sind, mit gemeinschaftlich genutzten Zimmern oder eher vom Mittelpunkt der Wohnung pheripheren Räumen. Ausgehend von der Ähnlichkeit der Wohnsituation bei den interviewten Paaren stellt sich die Frage, inwieweit das Internet hinsichtlich der räumlichen Dimension ähnlich oder anders integriert ist sowie welche Motive jeweils dahinter stehen. In diesem Kapitel wird auf folgende Fragen eingegangen: Wo ist das Internet platziert und warum (Ort und Gründe für die Platzierung, siehe Kapitel 4.3.1)? Wer hat Zugriffsdominanzen in Bezug auf das Internet (Raumhoheiten, siehe Kapitel 4.3.2)? Werden Computer und Laptop als geschmackvolle oder alltägliche Einrichtungsgegenstände integriert oder stören sie das ästhetische Gesamtbild eines Raumes (Ästhetik und PC, siehe Kapitel 4.3.3)?

4.3.1 Ort und Gründe der Platzierung

Für eine erste Übersicht zur Raumthematik stehen in diesem Abschnitt Ort und Gründe für die Platzierung im Mittelpunkt. Dabei wird auch der Frage nachgegangen, ob das Internet eher in gemeinschaftlichen oder allein genutzten Räumen untergebracht ist und für welche weiteren Zwecke die jeweiligen Zimmer genutzt werden.

Australien: Platzierung in gemeinschaftlichen Räumen

Abb. 4-14: Laptop im offenen Bereich

Obwohl einige Paare Wireless-LAN und Laptops besitzen, gibt es meistens feste Plätze, an denen sie online gehen. Häufig bleibt das Laptop an einem Ort stehen, wird nur selten verschoben oder weggepackt. Das Internet ist räumlich in gemeinschaftlich angelegten und häufig genutzten Bereichen platziert, so dass man während der Online-Zeit stark in das alltägliche Geschehen im Haushalt eingebunden ist (vgl. Abb. 4-14, 4–15). Das Internet wird auf diese Weise durch seine Platzierung in das Familien- und Beziehungsleben integriert.

Tracy: No, it's fairly integrated.

Abb. 4-15: PC im Essbereich

Bei acht Paaren ist der Internetanschluss in Multifunktionsräumen oder offenen Bereichen zu finden (vgl. Tab. 16). Zwei Paare haben das Internet im gemeinsamen Arbeitszimmer untergebracht, das auch Wohnzimmerelemente wie Fernseher oder Sofa aufweist und eines der Zimmer im Haushalt ist, in dem man sich verstärkt aufhält.[20] Nur ein Paar verfügt über zwei getrennte Arbeitszimmer mit jeweils einem PC.[21] Ein anderes Paar hat den Computer in einem abgelegenen Raum untergebracht.[22] Der Computerbereich ist eher nur für eine Person mit einem Schreibtisch und einem Stuhl ausgestattet. In den meisten Räumen sind darüber hinaus häufig weitere gemütliche Sitzgelegenheiten und somit Aufenthaltsmöglichkeiten für andere Familienmitglieder oder mehrere Computer vorhanden. Auffällig ist oftmals die Platzierung in offenen, an die Küche angrenzenden Bereichen (vgl. zu den Motiven dieser Platzierungsform ausführlich im späteren Teil dieses Kapitels).

---

20 Amy und Mark sowie Vicky und Tim.
21 Sandra und Bob.
22 Jason und Kathy.

Tab. 4-16: Übersicht Australien: Platzierung und Nutzungskonstellation

Paar	Zimmer	Konstellation
Amy und Mark	Gemeinsames Arbeitszimmer mit Wohnzimmer-Elementen wie Sofa	2 PCs, parallele Nutzung in einem Raum
Margret und Shane	Offener Bereich zwischen Küche und Esszimmer	1 PC, von beiden genutzt
Laura und Richard	Offener Bereich am Esstisch	1 Laptop, von beiden genutzt
Kassandra und Gary	Offener Bereich zwischen Küche, Esszimmer und Waschraum	1 PC, von beiden genutzt
Danielle und Justin	Halb offener Bereich, Büro	1 PC, von beiden genutzt
Tanja und Ted	Multifunktionsraum (Wohnzimmer, Büro und Familienzimmer)	4 PCs auf jeweils vier Tischen, jeder mit eigenem Computer
Kathy und Jason	Abgelegener Multifunktionsraum, PC im geschlossenen Schrank	1 PC, von beiden genutzt
Tina und Samuel	Offener Bereich, „nook"[23] zwischen Wohnzimmer, Esszimmer und Küche	1 PC, von beiden genutzt
Vicky und Tim	Gemeinsames Arbeitszimmer mit Wohnzimmer-Elementen wie TV	1 PC, von beiden genutzt
Sandra und Bob	2 Arbeitszimmer mit 2 PCs	Jeweils eigener Raum und PC
Rachel und Eddy	Offener Bereich auf Küchentresen	1 Laptop, von beiden genutzt
Tracy und Ben	Offener Bereich, „nook"	1 PC, von beiden genutzt

Auf die Frage, warum sie das Internet an dem jeweiligen Ort im Haus platziert haben, führen die meisten Paare praktische Gründe an.

Eddy: This is more convenient.

Gary: It was just convenient there.

Margret: It was just practical I guess, yeah.

Auf weitere Nachfragen hin werden Aspekte der häuslichen Berufsarbeit, Supervision der Kinder und die familiäre Interaktion genannt. Familien mit Kindern nutzen das Internet in offenen Bereichen oder Multifunktionsräumen, um die Internetnutzung des Nachwuchses zu überwachen und um als Familie während der Internetnutzung zusammen zu sein. Selbst diejenigen, die keine Arbeit von zu Hause aus erledigen und keine Kinder haben, richten den Internetanschluss auch in offenen Räumen ein.

---

23 „nook" kann als Nische übersetzt werden

Häusliche Berufsarbeit: In den Beziehungen, in denen ein oder beide Partner über das Internet von zu Hause aus Berufsarbeit erledigen, versucht man den Anschluss ins Arbeitszimmer zu legen.[24] Diese Arbeitszimmer sind entweder räumlich offen gestaltet oder mit entsprechenden Möbeln als „wohnliche" Arbeitsräume. Die Arbeitsbereiche sind nicht stark vom restlichen Teil der Wohnung abgegrenzt; das Internet scheint dabei eine große Rolle zu spielen und fungiert als „Bindeglied" zwischen Arbeit und Familienleben, was auch in seiner Doppelfunktion begründet liegt, es ist zum einen Arbeitsgerät, zum anderen Unterhaltungsmedium. Bei einer Freizeit-orientierten Nutzungsweise besteht häufig das Bedürfnis, sich mit anderen Familienmitgliedern auszutauschen, während man online ist. Wenn man verstärkt aus Arbeitsgründen ins Internet geht, wird mehr Ruhe benötigt als bei privaten Anlässen und man möchte das Internet gerne räumlich *etwas* separat haben.

> Justin: Because, we mainly use it for the business and I don't think it's good to have it in the living room, where people walk. When you're on the Internet you want to concentrate, do ... by going on the Internet, and I think its good doing it separate.

Eine räumliche Separierung des Internet-Arbeitsbereichs aus Wohn- und Lebensräumen ist allerdings nur möglich, wenn genügend Platz zur Verfügung steht. Die Studenten Laura und Richard teilen sich ein Ein-Zimmer-Appartement, weswegen die Unterbringung des Internets in einem eigenen Arbeitsraum nicht realisierbar ist. Da man das Internet nicht ausschließlich für Arbeitszwecke, sondern auch für Alltagsbelange nutzt, hat die Platzierung der Technologie im Hauptraum auch Vorteile.

> Laura: But if I'm just using the Internet, I don't mind being in the lounge room. If you're doing research or something like that, like actually studying, I'd want it in a separate room [...] Because generally I'm not doing something that needs a lot of concentration. Just looking stuff up, or writing emails, that kind of thing. I don't mind if I get distracted doing that.

Supervision der Kinder: Paare, bei denen auch die Kinder das Internet nutzen, legen alle Wert darauf, den PC in offenen Bereichen oder Multifunktionsräumen unterzubringen. Ted und Tanja vermischen zum Beispiel das Computerzimmer mit dem Gäste- und Wohnzimmer.

> Ted: It is multipurpose. It has office features, music ... the children practice music in here, it has entertainment for the children and this is a living room when we have guests and we don't want to disturb the little darlings in bed.

Es ist ein Bereich, in dem sich die Familie viel aufhält und die Haushaltsmitglieder unterschiedliche Tätigkeiten ausüben können. Hinter-

---

24 Amy (Studentin), Justin (Büro zu Hause), Danielle (Lehrerin) und Tim (Wissenschaftler).

grund für diese Platzierung ist von Seiten der Eltern eine so ermöglichte Überwachung der Internetnutzung des Nachwuchses und die Hilfestellung für die Kinder, wenn das Internet für Schularbeiten genutzt wird.

> Kassandra: So that you are part of the main running of the household, that we can still communicate with one another.
>
> Tina: Yeah. I don't like ... I don't like somebody going away and hiding on a computer away from the rest of us where there's no interaction.
>
> [...]
>
> I: Okay, so it was also always in an open kind of space, never anywhere in a closed room?
>
> Tina: Yeah.

Eine solche Hilfestellung für Schulzwecke geht zu Lasten der Mütter. Die viel beschäftigten Frauen können es sich zeitlich jedoch nicht leisten, nur einer Aufgabe nachzukommen. Deswegen ist es praktisch, wenn z. B. die Küche direkt nebenan liegt oder der Raum für andere Hausarbeiten wie Bügeln genutzt werden kann (vgl. Abb. 4-17).

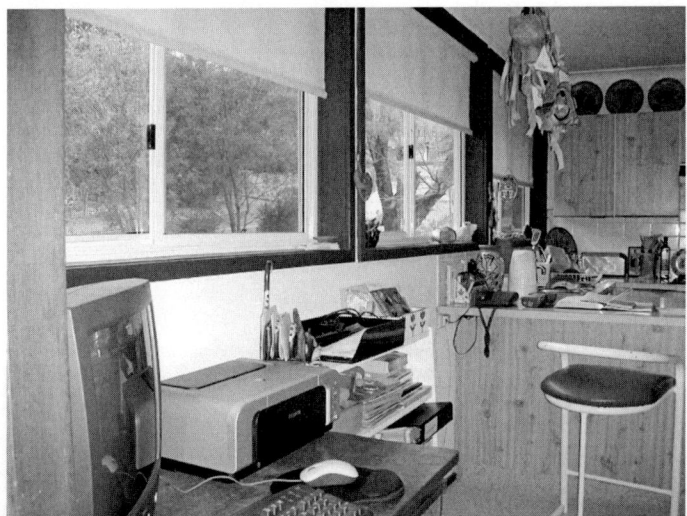

Abb. 4-17: PC im Küchenbereich

Das Muster des Multitasking der Frauen taucht also bei Platzierungsfragen des Internets wieder auf. Tanja bügelt im Multifunktionsraum, während die Kinder im Internet sind und kommt damit Haushaltstätigkeiten und Internet-Kinderüberwachung parallel nach. Kassandra und Tina bereiten nebenbei häufig das Abendessen vor. Die Väter wiederum verbringen durch die Nutzung des Internets in einem gemeinschaftlichen Raum trotz ihres individuellen Hobbys Zeit mit der Familie (vgl. hierzu auch Kapitel 4.1).

> Gary: Yes, it's good. I can be working there and Kassandra can bring me coffees and dinner, off you go and make it. Yeah, it's a good place.

Familiäre Interaktion: Die Australier wollen während ihrer Internetnutzung nicht vom Familienleben getrennt werden. Kommunikation zwischen den Haushaltsmitgliedern ist wichtig, gerade weil man relativ viel Zeit im Internet verbringt. Hier zeigt sich, dass das Online-Sein trotz der individuellen Nutzungsweise keine einsame Angelegenheit sein muss.

> I: *You just described one is reading a book there and the other one is on the Internet in the same area. So, is the Internet also installed here, so you can communicate with each other?*
>
> Eddy: Yeah, that's right.
>
> I: *Because if it's in a room way out, than ...*
>
> Eddy: Separate all together, yeah. That's right because the old computer could go in there but you're in the room on your own. It worked out very good this way.

Eddys Aussage macht deutlich, dass selbst, wenn räumlich die Möglichkeit gegeben wäre, das Internet in einem separaten Arbeitszimmer unterzubringen, die Internetnutzung im Zentrum des Familiengeschehens bevorzugt wird. Selbst Justin, der sein Büro zu Hause hat und somit sein gesamtes Arbeitsleben zu Hause verbringt, suchte sich einen halb offenen Bereich aus.

> I: *But why didn't you put it as an example in another bedroom, totally away, because this is right there the living area, so if somebody's watching TV that could really disturb you too?*
>
> Justin: No, ... you don't want to exclude yourself from the family.
>
> I: *So it's in the middle, it's not included, but it's not pushed away, excluded, it's something in between?*
>
> Justin: No, yeah, I think it mingles in quite nicely. Sometimes I have to tell, when I'm on the computer doing invoicing or something I have to ask Debbie if she has the telly loud to turn it down, or vice versa, she sometimes asks to turn the telly down please, if she's concentrating on her school work.

Obwohl Justin den Computer aus arbeitstechnischen Gründen nicht komplett in die Familienräume integriert hat, würde er dies im Sinne eines Zusammenseins prinzipiell gerne tun.

> I: *But would the set up of the computer disturb you if it was in the living room?*
>
> Justin: No, of course it wouldn't.
>
> I: *You wouldn't mind that?*
>
> Justin: My step daughter would be on the internet, while I'm watching a movie. That would be pretty good, wouldn't it?

Deutschland: Separates Arbeitszimmer als Nutzungsort

Die interviewten Deutschen platzieren den Computer im Arbeitszimmer (vgl. Tab. 4-18).

Tab. 4-18: Übersicht Deutschland: Platzierung und Nutzungskonstellation

Paar	Zimmer	Konstellation
Anna und Pascal	Arbeitszimmer	1 PC, von beiden genutzt
Carla und Claus	Arbeitszimmer	1 PC, von beiden genutzt
Carmen und Johannes	Arbeitszimmer	1 PC, von beiden genutzt
Frau und Herr Frei	Arbeitszimmer	2 Computer (1 PC und 1 Laptop) in einem Raum, zum Teil parallel genutzt
Frau und Herr Gabler	Arbeits-/Durchgangszimmer	1 PC, von beiden genutzt
Frau und Herr Maler	Arbeitszimmer	1 PC, er ist alleiniger Nutzer
Frau und Herr Zabel	Arbeitszimmer	1 PC, er ist alleiniger Nutzer
Jasmin und David	Arbeitsecke im Wohnzimmer	1 PC, von beiden genutzt
Kerstin und Marcel	Arbeitszimmer	1 PC, von beiden genutzt
Manuela und Paul	Arbeitszimmer	1 PC, von beiden genutzt
Natascha und Torben	Arbeitszimmer	2 PCs in einem Raum, zum Teil parallel genutzt
Simone und Alexander	Wohnen in getrennten Wohnungen: Er im Arbeitszimmer Sie in einer Arbeitsecke im Wohnzimmer	Jeweils 1 PC

Die Arbeitsräume, die mit Schreibtisch und Bücherregal möbliert sind, werden abgegrenzt vom „wohnlichen Teil" des Haushaltes (vgl. Abb. 4-19, 4-20).

Alle Probanden bis auf Simone sowie David und Jasmin nutzen das Internet ausschließlich im Arbeitszimmer. Die drei letztgenannten Personen müssen dagegen aus Platzgründen ihre PCs im Wohnbereich aufstellen. Dann grenzen sie jedoch den Computer als eigenen Arbeitsbereich räumlich deutlich vom Rest des Zimmers ab.[25] Simone hat ihren Computerbereich sogar mit einem Vorhang vom übrigen Wohnzimmer abgetrennt und betont, dass sie gerne ein eigenes Arbeitszimmer mit PC hätte (vgl. Abb. 4-21).[26]

---

25 Z. B. durch eine Platzierung in einer Ecke.
26 Weitere Probanden, die in der Vergangenheit das Internet in anderen Räumen als den Arbeitszimmern untergebracht hatten, taten dies ebenfalls aus Platzmangel immer nur notgedrungen (z. B. Johannes und Carmen).

Abb. 4-19: PC im Arbeitszimmer (1)

Abb. 4-20: PC im Arbeitszimmer (2)

Viele Deutsche waren erstaunt über die Frage der Interviewerin zu den Gründen der Platzierung des PCs im jeweiligen Zimmer. Für sie war die Platzierung eine logische Lösung: Wenn die Platzverhältnisse es erlauben, gehört die Technologie ins Arbeitszimmer.

> I: *Und wie war das, als ihr das am Anfang installiert habt? Warum habt ihr euch oder du dich für das Arbeitszimmer entschieden?*
>
> Claus: Ich verstehe jetzt die Frage nicht ganz.
>
> I: *Ihr hättet auch im Wohnzimmer den Anschluss anbringen können, so dass du hier im Wohnzimmer deinen Computer aufstellst oder im Schlafzimmer.*
>
> Claus: Ja gut, wenn ich einen Laptop gekauft hätte, wäre es auch bequem gewesen, so von der Couch, aber durch das Studium bedingt war das ja eh im Arbeitszimmer drin und deswegen auch keinen Laptop, sondern

einen Stationären und ich kann einen Stationären nicht ins Schlafzimmer stellen.

I: Warum kann man einen Stationären nicht ins Schlafzimmer stellen?

Claus: Den PC? Im Schlafzimmer staubt der ein und außerdem habe ich keinen Bürostuhl, ich würde auf dem Bett sitzen [...] Und dafür hat man ja ein Arbeitszimmer.

Herr Frei: Für mich ist es in erster Linie ein Arbeitsinstrument.

I: Und das gehört dann auch in das Arbeitszimmer rein oder wie meinten Sie das eben?

Herr Frei: Ja.

Abb. 4-21: Abgetrennter PC-Bereich im Wohnzimmer

Schaut man sich jedoch die Nutzungsweise an (vgl. Kapitel 4.2), ist die Platzierung nicht so zwangsläufig. Scheinbar gilt folgende Zuordnung:

- Internet: Räumlich = (immer noch) Arbeit
- Internet: Inhaltlich = (auch) Hobby, Freizeit

In Deutschland wird somit nach der räumlichen und inhaltlichen Internetnutzung getrennt. Das Internet wird inhaltlich sowohl für Arbeit als auch für privates Vergnügen genutzt. Räumlich gesehen darf das Internet jedoch nicht in den „Entspannungsraum", in das Wohnzimmer.

I: Also du sagtest gerade, räumlich verbindest du es mit Arbeit, aber eigentlich vom Inhalt, was du damit machst, ist es Hobby und Entspannung.

Carmen: Ja.

I: Und Entspannung würde dann doch eher ins Wohnzimmer passen?

Carmen: Ja, das ist ... Nein, das ist noch mal anders. [...] Und von dem her ist Wohnzimmer eine andere Art Entspannung. Internet ist halt ... Du bist gar nicht in dem Raum und ... na ja, du bist eben im Internet. Und das ist doch etwas anderes.

Hier zeigt sich eine weitere mögliche „Raumkonstellation", die auch einzelne australische und deutsche Interviewpaare ansprechen: Durch das Online-Sein kann man sich selbst einen eigenen „symbolic space" (Rompaey/Roe 2001) schaffen, d. h. für diese Personen ist der reale Ort um sie herum eher von untergeordneter Bedeutung, denn durch die Internetnutzung betritt man einen eigenen virtuellen Raum.

Auch die Deutschen, die Laptops haben, nutzen diese an feststehenden Orten, d. h. die mögliche Mobilität wird nicht ausgenutzt (vgl. Abb. 4-22).

Abb. 4-22: „Feststehende" Laptops

Räumliche Anpassung bei gesteigerter Nutzungsdauer

Die Wenig- und VielnutzerInnen verbringen unterschiedlich lange Zeit im Internet und damit auch unterschiedlich viel Zeit an dem jeweiligen Nutzungsort. Die Partnerinnen der Vielnutzer versuchen durch die räumliche Verlegung anderer Aktivitäten dem Partner nah zu sein. Torben und David sind beide mehrere Stunden pro Tag im Internet. Torbens Partnerin Natascha hat aus diesem Grund einen Fernseher ins Arbeitszimmer gebracht. So kann sie abends fernsehen, während ihr Mann im Internet surft. Auch David nutzt das Internet im gemeinsamen Wohnzimmer, während seine Freundin Jasmin ein paar Meter weiter weg im gleichen Zimmer fernsieht. Die Kommunikation findet wie beim gemeinsamen Fernsehen zwischendrin statt.

> *I: Und wenn ihr, nehmen wir mal an, wenn ihr noch einen dritten Raum hättet und da der Computer stehen würde, glaubst du, du würdest da noch weniger Zeit mit ihr verbringen?*
>
> David: Ich glaube schon. Ja.
>
> *I: Also du sagtest gerade, dass du so nicht wirklich Zeit mit ihr verbringst. Aber noch weiter weg sein, willst du auch nicht? Was ist das dann für dich?*

David: Ja, miteinander leben? Was weiß ich, ja.

I: Würdest du es bevorzugen, noch so einen Raum zu haben?

David: Nein.

Alexander und Simone, die das Internet zeitlich viel nutzen, aber zur Zeit nicht zusammen wohnen, können sich bei ihrem baldigen Zusammenziehen vorstellen, das Internet an zwei PCs in einem Zimmer zu nutzen.

I: Und glaubst du, wenn ihr zusammen zieht, dass sich da was ändern würde?

Alexander: ... da haben wir schon eine Kombination vorgesehen, zwei Schreibtische, wo dann zwei PCs drauf stehen in einem Raum.

Einige NormalnutzerInnen haben sich in ihrem Verhalten schon schrittweise an die erhöhte Internetnutzung des Partners angepasst. Wiederkehrende Muster rund um eine gemeinsame Internetzeit werden langsam habitualisiert. Auffällig ist, dass in Deutschland die aktiv gemeinsame Zeit am PC immer noch stärker als Gemeinsamkeit und nicht als Nebeneinander in einem Raum angesehen wird.

Frau Gabler: Wenn ich dann manchmal hier sitze, dann steht man mal auf und guckt mal. Oder man ruft sich mal was zu oder so. Meistens haben wir schon so ein Ritual, dass wir uns schon mal eine Stunde oder so auch mal zusammensetzen und etwas Gemeinsames machen. Damit nicht jeder seine Abende für sich verbringt. Das muss man aber auch schon oft planen. Aber mir alleine passiert das ja nicht, [dass ich eine Stunde vor dem PC verbringe].

Auf den ersten Blick unterscheidet sich die räumlich gemeinschaftsorientierte Platzierung des Internets in Australien von der personalisierten in Deutschland deutlich. Deutsche Vielnutzer und starke NormalnutzerInnen weisen jedoch ähnliche Muster wie viele australische Paare auf und nutzen das Internet in solchen Räumen, in denen der Partner die Möglichkeit hat, sich parallel mit anderen Tätigkeiten zu beschäftigen (vgl. hierzu auch Kapitel 4.3.4).

4.3.2 Raumhoheit

In diesem Abschnitt geht es um die Frage von Raumhoheiten: Gibt es Zugriffsdominanzen bezogen auf das Internet und variieren sie je nach räumlicher Platzierung?

Australien: Ausgewogene Raumhoheit

Der Internetzugang ist bei den australischen Paaren häufig in gemeinschaftlich genutzten Zimmern eingerichtet, über die beide Partner gleichermaßen verfügen (vgl. Tab. 4-23).

Amy: It's definitely a shared room yes.

Tab. 4-23: Raumhoheit – Australien

Paar	Zimmer	Raumhoheit/Zugriffshoheit
Amy und Mark	Arbeitszimmer	Gemeinschaftlicher Raum, jeder seinen eigenen PC
Margret und Shane	Offener Bereich zwischen Küche und Esszimmer	Gemeinschaftlicher Bereich, aber eher seine Ecke
Laura und Richard	Offener Bereich am Esstisch	Gemeinschaftlicher Bereich, aber sein Laptop
Kassandra und Gary	Offener Bereich zwischen Küche, Esszimmer und Waschraum	Gemeinschaftlicher Bereich, aber eher seine Ecke
Danielle und Justin	Halb-offener Bereich, Büro	Sein Büro
Tanja und Ted	Multifunktionsraum, Wohnzimmer, Büro und Familienzimmer	Gemeinschaftlicher Bereich
Kathy und Jason	Multifunktionsraum, PC im geschlossenen Schrank	Gemeinschaftlicher Bereich
Tina und Samuel	Offener Bereich, „nook", zwischen Wohnzimmer, Esszimmer und Küche	Gemeinschaftlicher Bereich, 1 PC, aber sie nutzt mehr
Vicky und Tim	Arbeitszimmer mit TV	Gemeinschaftliches Zimmer
Sandra und Bob	2 Arbeitszimmer mit 2 PCs	Jeweils eigener Raum und PC
Rachel und Eddy	Offener Bereich auf Küchentresen	Gemeinschaftlicher Bereich, 1 Laptop, aber sie nutzt mehr
Tracy und Ben	Offener Bereich, „nook"	Gemeinschaftlicher Bereich

Wenn es zwei PCs in einem Haushalt gibt, dann besitzt jede Person einen eigenen PC. Eine mögliche Zugriffs-Dominanz durch einen Partner wird durch die Personalisierung der Computer vermieden.

> I: So would you say that the internet access on your computer is your personal access?
> Marc: Yeah, I'm the only one who uses it.
> I: Amy never uses it?
> Marc: No, she's got her own.

Oftmals werden in gemeinsam genutzten Räumen die Raumhoheiten intern geregelt. Manche Männer beanspruchen das Internet als ihren Bereich. Dieser Hoheitsanspruch findet sich bei keiner Frau, selbst wenn sie das Internet stärker nutzt als der Mann.

> Shane: You can't get on the computer, it's mine [laughs]. No, no, it's a joint area. Yeah, but I dominate.

> Kassandra: No. He really likes to think he's the boss there because he manages the computer, he defrags, he puts the updates on. So he does all the cleaning and maintenance if you like of that area, electronically. And he uses it much, much more than me.

I: So it's not a shared family area, it's more his area?
Kassandra: It's still shared family area but if you had to say that someone took control it would have to be my husband.

Deutschland: Männliche Dominanz

Wenn der PC in Deutschland nicht in einem gemeinsamen Arbeitszimmer untergebracht ist, dann steht er in den Arbeitszimmern der Männer und nie in den Arbeitszimmern der Frauen (vgl. Tab. 4-24).

Fr. Frei: Es ist vorwiegend das Zimmer meines Mannes, weil auch seine Bücher darin sind. [...] Aber alles, was ich schreibe oder am Computer mache, muss ich von seinem Zimmer aus machen.
I: Hält sich ihre Frau manchmal auch in dem Zimmer auf oder ist das ganz allein ihr Zimmer?
Herr Maler: Sie hält sich auch darin auf.
I: Was macht sie dann in dem Zimmer?
Herr Maler: Putzen.

Tab. 4-24: Raumhoheit – Deutschland

Paar	Zimmer	Raumhoheit
Anna und Pascal	Gemeinsames Arbeitszimmer	Er
Carla und Claus	Sein Arbeitszimmer	Er
Carmen und Johannes	Gemeinsames Arbeitszimmer	Sie
Frau und Herr Frei	Gemeinsames Arbeitszimmer	Er
Frau und Herr Gabler	Arbeits-/Durchgangszimmer, sein Schreibtisch	Er
Frau und Herr Maler	Sein Arbeitszimmer	Er
Frau und Herr Zabel	Sein Arbeitszimmer	Er
Jasmin und David	Seine Arbeitsecke im gemeinsamen Wohnzimmer	Er in der Ecke, beide im Zimmer
Kerstin und Marcel	Gemeinsames Arbeitszimmer, sein Schreibtisch und sein PC	Er
Manuela und Paul	Gemeinsames Arbeitszimmer	Beide
Natascha und Torben	Gemeinsames Arbeitszimmer	Beide
Simone und Alexander	Haben zwei Wohnungen: er im Arbeitszimmer, sie in einer Ecke im Wohnzimmer	Beide

Selbst bei einem gemeinsam genutzten Zimmer liegt überwiegend eine Raum- oder Computer-Hoheit der Männer vor. Oft gehört auch den Männern der PC.

Jasmin: Nein, das ist schon ein gemeinsames Zimmer. Also da hinten ist mehr seine Ecke, weil da sein ganzer Computerkram steht. Weil, es ist auch sein Schreibtisch oder so. Das ist schon mehr seine Ecke. Aber schon ein gemeinsames Zimmer.
Anna: Es ist mehr sein Zimmer.

Es stellt sich die Frage, ob diese Raumkonstellation einer gesteigerten Internetnutzung der Frauen im Wege steht. Die meisten Interviewpaare betonen jedoch, sich bei einer gleichzeitig erwünschten Nutzung partnerschaftlich einigen zu können.

> I: *Und hat er denn dann den Vorrang zur Internetnutzung, weil es sein Zimmer ist?*
>
> Carla: Nein. Das ist ausgeglichen.
>
> Herr Gabler: Also drei Viertel mein Bereich und ein Viertel gemeinsam.
>
> I: *Und kommt es vor, dass Sie auch mal gleichzeitig ins Internet wollen? Oder ist das eigentlich nie der Fall?*
>
> Herr Gabler: Das könnte auch schon passieren, ja.
>
> I: *Wer hat dann Vorrang? Oder wie klären Sie das?*
>
> Herr Gabler: Och, da sprechen wir uns ab. Da gab es noch keine Prügelei deswegen.
>
> I: *Also geht das danach, wer wichtigere Themen hat, um ins Internet zu gehen? Oder wer zuerst da war? Oder wie entscheiden Sie das?*
>
> Herr Gabler: Es kommt darauf an, was es im Fernsehen gibt.
>
> Kerstin: Wir regeln das schon irgendwie. Das klappt eigentlich immer ganz gut.
>
> I: *Aber nicht irgendwie so, dass er immer Vorrang hat, oder?*
>
> Kerstin: Nein, wir handeln das dann aus.

Die männliche Raumdominanz wird aufgelöst, wenn zwei PCs mit Internetanschluss vorhanden sind und jeder seinen eigenen Bereich im Raum hat.

> Torben: Hat jeder sein Teil.

Nur bei einem Paar liegt der Fall umgekehrt: Sie nutzt das Internet viel stärker und das Zimmer liegt in ihrer Raumhoheit.

> Carmen: So würde ich eher mein Zimmer sagen. Weil, er hält sich gar nicht in dem Zimmer auf.
>
> I: *Ist das Arbeitszimmer für dich ein persönlich wichtiger Raum oder ist es im Vergleich mit den anderen Zimmern eher ein Raum, in dem du dich nicht so oft aufhälst?*
>
> Johannes: Für mich ist es mehr so ein Stiefkind in der Wohnung.
>
> I: *Wirklich?*
>
> Johannes: Ja, also ich bin da relativ selten. Meine Freundin sitzt öfters drüben. Also für mich ist es mehr so Gästezimmer.

Die im Vergleich zu den australischen Paaren stärkere männliche Zugriffshoheit bei den deutschen Paaren erklärt sich aus einer ausgeprägteren Technikkonnotation sowie aus einer schwächeren Verbindung des Internets mit Haushaltsaufgaben (vgl. hierzu ausführlich Kapitel fünf und sechs).

4.3.3 Ästhetik und Computer

Der nächste Abschnitt widmet sich dem Aspekt Ästhetik und Computer. Anhand der Interviews wird die Bandbreite zwischen ästhetischer Akzeptanz und Ablehnung analysiert, da die jeweilige Einschätzung Einfluss auf die Platzierung der Technologie hat.

Australien: PC als Möbelstück

Die Platzierung des PCs erfolgt bei den australischen Paaren in Räumen, in denen sie sich viel aufhalten, die geschmackvoll eingerichtet werden, groß sind und oft über gute Lichtverhältnisse verfügen.

> Amy: The room has got a lot of natural light which you need [...] It's one of the biggest rooms in the house [...]
>
> Rita: Why I installed it here was because I've got a beautiful view to look at.

Das Internet wird eher in Räumen untergebracht, die für den Alltag bestimmt sind, hier halten sich die Haushaltsmitglieder verstärkt auf und „leben" – im Unterschied zu repräsentativen Räumen, die aufgeräumt und für den Besuch freigehalten werden.

> Amy: it's [the room] quite informal.

Die Australier stören sich nicht im ästhetischen Sinne am Computer als Gerät in repräsentativen Räumen. Dass sie PC und Internet dort nicht unterbringen, hat damit zu tun, dass sie rund um das Internet leben und den Gästen keine eventuelle Unordnung zumuten möchten.

> Vicky: Well this is our study so each have desks and we have all the files here and as I say we keep things on taxes so we have all our financial files here and so on and it's not so, you can see we don't keep it very attractive. It's not like we have a nice roll top computer desk that we can hide things so it's kind of messy. So we don't want it in the living room with people where we have guests and so on.
>
> I: *Why is it like that? Is it more because you don't have it really organised? Is it that or is that you're connecting it with work and don't want to have work in the living area?*
>
> Vicky: I think it's mainly the messiness, just not an attractive thing. The living area is something you set, or I see it as something that is mainly when we have guests.

Ebenfalls stellt für die Australier kein Problem dar, Computer-Standort und Essensräume zu vermischen.

> Tracy: [...] we use it for family dining when the grandchildren are here and the other side of the room there's the computer.
>
> Tanja: It's a comfy room so if we have people here for dinner we usually sit in there.
>
> I: *Okay so it's a room you like and you don't mind if you have guests over and the computer is there?*
>
> Tanja: It's switched off.

Rachel hat sich als festen Ort für ihren Laptop den Tresen in der Küche ausgesucht. Hier hat sie die beste Aussicht auf das Meer. Das technische Gerät mindert diese Aussicht nicht im Geringsten, es bleibt dort auch in der Zeit stehen, in der sie es nicht nutzt.

> I: *Does the setup, just from the view, does it annoy you or you don't notice that there's something sitting on the table?*
>
> Rachel: No, I don't mind.

Selbst wenn man die Interviewpaare direkt auf den ästhetischen Aspekt von Computern anspricht, empfinden die Probanden die Geräte überhaupt nicht als störend. Computer oder Laptop beeinträchtigen das Gesamtbild eines Zimmers nicht.

> I: *Okay, does the look of the computer bother you?*
>
> Ben: No.
>
> I: *So does this set up of the computer, just from an aesthetic point of view, does it annoy you or you're just fine with that?*
>
> Kassandra: Yeah, fine.

Das Internet stellt für die meisten australischen Paare keine neue Technologie dar. Sie haben sich mittlerweile an Computer und Laptops als Teil der Einrichtung gewöhnt – ebenso wie z. B. an den Anblick von Fernsehgeräten. Die ähnliche Handhabung von Computer und Fernseher ist ein Zeichen für eine stärkere räumliche Integration. Denn am Vorhandensein eines Fernsehapparates in wohnlichen Räumen stört sich kein Paar, er bleibt nach wie vor ein wichtiges räumliches Element. Amy und Martin sahen eine Zeit lang über den Computer fern, da sie keinen feststehenden Fernseher besaßen. Seit sie wieder ein Gerät haben, veränderte sich die räumliche Situation. Sie verbringen nun weniger Zeit zusammen im Raum mit den Computern, da sich Amy auch mal nach unten ins Fernseh-Wohnzimmer zurückzieht.

> Amy: We didn't have a television for several months so the upstairs room was very important, and we didn't have a lounge suite [laugh] so it was our living room because we had a TV card connected to the internet so we could watch TV but it was on the monitor upstairs so when we were watching TV we'd be on the couch upstairs in the family room but because we've got the television downstairs it's kind of changed that.
>
> I: *And would you say you stay in that room like more frequently compared to the other rooms in your household?*
>
> Amy: When we had the television in there yes, it was quite disproportionate, but now because I have got a newspaper subscription and couches [laugh] it means that Marc can go up there and I can be down here and watch television or he can watch TV and I can do some work, so yes the division of furniture [laugh] has made it, sort of spread it out a bit.

Abb. 4-25: Fernseher und PC

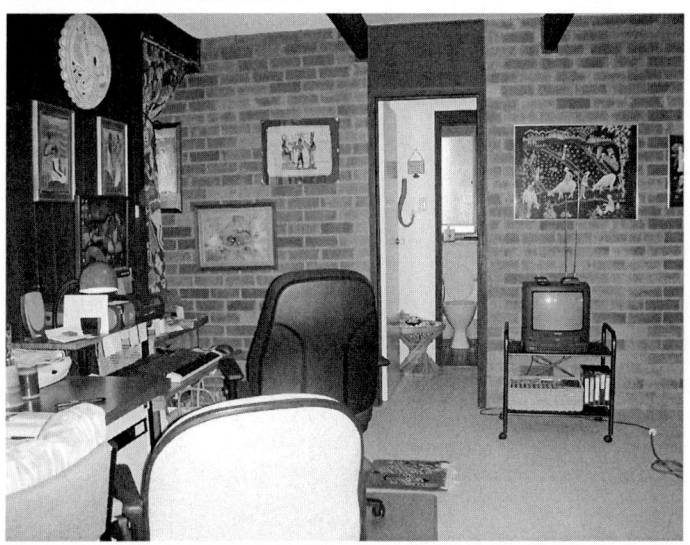

Für andere Paare hat sich der Ort ihrer Fernsehnutzung durch das Internet geändert. Anstatt wie früher im Wohnzimmer oder Schlafzimmer sieht Tim nun an einem kleinen Gerät im Arbeitszimmer fern. Für ihn ist das Fernsehen zur Paralleltätigkeit geworden, die er während seiner Internetnutzung ausübt (vgl. Abb. 4-25).

> Tim: I spend more time in it because in the evening when I'm watching television I'm not lying down on the sofa or something like that. I will watch television and I will look at the internet, I will do my internet, do the New York Times and everything else.

Eine Ausnahme für die ansonsten räumlich starke Integration des Internets bildet allein die Situation beim Paar Kathy und Jason. In ihrer Wohnung befindet sich der Computer in einem Zimmer außerhalb des Wohnbereiches. Außerdem wird er in einem zuklappbaren Schrank in einer Ecke regelrecht versteckt (vgl. Abb. 4-26).

> Kathy: I bought a cupboard you know one of those fold away cupboards that's got, it just looks like a cupboard but you fold it out and it's got a drop down desk, fold our keyboard and the computer's in there. So you can close the cupboard and so it can just go in the corner of the room rather than dominating the whole of the room with the office type stuff.

Die räumliche Ausgrenzung des Computers geht bei Kathy und Jason auf eine geringe Integration des Internets in den Alltag zurück: Ihnen ist das Internet nicht wichtig, sie haben es nur schwach in Alltagsabläufe eingebunden.[27]

---

[27] Einen weiteren Grund für den Wunsch einer räumlichen Separierung des Internets nannte der Interviewpartner Shane. Wenn er mehr Platz hätte, würde Shane

Abb. 4-26: PC im Schrank

Deutschland: unästhetische Technologie

Im Gegensatz zu den australischen Paaren würde die meisten deutschen Paare die Präsenz des Computers im Wohnzimmer stören.

> Herr Frei: Also ich wollte nicht, dass sich der Computer in seiner Präsenz über die ganze Wohnung erstreckt, weil das in erster Linie ein Arbeitsinstrument ist und kein Unterhaltungsinstrument [...]
>
> Claus: [...] und im Wohnzimmer ist es halt nicht so schön, weil es kein Laptop ist, das man zuklappen kann und wegstellen kann [...] Wenn das räumlich nicht so heftig aussehen würde [...]
>
> Paul: [...] der Computer soll hier oben bleiben, sonst verseucht man die ganze Wohnung damit.
>
> I: *Wie meinst du das, „verseuchen"? Findest du den Anblick nicht schön?*
>
> Paul: Doch, aber ich finde es dann blöd ... man hat, sag ich mal, die ganze Technik dann in einem Raum, alles klar abgeschlossener Bereich.

Interessant ist an dieser Stelle ein Vergleich mit dem Fernseher. Denn im Allgemeinen haben die deutschen Interviewpaare nichts gegen Medientechnologien im Wohnzimmer einzuwenden. Im Gegensatz zum PC gehört ein Fernsehgerät ins Wohnzimmer.

> Claus: Ja, es ist halt eine Kiste [der PC] und steht halt rum, man kann einen Fernseher nehmen, ein Buch oder Tisch oder irgendwelche Pflanzen, aber keinen PC.

---

den Computer aus dem offenen Bereich herausholen. Er will den PC nicht aus dem Familienleben „verbannen", um Ruhe für sich selbst zu haben, sondern aus Angst um das teure Equipment wegen seines kleinen Kindes.

Der Fernseher dient wie ein Möbelstück zur Ausstattung des Zimmers. In Deutschland wird die Aufteilung der Medien in zwei Räume bevorzugt: Im Arbeitszimmer steht der PC mit Internetanschluss, in das Wohnzimmer gehören die mit Entspannung assoziierten traditionellen Medien wie Musikanlage, Radio, Bücher und Fernseher. Häufig wird die kollektive Nutzungsweise des Fernsehers der individuellen Nutzungsweise des Internets gegenübergestellt. Das Wohnzimmer steht für kollektive Tätigkeiten, das Arbeitszimmer für individuelle Beschäftigungen (vgl. hierzu auch Kapitel 4.4).

> I: Den Fernseher haben Sie ja beispielsweise auch im Wohnzimmer stehen?!
>
> Herr Maler: Früher stand da auch mal der Computer, aber der ist da gleich wieder raus gekommen.
>
> I: Warum?
>
> Herr Maler: Ja, das störte.
>
> [...]
>
> I: Aber der Fernseher steht ja auch im Wohnzimmer. Was ist da der Unterschied?
>
> Herr Maler: Fernseher kann man gemeinsam nutzen, aber den Computer und den Internetanschluss kann man nur alleine benutzen.

Während der Bereich rund um den Fernseher mit Möbeln gemütlich eingerichtet wird, steht der Computer zusammen mit dem entsprechenden Mobiliar bei den Deutschen in der Arbeitsecke. Einzelne Nutzer weisen alternative Nutzungsformen auf: Obwohl z. T. über den PC ferngesehen wird, wird der Fernseher dennoch aufgrund seiner freizeitorientierten Konnotation als Möbel-Einrichtung bevorzugt.

> David: Also ich glaube, der Computer kann Fernsehen ersetzen, von daher würde ich den Computer an die erste Stelle setzen. Weil, ich kann mir die Filme genauso gut am Computer angucken. Fernsehen ... Aber ich gucke es mir lieber da auf der Couch an als am Computer.

Gesellschaftliche Normvorstellungen spielen bei der Platzierung des PCs außerhalb des Wohnzimmers ebenfalls eine Rolle. Viele betonen, dass sie sich nicht mit Gästen in einem Raum mit PC aufhalten wollen. Dies impliziert, dass bei der Ablehnung von Computern im Wohnzimmer die Darstellung nach außen von Bedeutung ist. Auch die in diesem Zusammenhang sprachlich genutzte „man"-Form deutet darauf hin.

> Carmen: Also überhaupt. Ich finde, wenn man einen Tisch hat, wo man isst, braucht man nicht auch noch am PC ... Das ist dann schon eine Sache für den Arbeitsplatz, dann. Also wo man was lernt und man auch mal was schreiben kann, ohne dass man etwas anderes ...
>
> I: Und der Fernseher, der stört nicht?
>
> Claus: Ja, der ist halt in unserer Gesellschaft akzeptiert, man könnte ihn vielleicht kombinieren eines Tages, der Bildschirm mit dem PC [...] will man Sachen drucken, braucht man den Drucker, man erweitert das Gerät, und dann wird das Wohnzimmer zum Arbeitszimmer. Im Wohnzimmer will man sich ja mit Gästen unterhalten und nicht arbeiten.

Ein weiterer Grund für die Platzierung des Internets im Arbeitszimmer ist die so entstehende Rückzugsmöglichkeit des „physical space" (Rompaey/Roe 2001).[28]

> Carmen: Und weil man dann halt auch zwei Räume hat, wo der eine zum Beispiel lesen kann oder Fernsehgucken oder Musik hören und der andere ist am PC.
>
> Claus: [...] und wenn wir das Arbeitszimmer haben, rein räumlich, denke ich mal, ist man für sich, kann auch mal Musik hören am PC und so was und man stört keinen anderen.

Viele Frauen nutzen das Internet weniger zum Rückzug als Männer, sie bevorzugen stattdessen häufig andere Medien oder Tätigkeiten (vgl. hierzu auch Kapitel 4.2).

> *I: Und was machst du so, wenn du alleine sein willst hier in der Wohnung?*
> Natascha: Nur fernsehen. Deswegen brauche ich das Internet nicht. So bin ich nun auch nicht eingestellt, deswegen brauche ich das Internet nicht, damit ich meine Ruhe habe.
>
> Torben: Ja, wenn Natascha fernsehen will, dann geht sie Fernsehgucken und ich gehe hoch und zocke eine Runde.

In diesem Kapitel zeigen sich deutliche Unterschiede der ästhetischen Wahrnehmung von Computern zwischen Deutschland und Australien: In Australien sind Internet und PC unter ästhetischen Gesichtspunkten in den Wohnbereich integriert, in Deutschland bevorzugen die meisten Paare eine separate Unterbringung des PCs im Arbeitszimmer, um das ästhetische Gesamtbild von gemeinschaftlich genutzten Räumen nicht zu stören.

4.3.4 Fazit

Im Sinne der „double articulation" transportieren Medien Inhalte und sind gleichzeitig Objekte (Silverstone et al. 1991; Silverstone/Haddon 1996). Die räumliche Dimension perspektiviert die Objekt-Ebene des Internets. Anhand der Aspekte Platzierungsort des PCs, Ästhetik und Raumhöhe wurden Indikatoren der räumlichen Internet-Alltagsintegration analysiert.

Platzierungsort

Im Unterschied zum Großteil der australischen Paare haben die meisten deutschen Paare das Internet (noch) nicht räumlich in das Familienleben integriert. In Deutschland ist das Internet meistens im Arbeitszimmer untergebracht. Man könnte meinen, dass dies auf kulturelle Unterschiede zwischen Australiern und Deutschen zurückzuführen

---

28 Eine physische Abgrenzung von anderen Haushaltsmitgliedern ist durch die Architektur der Räume möglich, z. B. durch den Rückzug ins eigene Zimmer (vgl. Rompaey/Roe 2001: 351, siehe hier auch Kapitel 2.1).

sei. Es zeigt sich jedoch, dass es auf eine noch nicht so starke räumliche Integration der Technologie in Deutschland hindeutet. Dies wird an der Nutzungsweise der deutschen Vielnutzer und starken NormalnutzerInnen deutlich. Anstatt das Internet in Wohn- und Lebensräumen unterzubringen, wandelt sich die Funktion des PC-Raumes: Das Arbeitszimmer verliert häufig im Laufe der Zeit seinen reinen Arbeitscharakter. Beispielsweise wird im Büro ein Fernseher untergebracht und irgendwann verbringen dort die Paare ihre Abende, ohne zu arbeiten. Vor allem Frauen richten sich in der Beziehung räumlich nach den Männern. Um ihrem Partner nah zu sein, sucht sich die Frau im Raum, wo der Mann stundenlang im Internet surft, eine eigene Beschäftigung. Die beschriebene allmähliche räumliche Anpassung der Viel- und NormalnutzerInnen spricht dafür, dass es sich nicht um einen kulturellen Unterschied zwischen Australien und Deutschland handelt. Grund für den insgesamt noch starken räumlichen Bezug des Internets zum Arbeitszimmer bei den Deutschen könnte die noch nicht so weit fortgeschrittene Alltagsintegration der Technologie im Vergleich zu den Australiern sein. Die Deutschen kamen wie die Australier mit dem Internet meist im beruflichen Kontext zum ersten Mal in Kontakt und diese Assoziation mit Arbeit bleibt beim Einzug in den häuslichen Alltag zunächst bestehen. Mittlerweile wird von den deutschen Paaren jedoch bei der Internetnutzung zwischen privatem Vergnügen und Arbeit unterschieden. Räumlich wird das Internet zwar noch dem Arbeitsbereich zugeordnet, eine langsame Ablösung ist jedoch mit zunehmender Alltagsintegration zu erwarten. Dieser Prozess geht schleichend vonstatten; Impulse kommen durch die zeitlich intensive Nutzung, die zunehmend freizeit- und haushaltsaufgabenorientierte Nutzungsweise. Bei einer zeitlichen und inhaltlichen Bedeutungszunahme der Technologie werden Wege benötigt, das Internet auch in die Paarbeziehung zu integrieren und ein Zusammensein mit anderen Familienmitgliedern zu ermöglichen. Eine Lösung ist die räumlich offene Platzierung des Internets in Gemeinschaftsräumen, wie es die Australier vorleben. Veränderungen könnten ebenfalls mit zunehmender Nutzung des Internets über Laptop und Wireless-LAN angestoßen werden. Die Internetverbindung ist dann nicht mehr an einen festen Ort gebunden und die Nutzung kann beispielsweise mehr im Zentrum des Haushaltes stattfinden. Ebenso zeigen sich Tendenzen zu einer Duplizierung von Geräten, so dass das Internet von mehreren Personen gleichzeitig in einem Raum genutzt werden kann. Gleichzeitig bedeutet eine stärkere Integration in gemeinschaftliche Räume, dass die Bedeutung des „physical space" als Rückzugsmöglichkeit zu Gunsten des „symbolic space" zurückgeht (vgl. Rompaey/Roe 2001: 351). Der User ist vor Ort, kann sich durch das Online-Sein trotzdem separieren; einige Väter wollen beispielsweise während ihrer Internetnutzung nicht angesprochen werden, was von den meisten Familienmitgliedern akzeptiert wird. Dagegen gestaltet sich ein störungsfreies Online-Sein für Mütter schwieriger (vgl. hierzu auch Kapitel 4.1).

Raumhoheit

Steht der PC zunächst in den Räumen der Männer, so lässt bei zunehmender Integration der Technologie in Gemeinschaftsräumen die männliche Raumhoheit nach. Verfügt eine Familie nur über einen einzigen Internetanschluss zeigt sich selbst bei der Nutzung in offenen Räumen häufig eine männliche Bereichshoheit. Auflösen lässt sich dies nur durch individuelle Internetzugänge. Frauen gehen stärker ins Internet, wenn sie Haushaltsaufgaben online erledigen. Dann wird das Internet in offenen Bereichen der Wohnung, z. B. in Nähe der Küche untergebracht (vgl. hierzu ausführlich Kapitel 6).

Ästhetik

Im Unterschied zu Australien ist der PC in Deutschland ästhetisch gesehen ein Objekt, an dem sich die Interviewpaare eher stören. In Australien ist der PC ein normaler Bestandteil der Inneneinrichtung geworden. Trotz des Gegenbeispiels eines australischen Paares, das den PC im Schrank in einem separaten Abstellraum der Wohnung unterbringt, platziert doch die Mehrzahl der Paare das Internet in offene und zentrale Räume, integriert es damit räumlich stärker in den Alltag als in Deutschland. Bei der Untersuchung des ästhetischen Aspekts zeigen sich die gesellschaftlichen Einflussfaktoren und eine Wechselwirkung von Makro- und Mikroebene wird deutlich: Den Aussagen der deutschen Paare lässt sich entnehmen, dass in Deutschland der Computer oder Laptop als Möbelstück im Wohnzimmer gesellschaftlich noch nicht so üblich ist wie in Australien. Ein Fernseher im Wohnzimmer ist in Deutschland kein Problem, ein Computer stört selbst technikbegeisterte Männer (noch).

Räumlich gesehen reicht die Alltagsintegration des Internets also von völliger Einbindung an zentralen Orten bis hin zur kompletten Ausgrenzung des PCs aus den Wohnräumen. Unterschiede in der räumlichen Integration herrschen (noch) zwischen Australien und Deutschland: Die interviewten Australier leben räumlich *mit* dem Internet, bei den Befragten in Deutschland dagegen existiert das Internet *nebenher*.

4.4 Soziale Dimension

Unter dem Stichwort der sozialen Dimension geht es in diesem Kapitel um die Rolle der Beziehung der Paare bei der Internet-Alltagsintegration.[29] In den Interviews zeigte sich eine große Bandbreite so-

---

[29] Kinder, die mit im Haushalt leben, wurden aus der Analyse ausgeklammert, da der Schwerpunkt dieser Arbeit auf Geschlechterbeziehungen und nicht auf Familienkonstellationen liegt. Von Belang wurden sie nur, wenn es um die Betreuung der Kinder oder die Überwachung ihrer Internetnutzung geht und die Eltern somit in ihrem eigenen Handeln direkt betroffen sind. Ausgeschlossen werden in diesem

zialer Beziehungsmuster im Zusammenhang mit Internethandeln: Es geht um fragmentierende (Kapitel 4.4.1) und gemeinschaftsstiftende Elemente der Internetnutzung (Kapitel 4.4.2) wie Personalisierung, Rückzugsgestaltung, gemeinsame Nutzung vor einem Bildschirm, Internetgespräche und gemeinsam verbrachte Zeit bei Internetnutzung und Zusatzaktivitäten. An einem Fallbeispiel werden diese Aspekte zunächst kurz umrissen, um danach eine detaillierte vergleichende Analyse vorzulegen.

Fallbeispiel Natascha und Torben

Natascha und Torben haben einen zehn Monate alten Sohn, beide sind berufstätig, wobei Natascha als Selbstständige viel von Zuhause aus arbeitet. Daran, dass beide mittlerweile eigene Computer und Internetzugänge besitzen, wird die Personalisierung ihrer Internetnutzung erkennbar. Torben ist jeden Tag mindestens drei Stunden im Internet, um Onlinespiele auszuüben. Seine zeitlich intensive Internetnutzung führt immer wieder zu *Unstimmigkeiten* in der Beziehung.

> Natascha: Also lästig ist es in dem Sinne, weil mein Mann sein ganzes Leben davor verbringt, seine ganze Freizeit. […] Ja, weil er seine Pflichten vernachlässigt. […] Ja, alle Pflichten. Haushalt, Familie […] da hat er seine Kriegsspielchen und da bleibt alles stehen und liegen. […] Ich schmeiß das Ding [den PC] zum Fenster raus. Und spring drauf herum (lacht). Ich nehme da kein Blatt vor den Mund.

Natascha beschwert sich über die Dauer der Internetnutzung ihres Partners. Dafür macht sie nicht das Internet als solches verantwortlich. Vielmehr bilde das Internet eine *Rückzugsmöglichkeit* in Beziehungen. Sie beschreibt dieses Verhalten als ein allgemeines Phänomen bei Männern.

> Natascha: Das ist der Konflikt in jeder Ehe, denke ich, wo es im Haushalt mindestens einen Computer gibt. Also in dem ganzen Bekanntenkreis ist es eigentlich immer überall so, wenn der Mann einen Computer hat und der Mann, meistens spielen die ja, und ich meine, ich kann froh sein, dass er nicht weggeht, einen saufen geht oder was weiß ich […] Vor 20 Jahren sind sie, glaube ich, alle Fußball spielen gegangen und saufen und was weiß ich. Und heute gibt es einen Teil, der macht das noch, der andere Teil sitzt vorm Computer und spielt.

Das Internet wird hier zum Vehikel zum Ausleben von individuellen Bedürfnissen. Nicht das Internet verändert die Beziehung, sondern es wird in die jeweilige Lebenssituation integriert.

> Natascha: … und fühlen sich alle mit ihren 40 Jahren ganz jung noch, wenn sie mit den 20-Jährigen spielen. […] Das stört mich halt einerseits, weil er da halt seine Midlifecrisis hat …

Kapitel außerdem Kontakte mit anderen Personen über das Internet. Dies bedeutet, dass nur ein eingeschränkter Teil der sozialen Beziehungen mit und rund um die Internetnutzung dargestellt wird.

Obwohl Natascha sich immer wieder beklagt, ändert ihr Mann nichts an seiner Internetnutzung. Sie hat das Gefühl, dass durch sein Verhalten die gemeinsam verbrachte Zeit zurückgeht. Deswegen hat Natascha räumliche Veränderungen vorgenommen. Häufig nutzt auch sie das Internet nun parallel an einem Computer im selben Zimmer. Außerdem hat sie sich einen Fernseher in das Computerzimmer gestellt. Das Paar verbringt nun *gemeinsame Zeit,* wenn beide gleichzeitig online sind oder sie während seiner Internetnutzung im gleichen Raum fernsieht.

> *I: Vorhin hast du erwähnt, dass du schon auch hoch in das Zimmer mit dem Internetanschluss gehst, damit du auch Zeit mit ihm verbringst?*
>
> Natascha: Ja, dass wir manchmal gar keine Zeit miteinander verbringen; damit wir ein bisschen Zeit miteinander verbringen, weil ja jeder so an seinem PC sitzt, aber wenigstens ist man dann miteinander in einem Raum. Da hat man wirklich schon wenig Gelegenheit. [...] Er spielt und ich mache irgendetwas anderes, was auch immer.
>
> *I: Also er an seinem Computer, du an deinem Computer?*
>
> Natascha: Ja.

Obwohl Torben den Raum nicht verlässt, vollzieht er jedoch einen symbolischen Rückzug (vgl. Rompaey/Roe 2001) und signalisiert dies durch das Aufsetzen von Kopfhörern.

> Natascha: ... und er bleibt hier [zu Hause], aber er ist auch nicht da. Weil, er hat Kopfhörer auf und wenn man mit ihm redet, dann kommt, wenn überhaupt ein „Ja", aber er hat trotzdem nichts gehört. Er sagt nur „Ja", um seine Ruhe zu haben. [...] Nein, reden tun wir nicht, denn er hat die Kopfhörer auf. Und er schreit nur mit seinen anderen Kumpanen. Ja, ab und zu reden wir auch mal. Aber das sind nicht mehr als drei Sätze und das ist, er soll leiser reden oder nicht so herum kreischen oder was weiß ich. Oder dass er sagt, ich soll nichts downloaden oder ich soll keine Chats machen, weil nämlich dann der Pin fällt. [...] Ja, weil er halt dann langsamer ist. Und wenn er schießt, dann dauert es 1:100 länger und dann ist er tot, bevor er ... [...] Ich bin dann schuld daran, dass er gestorben ist oder dass jemand anderes umgebracht wurde.

Für Torben haben die Online-Spiele ein hohe Priorität.

> Torben: Nein, ich mache sie nur darauf aufmerksam, dass es zu langsam wird. Entweder hört sie auf oder ist dann gleich fertig oder so. Sie akzeptiert das dann auch und wartet dann. Das ist halt so. Das ist halt Pech dann.

Im Gegensatz zu Natascha meint Torben, dass sich seine Internetnutzung nur auf das gemeinsame Fernsehen auswirke, ansonsten thematisiert er keine weiteren Veränderungen.

> Torben: Wir gucken weniger Fernsehen.
>
> [...]
>
> *I: Was war, als es noch kein Internet gab? Was hast du da immer gemacht? Hattest du da irgendwie ein anderes Hobby?*

> Torben: Da war ich noch nicht verheiratet.
> Natascha: Keine gemeinsame Zeit mehr in Anführungsstrichen. [...] Nachteilig, halt wie gesagt, dass halt die Partnerschaft darunter leidet.

Für Natascha wurde der hohe Internetkonsum ihres Mannes allerdings erst nach der Geburt des Sohnes zum Problem. Davor war auch sie gleichzeitig mit ihrem Mann in einem Raum lange online.

> Natascha: Ab und zu auch abends gemeinsam. Früher eher, jetzt weniger wegen dem Baby.

Hier hat sich parallel mit einer Lebensveränderung eine Umstellung der Internetnutzung ergeben. Die Geburt des Sohnes wirkte sich jedoch nur auf die Internetnutzung von Natascha aus, nicht auf die von Torben (vgl. zur Geschlechterkonstellation auch Kapitel 6). Torben selbst regte sich früher über die hohe zeitliche Internetnutzung seiner Frau auf, weil sie den Haushalt vernachlässigt habe.

> Torben: Es gab mal eine Zeit, da war sie sehr oft da, zu oft eher.
> I: Zu oft?
> Torben: Ja, weil die Arbeit dann nicht geklappt hat. [...] Ja, die Zeit an sich war dann weniger gewesen für den Haushalt und so ...

Anhand dieses Fallbeispiels zeigen sich verschiedene Aspekte von Fragmentierung und Gemeinschaftsstiftung durch Internethandeln in sozialen Beziehungen, die im Folgenden näher ausgeführt werden.

4.4.1 Fragmentierung

Fragmentierung in der Beziehung durch das Internet äußert sich beispielsweise in Konflikten zwischen den Partnern. Viele ProbandInnen geben allerdings an, dass es durch das Internet nicht zu Unstimmigkeiten in der Beziehung gekommen sei. Das könnte damit zusammenhängen, dass sie in den Interviews ungern private zwischenmenschliche Probleme thematisieren – hierauf wird im Laufe des Kapitels noch genauer eingegangen. Die meisten Befragten berichten von nervigen Kleinigkeiten, von technischen Problemen mit dem Internet und daraus folgenden Abhängigkeiten vom Partner sowie vom Thema Eifersucht und Internet.[30] Großes Konfliktpotenzial birgt die Dauer der Nutzung des Internets.[31] Eine Fragmentierung kann sich auch an der Personalisierung und einem symbolischen Rückzug durch die Internetnutzung zeigen; beide Aspekte werden in diesem Kapitel thematisiert. Ebenso wird auf auffällige Widersprüche und Übertragungen in den Aussagen der InterviewpartnerInnen in diesem Zusammenhang eingegangen.

---

30 Ein Paar hat sich wegen einer Onlinebekanntschaft schon einmal getrennt und mehrere hatten zumindest deswegen Auseinandersetzungen. Ein anderes Paar hat sich dagegen über das Internet überhaupt erst kennen gelernt (Simone und Alexander).
31 Amy, Kassandra, Tanja.

Personalisierung der Internetnutzung

Die Personalisierung von Medientechnologien wird häufig als ein Indikator für Fragmentierung gesehen (vgl. Silverstone 1991). Eigene Zugänge können jedoch auch Konflikte entschärfen, gerade bei einer Technologie wie dem Internet, das eher auf eine singuläre Nutzungsweise ausgelegt ist. Die meisten australischen und deutschen Paare besitzen (noch) einen gemeinsamen Internetanschluss.[32] Das Teilen eines Anschlusses verläuft dabei relativ unproblematisch. Unterschiedliche Arbeitszeiten oder Ausweichmöglichkeiten, etwa eine Internetnutzung in der öffentlichen Bibliothek, verhindern Streit. Wenn ausnahmsweise einmal beide gleichzeitig ins Internet wollen, wird dies ausgehandelt. Viele gehen bewusst online, wenn der andere nicht da oder anderweitig beschäftigt ist. Einige deutsche Paare, die das Internet stärker nutzen, wollen sich einen zweiten Computer kaufen.[33] Grund dafür ist der Wunsch nach mehr Individualität.

> Marcel: [...] Ich zum Beispiel habe an meinem großen Schreibtisch einen PC stehen, den wir zusammen nutzen. Wenn ich mich da ausgebreitet habe und dann sehr viel Platz brauche und sie dann ran will, ist das schon ein bisschen störend teilweise. Und deshalb wollen wir einen zweiten PC anschaffen, dass man dem dann aus dem Weg geht.

Paare, die über mehrere Computer mit Internetanschlüssen verfügen, können sich die gemeinsame Nutzung nur noch schwer vorstellen.

> I: *Did you never consider using one computer and share?*
>
> Sandra: Oh we did think about that but it was hopeless ... hopeless.
>
> I: *Why?*
>
> Sandra: Oh because we've got different interests.

Symbolischer Rückzug

Die Internetnutzung als Rückzug lässt sich bei einzelnen Frauen und vielen Männern feststellen (vgl. auch Kapitel 4.3). Auch wenn die Nutzung in Gemeinschaftsräumen vonstatten geht, signalisiert das Online-Gehen einen symbolischen Rückzug gegenüber den anderen Familienmitgliedern (vgl. Rompaey/Roe 2001). Der User will dann nicht angesprochen werden.

> Ted: Well, we're in our own world. It's just that she sometimes tries to talk to me when something doesn't work.

Wenn Frauen sich bei ihren Partnern über die intensive Internetnutzung beschweren, scheinen Männer nicht viel an ihrem Verhalten zu

---

32 Bei den Australiern haben drei Paare eigene Internetzugänge, neun Paare teilen sich einen PC oder Laptop. In Deutschland teilen sich neun Paare einen Anschluss, zwei Partner leben in getrennten Wohnungen und zwei Paare können parallel ins Internet.
33 Marcel und Kerstin, Simone und Alexander.

ändern: Sie beruhigen die Partnerinnen, sitzen aber weiterhin gleich lang vor dem PC.

> Kassandra: Yeah, I tell him to get off the bloody thing. Dinner's ready, get off, come on.
> I: Oh, what is she saying then?
> Shane: You're on there too much.
> I: Oh right, and then you do something about it or you're just ...
> Shane: No. Yeah, yes darling, no worries. Not a problem, dear.

Auf der einen Seite steht die Gefahr, sich durch eine individualisierte Internetnutzung auseinander zu leben, da weniger Zeit für die Beziehung bleibt.

> Herr Maler: Wenn ich die Zeit alleine verbringe vor dem Computer ... Also kann man doch weniger zusammen unternehmen.

Auf der anderen Seite wird die Wichtigkeit von Rückzugsmöglichkeiten in einer Beziehung gesehen, die über das Internet realisiert werden können.

> Tanja: I mean for him it's like some time away from the family you know, some alone time and we all need that too.
> Frau Gabler: [...] dass doch jeder so seine eigenen Bereiche hat, was ich auch nicht nachteilig finde, das dann aber gerade im Internet sehr ausgelebt wird, in der Internetnutzung.

Fragmentierung: Widersprüche und Übertragungen

Es gibt zwei Auffälligkeiten beim Thema der Fragmentierung: Zum einen können Übertragungen festgestellt werden, d. h. eine Fragmentierung der Beziehung wird selten auf sich selbst bezogen, *sondern generell für andere* gesehen.

> Danielle: It's, the TV ... and now the internet, tearing the families away. The kids go on the internet, in their rooms, their parents are watching TV and they are not spending quality time. [...] So, I think then, in a family orientation, they're destroying the family. There should be time when you turn it on for enjoyment, but not to live by and run your whole family around these items which they do.

Beispielsweise hat Richard selbst in der Vergangenheit oft stundenlang online gespielt. In seinen Aussagen hinsichtlich negativer Auswirkungen auf eine Partnerschaft bezieht er sich jedoch nur auf seine Freunde.

> Richard: I notice some of my friends particularly the ones who play online games, ... very, very intoned, you know they play heaps and heaps and spend half the day and that's very destructive for a relationship's partner.

Tanja spricht zunächst im Plural und meint damit Personen, die wie sie selbst unter einer starken Internetnutzung des Partners leiden.

Dann wechselt sie jedoch sprachlich in verallgemeinernde Ausführungen über.

> Tanja: Yeah and we get frustrated. The problem with people using the Internet it's like people watching TV. Once they're on it, it's very hard to engage in conversation with them which is okay if everyone's in agreement that that's what they want to do well you know, if everyone's in agreement they're all going to do separate things but when there are people trying to get your attention when you're on it, it's very frustrating for the person that's trying to get your attention.

Zum anderen widersprechen sich Aussagen zu dem Themenbereich der Fragmentierung häufig; entweder weichen die Partner voneinander ab oder einzelne Personen sagen verschiedenes an unterschiedlichen Stellen im Interview. Beispielsweise wird erst beschrieben, eine hohe Internetnutzungsdauer wirke negativ auf die Beziehung. An späterer Stelle nimmt die Interviewpartnerin diese Aussage wieder zurück.

> I: *Does it annoy you that he spends so much time on it?*
> Laura: A little bit. Because I'd just come home and he be like yeah, ‚I'm just playing a game'
> [...]
> *An späterer Stelle im Interview:*
> Laura: I didn't really mind that he played that much but ... it's probably more annoying for him than me.

Shane und Margret besitzen erst seit kurzem zu Hause einen Internetanschluss. Obwohl Shane auf einmal drei Stunden pro Tag im Internet ist, sagt Margret, sie habe nicht das Gefühl, dass sich seine Nutzung auf ihre Beziehung auswirke.

> Margret: Not really. As long as he knew like he spends a lot of time with our baby and us. Normally when he does use the internet a lot, it's when I'm in bed or the baby is asleep and it's during the day and I'm at work so.

Sein Internetnutzungsverhalten scheint allerdings bereits mehrfach Gesprächsthema in der Beziehung gewesen zu sein, da Shane erwähnt, dass seine exzessive Internetnutzung Auslöser für Streitereien war.

> Shane: When she gets upset at me that I am on there too much.

Ein Grund für die beschriebenen Übertragungen sowie Widersprüche ist vermutlich die soziale Erwünschtheit: Man selbst sei in der Lage, durch eine neue Technologie keine negativen Auswirkungen auf die Beziehung zuzulassen. Zudem wird hier ein intimer Bereich der Beziehung tangiert, in den die Paare Außenstehenden eventuell keinen detaillierten Einblick geben möchten. Insgesamt können in den Beschreibungen der Interviewpaare durchaus Veränderungen bezogen auf die gemeinsam verbrachte Zeit festgestellt werden. Am auffälligsten ist der Rückgang an gemeinsamer Fernsehnutzung zu Gunsten von persönlicher Internetnutzung. Auch hier liegt für einige Beziehungen Konfliktpotenzial.

> Herr Gabler: Ja, dass meine Frau dann 20.15 Uhr einen Film guckt und ich dann ins Internet gehe und da war es vielleicht früher so, dass ich da mitgeguckt habe. Aber ich habe auch keine Probleme, dann zwischendrin mich einzuklinken in den Film. Sie regt sich da auf, wenn ich frage, was da vorher passiert ist. Das macht sie dann sehr ungern.

Das Internet alleine für eine Fragmentierung verantwortlich zu machen, greift jedoch zu kurz. Zum einen spielen Veränderungen von Lebensverhältnissen wie Arbeitslosigkeit, Berufsanfang, Renteneintritt oder Geburt eines Kindes eine Rolle für eine andere Form der Internetnutzung, d. h. über das Internet werden Lebensveränderungen mitgestaltet, jedoch nicht per se evoziert. Beispielsweise ist Herr Maler arbeitslos geworden und Herr Gabler ist in Rente gegangen. In beiden Fällen bemerkten die Partnerinnen eine gesteigerte Internetnutzung.

> Frau Gabler: Also früher war das anders. Da hatte er nur abends Zeit, Zeitung zu lesen und eigentlich gleichzeitig mit der vermehrten Nutzung des Computers oder des Internets ... auch ein bisschen durch unsere Lebensverhältnisse, sage ich mal.
>
> Frau Maler: Aber das ist vielleicht früher nicht so aufgefallen, wenn er abends mal eine Stunde dran saß. Und so sitzt er jetzt schon am Vormittag. Ist ja auch ganz klar.

Zum anderen existiert ein Bedürfnis nach eigenem Rückzugsraum in einer Beziehung, das unabhängig vom Internet auch über andere Aktivitäten realisiert werden kann. Ein Ausleben der Individualität ist kein typisches Merkmal für die Internetnutzung, sondern eine generell mögliche Funktion von Mediennutzung.

> Marc: She'd waste her time or get distracted with something else like reading a book or something like that. I mean, you can't blame that on the Internet.
>
> Richard: I guess just like any other entertainment, probably the time in your relationship ... involving too much time.

Da sich zwar an der Art und Weise der gemeinsam verbrachten Zeit etwas geändert haben kann, nicht jedoch an einem Beisammensein mit dem Partner, empfinden einige Paare, vor allem solche, bei denen die Internetnutzungsdauer bei beiden Partnern ähnlich ist, keine Fragmentierung in ihrer Beziehung.

> Tim: We just were in front of a different screen.
>
> Amy: In our situation we would probably spend more time on the internet than we would watching TV normally but before we were using the internet on a regular basis it would be that we would stay on the couch for the night.

In der Zusammenschau thematisieren die australischen und deutschen InterviewpartnerInnen auf direkte Fragen zunächst wenig Fragmentierungsaspekte. Auf Nachfragen und im Laufe der Interviews zeigen sich jedoch in beiden Ländern ähnliche Problematiken. Auf längere Sicht wird das Internet wie andere Medientechnologien von vielen in die soziale Beziehung integriert – dies bedeutet, dass mit dem Internet nicht nur gemeinschaftsstiftende, sondern auch fragmentierende Elemente ins häusliche Leben Einzug halten.

4.4.2 Gemeinschaftsstiftung

In diesem Kapitel werden verschiedene Formen der Gemeinschaftsstiftung rund um das Internet vorgestellt: Dazu gehört die gemeinsame Nutzung an einem Bildschirm sowie die gemeinsame Nutzung in Form von Internetnutzung (ein Partner) und Zusatzaktivitäten (anderer Partner). Es wird außerdem um das Ausmaß der Gemeinschaftsstiftung gehen und anschließend um Gespräche über das Internet.

Unter einer gemeinsamen Nutzung verstehen die meisten Paare das Nebeneinandersitzen vor einem Bildschirm, d. h. die Konsumierung des Medieninhalts. *Im Vergleich mit anderen Medien* verbringen die InterviewpartnerInnen wenig Zeit gemeinsam als Paar vor einem PC. Vor allem Fernsehen und DVDs werden häufig zusammen genutzt. Ein Grund für diese Mediennutzung kann ein gewünschtes Beisammensein mit dem Partner sein.

> Tim: Probably the thing that we would use most together is the DVD because we're actually watching a film together and we talk about it and it is something that we are doing together.

Bei manchen spielen noch Radiohören, zusammen (parallel) Zeitung lesen, selten Vorlesen und Musik hören eine Rolle. Viele kommunizieren auch per Handy und Telefon miteinander. Nur bei wenigen Paaren spielt eine gemeinsame Mediennutzung keine Rolle in der Gestaltung der Paarbeziehung. Die gemeinsame Nutzung traditioneller Medien wird häufiger als die Internetnutzung als ein qualitatives Zusammensein mit dem Partner gewertet.

> I: So you just described that you'd watch a video together but not use the internet together, is that right?
> Kathy: No, that's not sort of similar in my mind [laughs]. How bizarre.

Bei einzelnen Paaren zeigen sich erste Anzeichen der Verschmelzung von Internet und Fernsehen. Einige schauen nun online zusammen fern, anstatt gemeinsam auf der Coach den Fernseher anzuschalten.[34] Der Vorteil des Fernsehers ist oft dessen räumliche Integration mit Sofa und Sesseln, weshalb eine Nutzung meist noch komfortabler als vor dem PC ist (vgl. hierzu auch Kapitel 4.3).

---

34 Amy und Marc, David und Jasmin.

David: Es ist nicht lange her. Da haben wir zusammen drei, vier Stunden vor dem Computer gesessen und uns irgendwelche Videoclips angeguckt. Eine lustige Videoshow in der Art halt. Also es kommt dann vor, dass sie mal dabei sitzt und dass wir dabei einfach bleiben. Wenn es da irgendetwas gibt.

Die Frage nach der gemeinsamen Nutzung des Internets verneinen zunächst die meisten Paare. Im Laufe der Interviews kommen verschiedene gemeinschaftsstiftende Funktionen des Internets zum Vorschein, wie Gespräche über die Internetnutzung und räumliches Beisammensein während der Sitzungen.

Gemeinsame Nutzung an einem Bildschirm

Die gemeinsame Internetnutzung vor einem Bildschirm findet bei den Befragten in Australien nur in Ausnahmefällen statt (vgl. Tab. 4-27). Das Internet wird hauptsächlich als individuelles Medium gesehen.

Margret: Oh 'cause I guess it's one person ... like one person's in control of it, one person clicks on whatever. It's not really something you share.

I: *Why are you not using the internet together?*

Rachel: Well why should we do it together?

Tab. 4-27: Australien – Gemeinsame Nutzung vor einem Bildschirm

Paar	Nutzung vor einem Bildschirm
Amy und Mark	Nicht wichtig. Nur ausnahmsweise, wenn es inhaltlich beide betrifft, z. B. Recherche nach Mietwagen, Flügen.
Margret und Shane	Wenig wichtig. In der Vergangenheit etwas mehr, als sie zusammen im Internet nach einem neuen Haus gesucht haben.
Laura und Richard	Wenig wichtig. 20 Prozent der Nutzung findet gemeinsam vor einem Bildschirm statt, um z. B. Flüge zu recherchieren, Emails, die beide betreffen, oder dem anderen einen Artikel zu zeigen.
Kassandra und Gary	Für die Paar-Beziehung nicht wichtig. Es wird als „one-man-operation" angesehen. Manchmal nutzt er es mit seinem Sohn zusammen.
Danielle und Justin	Teilweise wichtig. Ca. 30 Prozent der Zeit gemeinsam. Wird als qualitativ wertvolle gemeinsam verbrachte Zeit angesehen.
Tanja und Ted	Nicht wichtig. Höchstens 5 Prozent der Zeit wird das Internet zusammen genutzt. Er ist davon auch eher genervt.
Kathy und Jason	Für ihn wichtig. Da er sich nicht gut mit dem Internet auskennt, braucht er ihre Hilfe für die Nutzung. Für sie nicht wichtig, sie ist meistens alleine online.
Tina und Samuel	Nicht wichtig. Nur ausnahmsweise, wenn es inhaltlich beide betrifft, z. B. kurze Videoausschnitte.
Vicky und Tim	Wenig wichtig. Für Emails, die beide gemeinsam beantworten, Artikel, Recherche über einen gemeinsam angesehenen Film oder finanzielle Dinge. Ist die Onlineaktivität angenehm, wird die Zeit mit dem Partner als qualitativ wertvoll angesehen.

Rachel und Eddy	Nicht wichtig. Nur ausnahmsweise, wenn es inhaltlich beide betrifft, z. B. Fotos im Emailanhang.
Tracy und Ben	Nicht wichtig. Beide interessieren sich für unterschiedliche Dinge im Internet.
Sandra und Bob	Nicht wichtig. Beide interessieren sich für unterschiedliche Dinge im Internet. Nur Skype wird an den Partner nach der eigenen Nutzung weitergereicht.

Ein direkter Vergleich mit den interviewten deutschen Paaren zeigt, dass für diese eine gemeinsame Nutzung vor einem Bildschirm zwar noch eher eine Rolle spielt, jedoch insgesamt das Internet überwiegend getrennt genutzt wird (vgl. Tab. 4-28).

> Fr. Frei: Das kommt gelegentlich vor. [...] Aber selten.

Tab. 4-28: Deutschland – Gemeinsame Nutzung vor einem Bildschirm

Paar	Nutzung vor einem Bildschirm
Anna und Pascal	Beide nutzen das Internet mehr alleine als zusammen. Wenn sie zusammen online sind, geht es um Recherchen oder Anschaffungen, die beide betreffen. Es gibt dann Unstimmigkeiten, wer die Maus hält.
Carla und Claus	Die gemeinsame Nutzung macht für sie weniger als die Hälfte ihrer Internetzeit aus und für ihn nur eine gelegentliche Nutzung, da er das Internet insgesamt stärker als sie nutzt. Motivation sind Emails, die man dem anderen zeigen will, Reiseplanung oder auch eBay-Recherchen. Außer gelegentlichem Fernsehen nutzt man nur das Internet gemeinsam.
Carmen und Johannes	Für sie findet eine gemeinsame Nutzung eher selten statt, für ihn als Wenignutzer macht es sogar die Hälfte seiner gesamten Internetnutzung aus. Themen sind gemeinsame Recherche oder auch Reiseplanung. Sie wird schnell ungeduldig, da er nicht so gut mit dem Internet umgehen kann wie sie.
Frau und Herr Frei	Gelegentlich gemeinsame Nutzung. Reisebuchungen und Recherche.
Frau und Herr Gabler	Gemeinsame Nutzung kommt selten vor, macht ca. zehn Prozent aus ihrer Sicht und ein Prozent aus seiner Sicht aus. Man zeigt sich gegenseitig interessante Sachen, die man online entdeckt hat, ebenso die Urlaubsplanung, wobei sie dann häufig die Vorrecherche macht. Im Vergleich zu anderer gemeinsamen Mediennutzung spielt Internet eine untergeordnete Rolle.
Frau und Herr Maler	Sie nutzt das Internet nur mit ihm zusammen. Gemeinsam wird für sie online in Katalogen geschaut. Er hilft ihr also, es geht weniger um gemeinsame Themen. Diese Art der Mediennutzung wird trotzdem als gemeinsame Zeit empfunden. Insgesamt spielt Internet im gemeinsamen Medienmenü eine sehr untergeordnete Rolle.
Frau und Herr Zabel	Er sucht eher was für sie, sie ist aber selten dabei.

Jasmin und David	Aus seiner Sicht wenig zusammen, aus ihrer etwas mehr, da sie das Internet insgesamt viel weniger nutzt. Oft Hilfestellung für sie oder auch gemeinsames online Fernsehen.
Kerstin und Marcel	Internet wird eher getrennt genutzt.
Manuela und Paul	Eher selten gemeinsame Nutzung; wenn es um die Urlaubsplanung geht, dann sitzen beide vor einem Bildschirm.
Natascha und Torben	Gemeinsame Nutzung vor einem Bildschirm kommt vielleicht einmal im Jahr vor.
Simone und Alexander	Kommt manchmal vor, wenn z. B. beide ein gemeinsames Thema recherchieren.

Gerade Viel- und starke NormalnutzerInnen sitzen selten gemeinsam an einem PC.

> Natascha: Nie. Ganz, ganz selten. Vielleicht einmal im Jahr.
>
> David: Sehr gering, was zusammen gucken.

Häufig nutzen die Paare das Internet gemeinsam, um gemeinsamen Themen nachzugehen, z. B. suchen sie nach Häusern, buchen den Urlaub, lesen sich Emails vor.

> Natascha: Wenn ich sage, ich muss dir was zeigen.
>
> Pascal: Neulich, als wir die Videokamera gekauft haben.
>
> Fr. Frei: Beim Buchen von einer Ferienwohnung. Da gucke ich schon mal mit.

Diese Art der gemeinsamen Nutzung wird jedoch nicht als qualitativ wertvolle Zeit angesehen, was mit den dahinter liegenden praktischen Motiven zusammenhängt.

> Richard: Normally I don't enjoy it particularly. Oh I guess I do as ... I just prefer to go and get a coffee or something like that.
>
> Frau Maler: Ich finde das einfach als Zweckverband.
>
> *I: Zweckverband? Aber nicht als gemeinsame Mediennutzung?*
>
> Frau Maler: Nein. Absolut nicht.
>
> Ben: It's not a social activity as far as I'm concerned, no.

Die Nutzung an einem PC ist für viele zwar unproblematisch,[35] sie wollen diese Art des Zusammenseins jedoch nicht als ein Beziehungselement weiter ausbauen. Der Bedarf an gemeinsamer Nutzung ist mit gesteigerter Internetnutzung und längerem Vorhandensein eines Internetanschlusses eher rückläufig.

> Jasmin: Also nein, mit Internet [an einem Bildschirm] möchte ich das nicht noch öfter gemeinsam machen.

---

35 Bei den meisten läuft eine gemeinsame Nutzung unproblematisch, viele wechseln sich bei der Bedienung mit der Maus ab.

Nur einzelne Probanden versuchen gezielt durch die gemeinsame Internetnutzung mehr Zeit mit dem Partner zu verbringen. Frau Gabler z. B. zögert eine Internetsitzung hinaus um ein Zusammensein zu verlängern, alleine wäre sie sonst nicht so lange online.

> Frau Gabler: [...] Aber das ist auch ganz schön. Das könnte ich mir auch noch öfters vorstellen. Also, es wäre noch ausbaufähig.

Gemeinsame Nutzung: Internet und Zusatzaktivität

Auch wenn beide Partner vorwiegend einen eigenen PC benutzen, kann das Internet in die soziale Beziehung des Paares integriert werden. Viele australische und einige deutsche Paare haben alternative Formen von gemeinsam verbrachter (Internet-) Zeit gefunden. Ein Beispiel für eine starke gemeinschaftsstiftende Funktion des Internets erkennt man bei Amy und Mark. Sind sie zu Hause, halten sich beide vor den PCs auf. Sie haben sich ein großes Zimmer mit Sofa und zwei Schreibtischen eingerichtet, an denen sie nebeneinander an ihren Computern sitzen und sich zwischendurch unterhalten. Bewusst ist es ihnen aber nicht, dass sie durch die parallele Internetnutzung einen Weg gefunden haben, gemeinsam als Paar Zeit zu verbringen.

> I: So would you say when you both are online on your two computers, would you say you do something together as a couple?
> Amy: Not really.

Auf Nachfrage beschreibt Amy die Internetnutzung im Vergleich zu einem gemeinsamen Fernsehabend. Für das Paar hat die parallele Internetnutzung mittlerweile mehr Bedeutung als irgendeine andere gemeinsame Mediennutzung.

> Amy: Oh yes it does feel like we're spending an evening home together, just like hanging out on the couch and watching TV.
> I: You just described that you two are online a lot in the evenings and just imagine that you would have the internet in two separate rooms and ...
> Amy: (interrupts) Yes it's nice how it is.

Hier zeigt sich deutlich eine Wechselwirkung von sozialer und räumlicher Dimension: Die Platzierung des Internets beeinflusst die soziale Interaktion des Paares. Ist das Internet in abgeschlossenen Räumen untergebracht, die einem der Partner vorbehalten sind, so ist ein Austausch schwieriger; solche Räume fungieren vor allem als Rückzugsgebiet. Befindet sich das Internet dagegen in offenen oder gemeinschaftlichen Räumen, ermöglicht diese räumliche Konstellation ein Zusammensein mit dem Partner.

> Danielle: Well that's why we moved over the set up.
> Tanja: Chances are if I'm on it he's on it, but if he's on it, doesn't mean that I'm on it. Given that I'm usually using it you know later at night, most nights, especially lately, that's when he's been on his but ... but yeah he's on the computer much more than me.

Das Gemeinschaftsgefühl des Paares wird also nicht durch die Nutzung an einem Bildschirm herbeigeführt, sondern durch ein räumliches Miteinander.

> Carmen: ... das finde ich schon, dass wir zusammen waren. Also, das finde ich schon. Es ist mal was anderes, wenn es zwei Räume sind. Dann nicht. Und wenn man in einem Raum ist, ist es trotzdem ganz super. Man kann. ... ich habe gerade hier was gefunden im Internet. Erzähle ich das oder was weiß ich, wenn dann im Fernsehen etwas Interessantes kommt, dann kann man auch mal kurz das Internet lassen und etwas anderes machen. Wir haben uns da auch schon mal ausgetauscht. Das war schon mal interessant.

Vielen Paaren ist es auf den ersten Blick nicht bewusst, dass sie mit dem Internetanschluss im Wohnbereich auch eine Möglichkeit zum sozialen Austausch herstellen. Sie beschreiben das nicht als Zusammensein. Später im Interview zeigt sich jedoch, dass sich durchaus Gemeinsamkeiten durch diese Raumkonstellation entwickeln. Hier ist ein unauffälliges Verschmelzen des Internets mit dem Alltag erkennbar, dies könnte gerade ein Zeichen für eine stärkere Integration des Internets in die Beziehung sein.

> *I: From what you telling me, it sounds that you can socialise, it's in the living area and you wouldn't want to be locked up in a room, is that right?*
>
> Rachel: No.
>
> *Später im Interview*
>
> Rachel: I can look at my computer, I can look at my view and I can look at my television and I can talk to my husband who sits in that chair reading and that's why installed here.
>
> Frau Gabler: Also nur, wenn wir jetzt ein gemeinsames Thema bearbeiten. Dann würde ich es als gemeinsam sehen, aber so unbedingt nicht.
>
> *[...] Später im Interview*
>
> Wenn ich dann manchmal hier sitze, dann steht man mal auf und guckt mal. Oder man ruft sich mal was zu oder so.

Die australischen Paare nutzen das Internet am häufigsten in Räumen, in denen sie sich gemeinsam aufhalten. Entweder nutzen beide das Internet an zwei PCs oder einer der Partner beschäftigt sich im gleichen Raum mit anderen Dingen, wie z. B. Lesen, Fernsehen, Haushaltsaufgaben. Dies ist bei elf der australischen Paare manchmal bis häufig der Fall.[36] Auf diese Weise wird die Internetnutzung, die immer mehr Zeit in Anspruch nimmt, in die Beziehung integriert. Die Australier haben sich räumlich so eingerichtet, dass parallele Medien-Nutzungsformen möglich sind (vgl. Kapitel 4.3).

---

36 Nur bei Kathy und Jason, die das Internet in einem abgelegenen Raum platziert haben, findet diese Form der gemeinsamen Nutzung nicht statt.

Justin: Oh yeah, when she's on the internet, doing school work, I'll sit in there and read a book ...

Danielle: Well my husband could be on the internet looking at something [...] I'll watch a bit of telly so [...] Well, yeah, we will still chat, unless he's really looking at something but that's not often. Yeah, I'll still be talking with him.

Vicky: Terry cleans while I come here and use the computer and maybe watch TV here because we have another small TV here and then I would either watch TV or read after Terry comes and uses the computer [...] So yeah, I mean it's shared time if we're here watching a show and the internet may be on but he's not really paying full attention to it.

Jasmin: Weil, ich dann eh am Fernseh gucken bin oder so. Und wenn ich gerade etwas gucken will, was er nicht gucken will, dann ist er die Zeit halt am Computer.

Die parallele Nutzung zweier Computer oder ähnliche, räumlich gleichzeitig stattfindende Aktivitäten spielen dagegen für die meisten deutschen Paare noch keine Rolle. Diese Nutzung wird nicht als gemeinsam verbrachte Zeit angesehen.[37] Das Internet wird gezielt dann genutzt, wenn der Partner oder die Partnerin nicht anwesend oder anderweitig beschäftigt ist. Das Internet soll also aus der Beziehungsgestaltung herausgehalten werden.

Manuela: Ich weiß es nicht, ich hab keine Lust, will ich nicht, vielleicht ist es einfach nur Gewohnheitssache.

Paul: ... und wenn ich Fernseh gucken will, dann geh ich runter und dann ist Computer Ende, sonst kommt man wahrscheinlich in die Verlegenheit und sitzt dann abends mal da beim Laptop, da guckt dann die Frau Fernsehen und du klapperst dann daneben.

I: Und das würdest Du nicht wollen?

Paul: Nein.

Selbst wenn das Internet an zwei Computern in einem Raum genutzt wird, bedeutet dies trotzdem für einige der Paare keine gemeinsam verbrachte Zeit. Herr und Frau Frei nutzen das Internet zwar parallel; das Ziel ist dabei nicht, sich nahe zu sein, sondern sich mit Hilfe zweier Internetzugänge nicht in die Quere zu kommen.

I: Und empfinden Sie das denn als gemeinsame Zeit?

Fr. Frei: Nein, weil jeder bei seinen eigenen Gedanken ist.

I: Reden Sie denn auch, wenn Sie gemeinsam in dem Raum sind?

Fr. Frei: Nein.

Herr Frei: Wir wollten durch dieses Netzwerk die Möglichkeit haben, das beide parallel zu benutzen, um nicht drauf angewiesen zu sein, es hintereinander zu benutzen.

---

37 Ausnahme sind David und Jasmin, sowie Torben und Natascha.

Ausmaß der Gemeinschaftsstiftung

In der Analyse zeigten sich bei vielen Paaren zwei immer wiederkehrende Faktoren, die Schlüsse auf das Ausmaß der Gemeinschaftsstiftung zulassen: Die Platzierung und die gemeinsame Nutzungsform. Interessant ist an dieser Stelle ein direkter Vergleich aller interviewten australischen und deutschen Paare. Bei den australischen Paaren spielt der Gebrauch des Internets als ein Mittel für Gemeinschaftsstiftung eine mittlere bis starke Rolle (vgl. Tab. 4-29).[38] Zu bedenken ist, dass die Internetnutzung bei den meisten ProbandInnen dem jeweiligen Beziehungstyp angepasst wird. Paare können eher eine „individualitätsorientierte" oder „gemeinschaftsorientierte" Partnerschaft führen. Handelt es sich um ein Paar, das vieles gemeinsam macht, so wird das Internet in einer gemeinsam genutzten Form in den Beziehungsalltag integriert, wie z. B. durch ein räumliches Beisammensein. Unternehmen die Partner viel allein und legen sie Wert auf Unabhängigkeit, dann nutzen sie das Internet auch stärker individuell.

> Ben: I don't think so because I've always been a person who likes to be solitary some of the time so I would go and listen to music or something like that. Trish watches her shows on television, so ...
>
> Bob: So when the internet came it just became a kind of extension of that I suppose. But I didn't notice ... [...] it's more that we were used to spend so much time at our quite different occupations, being at ... having ... spending time at the computer was really no difference. It's almost a continuation except the hours aren't as long [laughs]. [...]

Vermutlich behaupten deswegen die meisten australischen Paare, das Internet habe keinen Einfluss auf ihre Beziehung. Gerade diese Unauffälligkeit des Internets kann ein Zeichen für die stärkere Alltagsintegration sein. Die Interviewerin analysierte deswegen zusätzlich anhand der zwei Indikatoren Platzierungsform sowie gemeinsame Nutzung das Ausmaß der Beziehungsgestaltung der Paare durch das Internet (vgl. Tab. 4-29).

Tab. 4-29: Beziehungsgestaltung der australischen Paare und Internet: Einschätzung der Interviewerin

Paar	Internet und Beziehungsgestaltung	Begründung
Amy und Mark	viel	Das Leben als Paar zu Hause spielt sich um das Internet ab. Beide nutzen es in einem Raum an ihren eigenen Rechnern.

---

[38] Wenig: Weder offene/gemeinschaftliche Platzierung noch gemeinsame Nutzung in irgendeiner Form von Bedeutung. Mittel: Entweder offene/gemeinschaftliche Platzierung oder gemeinsame Nutzung in irgendeiner Form von Bedeutung. Viel: Offene/gemeinschaftliche Platzierung und gemeinsame Nutzung in irgendeiner Form von Bedeutung.

Margret und Shane	Mittel	Platzierung im offenen Bereich zwischen Küche und Esszimmer, ein PC; ist ein Partner anwesend, ist ein Austausch möglich. Beide versuchen das Internet verstärkt zu nutzen, wenn der andere nicht da ist. Sie nutzt es auch viel am Arbeitsplatz.
Laura und Richard	Mittel	Offener Bereich in der Ein-Zimmer-Wohnung. Allerdings nutzen beide das Internet auch oft, wenn der andere nicht zu Hause ist.
Kassandra und Gary	Mittel	Offener Bereich zwischen Küche, Esszimmer und Waschraum, ein PC, wird von beiden genutzt. Durch die Platzierung ist sie oft in der Küche, wenn er online ist.
Danielle und Justin	Viel	Beide haben das Internet absichtlich so platziert, dass ein Austausch mit dem Partner möglich ist. Während einer im Internet ist, liest die andere Person, schaut fern und sie unterhalten sich.
Tanja und Ted	Viel	Vier PCs auf jeweils vier Tischen. Der wichtigste Raum ist das Multifunktionszimmer, in dem sich alle viel aufhalten. Wenn jemand online ist, können andere Familienmitglieder Tätigkeiten im gleichen Raum ausführen.
Kathy und Jason	Wenig	Wird von beiden wenig genutzt, dem Internet wird wenig Bedeutung zugemessen, es hat keinen Einfluss auf die Beziehung.
Tina und Samuel	Mittel	Ein PC wird von allen genutzt: Offener Bereich, („nook") zwischen Wohnzimmer, Esszimmer und Küche; wenn jemand online ist, können andere Familienmitglieder Tätigkeiten im gleichen Raum ausführen. Insgesamt jedoch zeitlich geringer Umfang der Internetnutzung.
Vicky und Tim	Viel	Ein PC wird von beiden genutzt. Die beiden verbringen gemeinsame Zeit im Büro. Der eine schaut fern oder liest, der andere Partner ist im Internet. Die Nutzung findet nacheinander statt.
Rachel und Eddy	Mittel	Durch die offene Platzierung auf dem Küchentresen sind die beiden bei der Nutzung des Partners immer in der Nähe. Einer/Eine ist im Internet, der Partner liest, schaut fern. Jedoch ist die zeitliche Nutzung des Internets insgesamt nicht sehr hoch. Oft nutzen beide nacheinander das Internet, so muss das Laptop nur einmal hochgefahren werden.
Tracy und Ben	Wenig	Andere Medien spielen in der Gestaltung der gemeinsamen Zeit eine Rolle. Das Internet wird nicht als gemeinsame soziale Aktivität angesehen. Das Paar nutzt das Internet direkt nacheinander, um sich nur einmal einwählen zu müssen.
Sandra und Bob	Wenig	Beide nutzen das Internet in ihren eigenen Arbeitszimmern.

Bei den Deutschen wird das Internet bisher wenig in die Beziehung integriert (vgl. Tab. 4-30).

> Herr Frei: Nein, das nicht. Dafür ist der Raum auch zu gering, den das Internet einnimmt.
>
> Johannes: Nein. Für mich nicht spürbar.
>
> Kerstin: Ich glaube, das Internet hat eigentlich weniger Einfluss.

Zudem versuchen einige, wie z. B. Paul, online zu gehen, wenn die Freundin nicht zu Hause ist, so dass nichts von einer gemeinsam zu verbringenden Zeit abgezogen werden muss.

> *I: Und wann nutzt du das Internet?*
>
> Paul: Wenn wir beide zusammen da sind, ist es schwierig, fast eher nicht, man beschränkt es fast schon auf die Zeit, wo man alleine ist. […]
>
> *I: Du versuchst schon, wenn sie da ist, dass du dann das Internet nicht nutzt?*
>
> Paul: Ja.
>
> *I: Das heißt, du nutzt es eher tagsüber, wenn sie nicht da ist?*
>
> Paul: Genau.
>
> *I: Und wenn sie da ist gar nicht?*
>
> Paul: Da versucht man doch die gemeinsame Zeit möglichst gemeinsam zu verbringen.

Tab. 4-30: Beziehungsgestaltung der deutschen Paare und Internet: Einschätzung der Interviewerin

Paar	Internet und Beziehungs- gestaltung	Begründung
Anna und Pascal	Wenig	Ein PC im Arbeitszimmer, Nutzung des Internets individuell im abgeschlossenen Raum.
Carla und Claus	Mittel	Ein PC in seinem Arbeitszimmer. Räumliche Nähe wird oft hergestellt: Sie sieht nebenan TV, das Paar redet zusammen, ruft sich was zu. Insgesamt spielt Internet aber für beide keine wichtige Rolle.
Carmen und Johannes	Wenig	Das Internet wird individuell im abgeschlossenen Raum genutzt. Früher, als der PC auf dem Esstisch im Wohnzimmer stand, mehr Austausch, gerade wenn sie online war und er sich auch im Zimmer aufgehalten hat.
Frau und Herr Frei	Wenig–mittel	Gemeinsames Arbeitszimmer, deswegen manchmal parallele Nutzung an zwei PCs, doch quantitativ wenig und wird kaum als Zusammensein gesehen.
Frau und Herr Gabler	Mittel	Arbeits-/Durchgangszimmer. Man richtet bereits die Möbel nach einer gemeinsamen Internetnutzung aus. Allerdings quantitativ gering.
Frau und Herr Maler	Wenig	Er nutzt das Internet völlig abgegrenzt in seinem Zimmer. Sie nutzt das Internet gar nicht.
Frau und Herr Zabel	Wenig	Er nutzt das Internet völlig abgegrenzt in seinem Zimmer. Sie nutzt das Internet gar nicht.

Jasmin und David	Mittel–viel	Seine Arbeitsecke im gemeinsamen Wohnzimmer, räumliche Nähe ist vorgegeben. Sie sieht TV, während er seine Zeit im Internet verbringt.
Kerstin und Marcel	Wenig	Gemeinsames Arbeitszimmer, aber nur ein PC, nutzen das Internet hintereinander.
Manuela und Paul	Wenig	Gemeinsames Arbeitszimmer. Er nutzt das Internet verstärkt, wenn sie nicht da ist.
Natascha und Torben	Viel	Gemeinsames Arbeitszimmer. Nutzen das Internet parallel, sitzen einander gegenüber. Sie hat ihren Fernseher in das Zimmer gestellt, um mehr Zeit mit ihm verbringen zu können.
Simone und Alexander	Wenig	Haben zwei Wohnungen. In neuer gemeinsamer Wohnung ist ein Raum mit zwei PCs geplant.

Einige Paare verfügen seit ihrem Zusammenziehen oder seit sehr langer Zeit über einen Internetanschluss, so dass diese Paare keine Veränderungen durch das Internet feststellen können.

> Carmen: Ja. Also richtig geändert hat sich nichts. Denn wir haben ja, seitdem wir zusammen sind, schon Internet.

> Vicky: I mean as I say he sits in front of the screen the whole evening and late into the evening and I must admit I can't remember what he did before [laughs], it's been so many years now that he's been doing that.

Internet-Gespräche

Das Internet nimmt bei Gesprächen über Medien eine gesonderte Rolle ein. Die Hälfte der Interviewpaare unterhält sich über das Internet mehr als über andere Medien. Dies liegt vor allem daran, dass sie die Inhalte nicht gemeinsam konsumiert haben und es deshalb viel Raum für Austausch gibt.

> Frau Gabler: Nein, ich würde sagen, weil da gerade jeder für sich mehr macht im Internet, reden wir da mehr drüber. Da wird was angeguckt und dann unterhält man sich auch mehr zwischendurch. Aber ich habe schon den Eindruck, weil jeder das für sich macht, tauscht man sich da intensiver aus.

> Vicky: Well no, it's probably more because we're doing it separately so whereas we don't have to talk, we do talk about films after we've seen them but like I don't have to tell him about a film that we've just seen together.

Für die andere Hälfte der Interviewpaare spielen Internetgespräche eine sehr untergeordnete Rolle.

> Bob: Yeah we'd be much more likely to talk about something on the radio or a book we've read than we would about the Internet.

Gespräche können nicht nur über das Internet, sondern auch während der Internetnutzung stattfinden.

> Carla: Ja, und reden natürlich auch. Also ist ganz klar, wenn wir dann zu zweit sind, dann konzentriere ich mich nicht völlig auf das Gerät …

Auch mit Hilfe des Internets kommunizieren die Partner, indem sie sich z. B. Dinge online zuschicken. Diese Art der Kommunikation muss jedoch nicht zwingend für beide gleich wichtig sein. So scheint Ted sehr bemüht, seiner Frau Informationen per Email zuzuschicken, während sie diese oft gar nicht liest.

> Ted: If I find an interesting news item, which she won't have come across, I'll tell her. Occasionally I'll see something, which I think, she should read and I send her a linkage for it. I don't know what she does with it. I sent her a link in the last few days, which was related to something she said to me and I doubt that she's looked at it but it was interesting.

Hier zeigt sich ein Unterschied zwischen den australischen und deutschen Paaren. Für die Deutschen steht häufig der *Austausch über Besonderheiten* im Vordergrund.

> David: Aber ich erzähle ihr jetzt nicht, was ich alles gemacht habe. Nur, was weiß ich, wenn ich jetzt gerade etwas aus eBay gefischt habe, dann sage ich ihr das natürlich auch und freue mich. Bei ihr genauso.

Für viele australische Paare dagegen sind Gespräche rund um das Internet ein *alltäglicher Informationsaustausch*. Dieser Pragmatismus liegt an der inhaltlichen Nutzungsweise der meisten Australier, die viele routinemäßigen Haushaltsaufgaben, wie z. B. Bankgeschäfte etc., online erledigen.

> Ben: ... the banking, what's to talk about. I tell her if there's an email that's arrived that she needs to read.

Für Eltern ist das Internet ein großes Gesprächsthema, da die Schul- und Freizeittätigkeiten der australischen Familien oft online organisiert werden. Häufig drehen sich die Internetgespräche bei Eltern um die Organisation und Betreuung der Kinder. Deswegen sind diese Gespräche keine vergnügliche Unterhaltung, sondern notwendige Absprachen.

> Samuel: [...] Like my son is doing an Antarctic one at the moment ... it's easy for that way, apart from that no.
> I: *So, it's not fun talking about it, its ... ?*
> Samuel: It's like a ... a ... like a library sort of thing.
> Tanja: Yes, especially when it relates to the children ... apart from phone calls that's where most of our communication time would be.

Für viele Australier stehen nicht nur Unterhaltungen über Pflichten im Vordergrund, sondern auch über Alltagsgeschehen.

> Amy: Yes I'll show him an email that was sent to me, he showed me one from work the other day. If it's a problem with the computer software then we'll work on it together. If we're doing online shopping or if we're doing eBay or something like that then it's kind of fun to watch the online auctions when the price goes up so we'll gossip about that.

Deutlich wird in beiden Ländern, dass es bei den Gesprächen nicht um das Internet per se geht, sondern um Inhalte. Z.B haben sich die Paare früher nach der Nutzung traditioneller Medien über tagesaktuelle Nachrichten ausgetauscht, heute unterhalten sich viele nach dem Lesen der Tageszeitung im Internet.

> Richard: If I'd read an article, oh for example I was reading about the riots in France on the internet and she ... and we talked about that ... [...] so I guess it depends whichever had the most impact that day.
>
> Tim: It just seems, again it's like the issue is not the technology to us. I mean the technology is just a transmission to us. What we're doing is talking about the content and how that content comes in, we'll talk about some content and we'll talk about others. We'll just sort of say or we'll make a joke. Did you hear what John Howard did again today on the radio or something but I mean I don't think the internet per se has any impact on how we talk about these things.

Unterhaltungen über die Internetnutzung sind zur alltäglichen Routine geworden, so dass diese gar nicht mehr auffallen.

> Marc: I think we do. I'm not too sure. I can't remember the last time. It's probably just normal. I don't remember.

Häufig haben die Partner unterschiedliche Interessen, denen sie im Internet nachgehen. Für Kassandra und Gary ist es beispielsweise deswegen schwierig, sich über die Internetnutzung des anderen auszutauschen. Sie erzählt ihm zwar, was sie online für die Kinder oder Familie organisiert hat. Kassandra meinte zunächst, sie könnten sich nicht über die Internetnutzung unterhalten, weil sich alles nur um seine Freizeitbeschäftigung drehe.

> I: Do you talk about his use?
>
> Kassandra: No. It's all music for him, all music.

Später im Gespräch zeigt sich jedoch, dass sie, um an seinem Leben teilzuhaben, sich doch manchmal zu ihm setzt und er ihr etwas über die gefundenen Online-Inhalte erzählt.

> Kassandra: But no, occasionally my husband, we will have a chat about the music site that he's on and he'll read reviews and things to me. So there is a bit of sharing there.

In diesem Kapitel wurde deutlich, dass eine Gemeinschaftsstiftung durch das Internet sich in verschiedenen Formen zeigen kann und nicht nur auf die gemeinsame Nutzung vor einem Bildschirm zu beschränken ist. Besonders die Internutzung eines Partners und die gleichzeitig Zusatzaktivität des anderen Partners spielen für die Interviewten eine Rolle.

4.4.3 Fazit

1976 wurde in einem Experiment Familien für vier Wochen der Fernseher weggenommen. Dies hatte erhebliche Folgen für das Miteinanderleben im Haushalt (vgl. Bauer/Baur/Kungel 1976). So fehlten den Testpersonen Rückzugsmöglichkeiten, aber auch Gelegenheiten, gemeinsam Zeit zu verbringen. Bei manchen Paaren hätte die Verbannung des Internets aus dem Haushalt sicherlich vergleichbare Konsequenzen, denn ihre Beziehungen sind ähnlich stark mit dem Medium Internet verwoben. Auf der einen Seite wird in der Literatur auf eine gemeinschaftsstiftende Funktion von Medien hingewiesen (vgl. Morley 2001: 20). Auf der anderen Seite wird eine mögliche Gefahr für Beziehungen durch den fragmentierenden Einfluss von Medien thematisiert (vgl. Silverstone 1991, S. 5). Sowohl in Australien als auch zum Teil in Deutschland wird eine Beziehung durch das Internet mit gestaltet. Besonders bei den starken NormalnutzerInnen und bei den VielnutzerInnen zeichnet sich die soziale Dimension der Alltagsintegration des Internets deutlich ab. Das Internet wirkt einerseits als Puffer, verbindet, spendet Gemeinsamkeiten, ist andererseits auch Grund für Auseinandersetzungen (vgl. Röser 2005; 2007). Dass die voranschreitende Domestizierung vorwiegend positive Aspekte für die Beziehungsgestaltung mit sich bringt, wie Berker et al. (2006: 3) beschreiben, kann deswegen nicht bestätigt werden; denn dafür wirkt sich mit Streitereien zu oft auch die Integration des Internets negativ auf Beziehungen aus. Dass bei wenigen Interviewten das Internet bei der Beziehungsgestaltung außen vor gelassen wird, ist allerdings eher ein Hinweis auf eine weniger starke soziale Alltagsintegration.

Diejenigen, die seit weniger als einem Jahr zu Hause über einen eigenen Internetanschluss verfügen, befinden sich noch in einer Transferphase, d. h. das Internet wird nach und nach in alltägliche Strukturen und in die Paarbeziehung eingegliedert. Die meisten interviewten australischen Paare haben das Internet jedoch bereits seit einigen Jahren in ihrem Haushalt. Der Alltag rund um die Internetnutzung ist eingespielt und der Einfluss des Internets auf die Beziehungsgestaltung für die Paare nicht mehr erkennbar. Gerade diese Habitualisierung der Internetnutzung deutet auf eine stärkere Integration in die sozialen Beziehungen der Paare in Australien als in Deutschland hin. Ähnlich wie Bausinger (1983) bereits vor über 20 Jahren die Alltagsintegration von Technologien beschrieb, wird durch die vorliegende Studie deutlich, wie auch das Internet allmählich im Alltag unauffällig verschwindet.

Gemeinschaftsstiftung

Die gemeinsame Nutzung des Internets an einem PC ist selten und mit wachsender Alltagsintegration in beiden Ländern rückläufig. Dafür entstehen allerdings Gemeinsamkeiten in Form von gemeinsamer Internetnutzung oder Zusatzaktivitäten, wenn eine Person im Internet und die andere räumlich nah ist und sich mit anderer Mediennutzung, Hausarbeit und ähnlichen alltäglichen Aktivitäten beschäftigt. Entsprechend dem jeweils gelebten „individualitätsorientierten" oder „gemeinschaftsorientierten" Beziehungstyp verändert sich die Art der Aktivitäten. Paare, die beispielsweise in der Vergangenheit zusammen ferngesehen haben, verbringen jetzt gemeinsame Zeit vor den Computern oder mit Zusatzaktivitäten. Aus gemeinsamer Fernsehzeit wird beispielsweise Internet- und Fernsehzeit, Internet- und Lesezeit, Internet- und Internetzeit. Das ist eine neue Form der Beziehungsgestaltung und qualitativ gesehen keine schlechter verbrachte Zeit. Im Vergleich zu vielen australischen Paaren setzen deutsche Paare das Internet weniger für eine Beziehungsgestaltung ein. Das steht im Zusammenhang mit der schwächeren zeitlichen, inhaltlichen und räumlichen Internet-Alltagsintegration. Allerdings sind bei den interviewten Deutschen Entwicklungen hin zu einer stärkeren sozialen Integration erkennbar. So planen zwei Paare, in naher Zukunft zwei PCs in einem Raum aufzustellen. Bei einigen Vielnutzern sucht die Partnerin räumlich die Nähe zum Computerzimmer; das Beisammensein geschieht hier häufig in Form einer Internet- mit paralleler Fernsehnutzung. Diese angestrebten und bereits vollzogenen Veränderungen zeigen, dass die Unterschiede zwischen Australien und Deutschland nicht kulturell bedingt sind, sondern auf ein verschiedenes Stadium im Prozess der Alltagsintegration zurückzuführen sind. In den *Gesprächen über das Internet* zeigt sich bei den australischen Paaren eine stärkere Integration in Form eines informativen alltäglichen Austauschs, während bei den Deutschen mehr über Besonderheiten gesprochen wird. Es kann davon ausgegangen werden, dass mit einer stärkeren inhaltlichen, zeitlichen und sozialen Integration des Internets in den Alltag sich für die deutschen Paare auch ihre Beziehungen in sozialer Hinsicht weiter stark verändern werden. Hier wären langfristig angelegte Studien interessant, die von der vorliegenden Momentaufnahme ausgehend dauerhafte Integrationsmuster verfolgen.

Fragmentierung

In der Partnerschaft herrschen oft unterschiedliche Internetinteressen. Viele Partner sehen das Internet deswegen auch als Möglichkeit zum Rückzug und zum Ausleben individueller Bedürfnisse. Doch diese Funktion ist kein spezifisches Merkmal von Internetnutzung, sondern von Mediennutzung generell. Der Wunsch nach einem eigenen Rückzugsraum existiert in einer Beziehung unabhängig vom Internet und würde sonst über andere Aktivitäten realisiert werden (vgl. Röser 2003). Die Personalisierung in Form von individuellen Internetanschlüssen führt deswegen seltener zu einer Fragmentierung, sondern häufig zu einer Gemeinschaftsstiftung durch die räumlich parallele Internetnutzung. Eine Fragmentierung wird von den Interviewten generell als Problem von „anderen" thematisiert; selten werden negative Auswirkungen des Internets auf die eigene Beziehung angesprochen, was darauf schließen lässt, dass diese Antwort sozial erwünscht ist.

5 Internet, Technik und Geschlecht

In diesem Kapitel wird folgenden Fragen nachgegangen:
- Liegt für das Internet noch eine technische oder bereits eine alltagskulturelle Rahmung (vgl. Schönberger 1999: 259) vor?
- Ist das Internet geschlechtskulturell konnotiert?
- Inwieweit und in welcher Form findet ein doing gender rund um das Internethandeln statt?

Um diese Fragen beantworten zu können, ist es zunächst wichtig zu überprüfen, ob für die Paare allgemein Technik geschlechtskulturell konnotiert ist.

5.1 Internet-Technikkompetenz in Australien und Deutschland

In diesem Abschnitt wird zum einen eine Analyse der Aufteilung des Technikexpertentums in der Beziehung der interviewten Paare vorgenommen; zum anderen wird die Einschätzung der interviewten Paare über die Zuordnung des Technikexpertentums an Männer und Frauen allgemein dargelegt.

5.1.1 Zuordnung von Technikkompetenz an Männer

Die generellen Fragen zur Technikkompetenz bezogen sich auf den technischen Umgang mit Medientechnologien, insbesondere ging es darum, wer sich besser auskennt bei Installation, Reparatur und Programmierung.[1] Bis auf einen australischen Mann schreiben sich alle Männer selbst die Rolle des Medien-Technikexperten in der Beziehung zu (vgl. Tab. 5-1). Nur Mark ist sich mit seiner Freundin Amy einig, dass beide gleich gut im Umgang sind und es auf die jeweilige Technologie ankäme, wer sich besser auskenne. Bis auf drei sagen alle Frauen, dass ihre Männer die Technikexperten in der Beziehung sind (vgl. Tab. 5-1). Amy, Sandra und Kassandra meinen, dass sie sich gleich gut wie ihre Partner mit Technik auskennen. Damit widersprechen Sandra und Kassandra der gefühlten Technik-Überlegenheit

---

[1] Es wurde nach Medientechnologien wie Fernseher, Radio, DVD etc. gefragt. Experte ist hier nicht im eigentlichen Sinn des Wortes zu verstehen, sondern nur als höhere Kompetenz im Vergleich zur PartnerIn.

ihrer Partner. Die interviewten australischen Männer und Frauen bezeichnen also überwiegend den Mann als Medien-Technikexperten in der Beziehung. Niemand behauptet, die Frau sei diejenige, die sich mit Technik besser auskenne.

Tab. 5-1: Aufteilung allgemeines Technikexpertentum der interviewten australischen Paare

Paar	Allgemeines Technikexpertentum
Amy und Mark	Beide
Margret und Shane	Er
Laura und Richard	Er
Kassandra und Gary	Er sagt: er Sie sagt: beide
Danielle und Justin	Er
Tanja und Ted	Er
Kathy und Jason	Er
Tina und Samuel	Er
Vicky und Tim	Er (etwas mehr)
Rachel und Eddy	Er
Tracy und Ben	Er
Sandra und Bob	Er sagt: er Sie sagt: beide

Bei den deutschen Paaren zeigt sich ein ähnliches Bild wie bei den Australiern: Dem Mann wird von beiden Geschlechtern die Rolle des allgemeinen Medien-Technikexperten zugeschrieben (vgl. Tab. 5-2). Zehn deutsche Männer behaupten, die Medien-Technikexperten in der Beziehung zu sein. Ein Mann sagt, es herrsche Ausgewogenheit vor[2] und ein Mann ist der Meinung, seine Frau kenne sich besser mit technischen Aspekten anderer Medientechnologien aus.[3] Die meisten Frauen sind überzeugt, dass sich ihre Männer besser auskennen. Nur Carmen und Natascha sagen, sie selbst seien die Expertinnen und Anna meint, es sei in ihrer Beziehung ausgeglichen. Somit schätzen sich in jeweils zwei deutschen und zwei australischen Beziehungen die Frauen etwas besser ein, als ihre eigenen Männer dies tun.

---

2 Johannes
3 Torben

Tab. 5-2: Aufteilung allgemeines Technikexpertentum der interviewten deutschen Paare

Paar	Allgemeines Technikexpertentum
Anna und Pascal	Er sagt: er Sie sagt: beide
Carla und Claus	Er
Carmen und Johannes	Er sagt: beide Sie sagt: sie
Frau und Herr Frei	Er
Frau und Herr Gabler	Er
Frau und Herr Maler	Er
Frau und Herr Zabel	Er
Jasmin und David	Er
Kerstin und Marcel	Er
Manuela und Paul	Er
Natascha und Torben	Sie
Simone und Alexander	Er

Die Art, wie Frauen und Männer jeweils den Mann als Experten ausweisen, ist klar und eindeutig.

> Kathy: Jason definitely.
> David: Das ist meine Natur.
> Herr Gabler: Ich meine, ich bin technisch begabt [...]
> Eddy: That's my department.
> Herr Maler: Logischerweise ich.

Allerdings schränken einzelne Männer ein, dass sie über keine wirkliche Fachkompetenz verfügen.

> Tim: However if you're talking about really expert, neither of us are. We're both total amateurs.

Die Aussagen, die den Bereich Geschlecht und Technologien bezogen auf die wahrgenommen gesellschaftlichen Rollenbilder betreffen, sind unterschiedlich.[4] Trotzdem kann eine allgemeine Tendenz festgestellt

---

4 Um die Sichtweise der Interviewpaare im Bereich Technik und Geschlecht auf gesellschaftliche Rollenbilder zu eruieren, wurde u. a. mit einem Zitat gearbeitet, das die männliche Konnotation von Technik stark übertrieben darstellt. Das Zitat war: „Technologie ist machtvoll, unverständlich, wissenschaftlich, teuer und vor allem männlich. Was hat das mit Frauen zu tun?" Die meisten stimmen dem Zitat nur mit Einschränkungen zu, z.B: „So, im Extrem stimmt es nicht, es ist aber auch nicht unwahr." Oder es wurde ausgesagt, dass Technologien auch etwas mit Frauen zu tun hätten. Einzelne Männer und Frauen drücken klar ihre Abneigung oder Zustim-

werden: Für die meisten Interviewpaare ist Technik nicht ausschließlich männlich, jedoch keinesfalls nur weiblich konnotiert.

> Carmen: Prinzipiell würde ich schon sagen, dass es eher männlich ist. Aber warum es nichts mit Frauen zu tun haben soll, verstehe ich nicht.
>
> Margret: No, I wouldn't agree it has nothing to do with women but it's a more male orientated.
>
> I: *Technologie muss also nicht männlich sein?*
>
> Carla: Ist mit Sicherheit aber auch nicht weiblich.
>
> Shane: I'm disagreeing but I'm not agreeing with it either.

Wenn man die Definitionsfrage nach einer technisch fähigen Person geschlechtsneutral stellt, also nicht von einem technisch begabten Mann oder einer technisch begabten Frau spricht, zeigt sich bei beiden Geschlechtern *sprachlich eine männliche Konnotation von Technik.*[5] Männer und Frauen sprechen von einer technisch begabten Person meistens in der männlichen Form, manchmal in der neutralen, nie aber wird in der weiblichen Form geantwortet.

> Fr. Frei: Er muss ein handwerkliches Geschick haben, aber auch ein intuitives Verständnis.
>
> Carmen: Also, der muss sich vor allem für Technik interessieren. Weil, wer sich nicht dafür interessiert, kann auch nicht damit umgehen. Er muss sich auch einfach mit allem Technischen ein bisschen beschäftigen oder zumindest mit einem PC oder Internet.
>
> Carla: Ja, er müsste einfach besonders gut sein darin.
>
> Jasmin: Also für mich ist jemand, wenn er technisch begabt ist, kann er ...
>
> David: Der muss es probieren.

Aufgrund der sprachlichen Unterschiede im Englischen und Deutschen fällt dieser Gesichtspunkt eher bei den Deutschen auf.[6] Einige

---

mung gegenüber dem Zitat aus. Entscheidend scheint für viele die Unterscheidung zwischen alltäglicher Nutzung, Erfindung und Reparatur zu sein. Eine alltägliche Nutzung können beide Geschlechter ausführen – sofern es eine bereits etablierte Technologie ist. Männlich konnotiert werden vor allem die Erfindung und Reparatur. Allerdings ist ein großer Teil der Befragten der Meinung, dass Technologien zwar männlich sind, schränken dies aber in zeitlicher Hinsicht oder in Bezug auf verschiedene Generationen ein: Für die ältere Generation ja, für die jüngere nein: Es war mal in der Vergangenheit so, ist heute anders; es ist im Moment noch so, wird sich aber ändern.

5 Auf die Frage nach den Eigenschaften einer technisch versierten Person antworten australische und deutsche Männer und Frauen: Am häufigsten genannt werden Wissen, Können, Übung im Umgang mit Technik, dann Spaß, Lust und Interesse an Technik und schließlich Begabung für Technik.

6 In der deutschen Sprache wird zwischen männlicher, neutraler und weiblicher Form (der, die, das) unterschieden. Die Australier antworten auf die Frage: „What traits has an expert?" häufig im Plural mit „they have ..." und somit sprachlich gesehen mit einer geschlechtsneutralen Form, was für die englische Sprache typisch ist und weniger als eine generelle geschlechtsneutrale Sicht der Australier interpretiert werden kann. Zusätzlich gibt es im Englischen oftmals keine weibliche

Männer beziehen die allgemeine Frage nach einer technisch kompetenten Person auf sich selbst sowie ihr eigenes Können und antworten in der Ich-Form. Da vorher eine männliche Konnotation von Technik angesprochen wurde, weisen sie so ihr eigenes Handeln als „männlich" aus.

> David: Interesse daran haben. Ich habe früher auch schon, wenn es nicht mehr ging, ... auseinander geschraubt und geguckt, wie da ein Gummiring um welche Spulen da herum ist. [...] Ich habe auch immer alte Autos gefahren und war dementsprechend viel am Schrauben. Also, ich musste es halt auseinander und wieder zusammen bauen.

Auch beschreiben Männer technische Geräte und Tätigkeiten detailliert.

> Ted: Well there are two sides to that. Computers differ from ... differ substantially from washing machines and vacuum cleaners in that when you get a computer home you've actually got to put the damn thing together. Now that can be really putting it together as in what's inside the box but the computer's made up of a series of components. It's made up of the electronics box, it's made up of the visual display unit and it's made up of input and output devices. And you need to significantly know what you're doing or realize that you can't hammer the round plug into the square hole to get it to work.

Sprachlich werden zwei Gegenpole konstruiert. Auf der einen Seite stehen Männer, die verbalisieren, dass sie sich gut mit Technik auskennen und auf der anderen Seite Frauen, die oft auf eine Art über technische Geräte und Tätigkeiten sprechen, die Distanz zur Technik ausdrückt.

> Jasmin: Alles, was mit Elektrozeug zu tun hat.

5.1.2 Internet und Technikkonnotation: Alltägliche Nutzung und Reparatur

Im vorangegangenen Kapitel wurde anhand der Aussagen der Interviewten eine Verbindung von Technik und Männlichkeit festgestellt. Dies war in Deutschland und Australien gleichermaßen der Fall. Im Folgenden soll nun untersucht werden, welche Aspekte des Internets als technisch und welche als nicht technisch eingestuft werden. Besonderes Interesse gilt dabei einem möglichen Unterschied zwischen den deutschen und australischen Paaren. Ist für die australischen Paare aufgrund der weiter vorangeschrittenen Alltagsintegration und stärkeren Verbindung von Haushaltsaufgaben mit dem Internet (vgl. Kapitel 4) diese Technologie weniger stark technisch konnotiert als für die deutschen Paare? Um differenzierte Aussagen treffen zu

---

Formen, sondern nur neutrale Formen; „an expert" kann sowohl eine Frau als auch ein Mann sein.

können, werden mehrere Einzelaspekte unterschieden wie der PC als Gerät, die alltägliche Nutzung von Computern und Internet sowie der Umgang mit Ausnahmesituationen, z. B. Installation und Reparatur.

Der Computer als Gerät und die Computernutzung: Australien und Deutschland

Die Computerhardware wird von den meisten australischen und deutschen Paaren mit Technik assoziiert.[7]

> Laura: But yeah, it's more the computer or the way it works is more technology based.
>
> Shane: The motherboard and all the rest of it [...] Yeah, I mean all the hardware.

Die deutliche Mehrheit der australischen Paare meint, dass man zur alltäglichen Nutzung des Computers keine technischen Fähigkeiten brauche.[8] Damit sehen sie die Nutzung des Computers genauso wie die Handhabung der anderen Haushaltsgeräte als einfach an.

> Tim: I think the technology of the computer as it is now is designed for people to attain high levels of functionality with low levels of understanding of the technology and therefore you don't have to have so much understanding of the technology to use a computer.

Bei den befragten Deutschen zeigt sich ein anderes Bild als bei den australischen Paaren. Die Mehrheit der deutschen Frauen und Männer sagt, dass man für die Bedienung des Computers mehr technisches Verständnis brauche als für die Bedienung anderer Haushaltsgeräte.

> Frau Gabler: Ja, das würde ich schon in einem etwas höheren Level ansetzen. [...] Und komplizierter als einen Herd finde ich den Computer auch.

Auch unter den deutschen Paaren sagen einige, die alltägliche Bedienung des Computers sei einfach. Jedoch macht dieser Teil nur ein Viertel der Befragten aus. Zu dieser Gruppe gehören Personen, die sich mit der alltäglichen Bedienung relativ gut auskennen, und solche, die den Computer selbst gar nicht nutzen, wie z. B. Frau Maler.

> I: Computer?
>
> Frau Maler: Das ist reine Lernsache und hat mit Technik nichts zu tun. Weil, ich glaube, ich nur lesen können muss. Bedienungsanleitungen. Ich weiß es nicht, weil ich es noch nicht gemacht habe, aber ich sehe das einfach so.

---

7 Alle befragten Paare gehen über PC oder Laptop ins Internet, d. h. eine Computernutzung ist Voraussetzung für die eigentliche Internetnutzung.
8 Bei den Australiern meinen zwei Männer, man brauche zumindest ein etwas höheres technisches Verständnis als bei der Bedienung anderer Haushaltsgeräte. Dies sagen ebenfalls vier australische Frauen.

Nutzung des Internets: Australien

Die australischen Männer und Frauen stimmen darin überein, dass die alltägliche Nutzung des Internets genauso wie die Bedienung des PCs keine besonderen technischen Fähigkeiten erfordert. Jeder könne den Umgang mit dem Internet erlernen. Selbst ältere Menschen beschreiben die alltägliche Nutzung als einfach.[9]

> Ben: To use it just for everyday use I don't think you need to be terribly competent, you only need the basics and, you know, how to log on, find what you want, use it.
>
> Kassandra: No, it's a simple task. If you know how to use the computer, I think it's a fairly simple task to use the internet.

Rund um die Internetnutzung und Technikkompetenz werden zwei Positionen vertreten: Entweder sehen die australischen Paare die alltägliche Internetnutzung in keiner Verbindung mit Technik.

> Laura: I don't view surfing the internet or checking email and that kind of stuff as particular technology, no.
>
> Ted: You can just go to and switch it on; it's not that much a technology anymore.

Oder die Paare sagen, dass man „technology literate" sein müsste, um das Internet zu nutzen. Dies kann in diesem Zusammenhang übersetzt werden mit Computerkompetenz, was ebenso wie die Lese- oder Schreibkompetenz von den meisten Menschen als übliche Fähigkeit vorausgesetzt wird.

> Richard: I think everybody that's young, is by definition probably technology literate. [...]
> I think just people everywhere have been brought up with it.

Damit beschreiben beide Positionen letztendlich das gleiche: Jeder kann das Internet nutzen, jede Person beherrscht diese Qualifikation.

Nutzung des Internets: Deutschland

Die Deutschen lassen sich in drei Gruppen einteilen: Die erste Gruppe setzt eine technische Begabung zur Internetnutzung voraus.

> I: *Würdest du persönlich sagen, dass das Internet etwas mit Technik zu tun hat? Also, dass man technisch begabt sein muss, um damit umzugehen?*
>
> Kerstin: Auf jeden Fall.

Die zweite Gruppe setzt technisches Verständnis voraus, welches erlernbar sei.

---

9 Einige aus der jüngeren und mittleren Altersgruppe nehmen dagegen an, es sei leichter, mit dem Internet zurechtzukommen, wenn man damit aufgewachsen sei, sowie, dass ältere Leute eher Angst vor dem Internet hätten (Laura, Richard, Kassandra).

Frau Gabler: Ja, mit Technik hat es (die Nutzung des Internets) schon zu tun.

I: *Inwiefern?*

Frau Gabler: Ja, vielleicht ein bisschen Vorstellungsvermögen, technisches, ist nicht schädlich.

I: *Also muss man technisch begabt sein, um das alltäglich zu bedienen?*

Frau Gabler: Kann man erlernen. Die Begabung ist das eine. Aber man kann sich das antrainieren.

Die dritte Gruppe behauptet wie die Australier, dass man weder technische Begabung noch Können für die alltägliche Bedienung des Internets brauche.

Aus den Interviews beider Länder wird ersichtlich, dass die Nutzung des Internets im Laufe der Zeit immer einfacher geworden ist.

Ted: Nowadays, no I don't think they need to be technologically literate. If you asked the same question say eight to ten years ago, absolutely. As time goes by, the operating systems become more reliable and you need to know less about what's happening inside the box, to be able to make things work for you.

Johannes: Ja, früher waren das schon mehr oder weniger ... wo das noch ganz am Anfang war, waren es nur Technikfreaks, die sich überhaupt darauf eingelassen haben und sich dafür interessiert haben. Und so ist es aber in meinen Augen heute nicht mehr.

I: *Das hat sich jetzt geändert, meinst du?*

Johannes: Ja, ich finde, das ist so ein Medium geworden, was in jeder Gesellschaftsschicht so verbreitet ist heutzutage, und dass man nicht mehr besonders begabt sein muss. Es ist ja auch alles deutlich einfacher geworden.

Reparatur des Internets verlangt Technikkompetenz: Australien und Deutschland

Für eine Reparatur bei Internet-Problemen sehen die Hälfte der australischen Männer und der Großteil der Frauen eine technische Kompetenz als notwendig an.

Vicky: One of the problems is when things go wrong, you don't have that higher knowledge.

Für eine Installation dagegen sei nach Ansicht der australischen Interviewpaare keine besondere technische Kompetenz nötig. Die Mehrzahl der Deutschen meint dagegen, für Reparatur und Installation sei ein technisches Verständnis wichtig.

I: *Computer?*

David: Zur Nutzung nicht, zum Basteln ja.

Ebenso werden in diesem Zusammenhang nicht alltägliche Handlungen im Internet erwähnt, wie Updates von Virenprogrammen, für die man eine gewisse technische Kompetenz brauche.

Paul: Installation von Programmen, irgendwelche Updates runterladen, die notwendig sind, Antivirenprogramme und so Zeug.

I: Das schon?

Paul: Da sollte man schon ein bisschen Durchblick haben, das würde ich als technisch bezeichnen.

Im Unterschied zu den australischen Paaren setzen die deutschen Paare für die Installation eine Technikkompetenz voraus (vgl. Tab. 5-3).

Tab. 5-3: Zusammenfassende Übersicht zur Einschätzung der benötigten Technikkompetenz

	Australische Paare	Deutsche Paare
Computernutzung	Nein	Ja, mehr als für die Bedienung anderer Geräte
Internetnutzung	Nein	Gemischtes Bild: von Technikkompetenz bis keine Technikkompetenz
Reparatur bei Internetproblemen	Für Installation nicht, für Reparatur schon	Für Installation und Reparatur

5.1.3 Technikexpertentum und Geschlecht

Im vorangegangenen Abschnitt wurde festgestellt, dass die australischen Paare die Nutzung von Computer und Internet weniger mit Technikkompetenz verbinden als die Deutschen. Der Technikbereich wird allgemein in beiden Ländern stärker den Männern zugeschrieben. In einem weiteren Schritt wird im Folgenden analysiert, ob das Internet-Expertentum auch innerhalb der Beziehung geschlechtsspezifisch besetzt ist.

Anwendungs- und Reparaturexpertentum

In den Interviews wurde nach dem Anwendungs- und Reparaturexpertentum gefragt: Wer kennt sich mit der alltäglichen Anwendung des Internets besser aus? Wer ist der Experte oder die Expertin bei Problemen mit dem Internet? Die folgenden zwei Tabellen geben einen Überblick (vgl. Tab. 5-4 und 5-5). Zum Vergleich finden sich jeweils in der dritten Spalte noch einmal die Verteilung der Paare zum Bereich allgemeines Technikexpertentum.

Was die Anwendung des Internets betrifft, kennen sich in Australien insgesamt gesehen beide Geschlechter gleich gut aus (vgl. Tab. 5-4).

> Amy: If it's something that we're both learning from scratch at the same time, I can be as good as he is, I can be better, because I use a little bit more patience than him. But if it's things like connections and that sort of stuff, Marc is simply the person who knows more.
>
> Tina: Out of us two? I think now me. I always thought he was very knowledgeable on it but sometimes if I see him and I think oh no, that's wrong and I go away.

Tab. 5-4: Überblick Expertentum der australischen Paare

Paar	Internet Anwendungsexpertentum	Internet Reparaturexpertentum	Allgemeines Technikexpertentum
Amy und Mark	Beide	Er	Beide
Margret und Shane	Sie	Beide	Er
Laura und Richard	Er (etwas)	Er	Er
Kassandra und Gary	Er	Er	Er sagt: er Sie sagt: beide
Danielle und Justin	Beide	Er	Er
Tanja und Ted	Er	Er	Er
Kathy und Jason	Sie	Er	Er
Tina und Samuel	Sie	Er sagt: beide Sie sagt: sie	Er
Vicky und Tim	Beide	Er	Er (etwas)
Rachel und Eddy	Sie	Er	Er
Tracy und Ben	Er	Er	Er
Sandra und Bob	Er	Er	Er sagt: er Sie sagt: beide

In vier Beziehungen kennt sich die Frau mit der Bedienung des Internets besser aus als der Mann. Begründet wird eine höhere Anwendungs-Internetkompetenz der Frauen oft mit dem höheren Interesse an dieser Tätigkeit.

> I: Okay. In general the situation, you or your wife know more about technical things, if anything is broken and needs to be fixed, is it you or her?
> Eddy: That's my department.
> I: Why aren't you not better with using the internet then?
> E: I'm not as interested in as she is.

Das Expertentum bei Internetanwendungen wird in Australien deutlich verschieden eingeschätzt als das Expertentum bei Internet-Reparaturen sowie das allgemeine Technikexpertentum: Es ist weder technisch konnotiert noch wird es geschlechtsspezifisch zugeordnet (vgl. Tab. 5-4).

In Deutschland dagegen gehört das Internetanwendungsexpertentum wie der Internettechnik- und der generelle Technikbereich noch klar zu den Männerkompetenzen (vgl. Tab. 5-5). In den Beziehungen, in denen beide gleich kompetent sind, wird wie bei den meisten australischen Paaren auch die Anwendung nicht als technisch eingestuft (vgl. hierzu Kapitel 5.2.5).

> I: Und warum ist das beim Internet anders? Wenn du dich normalerweise besser auskennst, warum dann nicht auch beim Internet?
>
> Pascal: Was heißt nicht besser? Das ist ja nicht unbedingt das Technische, das ist, wie soll ich sagen, Gewohnheitsmedium.

Tab. 5-5: Überblick Expertentum der deutschen Paare

Paar	Internet Anwendungsexpertentum	Internet Reparaturexpertentum	Allgemeines Technikexpertentum
Anna und Pascal	Beide	Beide	Er sagt: er Sie sagt: beide
Carla und Claus	Sie: beide Er sagt: er (etwas)	Er	Er
Carmen und Johannes	Sie	Sie	Er sagt: beide Sie sagt: sie
Frau und Herr Frei	Er (etwas)	Er	Er
Frau und Herr Gabler	Er	Er	Er
Frau und Herr Maler	Er	Er	Er
Frau und Herr Zabel	Er	Er	Er
Jasmin und David	Er	Er	Er
Kerstin und Marcel	Er (etwas)	Er	Er
Manuela und Paul	Er	Er	Er
Natascha und Torben	Beide	Er	Sie
Simone und Alexander	Er	Er	Er

In beiden Ländern sind es meistens die Männer, die den Anschluss und Aufbau von Internet und Computer im Haushalt organisiert haben und bei Problemen für eine Lösung zuständig sind.

> I: And who like organised the set up?
>
> Justin: I did.

Die meisten Personen beschreiben, dass sich in ihrer Beziehung beim Internet-Repararturexpertentum zwar der Mann besser als die Frau auskennt, dieser aber trotzdem nicht über eine besondere Fachkompetenz verfügt. Bei größeren technischen Problemen werden Fachleute zur Hilfe gerufen. Dieses Hilfesuchen übernehmen jedoch wieder die Männer.

I: Okay, but you said he's also trying to fix it?

Margret: Yeah. What I mean he's trying to fix it, he's calling the internet service provider and screaming at them down the phone.

Tim: I know that I don't have the skill to do these things and I rely on someone else to develop that technology and my challenge is knowing enough to make the technology work for me.

Eddy: She doesn't ... although if anything is wrong with it, she'll ask me and then I'll go and end up getting David to come over because I don't know enough about it. Although so many times I've fixed it, getting it back online or whatever it was, but he's the expert.

Kerstin: Er sucht halt auch in Foren, wenn irgendwas kaputt ist, dass er da Hilfe holen kann. Also, er arbeitet schon mehr damit. Ich glaube, er weiß auch ein bisschen besser, wie man damit umgeht.

Diejenigen, die sich näher mit dem Internet bei Problemen beschäftigen, erkennen oft, dass sich vieles schnell lösen lässt und somit die vermeintliche Technikexpertenmacht entzaubert wird.

Herr Frei: Ja, das sind ja jetzt in der allgemeinen Nutzung immer nur die Schrecksekunden bei Neuinstallationen, dann ist ein erhöhtes technisches Verständnis gefordert. Ich bin eigentlich ein technischer Analphabet und ich kann sagen, dass ich mit den neuen Technologien, das heißt Computer und Internet, so nach und nach learning by doing mir dann soviel angeeignet habe, dass ich nicht bei jedem Systemabsturz sofort in Panik gerate, sondern so eine Checkliste habe.

5.1.4 Fazit

Im generellen Technikbereich herrschen in beiden Ländern ähnliche Einschätzungen: Sowohl in Australien als auch in Deutschland ist Technik nach wie vor männlich konnotiert. Dies zeigt sich in einer Zuschreibung des technischen Bereichs an Männer sowohl im Handeln der Paare selbst als auch in ihrer Annahme über die Verteilung des Expertentums bei anderen Paaren. Schönberger beschreibt eine Entwicklung von einer technischen hin zu einer alltagskulturellen Rahmung des Internets (vgl. Schönberger 1999: 259). Dies wird in dieser Untersuchung bestätigt. Für die alltägliche Nutzung des Internets wird nach Meinung der australischen Paare keine Technikkompetenz benötigt; nach Ansicht der interviewten Deutschen kann als zusammenfassendes Ergebnis eine (noch) leichte Technikkompetenz als Voraussetzung festgehalten werden. Gleichzeitig zeigt sich in Australien ein Anstieg des Frauenanteils beim Internetanwendungsexpertentum; bei den deutschen Paaren kennen sich meistens immer noch die Männer besser in der Anwendung aus. Ersichtlich wird ein Zusammenhang zwischen dem Grad der technischen Komplexität des Internets und der geschlechtlichen Zuschreibung des Expertentums: Je weiter sich die Nutzung des Internets aus dem technischen Rahmen entfernt in Richtung Alltag, desto geschlechtsneutraler wird das Expertentum.

Deutlich anders als die alltägliche Anwendung des Internets wird aber die Reparatur bei Problemen eingeschätzt. Letzteres wird nach wie vor mit Technik assoziiert und bleibt in beiden Ländern in Männerhänden.

Ist das Internet also immer noch männlich konnotiert oder bereits zum geschlechtskulturell neutralen Alltagsgegenstand geworden? Für die alltägliche Nutzung kann der letzte Teil der Frage für Australien bejaht werden. In Deutschland wird dagegen die Anwendung zum Teil männlich, zum Teil geschlechtsneutral konnotiert. Diese Bestandsaufnahme ist wichtig, um im folgenden Schritt Doing Gender-Muster rund um die Anwendungs- und Technikkompetenz des Internets zu analysieren.

5.2 Doing Gender und Internet-Technikkompetenz

Frauen und Männer positionieren sich auch durch ihren Umgang mit Technologien im Geschlechterverhältnis und konstruieren so wiederum Zweigeschlechtlichkeit mit (vgl. West/Zimmermann: 1987). Ein doing gender der Paare im Bereich Technikkompetenz wird im Folgenden zunächst anhand von Fallbeispielen erläutert. Im Anschluss daran werden häufig vorkommende doing gender-Muster herausgearbeitet. Daraus lassen sich keine Verallgemeinerungen für alle interviewten Paare ziehen: Nicht alle verhalten sich nach den vorgestellten Beispielen und auch nicht jedes Paar handelt in jeder Situation gleich. Trotzdem sind folgende Aspekte auffällig:

- minimierte Darstellung weiblicher Technikkompetenz
- Herausstellung weiblicher Hilfsbedürftigkeit
- Übergabe technischer Aufgaben an Männer
- Aufrechterhaltung männlicher Technikkompetenz
- Abwertung der Internet-Nutzungskompetenz

Bei jedem angeführten Fall werden unterschiedliche Gesichtspunkte vertieft. Das Beispiel von Manuela und Paul verdeutlicht, dass die vorhandenen technischen Fähigkeiten in einer Beziehung nicht unbedingt mit den nach außen dargestellten übereinstimmen. Bei Kassandra und Gary wird auf die Hintergründe eines doing gender aus der Perspektive von Frauen, besonders der Mütter, eingegangen, während Lauras und Richards Fall die Motive der jüngeren Altersgruppe erfasst. Das Fallbeispiel von Amy und Marc verdeutlicht vor allem den Blickwinkel der Männer, während bei Torben und Natascha die Weiterentwicklung der Rollenbilder mit zunehmender Diffusion des Internets aufgegriffen wird.

In diesem Kapitel liegt der Schwerpunkt auf Aspekten rund um Reparatur sowie Installation des Internets. Nur im fünften Fallbeispiel wird auf die Anwendung des Internets eingegangen.

5.2.1 Fallbeispiel Manuela und Paul: Minimierte Darstellung weiblicher Technikkompetenz

Paul und Manuela sind beide Anfang dreißig, berufstätig und haben keine Kinder. Paul hat sich in der gemeinsamen Wohnung um eine schnelle Internetverbindung gekümmert. Manuela betont mehrmals ihr Desinteresse an dieser Thematik, findet die neue Verbindung aber praktisch.

> Manuela: Mich interessiert das nicht wirklich, ich finde es gut, dass es jetzt schneller geht, das war schon für mich nervig, dass da immer dieses Rumgezuckel war, das ist schon in Ordnung, aber in Wirklichkeit interessiert es mich nicht wirklich.
>
> I: *Aber er hat's immer mit dir besprochen?*
>
> Manuela: (nickt)
>
> I: *Was hast du gesagt?*
>
> Manuela: Ja, mach mal!

Manuela demonstriert ihre Technikkompetenz ihrem Freund gegenüber nicht, verhält sich bei technischen Internetproblemen passiv und schiebt ihrem Freund den aktiven Part zu.

> I: *Wer kennt sich in technischen Dingen besser aus bei der Bedienung oder Installation von Medien?*
>
> Manuela: Mein Freund.
>
> I: *Bist du irgendwo abhängig von ihm?*
>
> Manuela: Nein, das glaube ich nicht, ich habe das früher alleine gemacht.
>
> I: *Und warum lässt du ihn das jetzt machen?*
>
> Manuela: Es ist gut, wenn man nicht immer alles kann.
>
> I: *Ist es so, dass du ihm auch einen Bereich rüber schiebst?*
>
> Manuela: Einige Sachen kann ich wirklich nicht, da hab ich mich auch nicht mehr gekümmert […], wenn ich mich damit beschäftigen würde, würde ich es sicher auch können.

Paul wiederum hat den Eindruck, seine Freundin sei nicht sehr technik-affirmativ. Sie überlässt ihm durch ihre gespielte Inkompetenz einen eigenen Kompetenzbereich.

> I: *Hast du mit Manuela über die neue Internetverbindung geredet?*
>
> Paul: Wir haben mal kurz drüber geredet, Frauen sind dann, glaub ich, eher zurückhaltend mit der Technik ….

Dadurch, dass Paul die technischen Bereiche in der Beziehung übernimmt, ist er auch besser und geübter darin.

> I: *Und woran liegt das, dass er sich bei technischen Sachen, z. B. beim Internet, besser auskennt?*
>
> Manuela: Er beschäftigt sich schon mehr damit.

Auffälligerweise verurteilt Manuela bei anderen Frauen genau das Verhalten, was sie selbst in ihrer Beziehung ausübt:

> Manuela: Ich würde das nicht machen, zu sagen, ich kenne mich damit nicht aus, wenn ich es könnte, würde ich das nicht machen.

Auf diesen Widerspruch in Manuela Aussagen wird im Kapitel 5.2.3 genauer eingegangen, da es sich dabei um ein wiederholendes Muster handelt, das auch bei anderen Paaren beobachtet werden kann.

Höhere Technikkompetenz der Frauen

Was man am Fall von Manuela und Paul erkennt, ist die Konstruktion eines Technik-Kompetenz-Differential (vgl. Collmer 1997: 256, Schönberger 1999: 265 ff.). Ein Differential wird von den Frauen durch eine minimierte Darstellung oder eine komplette Nicht-Demonstration der eigenen Technikfähigkeiten hergestellt, durch eine vorgespielte Inkompetenz und scheinbares Desinteresse sowie durch Herausstellung und Loben männlicher Technikkompetenz. Auch die Männer wirken an dieser Konstruktion mit, beispielsweise durch eine Betonung weiblicher Passivität und männlicher Aktivität im Umgang mit technischen Problemen (vgl. hierzu ausführlich Fallbeispiel Amy und Marc). Auf diese Weise werden die beiden Pole männliche Technikkompetenz und weibliche Technikinkompetenz, diskursiv hergestellt.

> Danielle: Yeah, if like I want to know, I leave it all up to him. If it breaks down, I wouldn't know what to do, I wouldn't know what part to stick in what thing. I don't even know the name of it, I wouldn't know what anything is about the computer at all. I just know that I turn it on and I use it. But if someone said what's your brand in, oh I don't even know the terminology, I, that's something I don't know. But he could tell you everything about how to set it up, he's really, really good with the technical side of it.
>
> Ted: Perhaps their mother would throw her hands up in horror after a short period of time and will either come and get me or get one of the boys.
>
> Eddy: Because I look for anything at all that's going, any new appliance, I'm right into all that. Whereas my wife just accepted it. If it's any good I'll buy it and that's the way it is here anyway.

Tatsächlich ist jedoch Technikkompetenz bei Frauen durchaus vorhanden. Zum einen sind die Frauen durch ihren Beruf mit technischen Abläufen vertraut.

> Herr Gabler: Das weiß ich auch nicht [warum meine Frau sich nicht um technische Dinge kümmert]. Ich meine, ich wäre technisch begabt, wobei meine Frau MTA ist. Und die hat ja in ihrem Beruf mit technischen Apparaten zu tun.
>
> Sandra: My background is science and mathematics, so theoretically if I applied myself I could probably have a much better technical knowledge of it all than my husband but I don't bother.

Zum anderen lebten viele Frauen früher in anderen Wohnkonstellationen, z. B. alleine, in Wohngemeinschaften oder in einer Familie mit nur weiblichen Mitgliedern. Einige Frauen waren damals für den technischen Bereich verantwortlich. Das Technikexpertentum haben sie im häuslichen Zusammenleben jedoch dem männlichen Partner überlassen, d. h. in der Paarbeziehung werden die traditionellen Rollenmuster wiederbelebt.

> Jasmin: Also bei uns zu Hause war immer ich das. Aber mittlerweile ist das er.

Für eine faktisch vorhandene, aber in Beziehungen nicht ausgelebte Technikkompetenz von Frauen spricht auch die Unterscheidung in Paar- und Single-Haushalte.

> I: *Einkaufen von neuen Technologien?*
>
> Jasmin: Ich glaube, ist öfter männlich dann, außer, die Frauen leben alleine oder so.
>
> Danielle: If they're married, it's male syndrome, but if it's a single girl or a young male, well, you don't have anyone to say, oh, you do this, you make up your own mind.
>
> Alexander: Eigentlich auch [männlich]. Kommt immer darauf an, ob man eine normale Familie ist.

Manche Frauen sagen ausdrücklich, dass sie in der Lage wären, sich Fähigkeiten in diesem Bereich anzueignen.

> Frau Maler: Ich glaube, wenn er nicht da wäre, ich wäre allein. Gut, da würde ich mir halt jemanden holen und fragen: Sag mal, wie geht das?

So ist es nicht verwunderlich, dass einige Frauen die Frage, ob Technologien kompliziert und schwer zu verstehen sind, verneinen.

> Kassandra: I don't think it's remote. I think it's readily accessible
>
> Laura: Because I don't think technology is like that. I think it can be useful, it can be easy to understand, I think it can be good in society, I don't think it ...
>
> I: *Unverständlich?*
>
> Kerstin: Weniger.
>
> Sandra: I think it's common sense but you've got to say, well, look, you don't need to think about it too much, just do what they say. It's a bit mindless really.

Die vorhandene Technikkompetenz von Frauen stimmt also oft nicht mit der in der Beziehung gelebten Version überein. Warum diese Differenz bezüglich Fähigkeiten und Darstellung aufrechterhalten wird, sollen die nächsten Fallbeispiele zeigen (vgl. vor allem 5.2.2 und 5.2.3).

5.2.2 Fallbeispiel Laura und Richard: Weibliche Hilfsbedürftigkeit

Richard und Laura sind kinderlos und gehören zur jüngeren Altersgruppe. Richard hat die Erfahrung gemacht, dass die meisten Frauen, auch seine Freundin Laura, ihre technischen Kompetenzen schlechter darstellen, als sie es eigentlich sind. Nicht nur in der Beziehung, sondern auch nach außen hin demonstriert Laura technische Hilflosigkeit. Richard selbst beschreibt dieses Verhalten seiner Freundin zwar detailliert, gibt jedoch trotz mehrmaligem Nachfragen keine Erklärung, was Laura damit bezwecken könnte.

> Richard: I don't know. I guess I think Laura would say that she knows less, but I think she knows as much as I do. You know what I mean, like she doesn't understand it but I'd never understand anything.
>
> I: Why is she pretending? What do you think?
>
> Richard: In my view it might sound weird but most girls pretend like they don't understand it,
> I think ... But that's my opinion.
>
> I: But what are the reasons for ... what do you think are the reasons they pretend?
>
> Richard: I don't know. Laura always said ‚oh, help me, help me type thing and ... work it out!' ... I know that must sound horrible but ... she pretends I think she often thinks she can't do it but she can, I am sure ... that's the way it comes across. [...] I know I'm not, perhaps I'm over estimating this too much but my mother used to do that when I lived at home, whenever there was something wrong with it, she always get me to fix it, and I'd have to do the same thing 20 times. I knew, she knew how to fix it, and I'd say you know how to do that and she'd be fine, so.
>
> I: So you think, that she knows it but she still asks you to do it?
>
> Richard: I think so.
>
> [...]
>
> I: And what do you think are the reasons for that behavior?
>
> Richard: I guess just from my experience, again ... Laura sometimes dumbs herself down or something, I think she comes across not as clever as she is in social contact.

Laura selbst fühlt sich keineswegs technisch inkompetenter als Richard, sondern unsicherer. Nur bei den Tätigkeiten, die in ihren Augen technisch sind, überlässt sie sehr deutlich ihrem Freund das Feld. Eine neue Onlineanwendung auszuprobieren, ist für sie aber wiederum kein Problem.

> Laura: We'd probably just work it out. I don't think he actually knows more, but he's more confident in trying it rather than ...

I: How come? Do you know?

Laura: No, I don't know. I'm not very confident.

I: You don't just try?

Laura: Oh, Ebay or something like that I'd try, like I'd able to work it out. But if it comes to anything kind of technical, he's probably more likely to do it than I am.

Auch Laura führt wie Richard keine Gründe für ihr Verhalten an. Erst über die wahrgenommene Gesellschaftsebene zeigen sich mögliche Erklärungsmuster. Laura sieht das Internet aufgrund seiner Assoziation mit Technik als männlich konnotiert an.

Laura: My first thing that jumped into my head was [the Internet is more] male, but I have no idea why. It may be because what I just said about being more technical related to be on a computer. I see that as more male, I don't know why.

[…]

I guess, it's expected that men should at least know something about technology or the internet, that they're interested in it. […] I think that women are just less likely to just go out there and say, I am an expert.

Durch ihr eigenes zurückhaltendes Verhalten in technischen Fragen bestätigt sie somit ihre weibliche Geschlechtsidentität.

Hilfesuchende-Beschützer-Muster

In einigen Aussagen wird ein „Gebrauchtwerden der Männer" thematisiert. Im Sinne eines Technik-Kompetenz-Differentials wird hier ein Gefälle vor allem über ein „Hilfesuchende-Beschützer-Muster" aufgebaut (siehe auch Kapitel 5.2.1). Die Frauen signalisieren, dass sie jemanden brauchen, der ihnen mit technischen Geräten hilft, sei es bei Einkauf, Installation, Reparatur oder Bedienung neuer Technologien. Frauen stellen durch ihr Verhalten ihre Hilfsbedürftigkeit dem Partner gegenüber dar und viele Männer nehmen die Beschützerrolle gerne an. Dasselbe gilt vice versa für den männlichen Part (vgl. hierzu auch Kapitel 5.2.4).

Claus: Und dann kommt halt immer noch das Gefühl, dass man eben was falsch macht. Dass man sich damit nicht auskennt und schiebt dann in einer Beziehung zum Beispiel, je nachdem, wie die Beziehung halt strukturiert ist, den Mann vor, mach du erst mal.

I: Und woher kommt es, dass die Frauen …?

Claus: (unterbricht) Weil die Frauen, denke ich mal, eher diejenigen sind, die beschützt werden wollen. Und … Fehler machen. Sich vielleicht im weiteren Sinne blamieren und verletzt werden und dann dadurch verletzt … Dann sagen, mach du mal das auf deine Art und Weise und erkläre es mir dann. Oder wir machen es zusammen. Du liest vor und … Oder irgend so etwas.

Carla: [...] aber dann müssten sich die Frauen auch ändern. Es gibt also auch viele Frauen, die das typisch Frauliche auch ausnutzen. Und ich glaube, das wird es immer geben.

I: *Woher kommt denn das, dass Frauen Angst davor haben?*

Carmen: Weil das einfach so ist. Vielleicht die gleiche Geschichte, weil sie von Anfang an so ist, Frauen müssen unselbstständig sein.

Wie schon bei dem Fallbeispiel Laura zeigt sich ein Wechselverhältnis zwischen einem angenommenen gesellschaftlichen Geschlechterrollenbild und dem eigenen Verhalten in der Paarbeziehung. In der Beziehung richten sich PartnerInnen nach gesellschaftlichen Rollenbildern, um sich als Mann und Frau zueinander zu positionieren. Durch dieses Verhalten konstruieren sie wiederum Geschlechterrollen mit. Viele sprechen von Klischees, typischen Rollenbildern oder Konzeptionen und heben damit auf dominante gesellschaftliche Erwartungen ab.

Carla: Das ist eben dieses Klischeedenken der Gesellschaft. [...]

I: *Und wenn du jetzt sagst Klischee?*

Carla: Diese Rollen. Der Mann sitzt am Rechner, kennt sich aus. Die Frau hat keinen blassen Dunst davon. Sie steht in der Küche und macht ihr Essen täglich. Ja, diese Verteilung.

Jasmin: Da ist halt wieder diese Typisierung. Also von wegen Männer müssen sich eigentlich auskennen. Und Frauen haben da halt nicht so ...

Bob: [...] the men who are a bit locked in to traditional male conceptions of themselves. [...]

Tim: Those two stereotypes are understandable, yet at the same time it's, yeah, I agree because the heart of that statement is that you have a gender construct in society.

Carmen: Das ist ja auch das Klischee eigentlich. Oder von meinen Schwestern eigentlich alle. Da kennen sich die Männer immer besser aus als die Frauen. Die machen auch mehr. Die kennen sich mit Software und allem anderen einfach besser aus, genauso wie mit Internet.

I: *Und Klischee heißt?*

Carmen: So das Allgemeine.

Tatsächlich glauben viele, dass Frauen technische Tätigkeiten genauso gut wie Männer ausüben könnten.

Kerstin: Ja, vielleicht weil Männer Frauen so Sachen nicht zutrauen würden, z. B. ein Regal aufhängen. Dann machen sie es lieber selber und präziser.

I: *Und warum trauen die den Frauen das nicht zu?*

Kerstin: Weil Frauen vielleicht ein bisschen ungeschickter mit so etwas sind. Also, das einfach nicht gelernt haben und so weiter. Vielleicht auch die Einstellung einfach, Frauen könnten so etwas nicht.

> I: Und woher kommen diese Einstellungen? Also, wer sagt das, wer macht das fest?
>
> Kerstin: Vielleicht kennt man das so aus seiner Erziehung. Oder von den Eltern und von der Gesellschaft her wird das Bild ja auch meistens so geprägt.
>
> I: Aber es ist nicht von Natur aus so?
>
> Kerstin: Gar nicht. Finde ich nicht. Die Frauen können das, wenn sie wollen, genauso gut wie Männer.

Allerdings möchten einige diesem typischen Rollenbild entsprechen, um so auch außerhalb der Beziehung mit dem eigenen Verhalten ihre Geschlechtszugehörigkeit auszudrücken.

> Carla: Und wenn man dem [Rollenklischee] widerspricht, dann ist es in unserer Gesellschaft ein Problem. Sonst hätten einige ja nicht den Anlass, es so darzustellen, als ob sie genau diesen Rollen entsprechen. [...] Ich denke, die wollen sich beide schützen in dem Moment. Also wollen vielleicht auch nach außen hin eine harmonische Beziehung darstellen und wollen diesem typischen Rollenbild sich angleichen [...]
>
> Danielle: [...] when it comes to the crunch and they're trying to be a good person and say that they're a good family unit, I think the old ways fly back up and they've got to protect themselves by saying these things, which makes them feel like they're a good person. It's a society person that one, which is again, society, can make people be what they're not.

Nach dem von den Paaren häufig angeführten traditionellen Rollenbild gilt als männlich, wer sich für Technologien interessiert und technikkompetent ist, während gesellschaftliche Erwartungshaltungen für Frauen weder ausgeprägte Technikkompetenz noch Interesse beinhalten (vgl. hierzu Tabelle 5–6).

> Tim: I think men tend to be more in the gender constructions of Australian society, men tend to be socialised to getting engaged in a whole range of issues of technology and cruising the hardware stores and looking at nuts and bolts and so forth would be something that would be regarded by men as quite, quite acceptable and expected thing, whereas I think for women it would not.
>
> Bob: On the other hand they ... there would probably be more women than men who would again, because of upbringing rather than innate gender things be happy to leave the thinking about electronic stuff to men rather than get involved with it themselves.

Wie aus der Tabelle 5–6 ersichtlich wird, sehen die Paare die Ursachen der geschlechtlich unterschiedlichen Technikkompetenz in einer Mischung aus gesellschaftlichen, erziehungsbedingten oder genetischen Faktoren.

Tab. 5-6: Begründungen für männliche Konnotation von Technik

Begründung		Beispiele
Interesse	Sehr häufig wird ein höheres Interesse der Männer an Technologien angeführt.	Tina: Because I think men are more interested in these [technical] things that are coming out ...
		Herr Gabler: Ja, auch weil die Männer sich mehr für Technik interessieren.
		Ben: I think men are generally more interested in the technology.
Desinteresse	Frauen wird im Bereich Technik Desinteresse zugeschrieben und die weiblichen Interessensgebiete werden eher in anderen Bereichen gesehen.	Manuela: [...] neue Technologien, ich glaube Frauen haben andere Interessen oder nicht so starke Interessen da dran [...]
		Claus: Eine Frau guckt sich lieber ein neues Parfüm an und mancher Mann guckt halt mehr, was weiß ich, was es in der Fachzeitschrift oder Technik gibt oder macht sich da kundig.
		Bob: [...] ... she's not really very interested in that. She doesn't mind having it to use but she doesn't ... I don't think she'd ever install it. She would never buy it. She would never have bought a hi-fi for example.
		Pascal: Weil viele Frauen nicht den Bezug dazu haben, was es für Prozessoren gibt, was man braucht und nicht braucht usw., was es für einzelne Komponenten gibt.
	Ebenso wird auf ein generell ängstliches Verhalten von Frauen gegenüber technischen Aufgaben abgehoben.	*I: Was verstehst du unter Bezug haben?*
		Pascal: Ja, Interesse, Zugang, Verständnis ein bisschen, vielleicht.
		Manuela: Ich bohre nicht gerne [...] und dann diese Leitungsgeschichte, ich hab schon eher meine Bedenken.
Kompetenz	Männern wird höhere technische Kompetenz zugeschrieben.	Eddy: [Men are] more mechanically minded I suppose than the women.
		Fr. Frei: Weil sie sich damit [Technik] besser auskennen.
	Im Gegensatz zu Frauen probieren Männer bei kleineren Defekten, Geräte zu reparieren und besitzen z. T. deswegen eine höhere Kompetenz als ihre Frauen.	David: Ich probiere es halt einfach aus. Dementsprechend kenne ich mich besser aus.
		Tim: I'm probably slightly better just because I'm willing to try and I'll try it out but Vicky also installs things or fixes it ...
		Carla: Ich beschäftige mich damit nicht. Alleine schon wenn er es tut, dann kennt er sich ja schon besser aus damit als ich.

Genetische Anlage	Ihre genetische Anlagen prädestinieren Männer für eine technische Kompetenz.	Rachel: I think they're probably born that way. Margret: Just in their genes. Justin: […] I know with these days with women's rights and all of this, it's all changing, women are now getting more, women are taking more and more, more technically, getting more technically, yeah. I think it's, but in general, it's just human nature.
	Auch auf die Nachfrage, ob dieses Verhalten auch mit Erziehung und gesellschaftlichen Erwartungen an die Geschlechter zu tun habe, verneinen viele einen solchen Einfluss.	I: *Und woran liegt das, dass Männer das eher machen?* Paul: Genetisch bedingt, keine Ahnung. I: *Du meinst genetisch bedingt?* Paul: Ja. I: *Hat das auch was mit Erziehung zu tun oder eher nicht?* Paul: Eher weniger.

Auch zeigt sich bei den Interviewten wieder die Unterscheidung zwischen Reparatur und Nutzung bereits etablierter Technologien. Eine Nutzung von alltäglichen Technologien durch Frauen ist nach dem traditionellen Rollenbild durchaus akzeptabel. Da das Internet mittlerweile zu den etablierten Technologien gehört, passt die Nutzungskompetenz von Frauen in das Rollenbild – solange sie nicht höher als die der Männer ist.

> David: Sicher, Frauen nutzen das genauso wie wir, also wie die Männer. Erfindung und Reparatur liegen in den Händen der Männer. Es wird von Frauen auch gar nicht erwartet, dass sie technische Geräte reparieren können müssen.

> Jasmin: Und Frauen nutzen diese Technik halt auch. Die müssen sie nicht unbedingt reparieren können, aber nutzen tun sie sie genauso wie Männer auch.

Auffälligerweise meinen vor allem die Jüngeren, dass diese traditionellen Rollenerwartungen bezogen auf das Internet noch aktuell sind.

> David: Also so tun, wenn beide in der Kneipe bei den Kumpels sind und er tut so, als ob er alles mit dem Internet könnte?
>
> I: *Ja, genau.*
>
> David: Das ist ganz normal, glaube ich.
>
> I: *Ganz normal? Ja, wieso?*
>
> David: Nein, ich weiß es nicht. Ich glaube nicht. Ich würde natürlich versuchen mitzureden, auch wenn ich mich nicht so gut damit auskenne. Aber ich würde es nicht verschweigen, wenn ich es könnte. Also ich weiß es nicht. Das ist natürlich in, glaube ich.

I: Hast du für beide Verständnis? Oder würdest du sagen, die Frau kann ruhig erzählen, was sie mit dem Internet alles macht?

David: Wahrscheinlich tut sie es nicht, denn wenn sie heimkommt, kriegt sie Stress mit ihrem Kerl.

I: Und glaubst du, der Kerl kriegt dann irgendwie Stress mit den Freunden oder so, wenn er zugibt, dass er eigentlich überhaupt gar nichts weiß?

David: Er wird natürlich als Weichei betitelt.

I: Weichei, weil …?

David: (unterbricht) Dass Männer auch eine Bohrmaschine bedienen müssen.

I: Und Internet und Computer müssen sie auch bedienen können?

David: Natürlich.

Die Annahme, nur die ältere Generation würde traditionelle Rollenbilder leben und empfinden, ist somit nicht zu bestätigen. Eventuell richten sich gerade die Jüngeren mehr nach gesellschaftlichen Erwartungen. Ältere und mittlere Altersgruppen wiederum glauben, dass diese Form der Rollenaufteilung gerade bei jüngeren Paaren und auch generell heutzutage nicht mehr zutrifft.

Kassandra: No, I find that extraordinary only because if they're a young couple, me being in my 40s, if I'd grown up 20 years ago, this would be more a part of my life than it is now and I just don't think it would be the same, any sort of gender problem there at that age group.

Carla: Und warum sie allerdings nicht dazu steht, dass sie das besser kann als er, und er kein Interesse hat, verstehe ich in der heutigen Zeit also nicht. Ich meine, wenn sie es gut kann. Warum nicht. Und ich finde es auch nicht schlimm, wenn ein Mann sagt, ich habe damit nichts am Hut. Das ist doch o.k. […]

Ein Geschlechterrollen entgegengesetztes Verhalten wird in den Augen der Jüngeren gesellschaftlich abgestraft. Oft können die Befragten das Verhalten persönlich gut nachvollziehen und meinen, man würde ähnlich handeln oder habe es selbst im nahen sozialen Umfeld erlebt.

Jasmin: Ja, ich weiß nicht. Wenn jetzt so, oh mein Fernseher ist kaputt und wir gehen jetzt zu meinem Kumpel und ich habe überhaupt keine Ahnung und ich kenne mich damit so gar nicht aus. Es gibt genug Männer, die sagen … Glaube ich schon. Ja. Also das war so in meinem damaligen Freundeskreis, die ganzen Kumpels oder so. Wenn ich da jetzt so angekommen wäre, wäre wahrscheinlich, auch wenn es nicht ernst gemeint gewesen wäre, aber irgendwelche blöden Sprüche wären da schon gekommen. Also daher …

Marcel: Ja, könnte ich schon nachvollziehen.

I: Und inwieweit kannst du das nachvollziehen? Und warum?

Marcel: Weil das gesellschaftliche Verständnis dafür halt fehlt, dass die Frau da mehr versiert drin ist wie der Mann. Und der Mann halt … Dass die quasi ihre Rollen vertauscht haben.

Dadurch, dass Frauen ihre eigenen Internetfähigkeiten leugnen, lassen sie den Mann männlicher erscheinen und stellen ihn nach außen hin nicht bloß.

> Kassandra: She's saving face for him [through not showing her Internet competence]. She doesn't want him to be embarrassed [...] She's emasculating the man.

Bewusstes Verhalten gegen gesellschaftliche Rollenerwartungen

Es gibt durchaus Frauen wie Natascha, Amy, Carla oder Carmen, die an Technologien interessiert sind und einen kompetenten Umgang demonstrieren. Sie empfinden sich selbst als Ausnahme und beschreiben, dass sie mit ihrem Verhalten gegen gängige gesellschaftliche Konventionen leben. Einige stellen sich bewusst gegen das erwartete weibliche Rollenverhalten einer demonstrativen technischen Hilflosigkeit, auch in dem Wissen, dass Männer diese Selbstständigkeit negativ bewerten könnten.

> Carla: Und die Männer sind dann eher erstaunt, wenn ich sage, das kann ich allein, das brauche ich nicht. Diese Wichtigkeit in diesen Dingen, dieses Gebrauchtwerden in diesen Situationen. Die Männer denken da halt, dass man sie dafür eben auch braucht, weil eben viele Frauen das einfach nicht können. Und deshalb denke ich, sie würden das eben vorziehen [...] Ich finde diese Leute auch dämlich, die das so sehen und sagen, das muss so sein, dass Frauen das machen. Das finde ich einfach nicht richtig und deshalb finde ich es dann auch nicht richtig, da mitzuspielen.
>
> Natascha: Ich interessiere mich sehr viel für Technologien, ich bin auch relativ fit, aber allgemein ist es männlich. [...] Persönlich [finde ich Technologien] nicht [unverständlich], aber allgemein wohl ja. [...]
>
> Carmen: Während wir Frauen Bohren auch gerne machen. Ich meine, wenn man keine Angst davor hat. Ich meine, ich kann auch bohren und mache das auch lieber, weil es eben schneller geht. Aber ich denke, die meisten Frauen ... [...]
>
> I: *Findest du das auch o.k., dass das so ist?*
>
> Carmen: Nein, eigentlich finde ich es total bescheuert. Weil, wenn Frauen nicht ... putzen. Ich war da auch ein bisschen anders. Ich habe da immer ... ich war immer interessiert und habe sie auch gemacht und so. Ich wollte eben auch wissen und lernen eben, und dass ich nicht so als typisch Frau hingestellt werde. Dass es nicht heißt, ich könnte das ja gar nicht.

Diese Ausnahmen zeigen, dass sich keineswegs alle Interviewten nach traditionellen Rollenbildern verhalten, gleichwohl waren die vorher beschriebenen doing gender-Fälle dominanter (vgl. hierzu ausführlich Kapitel 7.2).

5.2.3 Fallbeispiel Kassandra und Gary: Übergabe technischer Aufgaben an Männer

Kassandra und Gary haben zwei Söhne im Alter von sechs und zehn Jahren. Beide Partner sind berufstätig, trotzdem ist sie für den Großteil der Hausarbeit zuständig und hat weniger freie Zeit als er zur Verfügung (vgl. Kapitel 6). Kassandra zeigt sich zunächst beeindruckt von den Internetfähigkeiten ihres Mannes. Diese Herausstellung seiner Kompetenz hat jedoch einen pragmatischen Hintergrund: Sie spart so Zeit.

> I: And how do you like it that your partner knows more than you about the internet?
>
> Kassandra: I think it's great. Really great. I'm really impressed actually.
>
> I: Why are you impressed, what do you mean?
>
> Kassandra: Because, I don't know, I just think I don't have to worry about it. It's one of the things that men worry about. If he knows more about that than me, then that's great, I don't have to worry about it. If something goes wrong, I can just say hey, this happened, can you fix it? Yeah sure. It's like a load off my shoulders to know that I don't have to worry about it.
>
> I: Because you're responsible for other things?
>
> Kassandra: Yeah.
>
> I: Just imagine that your partner would do much more work in the household, and you would have more time. Do you think that would also improve ...
>
> Kassandra: [interrupt interviewer] Yes, I would do it more.

Mit der Übernahme des technischen Bereichs hat Gary kein Problem.

> I: Do you think, for him it's also nice that he knows more?
>
> Kassandra: Yeah, I do.
>
> I: So he enjoys it too?
>
> Kassandra: Yeah.
>
> I: He's not annoyed?
>
> Kassandra: No.

Interessanterweise lehnt Kassandra, wie auch schon Manuela im ersten Fallbeispiel, grundsätzlich eine Minimierung von weiblicher Technikkompetenz ab. Sie habe es nicht nötig, einem gesellschaftlichen Rollenbild zu entsprechen.

> Kassandra: Oh, for goodness sake! I don't have a problem with that at all. If I know how something works I'm only too happy to tell somebody in company without feeling that I've got balls under my skirt or that I was emasculating my husband.

Auf die immer wieder auftauchenden Widersprüche in den Aussagen der Interviewten hinsichtlich der Ablehnung traditioneller Rollenbilder und eigenem Verhalten wird am Ende dieses Kapitels eingegangen.

Zeitproblem der Frauen

Bei genauerem Nachfragen zeigt sich, dass die Frauen, vor allem die Mütter froh sind, einen Aufgabenbereich an die Männer abgeben zu können, denn häufig sind es verstärkt die Frauen, die im Haushalt mehr erledigen als die Männer und unter Zeitnot leiden (vgl. Kapitel 6.1).

> I: Und wie finden Sie das, dass Sie Ihren Mann fragen können? Finden Sie das gut oder nervt das eher?
>
> Frau Frei: Das nervt überhaupt nicht, weil ich so viele andere Sachen machen muss. Ich finde das wunderbar, wenn mein Mann das macht.

Auch wenn, wie bereits in Kapitel 5.1 angesprochen, die meisten Männer selbst nicht in der Lage sind, den Computer zu reparieren, kümmern sie sich zumindest darum. Gerade die Organisation von Hilfe bei technischen Problemen kostet viel Zeit und wird oft in Anspruch genommen. Die Hotline des Providers muss angerufen und eventuell der Computer in Reparatur gebracht werden.

> Herr Frei: Ich bin kein großer Technikfreak, aber ich glaube schon, wenn irgendetwas nicht funktioniert, dass dann die erste Anfrage schon mal an mich geht; nicht, dass ich dann das alles unbedingt lösen kann, aber dass ich erst mal die erste Anlaufstelle bin.

Frauen wünschen aus zeitlichen Gründen ein problemloses Funktionieren des Internets, überlassen alles weitere jedoch den Männern.

> Alexander: Für sie ist das immer so ... Internet ... nutzen, es muss laufen, sie muss da dran gehen können, alles drum herum ... es muss nur laufen. Da kann man sich nicht mit ihr technisch unterhalten, ich hab da was im Internet gefunden, AOL ist schlecht, heute ist er wieder so langsam, solche Sachen halt.

Wie es sich in Ansätzen bereits bei den australischen Müttern und Online-Haushaltsaufgaben zeigt, besteht eine Korrelation zwischen Nutzung und Kompetenz (vgl. hierzu auch Kapitel 4.2 und 6.2): Sobald Frauen selbstbewusst mit dem Internet umgehen und Nutzungskompetenz zeigen, übernehmen sie zunehmend Aufgaben in diesem Bereich. Das anfangs zurückhaltende Verhalten der Frauen in Bezug auf Technologien erklärt sich also auch unter dem Gesichtspunkt weiblicher Zeitökonomie, da sich hier ein technisch konnotiertes Tätigkeitsfeld eröffnet, das Männer freiwillig übernehmen. Denn generell ist es so, dass Frauen ihre Männer verstärkt auffordern müssen, Haushaltsaufgaben zu erledigen.

> Natascha: Also, wenn ich sage, er soll das machen, dann macht er das; aber von sich aus, macht er das nicht.
>
> I: You only do cooking and picking up the children or do you also do something else like cleaning?
>
> Ted: Only ... only under dire pressure.

Kathy: No. He'll do it eventually but he will procrastinate about it. [laughs]

Einige Frauen scheinen in diesem Zusammenhang resigniert zu haben.

> Frau Maler: Ja. Ich fand das einfach ungerecht und er war sich dem auch bewusst. Mein Mann ist ein guter Mensch. Mit dem kann man reden und der hat das auch alles eingesehen, aber er macht es einfach nicht.

Übergeben eines Kompetenz- und Arbeitsbereichs an die Männer

Eine Übergabe dieser Tätigkeiten an die Männer fällt auch einigen Männern selbst auf.

> Alexander: Ich denke mal, dass ich das bin, weil ich es die meiste Zeit hingeschoben bekomme, wenn was nicht funktioniert.
>
> Herr Gabler: Ja. Es wird ihnen [den Männern der Technikbereich] mehr zugeschoben.

Andere Männer wiederum haben häufig das Gefühl, dass Frauen sich weniger zutrauen als Männer. Deswegen ist es für sie selbstverständlich, dass sie bei technischen Problemen in Deutschland und Australien und in Deutschland zusätzlich bei manchen Internetaufgaben den Hauptpart übernehmen, vermutlich auch, weil sie von der eigenen Partnerin vermittelt bekommen, hierin gut zu sein. Dass die Frauen solche Abhängigkeitsverhältnisse mit Aufrecht erhalten, ist vielen Frauen bewusst. Aus pragmatischen Gründen der Zeitersparnis streben sie aber keine Verhaltensänderung an.

> Sandra: Well, he just likes to do it, you know. I mean if I had to fix it myself I would but I don't have to. If he wants to muck around with it, let him do it. I could do it but I don't want to.
>
> Simone: Weil die sich doch meistens mehr mit den ganzen Sachen beschäftigen und irgendwo muss man denen doch auch mal so ihr Recht geben.
>
> Tracy: It doesn't interest me, I've got a husband to do it for me [laughing].

Nach Rollenerwartungen richten sich nur „die anderen"

Grundsätzlich bestätigen alle die Existenz von gesellschaftlichen Geschlechterrollen, die in Bezug auf Technologien vor allem im Bereich einer traditionellen Aufteilung gesehen werden. Diesem Erwartungsdruck der Gesellschaft nachzugeben, kann zwar nachvollzogen werden, wird jedoch als negativ bewertet.

> Vicky: I can understand that, but it's stupid [...] I can agree with the images because I think a lot of that does exist [...]
>
> Tina: I can understand it, but I think it's stupid.
>
> Jason: Yeah, I can understand and I think it's silly but I can understand it.

Rachel: I would say some couples probably feel that pressure.

Tim: No, I can understand that some individuals act like that [...]

Teilweise fallen sogar sehr abschätzige Bemerkungen.

Natascha: Gestört.

Gary: I'd say they're just silly to try and sort of perceive that notion to the other people when they go out. I mean where are they from?

Wie bei Manuela im ersten Fallbeispiel und Kassandra im dritten Fallbeispiel bereits angedeutet zeigen sich Widersprüche zwischen einer negativen Beurteilung einer Anpassung an gesellschaftliche Geschlechterrollen bei *anderen* und dem eigenen Verhalten in der Paarbeziehung. Einigen Interviewten missfällt es, wenn beispielsweise Frauen ihre Technikkompetenz in minimierter Form oder Männer ihre Kompetenz übertrieben darstellen, um sich im Geschlechterverhältnis zu positionieren. Zu Anfang dieses Kapitels war jedoch zu sehen, dass auch die interviewten Frauen ihre technischen Fähigkeiten selbst nicht demonstrieren.

> Frau Frei: Also da würde ich sagen, die haben ein anderes Problem. Denn es ist nicht richtig, die Männlichkeit und die Weiblichkeit dadurch zu dokumentieren, dass man an der Stelle das tut, wo es ... dann haben die noch ein anderes Problem. ...
>
> Frau Gabler: Ja, man muss da mal fragen, warum sie das nötig haben, das aufrecht zu erhalten, dieses Bild [...].
>
> Danielle: He's not that sort of person, but because society thinks he should be, he has to pretend. But that's where I think it's wrong.

Es gibt mögliche Erklärungen für diese Differenzen zwischen eigenem Verhalten und einer Negativ-Bewertung genau solcher Verhaltensweisen bei anderen: Gerade in der mittleren und älteren Altersgruppe spielen die interviewten Frauen ihre Technikkompetenz nicht aus, um nach gesellschaftlichen Vorstellungen weiblicher zu erscheinen. Sie tun dies aus einem pragmatischen Grund, den sie nicht als ein Handeln nach Rollenerwartungen einstufen: Frauen wollen Zeit sparen.

> Frau Maler: Also ich denke auch, dass viele Menschen damit [als Frau zu einer Technikkompetenz zu stehen] Schwierigkeiten haben. Ich persönlich bin ... und ich muss ehrlich sagen, ich habe kein Verständnis dafür. Ich kann das nicht nachvollziehen. Ich weiß, dass es Frauen gibt, die das machen [ihre Technikkompetenz vertuschen um einen Rollenbild zu entsprechen], aber ich habe kein Verständnis dafür. Absolut nicht. [...]
>
> *Spätere Stelle im Interview*
>
> Frau Maler: Ich denke dann, die dreimal, wo ich einen Videofilm aufgenommen haben möchte, soll ich mich denn jedes Mal damit beschäftigen, wie ist das gleich wieder gewesen. [...] Da ist es ja viel schneller, wenn ich rufe: „Stefan, könntest du mir um 20 Uhr mal den Film aufnehmen?"

5.2.4 Fallbeispiel Amy und Marc: Aufrechterhaltung männlicher Technikkompetenz

Amy und Mark gehören zur jüngeren Altersgruppe. Beide sind berufstätig, sie studiert zusätzlich. Sowohl Amy als auch Mark können zu den early adopter gezählt werden. Die Art und Weise, wie Amys Freund auf ihre Fragen zur Lösung technischer Probleme reagiert, zeigt jedoch eine Abwertung gegenüber ihrem technischen Wissensstand. Sie selbst macht ihre Technikkompetenz ebenfalls kleiner, indem sie ihre eigenen Fragen als „dumm" einstuft.

> *I: So you said that you almost never explain something to him but he explains sometimes things to you, right?*
> Amy: Yes, but he doesn't just ask me dumb questions [laugh].
> *I: What is he saying then?*
> Amy: He'll just do that. [Amy verdreht die Augen zur Decke und stöhnt].
> *I: Like roll the eyes? Okay. So how do you like that?*
> Amy: Oh it's fine. If I can get the information out of him or I'll ask another friend online.
> *I: But are you not annoyed when he reacts like that?*
> Amy: Oh yes, but that's okay.

Marc kommt dem Wunsch seiner Freundin, ihr etwas zu erklären nicht nach, sondern er löst das technische Problem für sie. Dies lässt darauf schließen, dass er nicht will, dass sie Probleme beim nächsten Mal selbstständig lösen kann. So bleibt Amy in jenen Fragestellungen weiterhin von ihm abhängig.

> Amy: Yes, there's a difference between explaining how to do and learning how to do it. I would like to learn how to do it but [laugh].
> *I: So you would prefer that he explains it?*
> Amy: No, he's a let me do it, you know.
> *I: So he wants to just do it and you want to learn how to do it or what?*
> Amy: Yes, but sometimes I can't be bothered. [...] the motivation level is not too high. If it's something I know I'm going to have to do it again, of course you want to learn it.

Zusätzlich versucht Marc seine technische Überlegenheit gegenüber seiner Partnerin zu bewahren, indem er als erster neue Onlineaktivitäten und Programme aufgreift.

> Amy: [...] so we had something awhile ago where I was using some software and I had been the first person to use it and I was sort of learning how to use it but.
> *I: Did it work?*
> Amy: Yes, it was fine. He was annoyed that I'd jumped on the first place to learn about it [laugh] but it was something that I needed to do.

Dieses Verhalten von Marc beschränkt sich nicht auf Internet und Computer, sondern tritt generell bei technisch konnotierten Tätigkeiten auf.

> Amy: [...] so often I'll get a new toy and Marc will want to set it up for me and I'll be like no, no, that's my job to do, otherwise I won't know that stuff. And often when I don't have a chance to do something from the start I won't find it that interesting knowing about it, so it will just be something that I use when I have to as opposed to something that I know inside out.

Obwohl Amy sich gerade im Software-Bereich gut auskennt, erbittet ihr Freund nie ihre Hilfe, was wiederum auf eine Abwertung ihres Könnens hinweist.

> Amy: He'll complain about it to me but he won't ask me [laugh].

Demonstration männlicher Technikkompetenz

Auch andere Männer drücken ihre technische Überlegenheit gegenüber der Partnerin aus, indem sie zum Beispiel die Tätigkeiten der Freundin am Computer kontrollieren.

> David: Ja, wobei es ... da ist auch eine Anleitung dabei, was man machen kann. Würde ich sie auch machen lassen in meinem Beisein.
>
> I: O.k., aber nur in deinem Beisein?
>
> David: Ja.

Während einige Männer technisch konnotierte Tätigkeiten nach außen hin als kompliziert darstellen, beschreiben sie die eigene Handhabung als für sich völlig problemlos und demonstrieren so ihre eigene Technikkompetenz.

> Jason: Yeah, I went out and bought the lot and bang, bang, bang.
>
> I: And then you installed it yourself at home or you had some help?
>
> Jason: Yeah, fired it all up, yeah. Put in the extra phone lines and all that sort of stuff, I used to do all that kind of stuff and I still do [...]. Like I said, if the bloody computer broke down then it's more joy, okay 'cause I can pull it apart.

Für einige Männer ist es in Ordnung, wenn sich Frauen gut auskennen, solange sie nicht eine höhere Kompetenz als sie selbst haben.

> David: Von mir aus kann sie so viel wissen, wie sie mag. Ich weiß, dass es mich nerven würde, wenn sie mehr wissen würde.

Es gibt durchaus auch Gegenbeispiele, Männer, die wollen, dass ihre Frauen technische Tätigkeiten erlernen und die gerne Lösungen erklären; doch Frauen nehmen aus den bereits beschriebenen Gründen wie Zeitknappheit häufig eine Abwehrhaltung ein; sie wollen Abläufe nicht erklärt bekommen, sondern einfach nur, dass das Internet funktioniert.

Frau Maler: Deshalb sagt er natürlich auch immer, wenn du das öfters machen würdest, könntest du das.

I: So, does he explain some things to you? Or do you just want to have it fixed and then you go?

Danielle: Yeah, he'll try but I'm not overly interested.

Danielles Partner erklärt ihr technische Fachbegriffe, mit denen sie allerdings so wenig anfangen kann. Sinnvoller wäre es, ihr in einfachen Schritten zu erklären, wie sie das nächste Mal Probleme selbst lösen kann. Anstatt ihr Internetfähigkeiten zu vermitteln, demonstriert er eigene fachliche Kompetenz.

I: Oh, he tries to explain but you don't want to know?

Danielle: Oh, I'll say what's up with it and he says oh, it's this, this and this and I'll go allright then. I say, are you right with it and he says, yeah.

Ähnliche Muster zeigen sich bei anderen technischen Aufgaben wie der Bedienung einer Bohrmaschine. Männer, die das Bohren beherrschen, stellen es als komplizierte Sache dar, genauso wie Frauen, die es selbst nicht beherrschen.

Tim: Having just spent a few days drilling through metal there are issues of knowledge about a drill and how it works and so forth that are quite important. Drilling is a matter of what substance you're going to drill into, cement, brick, metal, wood, plastic and so on. You have to understand the technology because there is a proper drill bit that matches that. There are people who don't have that understanding and they would just sort of try anything, so I think, you do have to have a technological understanding more than for example understanding how to send an email.

Jason: I've got a shed full of drills. Yeah there is depending on what drill yeah it can be very technical to use, some people think, oh that's just a drill, drill a hole but sometimes you've got to know how to drill a hole. What's involved, what material's involved, what sort of pitch you need, what timber, you know.

I: Bohrer?

Anna: Eher, weil ich keine Ahnung davon habe, sehe ich das wahrscheinlich eher als technisch anspruchsvoll. Also, ich würde mir nicht zutrauen, hier ein Loch in die Wand zu bohren.

Vor allem Frauen, die das Bohren beherrschen, sprechen dagegen von einer einfachen Bedienung.

Simone: Bohrer! Also, wenn ich einmal gebohrt habe, dann kann ich immer wieder bohren. Ich habe einmal drei Lampen gebohrt. Die erste ist fast heruntergefallen. Die anderen waren bombenfest. Das ist alles eine Sache des Tuns.

Frau Frei: Also ich glaube, objektiv ist ein Bohrer genauso leicht zu bedienen wie ein Telefon.

Einige Frauen glauben auch, dass manche Männer nur vorgeben, sich gut mit technischen Tätigkeiten auszukennen.

> Carmen: Ja. Ich meine, die Männer tun auch manchmal nur so.

Mit einer nach außen als kompliziert dargestellten Tätigkeit werten die Männer ihre Kompetenz auf. Diese Verhaltensweisen stehen im Zusammenhang mit gesellschaftlichen Rollenbildern. Gerade Männer spielen auf geschlechtskulturelle Erwartungen an, wenn sie häufig von einer „Rolle", „Männerdomäne", „Männersache" sprechen, die sie ausführen.

> Pascal: […] und die anderen Sachen ist halt so, Männerdomäne, neue Technologien würde ich sagen, weil … technisch.
>
> I: *So why did you pick shopping for new technologies for men?*
>
> Ted: Because that's our role.
>
> Eddy: It's a male thing.
>
> Johannes: Weil das was ist … So neue Sache, die will man ausprobieren und so. Die will man haben. Das ist eher etwas Männliches.
>
> Ted: We're … we're tinkerers. We don't … men don't … men don't … men are less amenable to routine. So if we're going to go out and do something different, hey, that's it, yeah.

Um männlichen Rollenerwartungen gerecht zu werden, verhalten sich Männer in Bezug auf Technologien dominanter.

> Kassandra: Yeah, because society, it depends how confident you are in yourself. I mean I don't think that a lot of women need to be defined by technology. I think men define themselves by technology a lot of the time.

Konnex Macht und Technik

Warum ist es gerade der Technikbereich, den viele der interviewten Männer für sich beanspruchen? Es zeigt sich, dass die Interviewpaare Technologien mit „machtvoll" assoziieren.[10]

> Paul: Machtvoll ist zutreffend.
>
> Simone: Machtvoll. Es ist machtvoll. Das stimmt.

Auch weitere Attribute, die mit Technik verbunden sind, zeigen einen Konnex von Macht und Technik (vgl. Schönberger 1999).

---

10 Die Interviewpaare wurden gebeten, Stellung zu folgendem Zitat zu nehmen: „Technologie ist machtvoll, unverständlich, wissenschaftlich, teuer und vor allem männlich. Was hat das mit Frauen zu tun?" Die Assoziierung von Technik mit machtvoll wird von allen, die sich dazu äußerten, bejaht, und zwar ohne Einschränkungen und spontan. Ein Großteil der Interviewpaare empfindet, dass Technologien teuer und wissenschaftlich seien. Jedoch werden bei diesen beiden Aussagen Einschränkungen wie teilweise teuer oder manchmal wissenschaftlich vorgenommen. Unterschiedlicher Meinung sind die Interviewten bei der Aussage, Technologie sei unverständlich. Einige sind der Ansicht, dies würde nur für manche Menschen stimmen, sie selbst fänden Technologien nicht unverständlich.

Danielle: So with technology, technology is something very modern and it shows that you are up there and knowledgeable. So they grasp that as something important. So that's why ...

Magret: For men, it's the size of the hard drive and the faster the computer goes and the flatter the screen is.[...] Cause they want something better than what their friends have got.

Kassandra: [...] This is the angle that I'm getting it from not because your macho but because you've made it. It's a sign of your personal success and you have the latest technologies. [...] So it's not because they're (men) frightened to show their feminine side by cooking a meal, it just means that they can show to their peers how successful they are by the latest technologies they have.

Tina: ... in these things that are coming out ... ... like they [men] got to be the first to have it. Got to be, you know, right there.

Carla: Aber das ist an sich halt eine Tätigkeit, die ein Stück weit Stärke zeigt [...] Handwerkliches Geschick wird eher den Männern zugeschrieben. Kochen und so ist wieder nicht mit Stärke ... verbunden. Glaube ich nicht.

Ein interessanter Befund ist, dass ältere Männer ihre Technikkompetenz über Computer- und Internetkenntnisse nicht zeigen müssen. Im Laufe ihres Lebens gab es genug andere technische Bereiche, die sie bereits übernommen hatten, um sich technisch zu profilieren. Scheinbar ist der gesellschaftliche Druck für ältere Männer geringer als für jüngere Männer.

> I: Why aren't you not better with the internet then as with all the other technical things?
>
> Eddy: I'm not as interested in as she is. I can't anything of it as far as you say if anything's wrong around the place you've got to fix it, well it's just something that I've done in my life in the building trade. So I haven't needed the internet to find out anything like that.

Nur einzelne Männer sagen, dass sie nicht an männlich konnotierten Aufgaben interessiert oder nicht technisch begabt seien. Sie empfinden sich als Ausnahme. Herr Frei ist trotzdem kompetenter als seine Frau. Bei Johannes und Carmen zeigt sich eine umgedrehte „Rollen-Aufteilung", zu der beide Partner stehen.

> Herr Frei: Da kann ich für mich nur sagen, da ich ja auch nicht gerne bohre und das auch nicht besonders gerne mache würde. [...] Man muss dazu auch Spaß daran haben, man muss das besetzen können innerlich und das tue ich ja eigentlich nicht [...] Aber das war ohnehin nie mein Ding, Dinge zu reparieren, das weckt bei mir dann oft schnell Ungeduld, ich bin kein Tüftler und mache das auch nicht besonders gerne.
>
> Johannes: Außer dass ich halt sagen kann, ich kann dazu stehen, dass ... Aber ich kann mir auch vorstellen, dass es durchaus auch Pärchen gibt, die meinen, diese Rollen so spielen zu müssen.
>
> Carmen: Ich glaube, ihn hat es manchmal genervt, weil ich einfach ein bisschen besser damit umgehen kann und alles ziemlich schnell mache und er dann nicht so ganz hinterher kommt. Also, wenn er jetzt am PC sitzt und die Maus in der Hand hat zum Beispiel und klicken muss, da bin ich meist

ein bisschen ungeduldig und sage: Mach doch da und hier! Das geht doch so einfach! Ich glaube, ich bin sehr ungeduldig dabei ... (lacht). Deshalb ist es immer besser, wenn ich die Maus habe und er dann lieber sagt, halt, warte mal einen Moment oder so.

Nach einem traditionellen Rollenbild, was von den Paaren als dominant vorherrschendes empfunden wird, muss man sich als Mann für neue Technologien interessieren und sich damit auskennen. Sein technologisches Wissen zur Schau zu stellen, ist eine Möglichkeit, diese Stärke zu demonstrieren. Eine Nicht-Kompetenz im Zusammenhang mit neuen Technologien impliziert umgekehrt eine Schwäche.

> Marcel: Der Mann quasi das Geld mit heim bringt und sich um die technischen Sachen kümmert ...
>
> Eddy: It's a male dominant thing. It's a show off thing, isn't it? Even though he might not be capable but he kind of pretend he could and show off type thing.
>
> Danielle: No, I agree there's still that male ego, still coming through from society. The male must be better than the female, because the male used to support the family and look after the family. And that was his role in life, to be a strong person and to be knowledgeable, and to be supportive and to look after his family, if he has one. And I think that's still in some areas of society continuing on.
>
> Richard: I don't ... I think men like to show off a little bit more than women, probably social reasons.

Ähnliche Erwartungen werden an Männer im Zusammenhang mit Computer und Internet gestellt, zumindest was die Reparatur betrifft, da sie zum Bereich der Technologien gezählt wird.

> Sandra: It happens all the time, it has to do with computers. It's just a male female thing. Men, ... a lot of men like to feel they're in control, and even if they're wrong with what they say, they still persist because they don't want to be collected.
>
> Tanja: Well I think it's connected with the roles thing. So if I'm a man in society then there are certain things I'm expected to be able to do. One of them would be, you know, being able to use a computer, another is being able to fix a lawnmower, another is being able to fix a car. [...]

Frauen beschreiben, dass Männer es nicht mögen, wenn Frauen ihnen sagen, was in einem „männlich" konnotierten Bereich zu tun ist.

> Sandra: You know, you find it in ... I certainly found it in the building industry 'cause I was in charge of things and men had to listen to what I had to say but they didn't really like it ... from time to time.

Der Macht-Aspekt zeigt sich auch bei der Dominanz über ein Gerät (vgl. Kapitel 4.3) sowie bei einer gemeinsamen Nutzung des Internets, da an einem Rechner nur eine Person Tastatur und Maus bedienen kann.

> Pascal: Einer hatte die Macht gehabt und einer wollte was anderes. [...] Der oder die, die die Maus hatte, hatte die Macht gehabt.

5.2.5 Fallbeispiel Natascha und Torben: Abwertung der Internet-Nutzungskompetenz

Torben und Natascha sind beide berufstätig, sie kümmert sich zusätzlich fast ausschließlich um den kleinen Sohn sowie den Haushalt. Torben meint, grundsätzlich beherrschen Männer technische Geräte besser als Frauen; wenn Frauen Apparate bedienen können, dann sieht er das als Zeichen für den Rückgang technischer Komplexität.

> Torben: Bei Windows 98 oder XP braucht man sich nichts mehr aufzuschreiben. Das ist einfacher geworden. Das kann ja eigentlich auch mittlerweile jede Frau bedienen oder installieren. Oder wenn Natascha etwas installiert, dann fragt sie eine Bekannte oder ich sage ihr das am Telefon und dann macht sie das. Früher, zu DOS-Zeiten, war das immer ein Problem. Ich weiß nicht, da war es problematischer. Das einzige, was schwierig ist, Einrichten und so weiter, aber, was Windows spezifisch ist, nicht.
>
> I: *Und wenn du sagst, auch jede Frau kann das so, heißt das, Männer können das grundsätzlich besser?*
>
> Torben: Ja, natürlich. [...]
>
> I: *Würdest du persönlich sagen, dass das Internet etwas mit Technik zu tun hat?*
>
> T: Nein. ... das können auch Bürofutzi.

Torben ordnet eine generelle technische Kompetenz klar den Männern zu, wendet diese Aufteilung bezogen auf die Internetnutzung jedoch nicht an.

> I: *Du sagst, deine Frau kennt sich mit der Anwendung besser aus. Denkst du, das ist bei Paaren generell in Eurem Alter auch so, dass sich die Frau besser auskennt als der Mann?*
>
> Torben: Kommt darauf an, wer wie was nutzt. Wenn beide gleich viel davor sitzen. [...] Kommt darauf an auf die Erfahrung. Wenn die Frau vor dem Internet mehr Zeit verbringt, dann weiß sie eher, wo sie etwas suchen muss.

Bei in seinen Augen technisch konnotierten Computer- und Internettätigkeiten unterstützt er seine Frau weiterhin.

> Torben: Ja, beziehungsweise von den Adressen oder wenn man zusammen online geht. Das Einrichten und so. Das ist schon etwas problematischer. Das macht sie, wenn ich da bin ... So Ferndiagnose ist immer schlecht.

Auch Natascha verneint die Notwendigkeit einer Technikkompetenz für die alltägliche Computer- und Internetnutzung. Da sie es selbst gelernt habe, brauche man keine Kompetenz. Damit weist sie indirekt auf eine weibliche Technikinkompetenz hin.

> Natascha: Nur um den Computer zu bedienen, glaube ich nicht. Nein. [...] ich habe es auch gelernt.

Rückgang der technischen Rahmung bei alltäglicher Internetnutzung

Mit voranschreitender Diffusion wird die Internetnutzung nicht mehr mit technischer Kompetenz assoziiert.

> Pascal: Das Internet ist ja mittlerweile idiotensicher gemacht und man kann mit wenigen Mausklicks sich zurecht finden, ohne dass man viel weiß.

Der Zeitpunkt scheint erreicht, wenn die Internetnutzung sich bei der breiten Masse durchgesetzt hat.

> Marcel: Ja. Das, was hinter der Nutzung steckt, das ist technisch; aber die Benutzung an sich, das kann ja jeder, der sich kurzzeitig damit auseinander setzt. […] Ja, die Benutzung von derartigen Sachen ist halt ziemlich untechnisch. Und meiner Meinung für jeden gemacht, ob der jetzt technisch veranlagt ist oder nicht.

> Claus: Ja, da muss man strikt nach Bedienungsanleitung vorgehen, ich denke mal, wenn es fest angeschlossen ist, kriegt das auch jede weitere Person hin, die lesen kann und die in der Lage ist, sich durch die Bedienungsanleitung durchzulesen.

Wenn eine Bedienung von Geräten in den Augen einiger Männer anspruchsvoll ist, dann ist sie auch technisch. Ist umgekehrt etwas nicht anspruchsvoll, dann ist es auch nicht technisch.

> *I: Staubsauger?*
> Paul: Ist nicht unbedingt technisch.
> *I: Auch die Bedienung nicht?*
> Paul: Nein.
> *I: Der Herd?*
> Paul: Auch nicht so sonderlich anspruchsvoll.

Einige Männer bestimmen den Grad der Technikkompetenz, die für die Handhabung des Computers erforderlich ist, an der Kompetenz der Partnerin. Kann diese eine Handlung ausführen, so ist sie nicht technisch. Kann sie es nicht, er selbst hingegen schon, dann wird ein technisches Verständnis vorausgesetzt.

> *I: Gibt es irgendetwas, wofür man technisch begabt sein muss?*
> David: Ja sicher, ich glaube nicht, dass meine Freundin jetzt wüsste, wie eine Festplatte einzubauen ist oder anders anzuschließen hat oder was auch immer. […] Ja. Hardwarebezogen denke ich schon, dass das mehr mein Ding ist.
> *I: Und auch mehr Technikkompetenz verlangt wird?*
> David: Ja sicher.
> *I: Und die Hardware, ist das für dich Technik?*
> Claus: Ja, innen drin, das ist Technik, da kenne ich mich aus.

Die Überlegungen der Männer werden auch von manchen Frauen angewandt: Der Grad der technischen Schwierigkeit ergibt sich aus dem eigenen Können. Es sei noch mal darauf hingewiesen, dass die Interviewerin nur fragte, ob man für die Bedienung von Computer, Waschmaschine etc. sich gut mit Technik auskennen müsse. Die meisten Frauen stellten sich dann folgende Fragen: Ist es in meinen Augen schwierig zu bedienen? Denke ich, es wäre prinzipiell schwer zu erlernen? Können die Probandinnen eine Tätigkeit nicht oder stufen sie als schwer ein, dann assoziieren sie sie mit Technik.

> Anna: Dinge, die mir einfach nicht liegen [die sind technisch], wo mir die Ahnung ein bisschen fehlt.
>
> I: Staubsauger? Staubsaugen, technische Begabung?
>
> Frau Gabler: Nein. Strukturierung, nein, keine technische Begabung. Ist ja nicht mehr als drei Knöpfe.
>
> Carmen: Das Bedienen [der Waschmaschine] aber nicht. Einfach ein paar Knöpfe drücken und dann geht es los.
>
> I: So if you like take the washing machine, do you think the heart of the machine itself you could relate to technology, is that technology for you, the inside of the washing machine?
>
> Tracy: I wouldn't know the first thing about it. I know how to use it […].

Für die alltägliche Computer- und Internetnutzung zeigen sich für Frauen ähnliche Muster wie für andere routinierte Tätigkeiten.

> Danielle: […] You know if you just want to go surfing on the net, you just push a couple of buttons and you're in.
>
> Carmen: […] Wobei, wenn Du es jetzt nicht mit Outlook [Emailen] machst, sondern wirklich nur im Internet, ist das ja auch nicht so schwierig dann. Das finde ich jetzt nicht technisch.

Wenn die Bedienung eines Gerätes mit den klassischen Hausfrauenaufgaben verbunden ist, sind häufiger Frauen zuständig (vgl. Kapitel 6). Die Frauen üben die Bedienung, beherrschen sie, empfinden sie als einfach und konnotieren sie dann kaum mit Technik.

> I: Und das eigentliche Wäsche waschen?
>
> Katrin: Nein, eigentlich nicht. Das ist routiniert eigentlich.

Handelt es sich um eine neue Technologie, dann greifen Männer diese Geräte zuerst auf. Die Frauen nutzen sie nicht, üben den Umgang nicht, empfinden die Bedienung somit als schwer.

> Anna: Eben diese Digitalkamera und auch ein ganz normaler Fotoapparat, weil das nicht so den Zugang zu mir findet.
>
> I: Aber du hast gesagt vorhin, dass das nicht unbedingt was mit Technik zu tun haben muss.
>
> Anna: Ja, ich würde schon sagen, einfach weil mir das da nicht richtig greifbar ist, dass ich das nicht verstehe, würde ich vielleicht einfach in diese Technik-Schublade einordnen.
>
> I: Wenn man mal überlegt, eine Waschmaschine muss man programmieren und einstellen können, das muss man bei einer Kamera ja auch machen.

Anna: Bei der Kamera z. B., da kommt es dann wieder auf die Lichtverhältnisse an und kleine Blende, große Blende, keine Ahnung, also solche Sachen. Bei der Waschmaschine kenne ich mich aus, da kannst Du mich nachts wecken.

Rückgang männlicher Konnotation in der alltäglichen Internetnutzung

Während der allgemeine Technikbereich männlich konnotiert wird (vgl. Kapitel 5.1), soll nun untersucht werden, wie dies für das Internet aussieht. Der Großteil der deutschen und australischen Paare stuft das Internet als eine geschlechtsneutrale Technologie ein.[11] Hintergründe für diese Einordnung sind eine ausgeglichene Nutzungsweise, ein gleichberechtigter Zugang zum Internet im eigenen Haushalt oder die Überlegung, dass das Internet interessante Inhalte sowohl für Männer als auch für Frauen zu bieten hat.

Amy: Because we use it for different tasks for almost equally. We have equal access. We spend almost equal amounts of time on it.

Diejenigen, die sagen, dass das Internet neutral oder geschlechtslos sei, betreiben allerdings durchaus geschlechtliche Zuordnung von Technik in anderen Bereichen.

Shane: I guess because it's not solely a male dominated area. I think, like you said, if you see a sports car, you know whereas the internet, because it's so worldwide, there's no ... there's no gender bias. There can't be.

Jason: I never looked at it as being a male thing or a female thing but if you said something like cars, well, yeah that would be a bit different.

I: What would you say about cars?

Jason: I'd say more male, more men seem to be into cars than girls. If there's a problem Kathy will say, there's a noise in the car, okay, where's the noise, I go and fix it, you know.

Die alltägliche Nutzung des Internets wird nicht (mehr) mit technischer Kompetenz gleichgesetzt, die technische Rahmung wurde von einer alltagskulturellen Rahmung abgelöst. In diesem Zusammenhang ging die männliche Konnotation zurück. Mit einer neutralen Konnotation haben sich die Rollenerwartungen an die Geschlechter geändert.[12]

---

11 Die wenigen InterviewparterInnen, die das Internet als männlich einordnen, begründen ihre Einschätzung überwiegend mit der Aussage, dass im Haushalt die Männer das Internet mehr nutzen.
12 Den Befragten wurde eine Situation eines fiktiven Paares beschrieben. Dort stellt die Frau ihre (vorhandene) Internetkompetenz minimiert dar; der Mann dagegen weist eigene Inkompetenz im Umgang mit dem Internet als Können aus. Die Beschreibung des Pärchens richtet sich stark auf ein geschlechtsspezifisches technisches Rollenverhalten aus. Das beschriebene Paar befürchtet, dass ein Nicht-Verhalten nach diesen Regeln sozial abgestraft wird. Die interviewten Paare wurden dann gefragt, ob sie das Verhalten nachvollziehen können, nicht aber ob sie sich wie das

> I: *What do you think about the internet use, is that something that's more expected from males or females?*
>
> Margret: Neither.
>
> Marcel: Ja, vom Internet her nicht. Ich habe das als allgemein gültig so … Also, nicht für's Internet gedacht.
>
> Jasmin:. Aber ich meinte eigentlich, dass Männer, glaube ich, nicht so gerne zugeben, dass sie es nicht können als Frauen halt; weil Frauen wird auch, glaube ich, schneller geholfen bei so etwas. Und ich glaube, dass auch Männer sich irgendwo vielleicht einfach schämen, das zuzugeben. Keine Ahnung. Aber ich denke, beim Internet nicht unbedingt so.

Entscheidend ist, dass die Paare zum *heutigen* Zeitpunkt Zweifel an der Existenz von traditionellen Geschlechterrollen in Bezug auf das Internet haben. Das heisst, vermutlich fand eine Weiterentwicklung statt, wobei dieser Prozess in der vorliegenden Studie nicht im Mittelpunkt der Forschung stand, sondern eine Momentaufnahme der Alltagsintegration des Internets.

> Claus: Wäre es jetzt bezüglich eines neuen technischen Gerätes, o.k., dann würde ich es verstehen. Aber bezüglich Internet nicht, weil beim Internet jeder gleich viel … Es ist ja kein technisches oder handwerkliches Geschick. […] Es ist ja nun so, das Internet ist aus meiner Sicht nicht blau oder rosa, sondern neutral. Also für beide.

Die Paare können sich vorstellen, dass vor einigen Jahren eine Frau ihre Internetkompetenz verheimlicht und ein Mann seine nicht existente Internetkompetenz zur Schau stellt, um gesellschaftlichen Erwartungen zu entsprechen.

> Fr. Frei: Also meine Diplomarbeit vor vielen Jahren, vor 24 Jahren, da bin ich an eine Universität gegangen, wo es am Rechenzentrum noch niemanden gab, der das machen konnte. … Es war sehr aufwendig. Das war eine Männerdomäne. Damals. […]
>
> Claus: Anfangsjahre ja, Internet, jetzt nicht mehr […] Also der Anfang vom Internet war ja vielleicht bedingt dadurch, dass die Männer eher etwas gespielt haben, wie Gameboy oder irgendwas gespielt haben […] Und wenn die Entwicklung jetzt weitergeht, liegt das natürlich auf der Hand, dass der Mann mehr Bezug zum Computer hat, ob das jetzt äußerlich ein Gehäuse oder optisch ein Bildschirm ist. Und die Frau damit eh nichts zu tun gehabt hat in den Anfangsjahren. Und da würde ich da doch eher zustimmen, in den Anfängen, aber in der heutigen Zeit nicht mehr.

---

beschriebene Paar verhalten. Die Interviewerin vermutete, dass das Antwortverhalten an die soziale Erwünschtheit angepasst werden könnte. Diese Annahme bestätigte sich im Laufe der Interviews. Die Paare gaben nicht zu, sich nach erwarteten Rollenbildern zu richten. Die Paare räumten zwar ein, sie könnten das beschriebene Verhalten nachvollziehen, betonten aber zugleich, dass sie sich anderes verhalten würden. Tatsächlich weisen die Paare in der eigenen Beziehung jedoch durchaus ähnliche Verhaltensmuster wie bei dem fiktiven Beispiel auf.

Einige haben die Einstellung, dass dieses Rollenverhalten jedoch noch nicht restlos aus der Gesellschaft verschwunden ist.

> Natascha: Ich würde eher sagen, das ist bald passé.
>
> I: Ist bald passé?
>
> Natascha: Ja, halb, halb, je nachdem halt. Das kann man aber nicht genau sagen. Die einen so, die anderen so.
>
> I: Wenn du sagst, das ist bald passe, glaubst du ...
>
> Natascha: (unterbricht) Das wird sich sowieso bald aufheben. Also komplett aufheben, denke ich mal, weil doch mehr Frauen sich jetzt dafür interessieren ... und dass das auch normaler wird.

Im Unterschied zur (geschlechtsneutralen) alltäglichen Internetnutzung greifen die traditionellen Muster bei der Reparatur des Internets noch immer.

> I: And why are you better with other technical things, where did that come from?
>
> Shane: It's just ... it's just a male thing.
>
> I: What do you mean, it's just a male thing? What does that mean?
>
> Shane: I don't know how it works. I guess, you'd have to ask her. I mean, I don't know females probably just don't care about it.
>
> I: So it's just clear from the beginning?
>
> Shane: Yeah.
>
> I: For yourself and ...?
>
> Shane: And even whereas males like they want to fiddle with little things and plug ... pull plugs out and plug other things in and touch these dials and knobs and whereas as women are probably just more like, just do it and, yeah.
>
> I: And why is that not with the internet? Is the internet not a male thing?
>
> Shane: I don't know. No, I think, it would be universal.
>
> I: Neutral?
>
> Shane: Yeah, neutral.
>
> I: Or is it more female, maybe?
>
> Shane: I don't know. Like I mean, I guess, there's definitely more ... I mean, all the nerds I know are male but she's definitely better at it than I am, only because she's been around it a lot more.
>
> Pascal: Weil es für mich weder ein männliches noch ein weibliches Medium ist. Je nachdem, wofür man es nutzt. Ich erlebe es bei mir im Unterricht in der Schule, da sind Frauen, die da unheimlich firm sind und es sehr viel nutzen, und Männer, die keinen Bezug dazu haben. Vom Aufbau her ist es ja nichts Wissenschaftliches oder Technisches, ist für alle nutzbar, die es nutzen wollen und einen Bezug dazu haben.

Auch Tanja trennt von der Anwendung das technische Verständnis des PCs ab und ordnet es männlichen gesellschaftlichen Rollen zu.

> Tanja: You might ... you might ... if you had to segment it, you might say with the male role it's being able to understand the workings of a computer

and ... men ... men on the whole might feel an expectation that they should know how a computer works. I mean, I think, the main thing with women and their identity is being able to have children ... you know, be a mother. A lot of your identity as a woman is tied up with that and then, secondary to that being able to work in which case you would need to use a computer but so in that sense, it's part of the role but whereas I think, for men it's a more central.

Die gesellschaftliche Akzeptanz von weiblicher Internetkompetenz

Was heißt dies nun für gesellschaftliche Rollenerwartungen beim Umgang mit dem Internet? Nach der Einschätzung der Interviewpaare wird geringe Internetkompetenz des Mannes sozial stärker negativ sanktioniert als eine hohe Internetkompetenz der Frau.

> Jasmin: Wenn halt eine Frau das zugeben würde, dass sie das halt nicht kann, ist das halt auch nicht so schlimm wie beim Mann.
>
> Kathy: [laughs] I understand about the male showing off when he really doesn't know that much. [laughs] I think, they do especially to other men, I don't know why that is, something to talk about, I guess. [laughs] She would keep it to herself? No, not among the women that I know, no.

Wenn Frauen gut mit dem Internet umgehen können, sollen sie nach Meinung der Interviewpartner dies ruhig im sozialen Umfeld zugeben.

> Paul: Finde ich unsinnig, wenn man die Begabung hat, ist es doch gut.
>
> I: Und glaubst Du, Frauen können auch ausgelacht werden, weil sie sich sehr gut damit auskennen?
>
> Carla: Nein, weniger. Weil Internet ist, wie gesagt, neutral.

Die Interviewpaare haben selbst erlebt, dass es mittlerweile auch internetkompetente Frauen gibt. Internet-inkompetente Männer sind jedoch selten.

> Ted: Well, I don't know about the second one 'cause I don't know that many males who are technologically illiterate but I know, where I've worked before, a lot of women who have been technologically very competent and they're geeks. They're female geeks.
>
> Kerstin: Aber im Internet würde ich sagen, dass Frauen genauso gut sind. In der Internetnutzung würde ich schon sagen, viele.

Die ansonsten von vielen beschriebene Verbindung von Frauen und Angst vor Technik trifft auf die alltägliche Internetnutzung also (mittlerweile) nicht zu.

> I: Und könntest du es auch nachvollziehen, dass, so wie du gesagt hast, dass manche Frauen Angst haben, das Loch wird schief bei der Bedienung der Bohrmaschine, genauso dass manche Frauen, die das Internet noch nicht genutzt haben, meinen: „Oh, ich habe da Angst vor, dass ich da etwas kaputt mache?"

Carmen: Also beim Internet glaube ich es weniger. Weil das ... klar kann man da auch viel kaputt machen. Aber ... Da ... weiß ich nicht, glaube ich weniger.

I: *Oder kannst du dir vorstellen, dass die denken, das hat viel mit Technik zu tun und deshalb probiere ich es erst gar nicht aus?*

Carmen: Nein, beim Internet glaube ich das weniger.

5.2.6 Fazit

Im Internethandeln vieler Paare ist ein doing gender zu erkennen. Bezogen auf den Technikbereich zeigt sich dies häufig in Form eines Technik-Kompetenz-Differentials, erkennbar anhand einer höheren, jedoch in minimierter Form ausgelebten Technikkompetenz bei den Frauen sowie einer Aufrechterhaltung und Demonstration von Technikkompetenz bei den Männern (vgl. hierzu auch Collmer 1997; Schönberger 1999). Ausnahmen bewahren jedoch vor einer zu schnellen Pauschalisierung. Männer und Frauen verhalten sich nicht immer nach gesellschaftlichen Rollenerwartungen. Gleichwohl besteht ein Wechselverhältnis zwischen gesellschaftlichen Rollenerwartungen und (Internet)-Handeln. Soziale Rollen fungieren als Vorbild, werden zugleich durch das Verhalten des Einzelnen mit konstituiert.

Gesellschaftliche Rollenerwartungen und Internethandeln

Kapitel 5.1 ergab, dass der allgemeine Technikbereich klar zu den Männerkompetenzen gerechnet wird. Die Internetanwendung dagegen ist schwächer geschlechtsspezifisch gebunden: Mal ist sie die Expertin, mal er der Experte. Dies steht vermutlich im Zusammenhang mit dem Rückgang der technischen Internet-Rahmung: Weil die alltägliche Internetnutzung nicht in Bezug zu einer Technikkompetenz gesetzt wird, „können" Frauen die Anwendungsexpertinnen sein, ohne ihre geschlechtliche Identität nach einem traditionellen Rollenbild zu negieren. Bei den interviewten Paaren herrscht das Verständnis vor, dass es sich beim Internet aktuell im Bereich Anwendung um eine geschlechtsneutrale Technologie handelt; das gilt jedoch immer noch nicht für Reparatur und z. T. auch nicht für die Installation, die männlich konnotiert werden. Dementsprechend erweist sich bezüglich gesellschaftlicher Erwartungen nach wie vor: Männer sind für technische Probleme mit dem Internet zuständig.

Anhand von mehreren Fallbeispielen konnten ähnliche geschlechtskulturelle Praktiken bezogen auf die Reparatur und Installation des Internets in Australien und Deutschland festgestellt werden.

Einige jüngere Paare sowie Männer aus der mittleren Altersgruppe drücken auch über das Internethandeln die eigene Geschlechtszugehörigkeit aus. Auffällig ist, dass ein Technik-Kompetenz-Differential nicht nur innerhalb der Beziehung gelebt, sondern nach außen für andere sichtbar demonstriert wird. Für die Männer scheint dabei der Konnex von Technik und Macht wichtig zu sein: Stärke und Dominanz können über den Technikbereich beansprucht werden. Die Frauen dagegen demonstrieren technische Hilflosigkeit.

Viele aus der mittleren Altersgruppe stammende Mütter, aber auch ältere Frauen praktizieren ein doing gender, indem sie ein Technik-Kompetenz-Differential herstellen und damit die Technikkompetenz ihrer Männer im Vergleich zu ihrer eigenen höher erscheinen lassen. Zweck dieses Verhaltens ist jedoch nicht, gesellschaftlichen Vorstellungen zu entsprechen, sondern das pragmatische Motiv, Zeit zu sparen. Zum einen lehnen diese Frauen generell ein Handeln nach gesellschaftlichen Rollenerwartungen ab. Zum anderen wird ein Technik-Kompetenz-Differential vor allem innerhalb der Beziehung hergestellt. Diese Frauen erfüllen scheinbar allgemeine Rollenzuschreibungen, setzen sie aber für ihre Zwecke ein.

Kinderlose Frauen aus der mittleren Altersgruppe und einige ältere Männer sind sich zwar gesellschaftlicher Geschlechterrollen bewusst, richten sich aber nicht nach ihnen. Dies sind z. B. Frauen, die sehr gut mit Technik umgehen können und das auch demonstrieren, sowie Männer, die zu einer Technikinkompetenz stehen und kein Problem damit haben, dass ihre Partnerin die Technikexpertin in der Beziehung ist. Die aus der mittleren Altersgruppe stammenden kinderlosen Frauen haben im Gegensatz zu einigen jüngeren Frauen nicht das Bedürfnis traditionellen gesellschaftlichen Geschlechterrollen zu entsprechen. Auch verfügen sie über mehr Zeit als Mütter. Vor allem die Männer aus der älteren Altersgruppe sehen keine Notwendigkeit im Internethandeln ihre Technikkompetenz zu demonstrieren, da sie diese im Laufe ihres Lebens bereits in anderen Bereichen unter Beweis gestellt haben.

6 Internet zwischen Haushaltsgerät und Medientechnologie

In diesem Kapitel wird die Internetnutzung im Geschlechterverhältnis im Kontext von Haushaltsaufgaben betrachtet. Zunächst soll überprüft werden, wie die interviewten Paare Aufgaben im Haushalt unter sich aufteilen. Danach soll untersucht werden, welche Rolle das Internet bei den Haushaltsaufgaben spielt, um zu sehen, welche Unterschiede und Gemeinsamkeiten in diesen Bereichen existieren.

6.1 Allgemeine Haushaltsaufgaben in Australien und Deutschland

Ziel dieses Kapitels ist es zu eruieren, wie die australischen und deutschen Paare Haushaltsaufgaben handhaben und einschätzen.
- Wer tätigt wie viele und welche Haushaltsaufgaben?
- Welche Haushaltsaufgaben schreiben die interviewten Paare generell Männern bzw. Frauen zu?

Ausgehend von diesen Basisfragen kann analysiert werden, ob sich die Aufteilung sowie die Diskurse rund um Hausarbeit mittels Internet fortsetzen oder verändern.

6.1.1 Ausmaß der Erledigung von Haushaltsaufgaben

Dieser Abschnitt gibt eine Übersicht über das Ausmaß und die inhaltliche Aufteilung von Haushaltsaufgaben bei den interviewten Paaren.

Unter den *australischen* Probanden sind drei Rentner, alle anderen Männer arbeiten oder studieren in Vollzeit. Unter den Frauen gibt es drei Rentnerinnen, eine Hausfrau mit drei Kindern und eine Mutter, die in Teilzeit arbeitet. Alle anderen Frauen studieren oder arbeiten in Vollzeit. Bei der jüngeren sowie bei der älteren Altersgruppe übernehmen beide Partner einen ungefähr gleichen Anteil an der Hausarbeit (vgl. Tab. 6-1). Bei den älteren Paaren ist die Ausgeglichenheit vor allem der Tatsache zuzuschreiben, dass Rentner über mehr freie Zeit verfügen und der Tag u. a. mit der Erledigung von Haushaltsaufgaben ausgefüllt wird. Bei den jüngeren Paaren könnte die Ausgeglichenheit am Nichtvorhandensein von Kindern und/oder an einem gleichberechtigten Beziehungsmodell liegen.

Tab. 6-1: Aufteilung der Haushaltsaufgaben der interviewten australischen Paare

Paar	Prozentuale Verteilung der Haushaltsaufgaben nach Selbsteinschätzung1
Amy und Mark	Beide 50/50
Margret und Shane	Er macht mehr 60/40
Laura und Richard	Sie macht mehr 65/35
Kassandra und Gary	Sie macht mehr Er sagt: 60/40 Sie sagt: 90/10
Danielle und Justin	Beide 50/50
Tanja und Ted	Sie macht leicht mehr Sie sagt: fast 50/50 Er sagt: 70/30
Kathy und Jason	Sie macht fast alles
Tina und Samuel	Sie macht fast alles
Vicky und Tim	Sie macht etwas mehr 60/40
Rachel und Eddy	Beide 50/50
Tracy und Ben	Sie macht mehr 65/35
Sandra und Bob	Beide 50/50

Auffällig sind die Unterschiede bei der mittleren Altersgruppe; bis auf ein Paar erledigen die Frauen trotz teilweiser Berufstätigkeit etwas bis deutlich mehr Hausarbeit (vgl. 6–1). Nur eine der Frauen ist Hausfrau. Die meisten Frauen der mittleren Altersgruppe haben Kinder. Allerdings übernimmt auch bei dem kinderlosen Paar Kathy und Jason sie fast alle Hausarbeiten.

> Jason: She does most of the housework, I suppose, if I get time I'll jump in and do a bit and all that.

Unter den *deutschen* älteren Paaren gibt es ein Rentner-Paar, einen Rentner und einen Arbeitssuchenden. Bis auf eine Rentnerin arbeiten die älteren Frauen Voll- oder Teilzeit. In der jüngeren Altersgruppe arbeiten oder studieren beide Partner in Vollzeit, in der mittleren Altersgruppe gibt es eine stundenweise arbeitende Hausfrau mit Kleinkind,

---

1 Wichen die Angaben der beiden Partner nur geringfügig voneinander ab, so wurde das Mittelmaß festgehalten. Gab es größere Abweichungen (mehr als 10 Prozent), so wurde dies in der Tabelle deutlich gemacht.

eine Selbstständige mit Kleinkind, ein berufstätiges Pärchen mit jeweils eigenen Kindern und zwei Vollzeit berufstätige kinderlose Paare.

Bei den deutschen jüngeren Paaren zeigt sich wie bei den Australiern eine relativ ausgeglichene Verteilung der Haushaltsaufgaben. Dagegen sind bei den mittleren und älteren Interviewpaaren deutlich mehr Frauen für die Erledigung der Haushaltsaufgaben zuständig (vgl. Tab. 6-2).

Tab. 6-2: Aufteilung der Haushaltsaufgaben der interviewten deutschen Paare

Paar	Prozentuale Verteilung der Haushaltsaufgaben nach Selbsteinschätzung[2]
Carmen und Johannes	Beide, sie geringfügig mehr 55/45
Jasmin und David	Sie macht etwas mehr 60/40
Kerstin und Marcel	Beide, sie geringfügig mehr 55/45
Anna und Pascal	Sie macht fast alles 95/5
Carla und Claus	Sie macht fast alles 95/5
Manuela und Paul	Beide, sie geringfügig mehr 55/45
Natascha und Torben	Sie macht mehr 80/20
Simone und Alexander	Beide 50/50
Frau und Herr Frei	Sie macht mehr Sie sagt: 60 sie und 40 die Putzfrau Er sagt: 70 sie, 30 er
Frau und Herr Gabler	Sie macht mehr Sie sagt: 60/40 Er sagt: 80/20
Frau und Herr Maler	Sie macht fast alles 99/1
Frau und Herr Zabel	Sie macht fast alles 90/10

Die älteren deutschen Paare sind bis auf eine Ausnahme jünger als die australische Vergleichsgruppe, drei ältere Paare sind sogar noch im erwerbsfähigen Alter. Dies könnte eine Erklärung sein, warum die Ver-

---

2 Wichen die Angaben der beiden Partner nur geringfügig voneinander ab, so wurde ein Durchschnitt ermittelt. Gab es größere Abweichungen (mehr als 10 Prozent), so wurde dies in der Tabelle festgehalten

teilung der Haushaltsaufgaben ähnlich wie bei den mittleren Paaren noch mehr die Aufgabe der Frauen ist. Bei den Gablers beispielsweise änderte sich das Verhalten des Mannes bei Eintritt ins Rentenalter.

> Frau Gabler: Das hat sich ein bisschen gebessert von meiner Sicht aus, seitdem mein Mann nicht mehr berufstätig ist. Früher war er abends ja sehr spät erst zu Hause. Da habe ich zu 90 Prozent alles alleine gemacht. Aber jetzt macht er so sauber, macht Reparaturen am Haus. Und ja, was macht er denn noch? Ja, mal eine Kleinigkeit ... macht mal Essen. Das hat sich jetzt verschoben. Aber eher, weil mein Mann nicht mehr berufstätig ist.

Erwerbslosigkeit von Männern führt jedoch nicht automatisch zu einer höheren Beteiligung an den Haushaltsaufgaben. Der arbeitslos gewordene Herr Maler trägt nichts zur Hausarbeit bei, obwohl er jetzt viel freie Zeit zur Verfügung hat. Bei den mittleren Paaren und einem älteren Paar mit Kindern ergibt sich das gleiche Bild wie bei den Australiern: Die Frauen machen deutlich mehr Hausarbeit als die Männer, obwohl bei zwei der drei Paaren die Frauen beruflich ebenfalls stark eingebunden sind.[3] Nur Simone und Alexander teilen die Hausarbeit gerecht auf – jedoch führt in dieser Beziehung jeder seinen eigenen Haushalt und kümmert sich um seine eigenen Kinder.[4]

Ausgewogenes Zeitkonto bei Paaren ohne Kinder, wenig freie Zeit für Mütter

Sowohl in Australien als auch in Deutschland bedeutet bei den Interviewten die Geburt von Kindern einen Einschnitt bei der Aufteilung von Erwerbsarbeit und Hausarbeit. Wenn in einer Beziehung vorher beide berufstätig waren und man sich gemeinsam um den Haushalt gekümmert hat, so übernimmt nach der Geburt eines Kindes häufig die Frau diese Aufgabe alleine.

> I: *Warum ist sie zu Hause geblieben?*
>
> Pascal: Wegen dem Kleinen.
>
> I: *Wegen dem Kleinen. Aber war für dich kein Thema. Hättest du auch zu Hause bleiben können?*
>
> Pascal: ... Hausmann ... Hätte ich mir nicht vorstellen können, sag ich jetzt ganz ehrlich.
>
> I: *War für sie aber o.k.?*
>
> Pascal: Ja.

Bei vielen Paaren steckt dann die Frau beruflich zurück und übernimmt den Großteil der Hausarbeit sowie Kindererziehung.[5]

---

3 Anna und Pascal, Natascha und Torben, Herr und Frau Frei.
4 Dies ist das einzige Paar, das in zwei Wohnungen lebt, trotzdem jeden Tag entweder bei ihr oder bei ihm Zeit verbringt.
5 Anna, Natascha, Frau Frei, Frau Gabler, Kassandra, Tanja, Tina.

Anna: Gut, ich führe jetzt wirklich momentan das klassische Hausfrauendasein, also kochen, waschen, putzen, einkaufen. Das ist mein Part. [...] Früher, als wir beide gearbeitet haben, haben wir uns eigentlich alles geteilt nach Absprache. Da gab es auch keine Aufgaben wie du putzt immer das Bad oder so. Wir haben das nach Absprache gemacht.

Eine Ausnahme ist das berufstätige Paar Shane und Margret. Er macht trotz der Geburt des Sohnes etwas mehr im Haushalt als sie, da sie beruflich stärker eingespannt ist.

Shane: ... obviously myself, I do pretty much on there [household duties] as opposed to Margret but not to say that she doesn't do it. It's just I might do it a little bit more than she does.

Ein Vergleich von Erwerbsarbeit mit der prozentualen Verteilung der Hausarbeit zeigt dann folgendes Bild für die Verfügung von freier Zeit bei Männern und Frauen: Für die Gestaltung der freien Zeit ergibt sich ein relativ homogenes Bild bei den jüngeren, älteren sowie kinderlosen Paaren der mittleren Altersgruppe.[6] Mal hat er etwas mehr Zeit, mal sie oder beide Partner verfügen über gleich viel freie Zeit. Differenzen sind jedoch bei den mittleren Paaren mit Kindern festzustellen: Mütter haben insgesamt weniger freie Zeit als Väter. Ein Zusammensein mit den Kindern wird zum Teil als freie Zeit angesehen, zum Teil nicht.

I: *Hat Natascha denn auch so ein Hobby wie du? Du hast ja gesagt, dein Hobby sind die Spiele im Internet und das machst du, wenn du kannst, schon zwei bis drei Stunden täglich.*

Torben: Nein, sie hat ja das Baby.

Frau Frei: Das lässt sich nicht so einfach sagen, weil freie Zeit ja keine freie Zeit ist. Wenn ich dann mit dem Kind spiele, ist es auch freie Zeit.

Tanja: ... on the weekends I spend more time directly with the kids than Tony does.

6.1.2 Inhaltlich ungleiche Aufteilung: Frauen zuständig für Routine-Aufgaben im Haus

In diesem Abschnitt wird die inhaltliche Aufteilung der Haushaltsaufgaben der interviewten Paare analysiert. Zusätzlich geht es um die Meinung der Interviewten über die Aufteilung der Haushaltsaufgaben bei anderen Paaren.

Während die zeitliche Aufteilung der Haushaltsaufgaben bei den interviewten Paaren – mit Ausnahme von Müttern – eher ausgeglichen ist, sind Männer oft für Aufgaben außerhalb des Hauses und Frauen verstärkt für die Arbeit innerhalb des Hauses zuständig (vgl. Tab. 6-3).

---

[6] Ausnahme sind zwei ältere Paare bei den Deutschen. Da die älteren deutschen Frauen trotz Beruf für einen Großteil der Hausarbeit zuständig sind, verfügen zwei ältere Frauen, Frau Gabler und Frau Maler, über deutlich weniger Zeit als ihre Männer.

Jason: ... but more so she does inside and I do most of the outside repair and maintenance of the house and cars.

Es gibt jedoch auch einzelne Paare, die sich inhaltlich alle Haushaltsaufgaben teilen.

Tab. 6-3: Australien: Inhaltliche Aufteilung der Haushaltsaufgaben

Paar	Ihre Haushaltsaufgaben	Seine Haushaltsaufgaben
Amy und Mark	Jeder hat seine Lieblingsaufgaben, relativ ausgeglichen.	
Margret und Shane	Beide machen alles.	
Laura und Richard	Sie putzt viel.	Er kocht viel.
Kassandra und Gary	Alles im Haus, was regelmäßig anfällt.	Er ist für alles außerhalb des Hauses zuständig sowie Müll runterbringen, Essen aufwärmen.
Danielle und Justin	Beide machen alles.	
Tanja und Ted	Sie macht den Rest.	Er ist für alles außerhalb des Hauses zuständig sowie Kochen und Einkaufen und das Abholen der Kinder.
Kathy und Jason	Sie macht den Rest.	Er ist für alles außerhalb des Hauses zuständig sowie für die Autos.
Tina und Samuel	Sie ist Hausfrau.	Er ist für den Garten zuständig und für kleinere handwerkliche Arbeiten, z. B. für das Bohren.
Vicky und Tim	Beide kaufen ein, machen Gartenarbeit. Sie wäscht, putzt, kocht. Er saugt und macht Frühstück.	
Rachel und Eddy	Beide machen alles.	
Tracy und Ben	Sie macht den Rest.	Er ist für alles außerhalb des Hauses zuständig, Spülmaschine ausräumen und Bäder putzen.
Sandra und Bob	Sie putzt, wäscht und bügelt.	Er kauft ein, kocht und macht die Gartenarbeit.

Wie bei den australischen Paaren sind die deutschen Männer überproportional für Aufgaben außerhalb des Hauses sowie handwerkliche Reparaturen zuständig; ebenso für Aufgaben, die weniger regelmäßig als die klassischen Haushaltsaufgaben anfallen (vgl. 6-4). Routine-Haushaltsaufgaben sind bei einigen Männern Müll hinausbringen sowie Spülmaschine be- und entladen. Diese Art der Aufgabenverteilung wird von vielen Paaren selbst als traditionell bezeichnet.

Herr Frei: Es ist so, dass ich traditionell für das Grobe zuständig bin, Müll, Wartung der technischen Geräte; am deutlichsten wird es bei dem Kaffeeautomaten, da kümmere ich mich drum, weil er eine aufwendige Wartung verlangt; und ansonsten beteilige ich mich an den Hausarbeiten mit Beladen, Entladen der Spülmaschine, Waschmaschine, sporadisch (.). Aber ich würde schon sagen, dass der Schwerpunkt der traditionellen Hausarbeit bei meiner Frau liegt.

Tab. 6-4: Deutschland: Inhaltliche Aufteilung der Haushaltsaufgaben

Paar	Ihre Haushaltsaufgaben	Seine Haushaltsaufgaben
Carmen und Johannes	Bügeln, Wäsche	Müll hinausbringen, Gang putzen, Wäsche aufhängen, Handwerkliches
Jasmin und David	Beide machen alles, sie kocht etwas mehr.	
Kerstin und Marcel	Beide machen alles, nur die Wäsche macht sie alleine.	
Anna und Pascal	Fast alle Hausarbeiten	Er ist für Aufgaben außerhalb des Hauses zuständig.
Carla und Claus	Sie macht alles im Haushalt.	Er erledigt Aufgaben außerhalb des Hauses sowie Müll raustragen und ab und zu spülen.
Manuela und Paul	Beide machen alles.	
Natascha und Torben	Sie kocht mehr und kümmert sich mehr um das Kind.	Er ist für Aufgaben außerhalb des Hauses zuständig.
Simone und Alexander	Beide alles, sie haben zwei Haushalte unter der Woche, am Wochenende einen gemeinsamen Haushalt.	
Frau und Herr Frei	Sie erledigt die meisten Haushaltsaufgaben.	Er hilft nur in den Ferien.
Frau und Herr Gabler	Kochen, Bügeln.	Staubsaugen, Reparaturen am Haus, Garten.
Frau und Herr Maler	Sie macht so gut wie alle Hausarbeiten.	Er beteiligt sich fast nicht.
Frau und Herr Zabel	Sie erledigt die meisten Haushaltsaufgaben.	Er ist für Aufgaben außerhalb des Hauses zuständig sowie Reparaturen. Manchmal kocht er.

Welches Bild haben die Interviewten von der Haushaltsaufgabenverteilung zwischen den Geschlechtern bei anderen Paaren?[7] Fast alle

---

7 Die Paare wurden gefragt, ob bestimmte Hausarbeiten generell mehr Männer, mehr Frauen oder beide Geschlechter gleich viel in einer Beziehung erledigen. In einem zweiten Schritt wurde um eine Einschätzung der Repräsentativität ihrer Mei-

deutschen und australischen Paare stimmen überein, dass generell mehr die Frauen die folgenden Hausarbeiten erledigen: Kontakt mit Verwandten pflegen, Wäsche waschen, Staubsaugen, putzen, kochen, einkaufen von Lebensmitteln.[8] Frau Freis Antwort ist für den Großteil aller Paare typisch (vgl. Tab. 6-5).[9]

> I: Kochen? Nicht bei Ihnen in der Beziehung, sondern generell.
> Frau Frei: Weiblich.
> I: Kontakt mit Verwandten pflegen?
> Frau Frei: Weiblich.
> I: Einkaufen von Lebensmitteln?
> Frau Frei: Weiblich.
> I: Einkaufen von Getränken?
> (Frau Frei lacht.)
> Frau Frei: Generell, nicht bei uns?
> I: Ja.
> Frau Frei: Eher männlich.
> I: Einkauf von neuen Technologien?
> Frau Frei: Eher männlich.

---

nung gebeten. Zusätzlich wurden die Interviewpaare mit einem Zitat konfrontiert, das die klassische stereotype Aufteilung der Haushaltsaufgaben nach Geschlechtern spiegelt. Das Zitat lautet: „*Wenn ich meinem Freund sage, er soll bitte die Wäsche waschen und kochen, sträubt er sich total, sind dagegen Arbeiten mit dem Bohrer fällig, erledigt er meine Bitte sofort.*" Anschließend bat die Interviewerin die Befragten um eine Stellungnahme zu dem Zitat. Mit dieser bewussten Überspitzung der klassischen Rollenverteilung sollte erreicht werden, dass die Interviewpaare ihre eigene Position deutlich machen. Zusätzlich konnte auf diese Weise eine Überprüfungsfrage bezüglich der Aufteilung der Haushaltsaufgaben zwischen den Geschlechtern in den Leitfaden eingebaut werden.

8 Kontakt mit Verwandten pflegen, Wäsche waschen und putzen wird in beiden Ländern klar den Frauen zugeordnet. Lediglich zwei Probanden aus Australien und Deutschland meinen, das seien Aufgaben, die beide Geschlechter ausgewogen erledigen. Beim Kochen sagen 5 von 24 australischen Probanden, dass dies eine Tätigkeit sei, die beide Geschlechter erledigen. Der Rest stufte es ebenfalls als eine weibliche Aufgabe ein. Bei den Deutschen gab es ein ähnliches Ergebnis bei den Tätigkeiten Einkaufen von Lebensmitteln und Staubsaugen. Die Interviewpaare in Australien spüren eine leichte Auflösung der Geschlechterrollen bei der Tätigkeit Kochen, in Deutschland beim Einkaufen von Lebensmitteln und Staubsaugen. Bei der Tätigkeit des Getränkeeinkaufs zeigt sich ein kultureller Unterschied zwischen Australien und Deutschland, da in Deutschland der Einkauf von Lebensmitteln und Getränken häufig unterschieden wird, in Australien nicht. Deswegen beschloss die Interviewerin nach den ersten Interviews bei den australischen Paaren, nur nach dem Einkaufen von Lebensmitteln zu fragen.

9 Ebenso stimmt die Mehrheit dem Zitat über traditionelle Rollenmuster zu: Die Paare sind sich einig, dass Männer eher bohren würden als Wäsche zu waschen oder zu kochen. Einige gehen davon aus, dass es Ausnahmen gäbe oder sehen die Aussagen des Zitats nicht so extrem: Männer hätten nur stärkere Präferenzen für diese Aufgaben. Nur einzelne Personen stimmen dem Zitat nicht zu.

I: *Staubsaugen?*
Frau Frei: Weiblich.
I: *Putzen?*
Frau Frei: Weiblich.
I: *Wäsche waschen?*
Frau Frei: Weiblich

Tab. 6-5: Generelle Zuständigkeit ausgewählter Haushaltsaufgaben in Deutschland und Australien

Ausgewählte Hausarbeiten	Generelle Zuständigkeit
Kontakt mit Verwandten Pflegen	Frauen
Wäsche Waschen	Frauen
Staubsaugen	Frauen
Putzen	Frauen
Kochen	Frauen
Einkauf von Lebensmitteln	Frauen
Einkauf von Getränken (nur in Deutschland)	Männer
Einkauf von neuen Technologien	Männer
Bohren	Männer

Insgesamt sind Frauen für Routine-Haushaltsaufgaben, Männer für technische Aufgaben zuständig (vgl. hierzu auch die Verteilung der Aufgaben bei den interviewten Paaren zu Anfang dieses Kapitels).

Eddy: If it's in a family with a male and a female, probably, the females always do those chores and the males seem to do the outdoor things.
Torben: Für Frauen ist das typisch, normaler. Das soll kein Vorurteil sein, die Frau kocht.

Geht es um die Perfektionierung einer Tätigkeit, so sind dann durchaus wieder Männer gefragt. Einzelne unterscheiden etwa die alltägliche Arbeit des Kochens von dem Beruf eines Spitzenkochs. Während das alltägliche Kochen den Frauen zugeordnet wird, ist die höhere Küche Sache der Männer.

David: Unter den 100 Fünf-Sterne-Köchen sind nur drei Frauen. Mehr kann ich dazu nicht sagen.
I: *O. k., aber das alltägliche Kochen als Hausarbeit?*
David: Das alltägliche Kochen ist Frauenarbeit.
Danielle: Well, men, I think, in society the males feel that a chef is called a male, and female is called a cook in the kitchen. Well, men like to have dominance, as I'm a chef. [...] I'm the expert.

Nur das Bohren sowie das Einkaufen von Technologien schreiben die australischen und die deutschen Paare Männern zu, wobei sie sich bei letzterem auf das Produkt der neuen Technologien und nicht auf die

Tätigkeit des Einkaufens selbst beziehen.[10] Selbst wenn Frauen beim Einkauf der Technologie ihre Partner begleiten, so sind es immer die Männer, die vorher Erkundigungen einholen.[11] Beides sind Aufgaben, bei denen die technische Rahmung erhalten geblieben ist. Für die Benutzung des Bohrers beispielsweise sei nach dem Großteil der Befragten aus beiden Ländern etwas Technikkompetenz nötig (vgl. auch Kapitel 6.2.2).

6.1.3 Fazit

Auf den ersten Blick kann eine relativ ausgeglichene Verteilung bei Frauen und Männern bezüglich der Faktoren Arbeit, freie Zeit und Hausarbeit in Australien und Deutschland festgestellt werden. Die Ausnahmen bilden Mütter. Nach der Geburt von Kindern zeigt sich in beiden Ländern eine Veränderung in der Aufgabenverteilung: Mütter übernehmen mehr häusliche Aufgaben, obwohl sie z. T. in Vollzeit arbeiten. Auch verbringen sie ihre „freie" Zeit mit den Kindern. Neben zeitlichen zeigen sich in beiden Ländern inhaltliche Unterschiede bei der Haushaltsaufgabenverteilung: Männer sind eher für Aufgaben außerhalb des Hauses sowie Reparaturen zuständig, während Frauen einen Großteil der Aufgaben im Inneren des Hauses übernehmen. Diese Zuordnungen wiederholen sich im wahrgenommenen Gesellschaftsbild der Paare. Das australische und das deutsche Sample unterscheidet sich bezüglich der Geschlechterrollen bei der Aufgabenverteilung im Haushalt nicht.

6.2 Diskurse zu Internet und Haushaltsaufgaben

Kapitel 6.1 hat bereits gezeigt, dass viele Haushaltsarbeiten in beiden Ländern noch im Aufgabenbereich der Frauen liegen. Männern wird wiederum Technikkompetenz zugeschrieben (vgl. Kapitel 5). Was passiert nun, wenn mit einer neuen Technologie Haushaltsaufgaben erledigt werden können? Inwieweit hält das männliche Interesse an neuen Technologien an? Führt es vielleicht zu einem Wechsel in der Haushaltsaufgabenverteilung? In diesem Kapitel wird diesen Fragen nachgegangen und das Internet aus dem Blickwinkel von Haushaltsaufgaben und Geschlecht betrachtet. Da in Australien bereits Routine-Haushaltsaufgaben online getätigt werden und in Deutschland das Internet noch wenig für die Haushaltsorganisation genutzt wird (vgl. Kapitel 4.2), ist der Vergleich der beiden Länder aufschlussreich. Die

---

10 Torben, Frau Gabler sowie Samuel sagen, das Einkaufen von Technologien werde aufgeteilt, alle anderen ordnen die Aufgabe eindeutig den Männern zu. Die deutschen Paare stufen das Einkaufen von Getränken als männliche Aufgabe ein.
11 Nur sehr vereinzelt wurde die Tätigkeit Einkaufen von neuen Technologien beiden Geschlechtern zugeordnet.

Übergänge zwischen der Anfangsphase in Deutschland und der fortgeschrittenen Phase in Australien sind fließend, eine Einteilung in Phasen hilft jedoch bei der Analyse der geschlechtskulturellen Diskurse. Der Grad der Einbindung des Internets in den Haushalt steht einerseits im Zusammenhang mit der Angebotsseite. Gibt es z. B. überhaupt die Möglichkeit, Lebensmittel online zu kaufen? Andererseits spielt auch die individuelle Kompetenz der Internetnutzung eine Rolle. Handelt es sich um Internetneulinge oder bereits geübte Nutzer? Im Folgenden werden zum Vergleich mit dem Internet auch andere (Haushalts-)Technologien in die Analyse mit einbezogen.

6.2.1 Anfangsphase: Erste Aneignung – Neuartigkeit der Onlineaktivität

In beiden Ländern kümmerte sich der Großteil der Männer um den Internetanschluss (vgl. 5.1). Interessanterweise gibt es Ausnahmen, wenn das Internet in späteren Diffusionsphasen organisiert worden ist. Tina hat sich z. B. 2004 um einen Internetanschluss für die Familie gekümmert. Die Installation des Internets war zu diesem Zeitpunkt jedoch nicht mehr technisch konnotiert (vgl. dazu ausführlich Kapitel 5.1).

> Tina: Because I think men are more interested in these things [new technologies] that are coming out, like they've got to be the first to have it. Got to be, you know, right there.
>
> I: But you were the first in your relationship who got the internet.
>
> Tina: Only 'cause my family ... all my family had it and I thought, well you know, this is better and they said, oh we can email you ... so that was why.

So wie Tina unterscheiden einige Interviewpartnerinnen bei den Gründen für die Anschaffung und Nutzung von Geräten zwischen Statussymbol und funktionalen Zwecken. Viele Probandinnen schreiben sich selbst und Frauen allgemein von Anfang an eine pragmatische Herangehensweise zu. Sie stellen sich vorher die Fragen: Brauche ich diese Technologie? Werde ich sie häufig nutzen? Nur dann macht für viele Frauen der Kauf und die Aneignung Sinn.

> I: And you feel better if you know it inside out?
>
> Amy: If it's something that I use often.
>
> Margret: For females, it's practicality.

Diese pragmatische Haltung von Frauen zu neuen Technologien kann als möglicher Grund für ihre anfängliche Zurückhaltung in der Nutzung gesehen werden. Technologien werden von Frauen weniger als Statussymbole gesehen (vgl. hierzu auch Kapitel 5.2).

> Kathy: I don't know how many of my female friends have said to me, there is still nothing to watch, why did you want this bloody, huge mas-

sive new, I mean this so called brighter definition when we can't see the difference.

Kassandra: I think women more ask themselves, appreciate the fact that yes there's be advance in technology but they ask themselves, do I really need it rather than just buying it for the sake of having it. I think men purchase for the sake of having it and saying that they have the latest technology.

Viele interviewte Frauen aus beiden Ländern haben die Erfahrung gemacht, dass Männer Haushaltsaufgaben *zunächst* übernehmen, sofern diese mit *neuen* Technologien oder technisch konnotierten Tätigkeiten verbunden sind. Viele Männer bestätigten dieses Bild.[12]

Kassandra: Because there is technology involved …, it's gadgetry, especially if it's got lots of bells and whistles on it,

Frau Gabler: Mein Mann hat sich auch schon mal einen Laubsauger gekauft. Das kann man auch mit dem Besen machen, aber irgendwie macht es scheinbar mehr Spaß.

Marcel: Weil da das Interesse an dem neuen technischen Gerät stattfindet.

Auch eine Frau beschreibt, dass sie aufgrund einer neuen Technologie zunächst Begeisterung für das Gerät – trotz Haushaltsaufgabe – empfände. Sie bezieht sich wie die Männer auf den technischen Aspekt und nicht auf die Erleichterung der Tätigkeit.

Simone: Also ich persönlich, wenn ich einen neuen Staubsauger habe, dann sauge ich auch unheimlich gerne erst mal. Ich glaube schon, dass das was mit der Technik zu tun hat.

Auf die beschriebenen technikimmanenten und pragmatischen Zugänge wird im Laufe dieses Kapitels noch genauer eingegangen.

Einige australische Paare können sich noch erinnern, dass in der Vergangenheit Männer zunächst anfallende Haushaltsarbeit, wie Online-Lebensmitteleinkauf, übernahmen. Für die meisten Frauen stand von Anfang an die Haushaltstätigkeit im Vordergrund und nicht die neue Technologie.

Amy: So in my household, in the flat where there was the online shopping I never did it because it just didn't hold the slightest bit of interest to me, it was just shopping, whereas the guys like it's online-shopping, we can go and select what we want.

---

12 Zusätzlich zum Internet wurde anhand eines weiteren Haushaltsgerätes überprüft, welcher Zusammenhang zwischen neuer Technologie und der Erledigung von Haushaltsaufgaben besteht. Das Zurückgreifen auf ein weiteres Haushaltsgerät wurde deswegen notwendig, weil für die Deutschen das Internet noch nicht eine solche Haushaltsaufgabenfunktion hat wie für die Australier, d. h. hier hätte sonst mit einer hypothetischen Entwicklung gearbeitet werden müssen. Deswegen wurde eine Haushaltstätigkeit gewählt, die alle Paare in ihrem Haushalt ausüben und die man mit und ohne eine neue Technologie ausüben kann: das Putzen. Es wurde mit folgendem Zitat gearbeitet: „Wenn ich ihm einen Besen gebe und sage: „Putz bitte das Haus!", dann geht er weg; gebe ich ihm aber einen neuen Staubsauger, ist er mehr als glücklich, das Haus zu putzen." Die Australier und die Deutschen, Männer sowie Frauen, antworteten auf dieses Zitat ähnlich. Die Hälfte stimmte jeweils zu, die andere Hälfte widersprach dem Zitat.

I: *Why was that the case?*
Amy: I know that some tasks they're attractiveness in the eyes of males for example or females changes depending on the technology that you use.
I: *So what do you mean by that?*
Amy: If he's got something fun to play with, he'll do it [laugh].

Es gibt durchaus einige Interviewpaare, die meinen, auch Frauen würden lieber mit neuen Technologien arbeiten; diese Präferenz wird jedoch immer mit der Vereinfachung von Arbeitsprozessen erklärt und weniger mit einem Interesse am technischen Gerät.

Kerstin: Ich glaube, für eine Frau macht es nicht einen großen Unterschied, obwohl es zeitsparender ist mit einer neuen Technologie. Also, ich würde es auch vorziehen.
Vicky: It's less work with a hi-tech thing.

Kompetenz-Differential

Da sich die deutschen Paare bei den Online-Haushaltsaufgaben im Vergleich zu den Australiern noch mehr im Anfangsstadium befinden – das Internet wird wenig für Routine-Haushaltserledigungen genutzt – ist es interessant, nun einen Blick auf geschlechtskulturelle Muster rund um das Internethandeln in Deutschland zu werfen.[13] Bei genauerer Analyse wird bei einigen Paaren ein doing gender über ein Kompetenz-Differential sichtbar, wie man es schon im Technikkompetenzbereich gesehen hat: Durch eine Zurückhaltung der Frauen erkennt man ein Zuschieben der Tätigkeiten an die Männer. Dies zeigt sich u. a. in einer demonstrierten Angst vor neuen Onlineaktivitäten oder darin, dass man den Männern den Vortritt überlässt und selbst passiv bleibt. Anhand eines Paares der jüngeren Altersgruppe (David und Jasmin) sowie zweier älterer Paare (Freis und Malers) werden doing gender-Muster im Folgenden beschrieben.

Viele der deutschen Männer haben die zum Zeitpunkt der Interviews relativ neue Internetaktivität der Onlineauktionen ausprobiert, während ihre Partnerinnen in diesem Punkt eher zurückhaltend sind, wie sich auch bei dem Paar David und Jasmin zeigt.

David: Ja. Aber halt auch, weil sie es nicht kennt, sage ich jetzt mal. Ebay zum Beispiel, ich darf das wohl jetzt nicht mehr für sie ersteigern, weil sie daran Gefallen gefunden hat, weil sie es eben dementsprechend noch nicht kannte. Oder weil sie Angst hat, meinen Computer kaputt zu machen.
I: *Ja, hat sie davor Angst?*
David: Ja, das kam auch schon mal vor, dass sie das gesagt hat. Dass sie gesagt hat, ich weiß nicht, was ich da machen soll im Internet. Ich habe Angst, dass ich da irgendwas kaputt mache oder so.

---

13 Nur das Homebanking wird regelmäßig eingesetzt. Dies liegt u. a. daran, dass sich zum Zeitpunkt der Interviews nur wenige Haushaltserledigungen per Internet durchgesetzt hatten. Vieles im täglichen Haushaltsablauf wird in Deutschland noch ohne Internet erledigt.

Dagegen beschreibt die Partnerin Jasmin, dass sie keine Angst vor Onlineaktivitäten hat.

> I: Also Angst vor der alltäglichen Internetnutzung?
>
> Jasmin: Nein. Die Nutzung ist halt da. Aber man muss sich da nicht auskennen, um sich so mit einem Computer auszukennen.

Im Abgleich mit den Rollenerwartungen in Bezug auf die Internetnutzung (vgl. Kapitel 5) entspricht Jasmin hier einer gesellschaftlichen Erwartungshaltung, da sie als Frau ihre Hilfesuchende-Position performiert. Diese Einschätzung ist ein Muster, das man schon aus dem Technikkompetenz-Bereich kennt (vgl. Kapitel 5). Angst vor neuen Technologien, deren Umgang erst erlernt werden muss, wird nur Frauen zugeordnet. Einige deutsche Männer schreiben Frauen zu, Homebanking aufgrund von Sicherheitsbedenken nicht auszuüben. Kein einziges Mal wurde im Zusammenhang mit Sicherheitsbedenken das männliche Geschlecht genannt.

> I: Homebanking?
>
> Claus: Würde ich jetzt eher den Männern zuordnen, weil Frauen doch immer eher auf der sicheren Seite sein wollen. Ist zwar schon schön und einfach, aber prinzipiell würde ich sagen, dass das die Männer machen. […] mach du erst mal, weil, das ist neu, da kenne ich mich nicht aus.
>
> David: […] Ich weiß, dass meine Schwester Angst davor hat […]. Mir ist das egal.

Auffällig ist, dass keine einzige Frau von sich aus über mögliche Ängste vor neuen Onlineaktivitäten spricht. Dies könnte daran liegen, dass die Frauen eine (angebliche) Inkompetenz gezielt einsetzen: So erreichen sie, dass ihre Männer einen Teil der Haushaltsaufgaben übernehmen. Bei dem Paar Frei übernimmt er Aufgaben wie Karten bestellen und nach Reisen recherchieren. Herr Frei hat den Eindruck, dass seine Frau sich mit diesen Aufgaben nicht so gut auskennt.

> Herr Frei: Einverständig, dass ich das so quasi automatisch mache, wenn so was anliegt, weil sie damit auch nicht so vertraut ist und da auch nicht so einsteigt. Es gibt jetzt keine Absprache in dem Sinne, ich mache das und dafür machst du das, so eine … würde mich auch verrückt machen, das hat sich so eingeschliffen und meistens habe ich so den Eindruck, dass beide Teile mit dieser Arbeitseinteilung zurechtkommen.

Anhand der Onlinetätigkeiten von Frau Frei ist jedoch erkennbar, dass sie durchaus „gezielt nach Informationen Suchen" ausführt, womit sie auch nach Reisen recherchieren könnte (vgl. Kapitel 4.2).

> Frau Frei: Er kauft Bücher, er sucht Informationen, er rüttelt, glaube ich alles ab, Onlinebanking, Kartenvorbestellung. Bei der Bahn bestellt er für Urlaubsreisen alles über's Internet.
>
> I: Und warum wollen Sie das nicht selber machen, Karten vorbestellen, Bücher?
>
> Frau Frei: Weil es so einfacher ist.

Ähnlich sieht es bei den Malers aus. Herr Maler meint, dass bei Frauen die Angst vor neuen Technologien eine Rolle für ihre Zurückhaltung spielt.

> Herr Maler: ... die Sicherheit. Ich denke, dass Männer die eher im Griff haben. Oder die Angst davor. Und deshalb lassen Frauen eher die Finger davon.

Frau Maler selbst ist froh, einen Aufgabenbereich weniger zu haben, für den sie verantwortlich ist. Sie ist der Meinung, eine Internetanwendung prinzipiell schnell erlernen zu können.

> Frau Maler: ... und dann habe ich es als angenehm empfunden, Sachen abgeben zu können.
>
> *I: Was meinen Sie mit Sachen abgeben?*
>
> Frau Maler: Ja, gerade so, wenn jetzt die terminlichen Dinge, die geldmäßig anfallen, dass ich weiß, er macht das. Ich brauche mich nicht drum kümmern und da er das alles über Homebanking macht, ist mir das recht.
>
> *I: Und wenn Ihr Mann jetzt nicht da wäre?*
>
> Frau Maler: Dann wäre ich gezwungen. Dann müsste ich es machen, dann würde ich es auch machen.
>
> *I: Also fasse ich mal zusammen: Wenn Sie gezwungen wären, würden Sie das schon irgendwie machen?*
>
> Frau Maler: Ja. Also wenn ich es machen müsste, wenn ich alleine wäre, oder ich würde es aus irgendwelchen Gründen beruflich brauchen, dann würde ich es machen. [...] Es ist doch so momentan praktisch. Ich habe das Gefühl, ich muss es nicht können. Und solange ich nicht für mich das Gefühl bekomme, oh ja, das interessiert dich, das möchtest du jetzt auch können, will ich es nicht.

Wenn eine neue Technologie involviert ist, zeigt sich bei vielen Paaren in der Anfangsphase also zunächst eine erste Übernahme der Aufgaben durch die Männer, die mit technischem Interesse begründet wird. Parallel dazu demonstrieren Frauen Zurückhaltung, die aufgrund von Zeitersparnis bei der mittleren und älteren Altersgruppe und dem Ausrichten nach gesellschaftlichen Rollenerwartungen, vor allem bei der jüngeren Altersgruppe erklärt werden kann. In der Anfangsphase greift die technische Rahmung auch in der Anwendung von Geräten. In Australien ist diese Anfangsphase für das Internet nicht mehr aktuell. Dort befinden sich die Paare in der fortgeschrittenen Phase, die im Folgenden behandelt wird.

6.2.2 Fortgeschrittene Phase: Haushaltstätigkeit tritt in den Vordergrund

Im Laufe der Zeit lässt die Neuartigkeit von Technologien nach und das anfängliche Ausprobieren wird zu einer (Haushalts)-Routinetätigkeit. Einige Paare beschreiben, dass innerhalb dieses Prozesses das Interesse der Männer an der Technologie zurückgehe.

Paul: Technikbegeistert, wahrscheinlich für eine Zeit, aber auf Dauer nicht.

Claus: Für was Neues ist man immer offen. Das ist neu, das probiere ich aus. Aber auf die Dauer gesehen, nicht.

Richard: I guess ... men like using gadgets, so new technology, men are more likely to use it for a while until ... Yeah.

Rachel: The first time yes. He'd be more than happy the first time but I wouldn't say he'd continually be happy to do it.

Der Wechsel der Zuständigkeit geschieht zum Zeitpunkt, wenn die Hausarbeit dauerhaft durchgeführt werden muss. Letztendlich bleiben die Haushaltsaufgaben somit häufig an den Frauen hängen.

Kathy: Well I think, the male partner is more likely to go shopping for the technology with you, to make sure you get the most up to date whiz-bang one and then let you use it.

Tanja: Because I just think they're the ones who are more interested [new technologies] in it but if you're talking about other technologies like household goods or whatever, it's probably women more than men.

Jasmin: Ich meine, jetzt bei ihm zum Beispiel, wenn wir einen neuen Staubsauger hätten, nicht den alten, sondern einen neuen hätten, dann hätte er Spaß daran, daran herum zu spielen, den auszuprobieren. Aber wenn es dann in den Hintergrund geht, du putzt jetzt damit die Wohnung, dann hätte er schon gar keine Lust mehr drauf.

Dieses oben beschriebene Muster für den Wechsel in der Zuständigkeit für die Haushaltsaufgaben zeigt sich bei den australischen Paaren auch beim Internet. In Kapitel 4.2 wurde bereits festgestellt, dass die australischen Mütter das Internet verstärkt für Online-Haushaltsaufgaben nutzen (vgl. auch Kapitel 4.1). Im Folgenden wird diese Verteilung unter Berücksichtigung der Besonderheiten des Internets zunächst genauer betrachtet, um anschließend doing gender-Muster rund um die Internetnutzung und Haushaltsaufgaben zu ermitteln.

Bi-Funktionalität des Internets

Das Internet stellt einen besonderen „Haushaltsapparat" dar. Im Unterschied zu den üblichen Haushaltsgeräten beschränkt sich sein Einsatz nicht nur auf die Erledigung von Haushaltsaufgaben. Mit dem Internet können unterschiedliche Bedürfnisse wie Entspannung und Unterhaltung oder auch berufliche Zwecke befriedigt werden. Die Funktionen des Internets erstrecken sich zum einen auf gemeinschaftsorientierte, zum anderen auf persönliche Belange. Einige Frauen beschreiben, dass Männer nach der ersten, aufregenden Zeit mit einer neuen Technologie im Haushalt mit der Bedienung aufhören. Das Internet dagegen nutzen Männer weiterhin, aufgrund seiner Bi-

Funktionalität verlagert sich die Anwendung weg von den Haushaltsaufgaben. Nachdem Marc zunächst beispielsweise das Einkaufen von Online-Lebensmitteln übernommen hatte, ist es heute Amy, die sich um diesen Bereich kümmert.

> I: What does your boyfriend do concerning the household duties on the internet?
> Amy: Not much really, no.

Australische Männer nutzen das Internet mittlerweile viel für persönliche Zwecke, vor allem im Bereich von Freizeitaktivitäten.

> Shane: ... In some households, in my experience, I know that the female has complete control over the practical day to day running of the internet but as far as just getting on there and just being blasé and just going crazy, it's definitely a ... it's a male thing.
>
> Tanja: [...] the internet is also entertainment for males, whereas females in my age group, I think, tend to use it more for practical stuff.

Für australische Mütter liegen die Vorteile des Internets vor allem in der Vereinfachung diverser häuslicher und organisatorischer Aufgaben; genannt werden häufig Onlinebanking, Organisation, Informationssuche, Kontakt halten mit Bekannten.[14]

> Tanja: I suppose it is a household good now but I was thinking more ... you know, directly related to the running ... keeping the household going like shopping, washing, cleaning, drying, ironing, cooking, those things.
> I: Would you consider it as a household good?
> Tanja: Oh these days I think yeah. Most houses have it.

Alle interviewten Männer stufen das Internet im Gegensatz dazu nicht als Haushaltsgerät, sondern als Medientechnologie ein.

> I: And if you have on the one side the communication technologies like television and radio and on the other side the household appliances like laundry machine and everything, where would you put the internet?
> Gary: Oh probably with the TV.
> I: The communications technologies.
> Gary: It's a tool but it's not really a working tool type of thing. Washing machine washes the clothes but that does a lot of other things, doesn't it?

Die Mütter der mittleren Altersgruppe nehmen an, dass jüngere Frauen das Internet stärker zur Unterhaltung nutzen.

> Tanja: ... the practical use of females is being challenged by the number of young women who frequent chat rooms and use Microsoft Messenger ... it's crap.

---

14 Nachteilig sei dafür die Qualität der Kommunikation, die jetzt nicht mehr persönlich, sondern virtuell stattfinde.

Diese Abwertung, wie sie bei Tanja zu erkennen ist, erscheint verständlich, da viele Mütter aus Zeitmangel selbst keine Möglichkeit haben, das Internet in dieser Form zu nutzen. Jedoch ist diese Einschätzung nicht ganz zutreffend, denn auch bei jungen Paaren ohne Kinder sind es häufig die Frauen, die in der Beziehung die Haushaltstätigkeiten, die beide Partner betreffen, per Internet übernehmen. Jüngere Frauen unterscheiden sich von Müttern dadurch, dass sie das Internet *auch* zusätzlich für sich nutzen.

> Laura: But anyway, so he'd do that [playing a game online] and then, I spend a lot of time using it to find out stuff and ... we were looking for other accommodation and I was spending a lot of time looking for houses and email and that kind of thing.

Laura sieht das Onlinespielen ihres Freundes sogar nicht als Internetnutzung an, vielleicht auch, weil es so konträr zur eigenen pragmatischen Nutzung verläuft.

> Laura: ... he was using it a lot to play games on and stuff, like online games. And I don't count that as the internet, I don't know why because it's connected to the internet, but it's like a game ... do you count that as Internet?

Geschlechtskulturelle Konnotation des Internets

Nun wird ein genereller Blick auf die geschlechtskulturelle Zuordnung von Onlineaktivitäten geworfen. Typische Haushaltsaufgaben werden mit deutlicher Mehrheit allgemein Frauen zugeschrieben (vgl. Kapitel 6.1), bei den Onlineaktivitäten dagegen wird keine klare Differenzierung nach Frauen und Männern getroffen (vgl. Tab. 6-6).[15]

> Margret: Like putting out the rubbish and fixing the car and mowing lawns, they're all male things. Female things, you know, hanging out the washing and the like.
>
> I: *Yeah, the internet, does it fit in this segregation ...?*
>
> Margret: No. [...] I guess because there's so much you can do on it, it's not really orientated towards any gender.
>
> Gary: [Gender] Wouldn't matter.
>
> Anna: Neutral, weil es von beiden Seiten gleich genutzt wird und für beide auch irgendwie was drin ist, was interessant ist.

---

15 Diese weitgehende Ausgewogenheit der Nutzung von Onlinetätigkeiten spiegelt sich auch bei den interviewten Paaren selbst wieder (vgl. Kapitel 4.2). Viele Interviewpaare schreiben Männern einen weniger zielgerichteten Umgang mit dem Internet zu sowie Frauen eine pragmatische Nutzungsweise.

Tab. 6-6: Zuordnung der Onlinetätigkeiten – Australien und Deutschland[16]

Onlinetätigkeit	Wer macht diese Tätigkeit hauptsächlich?
Email	Beide
Suche gezielt	Beide
Suche ungezielt/Surfen	Männer[17]
Homebanking	Beide
Internet-Shopping	Frauen
Chatten	Beide

Allerdings ist bei dieser Zuordnung anzumerken, dass sich selbst bei den beiden Onlineaktivitäten, die jeweils einem Geschlecht zugeordnet werden, nämlich Online-Shopping den Frauen und Surfen den Männern, keine klare Mehrheit zeigt, sondern meistens nur eine leichte Prävalenz bei der Zuteilung. Zusätzlich erkennt man eine Unsicherheit in den Aussagen (vgl. detailliert Kapitel 5.1).

> Carla: Wobei die Frauen vielleicht ein bisschen überwiegen.
>
> David: [...] Wieder gemischt mit männlichem Unterton.
>
> Bob: I've got a feeling men do that more than women, but I'm not sure.
>
> Sandra: I don't think ... I think, it's very hard to differentiate [...]

Wenn man über die einfache Einteilung der Onlineaktivitäten hinausgeht und nach den inhaltlichen Motiven schaut, zeigen sich durchaus geschlechtskulturelle Zuordnungen. Das Internet wird von einigen als Vehikel zur Ausübung von Geschlechterinteressen gesehen. Damit lässt sich auch die Unsicherheit in der Zuordnung an die Geschlechter erklären: Mit ein und derselben Onlineaktivität, (z. B. Chat), können ganz unterschiedliche Themen abgedeckt werden.

> Shane: Whereas chat rooms, I think guys are just dirty, perverted bastards. I mean they just want to get in there and talk rubbish.
>
> David: Ich weiß nur, wie ich es damals gesehen habe, dass irgendwelche Chats mit bestimmten Themen hat man eigentlich ... was weiß ich, irgendwelche Schwangerschaftschats oder so.

Andere Themen, die in diesem Zusammenhang angesprochen werden, ist das Suchen nach Informationen, z. B. nach Sportthemen, aber auch Online-Shopping.

> Justin: Because men probably have more needs to search the net for ... sport, probably.

---

16 Die Probandinnen und Probanden beziehen sich häufig auf sich oder ihr näheres soziales Umfeld, um eine generelle Einschätzung abzugeben. Die eigene Meinung wird von den meisten Interviewpaaren als typisch und repräsentativ eingestuft.
17 Die deutschen Männer ordnen das Surfen beiden Geschlechtern zu.

> Ted: The people who use the forum that we use for our hobby, war-gaming, I would suggest are at least 95 percent male. You don't get warm fuzzies[18] from the internet.
>
> Margret: You can ... watch sports and do blokey stuff and play games and then you can also shop and do, you know, female stuff.

An dieser Stelle soll das Onlineshopping als anschauliches Beispiel für eine geschlechtskulturelle Konnotation herangezogen werden. Deutschland befindet sich hinsichtlich der Erledigung von Haushaltsaufgaben noch in der Anfangsphase, Australien dagegen bereits in der fortgeschrittenen Phase. In beiden Ländern wird das Onlineshopping hauptsächlich den Frauen zugeordnet. Allerdings betrachten die australischen Paare diese Tätigkeit als Routine-Haushaltsaufgabe, die deutschen Paare als Freizeitvergnügen. Prinzipiell widerspricht bei den deutschen Paaren die Zuordnung an die Frauen der Realität. Internet-Shopping findet für die deutschen Paare, wenn überhaupt, sporadisch statt, es ist etwas Besonderes und hat noch wenig mit der Beschaffung alltäglicher Gebrauchsgüter zu tun. Häufiger werden Bücher oder besondere Artikel, wie eine Urlaubsreise oder technische Geräte, online bestellt.

> Frau Gabler: Ja, weil hauptsächlich einkaufen, das machen Frauen lieber und das ist im Computer oder im Geschäft gleich.
>
> Manuela: Weil Männer generell nicht gerne einkaufen gehen.

Da beim Onlineshopping in Deutschland überwiegend elektronische Artikel gekauft werden und es sich für viele noch um eine relativ neue Onlineaktivität handelt, sind es in Deutschland die Männer, die diese Aufgabe übernehmen. Dieser Widerspruch könnte damit erklärt werden, dass allgemeine Geschlechter-Stereotypen auch auf das Internet übertragen werden.

> I: Internet shopping?
>
> Pascal: (denkt nach) ... bei uns ist das so, dass ich das eher mache, dann also ein bisschen männlich.
>
> I: Warum?
>
> Pascal: (Pause)
>
> I: Würdest du Einkaufen generell eher Männern oder Frauen zuordnen?
>
> Pascal: Also Schuhe kaufen, natürlich eher den Frauen.
>
> I: Lebensmittel oder so?
>
> Pascal: Ja, ist eher Frauensache.
>
> I: Und warum ist das beim Internet dann anders?
>
> Pascal: Weil man ja nicht unbedingt Lebensmittel oder Schuhe im Internet kauft. Das ist die Ausnahme, man kauft Sachen, die man ... wo man halt Geld sparen kann. Natürlich kann man auch mit Lebensmitteln Geld sparen. Ich meine jetzt größere Anschaffungen.

---

18 Warm fuzzies: Nette Dinge, die man zu einer anderen Person sagt, Aussagen, die eine Person sich besser fühlen lassen.

Bei vielen australischen Paaren haben dagegen beide Partner Erfahrungen im Bereich Online-Shopping von alltäglichen Gütern. In der fortgeschrittenen Phase führen diese Routine-Haushaltsaufgabe langfristig die Frauen aus. Die interviewten Paaren ordnen das Internet-Shopping ebenfalls Frauen im Allgemeinen zu. Die australischen Paare assoziieren mit Online-Shopping verstärkt Routine-Einkäufe wie Lebensmittel bestellen.

> Jason: Well, like shopping for your household groceries and things like that.
>
> Shane: Well, they've (females) got to buy the goods.

Die interviewten Australier sind häufiger als die Deutschen der Meinung, dass es mehr von den Gütern als von der Tätigkeit abhängt, ob für das Online-Shopping Frauen oder Männer zuständig seien. Für das Einkaufen alltäglicher Dinge sind online die australischen Frauen verantwortlich. Nur bei speziellen, oft einmaligen Anschaffungen, die die Männer interessieren, übernehmen sie diese Tätigkeit.

> Laura: I guess I can't really apart from kind of, if you're shopping for something specific, like, I'd probably say men would do it more but I think, on a wider range of things, women would probably shop for more general things.
>
> Amy: Again it depends on what you're shopping for. If it's gift sort of things and it's a busy person who finds it more convenient to do it that way then that's cool. If it's tools and it's going to be a guy who's using the tools for his work [...].
>
> Bob: Yes, I would think so, yeah. I can well imagine that men who are interested in collecting guns or whatever you know, would be big on using the Internet.

Viele ordnen das Online-Shopping Frauen zu, weniger deswegen weil sie meinen, Frauen hätten generell Spaß am Internet-Shopping, sondern weil sie dafür im alltäglichen Leben zuständig sind.

> Kathy: Women mainly have responsibility for doing the shopping I think.
>
> Shane: Because I think that area is, especially with the shopping, is more defined as the female area. Like a lot of couples and that would think shopping is done by the female. I don't know what it's like anywhere else but in Australia generally, the female does all of that sort of stuff.

Marcs Zuordnung des Online-Shoppings an die Männer ist eher die Ausnahme. Seiner Meinung nach verstehen Männer besser, wie das Online-Shopping funktioniere.

> Marc: I just think more men trust in buying stuff over the internet, more than women. Maybe they understand a bit more how it works. I don't know, I just have to go for more men, for that one.

Woran liegt es, dass Frauen bei Onlinetätigkeiten dauerhaft wieder die Haushaltsaufgaben übernehmen? Wie bei der Zuordnung von Technikkompetenz an Männer halten viele Interviewpaare auch bei der Zuweisung von Haushaltsaufgaben an Frauen gesellschaftliche Rollenerwartungen für ursächlich. Die interviewten Paare leben bei der inhaltlichen Haushaltsaufgabenverteilung eine traditionelle Rollenverteilung und unterstellen diese ebenfalls anderen Paaren als häufigstes Rollenmodell (vgl. Tab. 6-7).[19]

> Tanja: As a woman these days I'm expected to be a good mother, I'm expected to run the household, I'm a housekeeper ...

Tab. 6-7: Begründungen für weibliche Konnotation von Haushaltsaufgaben

Begründungen		Beispiele
Keine Begründung	Häufig wird ausgesagt, dass diese Aufteilung einfach eine gegebene Tatsache sei.	Samuel: [...] I don't know why but it's always been that way. Shane: That's just how it is over here. Rachel: Because I think that's the Australian way.
Interesse/ Desinteresse	Die weibliche Zuordnung der Haushaltsaufgaben wird mit einem *Desinteresse* der Männer an den „weiblichen" Haushaltsaufgaben begründet.	Anna: ... wenn ich an Wäsche waschen denke, da ist, glaube ich, einfach das Interesse bei Männern nicht so vorhanden, das ordentlich hinzukriegen. Frau Maler: Aber ich glaube, sie wollen einfach mit dem Wäschewaschen nichts zu tun haben.
	Im Gegenzug sei nicht Interesse der Frauen an Haushaltsaufgaben der Grund für die weibliche Zuständigkeit, sondern eine Notwendigkeit aufgrund des Desinteresses von Männern.[20]	Richard: No, I don't think, women like housework, I think, that they just get on and do it. Johannes: Vielleicht nicht gerne, aber sie sehen es mehr als Notwendigkeit und machen es, damit es gemacht ist. Wenn der Mann es liegen lässt und dann an etwas anderem arbeitet, ...
Kompetenz/ Inkompetenz	Es zeigt sich eine höhere Kompetenz der Frauen bei der Erledigung von Haushaltsaufgaben. Es entsteht ein circulus vitiosus: Frauen machen mehr Haushaltsaufgaben, haben deswegen mehr Routine und kennen sich besser aus, weswegen sie wiederum mehr für Haushaltsaufgaben zuständig sind. Männern fehlt die Übung, weswegen sie weniger kompetent in diesem Bereich sind. Eine Aneignung von Kompetenz, um	Ted: I'm not very domestic. I mess up the kitchen, she cleans it up. Frau Maler: Er sagt immer, er sei ein Kopfmensch. Das ist auch nur eine Ausrede. Ja. Weil, was heißt das, ein Kopfmensch? Auch Kopfmenschen können den Dreck wegputzen oder?

---

[19] Frauen sind berufstätig und übernehmen zusätzlich oft den größeren Teil der Hausarbeit sowie einen großen Teil der Erziehung. Viele haben dazu persönliche Erfahrungen gemacht innerhalb der Beziehung oder im näheren Umfeld ihres alltäglichen sozialen Lebens. Die Mehrheit glaubt ebenfalls, dass die meisten Menschen diese Geschlechterrollenaufteilung so einschätzen wie sie selbst: Die Frage, ob die persönliche Meinung repräsentativ sei, wurde in 90 Prozent der Fälle bejaht.
[20] Allenfalls beim Kontakthalten mit Verwandten gibt es Überlegungen, ob diese Tätigkeit nicht etwas ist, was Frauen gerne machen.

	die weiblichen Haushalts-aufgaben zu erledigen, halten Männer prinzipiell für möglich. Sie machen es allerdings nicht.	
Genetische Anlage	Selten werden angeborene Fähigkeiten als Begründung angeführt. Die Stellungnahme von Justin ist eine Minderheitenmeinung.	Justin: Like, because it's in the genes again. The man is there to build shelter, to buy shelter, and the woman is there to keep the shelter clean and look after the shelter. So, yeah, I think that all comes, it's all naturally man and woman part. […] I think, men, like when I go shopping with Danielle, I hate it. And … man, I think just hate being in the shops, pushing the trolley and doing the shopping. It is, it's sort of the housework thing that women do. I think it's just natural for women to go shopping and do the shopping and women are naturally more interested in shopping than men are […] *I: And when you say naturally, what do you mean?* Justin: It's in the genes, I think.
Erziehung	Wegen der Erziehung interessieren sich Männer mehr für männliche Aufgaben, Frauen mehr für weibliche Aufgaben. Entsprechende Vorbilder von Verwandten halfen dabei.	Shane: Yeah, that's just how everyone has been raised. Anna: Wahrscheinlich auch einfach an der klassischen Rollenverteilung, die man einfach noch so von seinen Eltern im Kopf hat, und halt auch, weil es mich momentan auch selbst betrifft. Paul: Nein, es ist einfach, wie man es vorgemacht bekommen hat, so hat es sich dann verankert in der Erziehung; habe ich jahrelang in der eigenen Familie gesehen. Danielle: Well, yeah, it's the male, female thing again. The male likes the outdoor things, it's the way we've been brought up. Eddy: I guess it's the male thing from when they start work and cooking dinner, they've never done it and speaking for myself I had six sisters and I never had to do anything.
Gesellschaftliche Rollenerwartungen	Man richtet sich nach gesellschaftlichen Rollenerwartungen.	Eddy: It's society, they've been doing it that long. Herr Gabler: Also früher wurde ja erwartet, dass die Frauen immer für Hausarbeit zuständig sind und die Männer nicht […]. *I: Und von wem wurde das erwartet? Sie sagen, es wurde erwartet?* Herr Gabler: Von der Gesellschaft. Wo das herkommt, weiß ich nicht. […] die Rolle, die vielleicht erwartet wird. Margret: Because it's … he's doing a man's job with the drill and he can't be seen doing women's jobs like cooking […]

Selbst wenn einzelne Paare in der eigenen Beziehung die traditionelle Haushaltsaufgabenaufteilung nicht leben, erwarten sie dieses Modell für die Mehrheit. Im Gegensatz zu jungen Männern sehen gerade jüngere weibliche Interviewte die gesellschaftliche Aufteilung der Hausarbeiten im traditionellen Sinne. Auch für die Zukunft erwarten sie keine großen Veränderungen.

> Jasmin: Kommt halt darauf an, wer berufstätig ist oder so. Aber ich denke schon, dass es eigentlich immer noch so [eine traditionelle Aufteilung] ist.
>
> I: Glaubst du, da wird sich noch mal was ändern oder wird es so bleiben?
>
> Jasmin: Ja, ich denke, es kann sich schon noch ein Stück ändern, aber die Tendenz geht, glaube ich, immer noch so.

Die mittlere und ältere Altersgruppe sieht diese Entwicklung hin zu einer Ausgeglichenheit positiver als die jüngere; viele nehmen sogar an, dass sich die Aufgabenverteilung für die Jüngeren bereits jetzt schon geändert hat.[21]

> Rachel: Yeah. But that's all changing too. Once like the male played no part in helping with the housework but that's all changed now.

Insgesamt unterscheiden Frauen häufig zwischen einem idealen Zustand der Aufgabenverteilung und der Realität. Viele Frauen wünschen sich eine ausgeglichene Aufteilung. Auch einzelne Männer sprechen von einer angestrebten gleichberechtigten Aufteilung, die in der Praxis jedoch oft nicht funktioniert.

> Jasmin: Machen oder machen sollten?
>
> I: Machen.
>
> Jasmin: Machen, o.k., dann glaube ich eher weiblich.
>
> Claus: Im Prinzip sollte es so sein, dass man sich das aufteilt, so, […] eigentlich, … auch schließlich, doch gelegentlich, … eher selten mache ich mal was, dann ja.

Der Wunsch nach einer ausgeglichenen Verteilung von Haushaltsarbeiten bietet einen Erklärungsansatz, warum sich viele Frauen zunächst bei neuen Technologien zurückhalten, denn hier übernehmen Männer häufig freiwillig ihren Part.

Die Frage, ob und in welcher Form sich doing gender Muster in der fortgeschrittenen Phase zeigen, soll im folgenden Abschnitt beantwortet werden.

---

21 Es gibt Anzeichen für Veränderungen der traditionellen Haushaltsaufgabenverteilung. Die interviewten Mütter versuchen, ihre Söhne zur Mitbeteiligung an Haushaltsaufgaben zu bringen. Frauen, die sehr viel mehr Hausarbeiten als Männer machen, setzen sich für eine gerechtere Verteilung der Zeit ein, d. h., wenn sie den Großteil der Haushaltsaufgaben übernehmen, wollen sie weniger arbeiten gehen. Zwei Extremfälle sind Kathy und Frau Maler, deren Partner sich weigern, im Haushalt mitzuhelfen.

Doing Gender: Fortgeschrittene Phase

Der Diskurs über allgemeine Haushaltsaufgaben dient als Basis für eine Analyse des doing gender bei Online-Haushaltaufgaben. Einige Männer verwenden eine ähnliche Taktik wie Frauen bei der Nutzung von technischen Geräten: Sie verstecken ihre Fähigkeiten in Bezug auf Haushaltsaufgaben. Neben der Bekundung von Desinteresse z. B. am Wäschewaschen, behaupten sie, mit der Tätigkeit überfordert zu sein. Da sie diese Arbeit selten erledigen, wissen sie nicht, wie die Bedienung der Waschmaschine funktioniere.

> Claus: Ja, berufsbedingt, was Kraftfahrzeuge und so was ist, ich natürlich mehr. Technik, wenn es um die Mikrowelle geht, Herd oder Waschmaschine, Waschmaschine ein kleines Beispiel, ich stehe jedes Mal davor, und oh Mist, wie war das?
>
> I: Ehrlich?
>
> Claus: Es ist immer dasselbe letztendlich, aber das geht nicht so an mich; dagegen das Auto, den Motor, den zerlege ich und dann weiß ich das. Und wie das kommt, das Winterrad, das weiß ich noch, und zack, zack, das kriege ich wieder hin; und bei manchen Sachen, die mich nichts angehen, da kann ich mir das so schlecht merken.
>
> [...]
>
> Claus: Mit der Buntwäsche und Kochwäsche und Normales und hin und her, dann kriegt man das auch raus, aber das interessiert mich nicht, das ist für mich nicht so ein Hauptbestandteil, wo ich mich damit so beschäftige, weil sie halt da ist und da macht sie das halt.

Wenn Männer eine Technologie interessiert, sind sie bereit, Zeit zu investieren.

> I: *Und warum hast du die neuen Technologien den Männern zugeordnet?*
>
> Marcel: Weil, ich stehe da mehr drauf, auf neuen technischen Sachen. Desto mehr Knöpfe dran sind, desto besser. Oder wenn da mehr Knöpfe dran sind, an dem, was man selbst hat, ist das schon wesentlich interessanter.

Die Technikkompetenzzuordnung greift nicht bei allen Haushaltstätigkeiten (vgl. Tab. 6-8).[22]

> Marcel: Ja, weil das Wäschewaschen irgendwie ... Ich muss zugeben, ich wüsste nicht, wie unsere neue Waschmaschine eingestellt werden muss.
>
> I: *Aber, die hat doch auch Knöpfe.*
>
> Marcel: Die interessiert mich irgendwie nicht. Keine Ahnung.
>
> I: *Wieso nicht?*
>
> Marcel: Ja, weil das halt ... Ich wäre damit überfordert zu wissen, welche Wäsche ich mit welcher Temperatur waschen müsste.

---

[22] Es wurde gefragt, welche Tätigkeiten als technisch oder nicht technisch eingestuft werden, um festzustellen, bei welchen Geräten eine technische Rahmung oder eine alltagskulturelle Rahmung greift. Relativ einheitlich werden alle Haushaltgeräte selbst mit Technik assoziiert, nicht jedoch ihre Bedienung und zwar sowohl in Deutschland als auch in Australien.

Tab. 6-8: Haushaltstätigkeiten und Technikkompetenz[23]

Tätigkeit	Benötigte Technikkompetenz
Wäschewaschen	Nein
Staubsaugen	Nein
Bedienung des Computers	Australien: Nein Deutschland: Gemischt
Bohren	Eher mehr
Nutzung des Herds	Nein

Auffällig ist, dass alle Aufgaben, für die nach Einschätzung der Paare keine Technikkompetenz benötig wird, vor allem die Frauen übernehmen (vgl. Kapitel 5.1). Wenn die Tätigkeit mit alltäglichen, Routine-Haushaltsaufgaben verbunden ist, die zwar mit einer technischen Maschine erledigt werden, für deren Bedienung man jedoch in den Augen der Männer keine große technische Kompetenz braucht, dann interessiert sie diese Tätigkeit nicht.

> Johannes: Wenn irgendetwas Technisches ist, was ich gerne nutze, was mich fasziniert oder so etwas, kenne ich mich damit schnell ziemlich gut aus. Und wenn es irgendetwas ist, was mich nicht so wahnsinnig interessiert, dann hänge ich mich da auch nicht rein.

Das „Angst"-Muster wird von beiden Geschlechtern in unterschiedlichen Bereichen eingesetzt.

> Manuela: Ja, vielleicht kennt er sich mit der Waschmaschine nicht so gut aus und hat Angst, die Wäsche zu verfärben. Mit dem Bohrer, das kann er, weil die Frau vielleicht ein Stromkabel treffen könnte.

Obwohl die befragten Männer zugeben nicht zu wissen, wie man die Waschmaschine bedient, gehen sie davon aus, dass für die weiblichen Haushaltsaufgaben keine besonderen Kompetenzen notwendig sind. Jeder könne, wenn er wolle, alltägliche Hausarbeiten erledigen.

> David: Wie gesagt, Wäsche waschen [macht die] Waschmaschine.
>
> I: What would you say about the following household appliances, would you say you have to be really good at technology in order to do the laundry or is it just common sense doing it?
>
> Samuel: Well, it should be common sense.

Hier zeigt sich wieder die Korrelation von technischer Rahmung und Haushaltsaufgaben: Wenn die technische Rahmung zurückgeht, dann übernehmen viele Frauen die Aufgaben. Dieser Diskurs ist beim Internet aufgrund der Bi-Funktionalität schwer fortzusetzen, denn im Freizeitbereich können alle Männer das Internet bedienen. Daraus

---

[23] Bei der Bedienung von Waschmaschine, Staubsauger und Herd meint der Großteil aller Paare, keine technischen Fähigkeiten zu benötigen.

kann nicht abgeleitet werden, doing gender-Muster würden hier keine Rolle spielen – vielmehr zeigen sie sich in unterschiedlichen Ausprägungen, die in den nächsten Abschnitten anhand von Beispielen dargelegt werden.

Einzelne Väter beteiligen sich an den Online-Haushaltsaufgaben. Männer suchen sich gezielt die Aufgaben raus, die ihnen Spaß machen, und Frauen bleiben für den Großteil verantwortlich. Hier zeigt sich ein ähnliches Phänomen wie bei der generellen Aufteilung von Haushaltsaufgaben (vgl. Kapitel 6.1).

> I: Well, you talked about looking for information for the kids like for any games. Is that your part or Tony does that too?
>
> Tanja: He does a lot of the game information stuff. If it's something to do with their health or schooling, it's more likely to be me. If it's fun type stuff, it's more likely to be him.

Die Internet-Organisation für die Familie wird als so selbstverständlich aufgefasst, dass die Frauen selbst diese Arbeit gar nicht bemerken. Häufig erst auf Nachfragen der Interviewerin realisieren sie, dass sie das Internet überwiegend für die Familie nutzen. Bei anderen Haushaltsaufgaben ohne das Internet sind sich Mütter dagegen bewusst, dass sie Haushaltsaufgaben in stärkerem Maße als ihre Männer übernehmen. In diesem Sinne verbergen die Online-Erledigungen das Ausmaß der Haushaltsaufgaben. Nur weil Tätigkeiten mit Hilfe einer neuen Technologie ausgeführt werden, bedeutet es nicht weniger Arbeit. Vermutlich ist dieses unauffällige Verschwinden der Haushaltsaufgaben auch auf die Bi-Funktionalität des Internets zurückzuführen. Auch den Männern ist das Ausmaß der Internetorganisation ihrer Partnerinnen nicht bewusst.

> I: Right, so do you have any idea what your wife does when she is online ...?
>
> Samuel: She ... she basically looks at interest things like country folk arts and stuff like this.
>
> I: So more hobby related?
>
> Samuel: Yeah, it's more hobby-related. Yeah.
>
> I: Does she also do any household duties, things for the family via the Internet?
>
> Samuel: No. What do you mean by that?
>
> I: Well Internet banking ... organisation for the kids and the like?
>
> Samuel: Yes ... yes.

Samuel meint, sie würden alle beide Haushaltsaufgaben per Internet erledigen, obwohl das nur auf seine Frau zutrifft. Das Internet wurde außerdem in einem offenen Bereich in der Nähe der Küche platziert, damit Tina die Internetnutzung der Kinder überwachen kann, während sie anderen Haushaltspflichten nachkommt. (vgl. hierzu auch Kapitel 4.3).

I: *Shopping?*

Samuel: Shopping? We used to a long time ago. We used to buy Woolies[24] stuff [...] but she's stopped [doing online grocery shopping] that.

Samuel: [...] 'cause most of the time *we're* looking for projects for the boys.

Bei dem Paar Tina und Samuel hat sich durch die Möglichkeit der Ausführung von Haushaltsaufgaben über das Internet sogar ein Wechsel in der Häufigkeit und Dauer der Nutzung zwischen dem Paar ergeben. Zu Anfangszeiten nutzte Samuel das Internet mehr, später Tina aufgrund der Erledigung von Online-Haushaltsaufgaben.

I: *And compared, Samuel and you, who's using the internet more?*

Tina: Now it would be me. He used to use the computer a lot more than I did but now, I do ... our banking and bill paying and all of that on the Internet and contact with other people like family overseas.

Ein weiteres Muster zeigt sich darin, dass einzelne Männer sich gegen den Online-Lebensmitteleinkauf sperren. Die australischen Frauen, die ihre Lebensmittel noch im Laden kaufen, haben oft einen starken Wunsch, sie zukünftig über Online-Shopping zu erwerben um Zeit zu sparen. Die australischen Frauen sind experimentierfreudig und gegenüber neuen Onlineaktivitäten aufgeschlossen.[25] Dennoch erledigen sie aus finanziellen Gründen, und aufgrund der ablehnenden Haltung ihrer Partner den Lebensmitteleinkauf online jedoch noch nicht oder nicht mehr.[26] Dieses Phänomen zeigt sich bei Tanja und Ted, die drei Kinder haben. Oft übernimmt Ted das Einkaufen und Tanja ist froh, dass es einen Aufgabenbereich gibt, den ihr Mann gerne ausführt. Wenn die Zeit für ihn jedoch knapp wird oder noch mal Extra-Einkäufe notwendig sind, bleibt die Aufgabe doch an ihr hängen. Tanja will unbedingt im Internet Lebensmittel einkaufen, Hauptgrund ist für sie die Zeitersparnis. Ihr Mann sträubt sich gegen diese Art des Einkaufens und es kommt deswegen häufig zu Meinungsverschiedenheiten. Letztendlich setzt Ted durch, dass nicht über das Internet eingekauft wird.

Tanja: Well he'd rather go out to a supermarket and do it because you can get specials, whereas for me again, shopping is not something that I enjoy

---

24 Große australische Supermarktkette.
25 Sicherheitsbedenken als Hinderungsgrund für die Anwendung einzelner Onlineaktivitäten sind selten vorzufinden. Kassandra hat schlechte Erfahrungen mit Ebay gemacht und Kathy hat aus Sicherheitsbedenken mit dem Internetbanking aufgehört. Sie erledigt ihre Bankgeschäfte jetzt wieder per Telefon. Ebenfalls ist Kathy neuen Onlineaktiviäten gegenüber nicht aufgeschlossen, man erkennt bei ihr sogar eine generelle Ablehnung. Z.B. möchte sie statt Skype doch lieber ein herkömmliches Telefon benutzen. Grundsätzlich sind auch die älteren Paare an neuen Onlinetätigkeiten interessiert – einige ältere Paare skypen mit ihren erwachsenen Kindern, um den Kontakt zu halten. Die interviewten deutschen Frauen probieren seltener neue Aktivitäten im Internet aus, was jedoch im Zusammenhang mit den unterschiedlichen Internet-Phasen gesehen werden kann (vgl. Kapitel 4.2).
26 Tina, Margret.

doing that much, so I'd rather just have a list which I can give to the supermarket, they get it all together and home deliver for $12 or whatever it is. But Ted's view about shopping's quite different and given that he does most of the cooking and he likes shopping, I feel oh well, you can do most of the shopping. [...]

Da Ted nun aber durch sein Aufbaustudium stärker eingebunden ist, hofft seine Frau auf eine Veränderung seiner Haltung zum Internet-Shopping.

> Tanja: But it would be interesting actually to have that discussion with him again because now he's got very little time and you know, I'd be interested to hear what he's got to say about that now.

Ted zeigt sich jedoch immer noch nicht kompromissbereit.

> I: Your wife mentioned grocery shopping, that she would like to do it. What about it ...?
>
> Ted: [interrupts] Ah that doesn't appeal to me in any way, shape or form.
>
> I: And why?
>
> Ted: (....) if you're as interested in grocery shopping as perhaps my wife is, it might be a good idea. I regard it as abhorrent.[27]

Zudem hat Ted grundsätzlich Sicherheitsbedenken beim Online-Shopping.

> Ted: I sometimes go to wine tastings which are arranged through an online site but I don't actually pay to attend on the online site because it is not a secure server and I've told people that I won't use it because it's not a secure server. So from that point of view I'm probably a tiny bit sophisticated in my usage.

Von seinen Internetfähigkeiten her gesehen wäre Ted durchaus in der Lage Online-Shopping auszuführen; eventuell blockiert er diese neue Form des Einkaufens, da er dann zunächst komplett für diesen Bereich verantwortlich sein könnte – denn im Moment geht bei Zeitmangel doch immer wieder seine Frau in den Supermarkt.

Insgesamt lässt sich bei den australischen Paaren kein Rollenwechsel bezüglich Haushaltsaufgaben durch das Internet erkennen. Das liegt vermutlich daran, dass die Art der Tätigkeiten – Aufgaben im Haushalt – langfristig die gleichen bleiben, die technische Konnotation in der Anwendung jedoch zurückgeht. Die Technologie ist nur ein neues Vehikel für alte Aufgaben.

> I: So do you think, maybe the internet because having this technical aspect could even like help that men do more part of the housework?
>
> A: It's possible but again I wonder, that it will make some sort of tasks more attractive. [...] So it depends on whether or not the novelty factor kind of hangs around or whether or not the nature of the task is changed sufficiently by the technology involved.

---

27 „Abscheulich".

6.3 Fazit

Bei den Online-Haushaltsaufgaben wiederholt sich der gleiche Wechsel der Zuständigkeit wie bei anderen Haushaltsgeräten: In der Anfangsphase der neuen Technologie erledigen viele Männer die Aufgaben. Werden jedoch Routine-Haushaltsaufgaben dauerhaft ausgeführt, übernehmen sie die Frauen. Deutlich wird der Zusammenhang zwischen technischer Rahmung und Haushaltsaufgaben. Geht die technische Rahmung zurück, sind Männer weniger an den Aufgaben interessiert; je alltäglicher die Haushaltsaufgabe desto geringer die technische Konnotation. Bleibt eine technische Rahmung dagegen dauerhaft erhalten, zeigt sich auch kein Wechsel in der Zuständigkeit, wie z. B. beim Bohren oder dem Einkauf von neuen Technologien. Für die Internetnutzung konnte bereits in Kapitel 5 eine alltagskulturelle Rahmung festgestellt werden.

Anfangsphase

In der Anfangsphase bei der Einführung neuer Technologien wird von Frauen häufig ein Technik-Kompetenz-Differential eingesetzt, das funktioniert, da gerade die Anwendung von neuen Onlineaktivitäten stärker technisch gerahmt ist. Dies trifft (noch) bei den deutschen und weniger bei den australischen Interviewpaaren zu. Einige deutsche Frauen geben z. B. vor, beim Ausprobieren neuer Onlineaktivitäten ängstlich zu sein. Erkennbar ist bei den Jüngeren häufig der Wunsch gesellschaftlichen Rollenerwartungen zu entsprechen, die Frauen der mittleren und älteren Altersgruppe sind froh, einen Aufgabenbereich abzugeben. Ihre Zurückhaltung gegenüber neuen Technologien kann somit als eine strategische Handlung zum Zeitsparen gesehen werden.

Fortgeschrittene Phase

Im Vergleich zu anderen Haushaltsaufgaben zeigen sich in der fortgeschrittenen Phase des Internets abweichende doing gender Muster, was im Zusammenhang mit der Bi-Funktionalität des Internet steht. Das Internet wird nicht wie andere Haushaltsgeräte nur für genuine Haushaltsaufgaben eingesetzt, sondern auch für persönliche Zwecke, z. B. im Freizeitbereich, genutzt. Ein doing gender über eine Haushalts-Inkompetenz, wie sie einige Männer z. B. beim Wäschewaschen einsetzen, funktioniert dann nicht mehr, denn eine generelle Internet-Anwendungskompetenz ist vorhanden. Andere Formen des doing gender sind beim Internet ein Desinteresse bis hin zum Verhindern der Online-Haushaltsaufgaben durch die Männer. Ebenfalls werden aufgrund der Bi-Funktionalität des Internets die Aufgaben unsichtbar, d. h. weder Männer noch Frauen sind sich über das eigentliche Ausmaß der Online-Haushaltsorganisation durch die Frauen bewusst.

7 Diskussion der Ergebnisse

Das Internet hielt in den letzten Jahren verstärkt Einzug in den häuslichen Kontext. Der voranschreitende Domestizierungsprozess verlangt nach wissenschaftlichen Analysen, welche die Integration dieser Technologie in den Alltag genauer in den Blick nehmen. Die vorliegende Studie eröffnet differenzierte Einsichten in das häusliche Leben mit dem Internet aus der Perspektive der NutzerInnen. Ausgangspunkt war die Frage, inwieweit sich aus einer voranschreitenden Alltagsintegration des Internets Impulse für Gender-Demokratisierungsprozesse abzeichnen. Im Gegensatz zu den bisher vorherrschenden theoretischen Ansätzen wie digital divide und Diffusionstheorie sowie zahlreich vorliegenden repräsentativen Datenerhebungen zur Internetnutzung wurde in dieser Arbeit als Bezugspunkt der Domestizierungsansatz gewählt, mit dem die Internetaneignung im häuslichen Kontext theoretisch gefasst und anhand einer ethnographischen Studie empirisch untersucht werden konnte. Das Domestizierungskonzept wurde vor gut 20 Jahren ursprünglich im Rahmen des HICT-Forschungsprojektes[1] entwickelt, in dem die Fernsehnutzung im Mittelpunkt stand (vgl. Silverstone et al. 1991; 1992). Das Internet als „neue" Kommunikationstechnologie ebenso wie eine voranschreitende Mediatisierung mit Entwicklungen wie Duplizierung, Personalisierung und Mobilität von Medien machen eine Überprüfung des Domestizierungskonzeptes notwendig. Aufgrund einer zunehmenden Mediatisierung aller Lebensbereiche wurde dem Domestizierungsansatz in Deutschland zwar mittlerweile mehr Aufmerksamkeit in der Mediennutzungsforschung geschenkt (vgl. Röser 2007b: 8), das Internet in diesem Zusammenhang allerdings bislang zu wenig fokussiert. In einer vergleichenden Studie wurden 48 Personen (24 Paare) aus Deutschland und Australien zu ihrer häuslichen Internetnutzung interviewt. Trotz der organisatorischen Herausforderung und dem damit verbundenen zusätzlichen Zeit- und Arbeitsaufwand war gerade der Ländervergleich äußerst effektiv. Da im Rahmen der Dissertation eine Langzeitstudie über mehrere Jahre nicht durchführbar war, konnte Deutschland so mit einem Land verglichen werden, das sich in einer bereits fortgeschrittenen Diffusionsphase befand. Eine vertiefende Untersuchung des Zusammenhangs von voranschreitender Alltagsintegration des Internets und mögli-

---

[1] Household Use of Information and Communication Technology (vgl. Silverstone et al. 1991; 1992).

cher Relativierung von geschlechtsgebundenen Kodierungen konnte umgesetzt werden. Gleichwohl lassen sich die in Australien weiter fortgeschrittenen Prozesse nicht direkt auf Deutschland übertragen, wiederkehrende Muster sind jedoch erkennbar, die auf eine ähnliche Entwicklung hindeuten (vgl. hierzu Kapitel 7.1.3).

Diese Arbeit bietet vertiefende Einsichten zur Qualität der Internetnutzung unter Einbezug des *häuslichen Kontextes* und brachte relevante Mechanismen, Zusammenhänge und Spannungsfelder zwischen der Alltagsintegration des Internets und Gender-Demokratisierungsprozessen zu Tage, die in künftigen Studien weiterführend untersucht werden sollten. Die Ergebnisse dieser Arbeit stellen für die Kommunikationsforschung besonders hinsichtlich dreier Aspekte eine tragfähige Grundlage dar: (1) Zum einen konnte ein Beitrag zur Bestimmung des Ausmaßes der Alltagsintegration des Internets geleistet werden. Es wurden wiederkehrende Muster der Internet-Alltagsintegration festgestellt, die in vier Dimensionen und einer Alltagsintegrations-Typologie in Kapitel 7.1 zusammengefasst werden. (2) Aussagekräftig sind die Ergebnisse zum anderen, weil Re-Gendering und De-Gendering Prozesse, also Reproduktion und Relevanzrückgang geschlechtskultureller Kodierungen (vgl. Röser: 2007d: 169) im häuslichen Alltag rund um das Internethandeln aufgezeigt werden konnten. (3) Die Befunde der vorliegenden Studie geben ebenfalls Aufschluss über die Gesamtentwicklung des Wandels von Medien und Kommunikation: Im häuslichen Alltag zeigt sich diese Mediatisierung durch Veränderungen im Medienhandeln und dessen Konsequenzen, was besonders in Kapitel 4 über den Internetalltag offensichtlich wurde (vgl. hierzu ausführlich Kapitel 4.1–4.4).

Im Folgenden wird in Kapitel 7.1 die Internet-Alltagsintegration diskutiert: In einer Übersicht werden zunächst alle vier Dimensionen der Alltagsintegration zusammengetragen und gezeigt, inwiefern die Alltagsintegration des Internets mit der Integration anderer Medien, wie z. B. dem Fernseher, vergleichbar ist. Im Anschluss daran wird eine Typologisierung vorgenommen und die Interviewten Typen zugeordnet, um die unterschiedlichen Ausprägungen der Alltagsintegration zu verdeutlichen. Außerdem werden summarisch jene Faktoren dargelegt, die mit der häuslichen Alltagsintegration des Internets in Verbindung stehen. Veränderungen des häuslichen Medienumfeldes und damit einhergehende Konsequenzen werden in Bezug auf das Internet an besonders auffälligen Stellen hervorgehoben. Kapitel 7.2 beschäftigt sich abschließend mit der Thematik von Gender-Demokratisierungsprozessen im häuslichen Internethandeln. Dabei wird auf die technische bzw. alltagskulturelle Rahmung des Internets sowie doing gender-Muster eingegangen.

7.1 Internet-Alltagsintegration in Australien und Deutschland

Der Ausgangspunkt für die Ermittlung von Impulsen für Gender-Demokratisierungsprozesse im Zuge einer voranschreitenden Internet-Alltagsintegration bildete zunächst eine Momentaufnahme des Status quo der Alltagsintegration. Ein Vergleich dieser mit anderen Faktoren war auf der bisherigen Grundlage des Domestizierungskonzeptes schwierig: Mit den vier zusammenhängenden Phasen appropriation, objectification, incorporation und conversion (vgl. Silverstone et al. 1992: 20 ff.), erfasst das Konzept zwar den Prozess der Domestizierung, nicht jedoch das Ausmaß der Alltagsintegration. Ebenso beschreiben Studien auf der Grundlage des Domestizierungskonzeptes nur einzelne Aspekte von Alltagsintegration und häufig gelten die gefundenen Indikatoren nur für traditionelle Medien, wie den Fernseher (vgl. Kapitel 2.2). Ein Ziel dieser Arbeit war es, diese Forschungslücke zu schließen und übergreifende Indikatoren zu bestimmen, anhand derer das *Ausmaß der Internet-Alltagsintegration* ermittelbar ist. Die vorliegende Studie konzentriert sich auf Paare; die Kinder, die in vielen Haushalten der Interviewten mitleben, wurden nur marginal in die Untersuchung miteinbezogen. Dabei ging es dann beispielsweise um die Frage nach der Aufgabenverteilung zwischen Männern und Frauen bezogen auf die Betreuung der Internetnutzung des Nachwuchses. Insgesamt werden somit verstärkt Aussagen über die Integration des Internets für die zusammenlebenden Paare getroffen und weniger für *alle* Haushaltsmitglieder. Die Ergebnisse dieser Arbeit wurden mit Hilfe einer qualitativen Studie gewonnen und entsprechen deswegen keinem repräsentativen Sample. Allerdings konnten durch die qualitative Anlage überhaupt erst tiefergehende Einsichten gewonnen und Spannungsfelder eruiert werden, die Perspektiven für die weitere Erforschung des Internets im häuslichen Alltag eröffnen.

Laut Domestizierungskonzept verläuft die Integration von Medien in den Alltag manchmal unvollständig; oftmals ist sie kein einheitlicher und identischer Prozess (vgl. Haddon 2003). Dies bestätigt sich in der vorliegenden Studie auch für das Internet: Die Interviewten integrieren die Technologie unterschiedlich stark, bei einigen Paaren ist das Internet selbst innerhalb eines Haushaltes verschiedenartig eingebunden. Zudem leiteten in der vorliegenden Studie beispielsweise biographische Veränderungen wie die Geburt eines Kindes oder der Eintritt ins Rentenalter häufig eine Veränderung der Internet-Alltagsintegration ein (vgl. hierzu Kapitel 7.1.3). Auch wenn diese Prozesse wandelbar sind, können wiederkehrende Muster nachgewiesen werden, die sich in vier Dimensionen – zeitlich, inhaltlich, räumlich und sozial – zusammenfassen lassen: Für jede der vier Dimensionen gelten verschiedene Indikatoren, anhand derer die Alltagsintegration abgelesen werden konnte (vgl. Tab. 7-1). Die zeitliche und inhaltliche Dimension fokussieren verstärkt die individuelle Alltagsintegration, während die räumliche und soziale vor allem auf den Haushalt als Einheit bezogen sind. Alle vier stehen miteinander im Zusammenhang, häufig ist eine ähnlich starke Ausprägung der jeweiligen Dimensionen auffällig.

Tab. 7-1: Dimensionen der Internet-Alltagsintegration

Dimension	Indikatoren
Zeitlich	Nutzungsdauer, Nutzungsrhythmus, zeitlicher Nutzungsmodus
Inhaltlich	Spektrum der Onlineaktivitäten, Hauptaktivitäten, Motive der Internetnutzung, Bewertung der Internetnutzung im Medienmenü
Räumlich	Platzierungsort, Ästhetik, Raumhoheit
Sozial	Gemeinschaftsstiftung, Fragmentierung

7.1.1 Dimensionen der Internet-Alltagsintegration

In diesem Kapitel werden die vier Untersuchungsdimensionen der vorliegenden Studie Zeit, Inhalt, Raum und Soziales in einer Zusammenfassung diskutiert. Im Vergleich mit den in früheren Untersuchungen gefundenen Indikatoren für eine starke Alltagsintegration anderer Medien, wie den Fernseher (vgl. Kapitel 2.2.), finden sich sowohl Überschneidungen als auch Besonderheiten, die nur für das Internet gelten, welche im Folgenden dargelegt werden. Insgesamt hat sich bestätigt, dass die enge Verzahnung von häuslichem Alltag und Mediennutzung auch für das Internet gilt. Bausinger (1983: 27 ff.) stellte bereits Anfang der 1980er Jahre ein unauffällige Verschwinden von Technologien im Alltag als Zeichen einer ausgeprägten Alltagsintegration fest. Gerade dieses Phänomen konnte in der vorliegenden Studie ebenfalls für das Internet bestätigt werden (vgl. Kapitel 4).

Zeitliche Dimension

Die *Nutzungsdauer* variierte in der vorliegenden Studie stark, die Spannbreite reichte von Wenignutzern bis zu Vielnutzern, die z. T. mehrere Stunden täglich online sind. Der *Nutzungsrhythmus* wiederum war mit zunehmender Alltagsintegration verstärkt in Form einer „markierungspunkt-orientierten" Nutzungsweise auffällig, das heißt die Interviewten richten sich nach alltäglichen Fixpunkten, wie z. B. Mahlzeiten, und binden so das Internet in ihre zeitlichen Abläufe des Alltags ein. OnlinerInnen nutzen das Internet somit stark rhythmisiert, u. a. auch um den Tagesablauf mit zu strukturieren. Ebenso konnte in der Studie jedoch auch eine schwächere Form der Einbindung in Routinen und Rituale des Alltags beobachtet werden, indem sich die Interviewpaare beispielsweise in ihren Nutzungszeitpunkten nur grob nach Tageszeiten richten. Gauntlett/Hill (1999) werteten als Zeichen einer starken Alltagsintegration für das Fernsehen ein Verschieben, Verkürzen oder Anpassen zeitlicher Aktivitäten. Bei der Internetnutzung sind Allokation, Rhythmik und Dauer im Vergleich beispielsweise zum Fernseher nicht mehr von Medieninstitutionen vorgegeben, sondern stehen im Ermessen der NutzerIn (vgl. Neverla 2007: 50). Die zeitliche Ausrichtung der Nutzung ist beim Internet vorhanden, im Vergleich zu den traditionellen Medien aber etwas weniger stark, da sie nicht punktgenau zu einer bestimmten Zeit stattfinden muss.

In der vorliegenden Studie können unterschiedliche *zeitliche Nutzungsmodi* wie pragmatischer Nutzungsmodus, ‚frei(e)-Zeit` Modus und situativer Modus ermittelt werden, die sich insgesamt alle in ähnlicher Häufigkeit bei den Interviewpaaren vorfinden. Diese Modi beziehen sich auf die zeitliche Herangehensweise und den dahinterliegenden Zweck der Internetnutzung. Beim pragmatischen Nutzungsmodus werden beispielsweise nur wenige Paralleltätigkeiten ausgeführt, um sich auf die Nutzung zu konzentrieren und diese zügig abzuschließen. Das Internet kann aber auch in Form einer Aufschiebefunktion sowie als Hobby zeitlich freizügig genutzt werden: Leichte, entspannende Paralleltätigkeiten wie Musikhören potenzieren die Internetzeit als ‚frei(e)-Zeit` Modus. Beim situativen Modus spielen die beiden anderen Modi eine Rolle und werden je nach Bedarf eingesetzt.

Das Internet selbst wird, im Gegensatz zu Fernseher und Radio, aufgrund des ausgeprägteren aktiven Parts der NutzerInnen bei der Bedienung von Tastatur und Maus selten als Hintergrundmedium eingesetzt. Häufiger laufen jedoch andere Kommunikationstechnologien als Hintergrundmedien während der Internetnutzung. Das Ausführen von Paralleltätigkeiten hängt dabei jedoch mit der inhaltlichen Nutzungsweise zusammen: Eine freizeitorientierte Nutzungsweise erlaubt mehr parallele Tätigkeiten als eine arbeitsbedingte, ebenso müssen sich NutzerInnen während einzelner Onlineaktivitäten, z. B. dem Downloaden von Dateien, nicht permanent vor dem PC aufhalten und können während des „Onlineseins" anderen Tätigkeiten nachgehen.

Gerade für die zeitliche Dimension des Internets zeigt sich in der vorliegenden Studie, dass das generelle Zeitbudget eine Rolle spielt, inwiefern überhaupt die Möglichkeit existiert, das Internet in Zeitstrukturen zu integrieren. Hierbei sind die individuellen Lebensumstände von Bedeutung, vor allem die Arbeitssituation (z. B. Schichtarbeit, Arbeitslosigkeit oder Ausbildung) und das Vorhandensein von Kindern. Letzteres beeinflusste allerdings eher die Frauen, die aufgrund ihrer Doppelrolle als Berufstätige und Hausfrau/Mutter in ein zeitlich enges Korsett geschnürt sind. Diese Feststellung betrifft dabei alle gebildeten Indikatoren der zeitlichen Dimension: Nutzungsdauer, Nutzungsrhythmen und Nutzungsmodus. Im Vergleich zu Vätern nutzen Mütter das Internet kürzer und zeitlich pragmatischer, d. h. es werden beispielsweise häufig keine Paralleltätigkeiten ausgeübt und das Internet verstärkt ganz am Ende des Abends genutzt, wenn alle anderen Aufgaben erledigt sind.

Inhaltliche Dimension

Mit dem Internet werden immer mehr regelmäßige Alltagsaktivitäten, Tätigkeiten und Aufgaben ausgeführt. Die Konsequenzen der Mediatisierung des Alltags zeigen sich bezogen auf die inhaltliche Dimension beispielsweise in der Veränderung des medialen Modus, wobei die Natur der Aufgaben jedoch gleich bleibt: So halten InterviewparterInnen den Kontakt mit Bekannten und Verwandten nicht mehr per Telefon, sondern über das Internet, andere führen die Familienorganisation verstärkt online aus.

Im Zuge der Alltagsintegration nimmt das *Spektrum der ausgeübten Onlineaktivitäten* zu. Dabei haben trotzdem viele Interviewte gleichbleibende *Hauptaktivitäten*: Vor allem das gezielte Suchen, Emailen und Homebanking stehen für den Großteil der Interviewpaare im Vordergrund, bei vielen Männern kommen zusätzlich noch Onlinespiele und -auktionen hinzu.

Eine Besonderheit des Internets im Vergleich zu anderen Medien liegt in der ihm inhärenten Bi-Funktionalität als pragmatisches Werkzeug und Freizeitmedium. Das Internet wird aus Berufs-, Haushalts- und Freizeitgründen genutzt, der Fernseher beispielsweise wird meistens nur für Freizeitzwecke eingesetzt. Zwar werden Haushaltsaufgaben gerade von Frauen durchaus während der Nutzung von Medien wie Fernseher und Radio erledigt, jedoch nicht mit den Technologien selbst ausgeführt. In diesem Zusammenhang ist ein Blick auf die *Motive der Internetnutzung* interessant: Hinter ein- und derselben Onlineaktivität stecken unterschiedliche Nutzungsmotive. Die Schere geht dabei mit zunehmender Alltagsintegration zwischen Männern und Frauen auseinander. Während zunächst beide Geschlechter das Internet häufig aus persönlichen Gründen nutzen, wird im Zuge der Domestizierung das Internet von Frauen zur Ausübung von Haushaltsorganisation eingesetzt, also die persönliche Nutzung einer gemeinschaftsorientierten untergeordnet.

Ebenso verschiebt sich damit im Domestizierungsprozess die Relevanz des Internets im *Medienmenü*: Für Männer bleibt das Internet Entspannungsmedium und gewinnt in diesem Zusammenhang zunehmend an Bedeutung. Bei Frauen, besonders Müttern, verläuft dies konträr – während viele der interviewten Mütter den Fernseher als Erholungsmedium einsetzen, konnten gerade bei den australischen Müttern haushaltsbezogene Motive bei der Internetnutzung festgestellt werden. Das Internet ist dann zwar unter pragmatischen Gesichtspunkten wichtig, aber keinesfalls Lieblingsmedium.

An dieser Stelle muss betont werden, dass die vorliegende Studie auch hinsichtlich der inhaltlichen Nutzungsweise lediglich eine Momentaufnahme darstellt. In der Einleitung und im Kapitel 2 dieser Arbeit wurde auf das junge Alter der Kommunikationstechnologie Internet aufmerksam gemacht. Die enorme Entwicklung des Internets kann nicht nur auf seine Verbreitung bezogen werden, sondern auch auf die inhaltlichen Angebote: Nutzte beispielsweise zum Zeitpunkt der Erhebung 2005/2006 nur ein Bruchteil der Befragten Blogs und war den meisten diese Möglichkeit der Internetnutzung sogar unbekannt, so dürfte sich dies mittlerweile geändert haben. Anwendungsmöglichkeiten wie Facebook, MySpace, Flickr, Podcasts oder YouTube (vgl. Green/Hannon 2007, van Eimeren/Frees 2007) haben sich in der letzten Zeit massenhaft durchgesetzt und sind vor allem für die jüngere Generation von Bedeutung.

Räumliche Dimension

Eine räumlich starke Integration des Internets zeigt sich ähnlich wie beim Fernseher anhand der *Platzierung*: Entweder werden PC und Internetanschluss in häufig genutzten und gemeinschaftsorientierten Räumen untergebracht oder die Zimmer verlieren ihren ursprünglichen Charakter, d. h. in die „Arbeitszimmer" mit PCs werden z. B. Sofas und Fernseher gestellt. Der Computer mit Internetzugang steht dabei aufgrund der personalisierten Bedienungsweise sowie des benötigten Tischs und Stuhls jedoch weniger im Zentrum von Räumen als der Fernseher (vgl. Gauntlett/Hill 1999). Der PC wird zunehmend zu einem Einrichtungsgegenstand, der *ästhetisch* akzeptiert ist. Demgegenüber steht die ebenfalls feststellbare räumliche Ausgrenzung von PC und Internetanschluss in separaten Arbeitszimmern oder gar in Schränken; der Computer stört in diesem Fall das ästhetische Empfinden der Haushaltsmitglieder. Bei der Platzierung des Internets war dabei häufiger eine männliche *Raum- und Zugriffshoheit* auffällig – auch in offenen und gemeinschaftlich genutzten Bereichen. Die erwartete Mobilität durch Laptops innerhalb der Nutzung im Haushalt war in der vorliegenden Studie weniger signifikant als zunächst erwartet, Paare nutzten das Internet auch per Laptop ähnlich wie andere Medien, z. B. den Fernseher, an einem gleichbleibenden Ort. Eingeschränkt werden muss an dieser Stellen, dass nur wenige Personen über ein Laptop verfügten, insofern sollte dieses Phänomen in weiteren Studien verfolgt werden.

Eine fortgeschrittene Alltagsintegration verbindet sich zudem mit multiplen Ausführungen und persönlichen Zugängen zu einem Medium im Haushalt (Livingstone 1999). Dazu gehört auch die Existenz mehrerer Internetanschlüsse: Je wichtiger das Internet wird, je intensiver es zeitlich und inhaltlich integriert wird, desto häufiger wurde auch der Wunsch nach mehreren Zugängen geäußert. Das heißt, dass mehrere Personen das Internet zugleich – allerdings jeweils auf individuelle Weise – nutzen möchten. Im Unterschied zu Fernseher oder Radio kann diesem Wunsch auch zeitlich begegnet werden: Da man nicht punktgenau an Nutzungszeiten gebunden ist wie bei einer Fernsehsendung, können die Haushaltsmitglieder auch einen Internetanschluss untereinander teilen. Das gilt besonders für Personen, die nur in einem geringen zeitlichen Umfang online sind, so dass der Partner viel der verfügbaren Nutzungszeit in Anspruch nehmen kann (vgl. hierzu auch die Typologie in diesem Kapitel).

Soziale Dimension

Bezogen auf die soziale Dimension konnten sowohl fragmentierende als auch gemeinschaftsstiftende Elemente durch die Alltagsintegration des Internets festgestellt werden. Duplizierungsprozesse von Medien können zu einer individualisierten Nutzungsweise führen (vgl. Morley 2001: 22). Außergewöhnlich für das Internet ist, dass die Personalisierung der Internetzugänge in der vorliegenden Studie eher zu einer *Gemeinschaftsstiftung* als zu einer *Fragmentierung* führt. Im Gegensatz zu multipler Ausstattung mit Fernsehgeräten, die in zwei verschiedenen Räumen platziert werden, zeigt die vorliegende Studie sowohl für Australien als auch für Deutschland, dass das Internet oft parallel an zwei Computern in einem Raum gleichzeitig genutzt wird.

Von einer starken Internet-Alltagsintegration einer Person ist häufig auch der Partner tangiert. Man sieht sich dann nicht wie beim Fernsehen dem Partner zuliebe eine Sendung mit an (vgl. Röser/Kroll 1995), sondern sucht sich räumlich eine andere Tätigkeit in der Nähe der Internetnutzung des anderen. Im Zuge der Mediatisierung des Alltags zeigen sich hier Auswirkungen: Beispielsweise verbringen einige Paare die Abende nicht mehr gemeinsam vor dem Fernseher, sondern gehen parallel in einem Raum an zwei Computern ins Internet und unterhalten sich währenddessen. Oft verbringen Paare gemeinsam Zeit, indem ein Partner online ist, während der andere im gleichen Raum fernsieht, Hausarbeit erledigt, liest. Einige Interviewpaare lassen das Internet jedoch bei der Gestaltung ihrer Beziehung außen vor. Bei zunehmender Alltagsintegration wechselt der Inhalt von Gesprächen über das Internet. Tauschen sich Paare zunächst über Besonderheiten aus, stehen später Alltäglichkeiten im Mittelpunkt wie Unterhaltungen über online getätigte Haushaltsaufgaben oder Schlagzeilen von Tageszeitungen.

Über die Internetnutzung konnte ein physischer, aber auch ein symbolischer Rückzug eruiert werden – jeweils abhängig von den räumlichen Gegebenheiten und der Platzierung des Internetzugangs. Dabei ist ein Rückzug der Haushaltsmitglieder nicht dem Internet per se zuzuschreiben, sondern eine Handlungsstrategie, die auch bei anderen Medien eingesetzt wird, wie z. B. beim Lesen von Büchern.

Ausmaß der Alltagsintegration – Versuch einer Annäherung

Die vier vorgestellten Untersuchungsdimensionen der vorliegenden Studie – Zeit, Inhalt, Raum und Soziales – bieten eine Ausgangsbasis, anhand derer sich medienübergreifend dem Ausmaß von Alltagsintegration *genähert* werden kann; auffällige Differenzen, aber auch Gemeinsamkeiten zu Studien über die Domestizierung von traditionellen Medien, insbesondere dem Fernseher, wurden hervorgehoben. Allerdings müssen diese Dimensionen für andere Kommunikationstechnologien in zukünftigen Studien überprüft werden. Beispielsweise könnten sich die Dimensionen gerade beim Handy aufgrund der Mobilität dieser Technologie anders darstellen.

Woran erkennt man nun das Ausmaß der Alltagsintegration des Internets? Mit Blick auf die vier Dimensionen spricht *zunächst* folgende Ausprägung der Indikatoren für eine stärkere Alltagsintegration: Eine Person nutzt das Internet zeitlich intensiv, die Internetnutzung ist in alltägliche Abläufe integriert. Die Bandbreite ihrer Onlineaktivitäten ist groß, sie übt mit dem Internet alltägliche Aktivitäten und Aufgaben aus und räumt der Technologie eine hohe Priorität im Medienmenü ein. Der Internetanschluss ist in Räumen installiert, in denen sich die Person häufig aufhält. Entweder gibt es in der Beziehung dieser NutzerIn personalisierte Internetzugänge oder es herrschen gemeinsame Raumhoheiten im Internetzimmer. Auch stört die Anwesenheit von PC und Laptop in einem Raum nicht das ästhetische Empfinden der NutzerIn. Die Paarbeziehung wird mit dem Internet gestaltet, was sowohl gemeinschaftsstiftende als auch fragmentierende Elemente mit sich bringt. Insgesamt ist das Internet in Routinen und Rituale des Alltags eingebunden und zu einer Selbstverständlichkeit geworden.

Ein entscheidender Faktor fehlt in dieser knappen Ausführung zur Alltagsintegration, was folgendes Beispiel verdeutlicht: Eine berufstätige Mutter ist nur für kurze Zeit im Internet, übt wenig Onlinetätigkeiten aus, verweist das Internet im Medienmenü auf die hinteren Plätze. Bedeutet dies, dass sie das Internet nur wenig integriert hat? Nein, keineswegs. Es zeigt nur, dass sich das ursprüngliche Vorhaben bei dieser Studie, nämlich den Gender-Aspekt im Anschluss an die Interpretation der Ergebnisse der Alltagsintegration des Internets gesondert zu behandeln, nur in begrenztem Maße durchführbar war. Bereits bei der Vorstellung der Dimensionen wird deutlich, dass der Gender-Aspekt ein entscheidender Faktor für das Ausmaß von Internet-Alltagsintegration ist, alle Dimensionen durchzieht und wesentlich die Aussagekraft der einzelnen Indikatoren beeinflusst. Zum einen kann sich eine starke Internet-Alltagsintegration bei Männern und Frauen unterschiedlich darstellen, denn auch im Domestizierungsprozess des Internets werden Geschlechterrollen ausgelebt, reproduziert und neu gestaltet (vgl. hierzu ausführlich Kapitel 7.2). Zum anderen wird deutlich, dass die Dimensionen und das Indikatoren-Raster zwar ein erster notwendiger Schritt sind, jedoch zur Bestimmung der Internet-Alltagsintegration nicht ausreichen. In der vorliegenden Arbeit werden deswegen die gefunden Dimensionen um eine Typologie erweitert, die den Faktor Geschlecht stärker mitberücksichtigt.

7.1.2 Typologie zur Internet-Alltagsintegration

In der vorliegenden Studie konnten sechs Typen der Alltagsintegration ermittelt werden: Multitasking Mutter, me-time-OnlinerIn, bifunktionale OnlinerIn, limitierende OnlinerIn, AdditionalistIn und NichtnutzerIn. Für den jeweiligen Typ stellen sich die vier Dimensionen (Zeit, Inhalt, Raum, Soziales) unterschiedlich dar.

Multitasking Mutter

Dieses Muster fand sich bei keinem Mann; Multitasking betreiben nur australische Frauen mit Kindern. Deutsche nutzten zum Zeitpunkt der Interviews das Internet in begrenztem Umfang für Haushaltsaufgaben, weswegen niemand diesem Profil zugeordnet werden kann. Das könnte sich jedoch in Zukunft ändern (hierauf wird noch genauer am Ende der Typologie eingegangen).

Auf den ersten Blick erhält man den Eindruck einer schwachen Integration, z. B. verbringt die Multitasking Mutter relativ wenig Zeit online. Für ihren Lebensalltag zeigte sich allerdings in der Studie, dass das Internet stark eingebunden ist und z. B. wegen Zeitknappheit nur kurz genutzt wird.

Zeit: Die Multitasking Mutter hat einen sehr pragmatischen Nutzungsmodus, sie führt entweder wenig Paralleltätigkeiten aus, um die Nutzung konzentriert auszuüben und somit so kurz wie möglich zu halten oder die Internetnutzung wird in den Multitasking-Modus zwischen Kinderbetreuung und Hausarbeit eingereiht. Einige Multitasking Mütter nutzen das Internet im markierungspunkt-orientierten Rhythmus, häufig am Ende des Tages, wenn die Kinder im Bett und alle anderen Aufgaben erledigt sind, andere in Form eines Tageszeitorientierten oder sogar im unregelmäßigen Rhythmus, wenn es zeitlich dazwischen passt. Eine Internetnutzung, die länger als geplant verläuft, wird als Zeitverschwendung empfunden – Mütter gehen gerade deswegen online, um Zeit zu sparen.

Inhalt: Das Internet wird viel für Hausarbeiten und organisatorische Zwecke eingesetzt. Mütter gehen seltener wegen individueller Bedürfnisse online. Das Internet ist ihnen wenig ans Herz gewachsen und belegt einen der hinteren Plätze in ihrem Medienmenü. Diese Frauen sind gegenüber neuen Anwendungen offen, gerade wenn sie einen funktionalen Sinn darin sehen. Sie gehen vor allem für die Suche nach Informationen, das Emailen, Onlinebanking sowie Online-Shopping ins Internet.

Raum: Der Internetanschluss ist häufig in einem offenen Bereich untergebracht, auch um während der eigenen Internetnutzung nach den Kindern schauen zu können oder den Nachwuchs bei deren Internetnutzung zu unterstützen und trotzdem zeitgleich anderer Haushaltsarbeit nachzukommen. Ebenfalls wird so versucht, Zeit mit dem Partner zu verbringen, gerade wenn dieser Vielnutzer ist.

Soziales: Die Multitasking Mutter geht – falls mehrere Anschlüsse vorhanden sind – manchmal gleichzeitig mit ihrem Mann online oder übt im selben Raum andere Tätigkeiten aus, während der Mann im Internet ist. Solche Frauen richten sich also in sozialer Hinsicht häufig nach der Internetnutzung der anderen Mitglieder des Haushaltes – des Mannes oder der Kinder. Die Frauen nutzen das Internet weniger zum eigenen Rückzug. Bei einigen Paaren entstehen Konflikte, wenn der Partner zu lange online ist. Während sie selbst bei Internetgesprächen den informativen Austausch mit dem Partner suchen, ist das Internet trotzdem kein Lieblingsgesprächsthema.

Me-time-OnlinerIn

Das Stichwort für die Beschreibung der Internetnutzung der me-time-OnlinerIn ist „selbstorientiert". Vor allem australische Väter, aber auch kinderlose Männer können diesem Typ zugeordnet werden, bei den Deutschen vor allem die männlichen Vielnutzer. Es gibt nur eine deutsche me-time-Onlinerin.

Zeit: Me-time-OnlinerInnen gehen lange online, häufig routiniert im Markierungspunkt-orientierten Rhythmus, bereits direkt nach dem Aufstehen und nach Feierabend. Sie nutzen das Internet eher im „frei(e)-Zeit-Modus", es kommt häufiger vor, dass sie das Internet zum Aufschieben von anderen Tätigkeiten einsetzen oder mit der Onlinezeit großzügig umgehen, besonders wenn sie für ein Hobby ins Internet gehen.

Inhalt: Das Internet wird viel für Freizeitzwecke eingesetzt (z. B. Online-Spiele), aber auch für individuelle Bedürfnisse, z. B. im Zusammenhang mit beruflichen oder organisatorischen Aspekten, die die Person jedoch meistens nur selbst betreffen. Me-time-OnlinerInnen probieren gerne neue Onlineaktivitäten aus. Das Internet steht bei ihnen aufgrund der freizeitorientierten Nutzungsweise relativ weit oben im Medienmenü, einige können sich ein Leben ohne das Internet nur noch schwer vorstellen.

Raum: Das Internet wird zum Rückzug eingesetzt, auch wenn es in Familienräumen genutzt wird; der „symbolic space" (vgl. Rompaey/Roe 2001: 351) spielt dann eine größere Rolle. Häufig verfügen me-time-OnlinerInnen bei einem Anschluss über eine Raum- oder Bereichshoheit, meistens gibt es jedoch mehrere Internetzugänge im Haushalt.

Soziales: Viele Interviewte aus dieser Gruppe empfinden es durchaus als positiv, wenn andere räumlich nah sind, sie im Zentrum des

Haushaltsgeschehens mit dabei sind und so das Gefühl bekommen, Zeit in Gesellschaft zu verbringen. Allerdings darf die eigene Nutzung nicht gestört werden, denn sie sehen die Internetzeit als me-time, also Zeit für sich, an. Andere Familienmitglieder haben meistens akzeptiert, dass die/der me-time-OnlinerIn während der Online-Session nicht angesprochen werden möchte, und verbringen im gleichen Raum die Zeit mit anderen Aktivitäten (z. B. Fernsehen oder bei mehreren Anschlüssen parallele Internetnutzung). In diesem Zusammenhang sind bezogen auf die Beziehungen also sowohl gemeinschaftsstiftende als auch fragmentierende Elemente auffällig. Entscheidend ist dabei, dass me-time-OnlinerInnen mit ihrer Internetnutzung die Beziehung gestalten und das Internet keine Technologie ist, die im sozialen Gefüge des Haushaltes außen vor gelassen wird.

Bi-funktional orientierte OnlinerIn

Zu diesem Typus zählen jüngere australische Frauen und einzelne ältere Australier. Sie nutzen das Internet bi-funktional zum einen für persönliche zum anderen für gemeinschaftsorientierte Zwecke, letztere stehen häufig im Zusammenhang mit der Haushaltsorganisation. Aufgrund der noch wenig online ausgeübten Haushaltsaufgaben finden sich nur wenige Deutsche in dieser Gruppe.

Zeit: Die Nutzungsdauer ist mittel bis lang und es herrscht ein situativer Nutzungsmodus, je nachdem, ob man zur Unterhaltung oder zum Arbeiten online geht. Das Internet wird meistens im Markierungspunkt-orientierten Rhythmus genutzt, ist also in alltägliche Abläufe und zeitliche Strukturen eingebunden.

Inhalt: Hier spielen gemeinnützige *und* persönliche Motive im beruflichen, Haushalts- und Freizeitbereich eine Rolle (im Gegensatz zu den verstärkt haushaltsorientierten Multitasking Müttern und den selbstorientierten me-time-OnlinerInnen). Im Medienmenü besetzt das Internet obere bis mittlere Plätze, je nachdem, welcher Aspekt der Bi-Funktion überwiegt. Zur Entspannung nutzen bi-funktional orientierte OnlinerInnen – vor allem die älteren unter ihnen – jedoch immer noch überwiegend traditionelle Medien, wie Fernseher oder Zeitung.

Raum: Internet und PC sind räumlich meistens integriert, d. h. in Gemeinschaftsräumen untergebracht; der Computer wird nicht als ästhetisch störend empfunden. Meistens gibt es mehrere Anschlüsse in einem Haushalt, beim Teilen eines Zugangs gibt es jedoch auch keine Probleme.

Soziales: Bei diesem Typus spielt das Internet für die Beziehungsgestaltung eine erhebliche Rolle in Form von gemeinsam verbrachter (Internet-) Zeit, Zusatzaktivitäten und alltäglichen Gesprächen. Manche bi-funktional orientierten OnlinerInnen ziehen sich mit dem Internet symbolisch zurück; Konflikte können bei zu langer Internetnutzung eines Partners entstehen.

Limitierende OnlinerIn

Dieser Typus „limitiert" die Integration des Internets in den Alltag. Das Internet ist in begrenztem Maße im häuslichen Kontext eingebettet. Unter diese Rubrik fallen vor allem Deutsche und einzelne Australier.

Zeit: Hier sind besonders die Wenig- und schwachen NormalnutzerInnen zu finden. Sie nutzen das Internet häufig im Tageszeit-orientierten Rhythmus, meistens in den Abendstunden. Jedoch gehen nur wenige von ihnen täglich online; auch ist ihre Nutzung wenig in alltägliche Abläufe eingebunden. Diese NutzerInnen gehen zeitlich zielgerichtet online und nutzen das Internet weder als Hobby noch zum Aufschieben anderer Tätigkeiten.

Inhalt: Das Internet wird vor allem für pragmatische Motive genutzt, z. B. gebrauchen diese Interviewten es vor allem zum gezielten Suchen nach Informationen und zum Emailen. Man geht zum größten Teil nur online, wenn man auch wirklich einen Anlass hat.

Raum: Bei der Platzierung des Geräts geben häufig die anderen Haushaltsmitglieder den Ausschlag. Ist der Partner beispielsweise Vielnutzer, wird das Internet räumlich stärker integriert. Bei den Deutschen erkennt man eine geringe räumliche Integration, das Internet ist häufig in separaten Arbeitszimmern untergebracht, was auch im Zusammenhang mit gesellschaftlichen Normvorstellungen steht (hierauf wird ausführlicher am Ende der Typologie eingegangen).

Soziales: Bezogen auf die soziale Dimension hängt bei diesem Typus ebenfalls vieles von der Internetnutzung des Partners ab, je nachdem, ob dieser Viel- oder Wenignutzer ist. Häufig tauscht sich das Paar über pragmatische Erledigungen aus, dem Internet wird in der Beziehungsgestaltung jedoch nicht zuviel Platz eingeräumt.

AdditionalistIn

Viele Deutsche und einzelne Australier fallen unter diese Rubrik. Meistens handelt es sich um NutzerInnen, die das Internet noch nicht lange haben, es gibt jedoch auch einige, die schon seit mehreren Jahren über einen Internetanschluss verfügen. AdditionalistInnen „addieren" das Internet zwar zu ihrem häuslichen Alltag, integrieren es aber entweder bewusst oder aus Ungeübtheit nicht stärker.

Zeit: AdditionalistenInnen zählen zu den WenignutzerInnen, sie betätigen das Internet im unregelmäßigen Rhythmus und haben einen pragmatischen Nutzungsmodus. Häufig führen sie keine Paralleltätigkeiten aus, was daran liegt, dass sie die Nutzung schnell beenden möchten oder daran, dass sie sich gerade als Internetneulinge stärker konzentrieren müssen.

Inhalt: Das Internet wird nur für wenige Onlineaktivitäten genutzt, meistens nur für das Emailen und gezielte Suchen nach Informationen. Soweit von Anbieterseite möglich gehen AdditionalistInnen auch für die Haushaltsorganisation online; sie verlassen sich dafür jedoch nicht nur auf das Internet, sondern recherchieren beispielsweise zum traditionellen Einholen von Informationen per Telefon additional im Internet.

Raum: Das Internet ist in einem abgelegenen Zimmer der Wohnung untergebracht; ein Paar hat den PC sogar in einen zuklappbaren Wandschrank gestellt. Gerade aus Sicht vieler deutscher Paare stört ein PC das ästhetische Bild der Wohnung und wird deswegen aus den vielbenutzten und repräsentativen Räumen verbannt.

Soziales: Bei der Beziehungsgestaltung spielt das Internet keine Rolle. Wenn man online geht, ist der andere häufig nicht im Raum.

Nichtnutzerinnen

Zwar ist im Haushalt ein Internetanschluss vorhanden, den diese Interviewten aber nicht nutzen. Dazu gehören zwei deutsche Frauen, die nicht bereit sind, sich dem Medium zu widmen, obwohl ihre Männer bereit wären, die Bedienung der Technologie zu erklären. Trotz dieser ablehnenden Haltung vergeben beide Aufträge an ihre Partner, die im Internet erledigt werden sollen. Nichtsdestotrotz können Einflüsse auf die räumliche (indirekt) und soziale (direkt) Dimension festgestellt werden, die sowohl das Individuum als auch den Haushalt betreffen. Da die Partner den Internetanschluss in ihren eigenen Zimmern untergebracht haben, sind sie räumlich im Haushalt für die Dauer der Internetnutzung für sich alleine, die Internetnutzung wird von ihnen jedoch auch zum Rückzug aus der Beziehung eingesetzt, was dann die NichtnutzerInnen direkt in sozialer Hinsicht betrifft.

Anhand der Typologie ist es möglich, das Ausmaß der Internet-Alltagsintegration in den drei Stufen Addition, Adaption und Integration zu erfassen und somit an dieser Stelle einen Beitrag zur Erweiterung des Domestizierungskonzepts zu leisten. Auf der Stufe der Addition liegen die AdditionalistInnen, sie weisen die schwächste Form der Internet-Alltagsintegration auf. Limitierende OnlinerInnen sind der Kategorie der Adaption zuzuordnen mit einer mittleren Ausprägung der Internet-Alltagsintegration. Unter die Kategorie der Integration fallen Multitasking Mütter, me-time-OnlinerInnen sowie intensive bi-funktional orientierte OnlinerInnen. Die starke Integration des Internets bei den drei letztgenannten Typen zeigt sich jedoch in jeweils unterschiedlichen Ausprägungen und anhand verschiedener Facetten (vgl. hierzu die Typologie).

Durch diese Typologie lässt sich Domestizierung in Bezug zu anderen Faktoren setzen; so kann überprüft werden, ob das Ausmaß der Alltagsintegration Impulse für Gender-Demokratisierungsprozesse ergibt (vgl. hierzu Kapitel 7.2). Anhand der Interviews ließ sich eine Entwicklungstendenz von Addition über Adaption bis hin zur Integration des Internets in den Alltag ermitteln. Dieser Prozess verläuft keineswegs linear, vielmehr wird er, wie auch im Domestizierungskonzept beschrieben, phasenweise unterbrochen oder ist mitunter auch rückläufig (vgl. 2.1 und 7.1.3). Zudem wollen einige Interviewte bewusst NichtnutzerInnen, AdditionalistInnen oder limitierende OnlinerInnen bleiben und beabsichtigen nicht, das Internet dauerhaft stärker in ihren Alltag zu integrieren. Es sei jedoch daran erinnert, dass der Domestizierungsprozess in dieser Arbeit nicht über Jahre hinweg begleitet wurde. Domestizierung sollte in zukünftigen Studien als ein Prozess in Längsschnittstudien über einen längeren Zeitraum hinweg untersucht werden, um Entwicklungen verstärkt erfassen zu können (vgl. Abb. 7-2). Selbstverständlich gibt es bei den Ausprägungen der einzelnen Typen Zwischenstufen. Auch zeigen sich gelegentlich rückläufige Tendenzen. Deshalb ist der Domestizierungsprozess nicht als gradlinige Vorwärtsentwicklung zu verstehen. Gleichwohl wird anhand des Schaubildes das unterschiedliche Ausmaß der Internet-Alltagsintegration der einzelnen Typen deutlich.

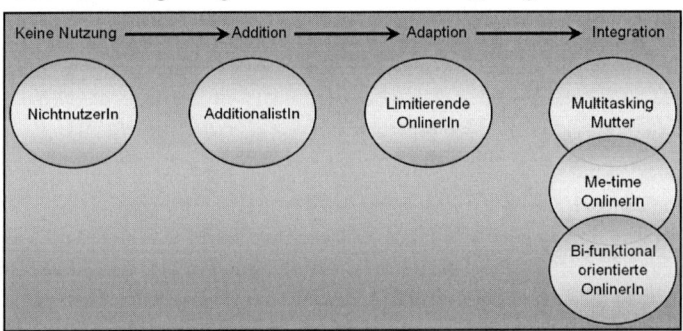

Abb. 7-2: Alltagsintegration des Internets: Typologie

Alltagsintegration des Internets – Vergleich der australischen und deutschen Interviewpaare

Im direkten Ländervergleich zeigt sich, dass unter den interviewten deutschen Paaren mehr Nichtnutzerinnen, AdditionalistInnen, limitierende OnlinerInnen sowie nur einige me-time-Onliner zu finden sind. In Australien gibt es viele Multitasking-Mütter, me-time-Onliner sowie bi-funktional orientierte OnlinerInnen; limitierende OnlinerInnen und AdditionalistInnen stellen hier die Ausnahme dar. Gemäß der Internet-Alltagsintegrations-Typologie haben die australischen Paare das Internet stärker integriert als die deutschen. Die Befunde lassen den vorsichtigen Rückschluss zu, dass eine ähnliche Entwicklung wie in Australien für Deutschland zu erwarten ist und zukünftig deutsche Paare das Internet stärker in ihren häuslichen Alltag integrieren werden. Zum einen sind bei einigen Deutschen Tendenzen erkennbar, das Internet künftig stärker zu integrieren. Beispielsweise planen zwei deutsche Paare, die räumliche und soziale Dimension betreffend, in naher Zukunft zwei PCs in einem Raum aufzustellen, um mehr Zeit miteinander zu verbringen. Bei einzelnen deutschen Vielnutzern sucht die Partnerin bereits räumlich die Nähe zum Computerzimmer; das Beisammensein geschieht hier häufig in Form einer Internet- mit paralleler Fernsehnutzung. Diese Veränderungen deuten darauf hin, dass die Unterschiede zwischen Australien und Deutschland nicht kulturell bedingt, sondern auf ein verschiedenes Stadium im Prozess der Alltagsintegration zurückzuführen sind. Zudem könnten gerade deutsche Frauen das Internet in Zukunft stärker in ihren Alltag integrieren und sich auch unter den deutschen Müttern bald einige Multitasking-Mütter finden. Zum Zeitpunkt der Studie konnte allerdings in Deutschland keine Frau dieser Gruppe zugeordnet werden. Dies liegt vor allem an zwei Gründen: Zum einen fehlte noch das entsprechende Angebot im Internet, zum Beispiel attraktive Optionen für den Einkauf von Lebensmitteln. Zum anderen liegt in Deutschland noch eine stärkere technische Rahmung alltäglicher Onlineaktivitäten vor und deswegen führen noch vorwiegend die deutschen Männer vereinzelt anfallende Haushaltsaufgaben per Internet aus. Kapitel 7.2 greift diese Thematik vertiefend auf.

Domestizierungskonzept als ethnographischer Zugang – abschließende Anmerkungen

Grundsätzlich kann an dieser Stelle festgehalten werden, dass das Domestizierungskonzept als theoretischer Bezugspunkt auch für die junge Kommunikationstechnologie Internet tragfähig ist. Die Alltagsintegration zeigt sich jedoch zum Teil anhand anderer Ausprägungen als beispielsweise beim Fernseher. Zudem ist eine voranschreitende Mediatisierung auch im häuslichen Kontext ablesbar, Veränderungen von Medienumgebung und -handeln werden offensichtlich. Prozesse, wie die zunehmende Mobilität von Medien – die sich zwar in der eigenen Studie für das Internet noch nicht niederschlug, aber mit Blick auf die Weiterentwicklung von Technologien erwartet werden kann – machen eine ständige Überprüfung des Konzeptes und gegebenenfalls eine Anpassung notwendig. Die Stärke des Domestizierungskonzeptes entfaltet sich dabei gerade durch seine ethnographische Ausrichtung. Die Untersuchung wurde bei den Paaren zu Hause durchgeführt, methodologisch erwies sich dabei die Kombination dreier Verfahren als fruchtbar, da die jeweiligen Stärken der Instrumente in der vorliegenden Studie erfolgreich eingesetzt werden konnten: Der Fragebogen ermöglichte die schnelle Abfrage allgemeiner Aspekte, die den Redefluss der Interviewten später gestört hätte; zudem erfolgte so ein einfacher Einstieg in die Thematik. Durch die Problemzentrierten Interviews konnten vertiefende Einsichten in die Alltagsintegration des Internets und Gender-Demokratisierungsprozesse gewonnen werden. Gerade die individuelle Auseinandersetzung mit den Interviewten durch die Möglichkeit des stärkeren Eingehens auf die Befragten erwies sich dabei als ertragreiches Kriterium des Problemzentrierten Interviews. Die Wohnungsbegehung wiederum erweiterte den ethnographischen Schwerpunkt, da so der Forschungsblickwinkel für die Platzierung und in diesem Zusammenhang mögliche Konfliktpunkte besser als im Interview alleine eruiert werden konnten: Die Interviewten erinnerten sich beim Durchgang der Wohnung und der Aufforderung, die Platzierung von Medientechnologien erneut zu beschreiben, an Situationen, die die Interviewerin für die Auswertung gewinnbringend nutzte. Die Interviews getrennt durchzuführen war im Abgleich mit einem Paarinterview ertragreicher, da individuell auf die Einzelnen eingegangen werde konnte und die Interviewerin den Eindruck gewann, dass gerade geschlechtskulturelle Muster bezogen auf das Internethandeln, von den Befragten stärker als beim Paarinterview zur Sprache kam. Auf Ergebnisse in diesem Zusammenhang wird in Kapitel 7.2 vertiefend eingegangen.

7.1.3 Domestizierungsprozess – Einflussfaktoren

In den vorangegangen Unterkapiteln wurde die Alltagsintegration des Internets mit Hilfe der Bildung von vier Dimensionen und einer Typologisierung diskutiert. Der Domestizierungsprozess verläuft dabei keineswegs isoliert, sondern steht mit anderen Aspekten im Zusammenhang, die die Einbindung des Internets in den häuslichen Alltag beeinflussen. Die Untersuchung dieser Faktoren war nicht Thema der vorliegenden Studie, deswegen wird an dieser Stelle keine umfassende Darstellung angestrebt. Trotzdem konnten Auffälligkeiten festgestellt werden, die für weiterführende Studien Ansatzpunkte bieten können und im Folgenden thematisiert werden.

Angebotsseite: Der Grad von Internet-Alltagsintegration steht in Korrelation zu Leistungen, Service, Produkten und Informationen, die im Internet überhaupt verfügbar sind. Damit bezieht sich die Angebotsseite auf die inhaltliche Dimension der Internet-Alltagsintegration. Ohne ein entsprechendes Angebot können bestimmte alltägliche Erledigungen gar nicht per Internet ausgeführt werden. In der vorliegenden Studie wurde dies im Ländervergleich vor allem anhand der Tätigkeit des Online-Lebensmitteleinkaufs deutlich. In Australien existierten im Gegensatz zu Deutschland bereits entsprechende Serviceleistungen, die attraktiv für OnlinerInnen waren. Dadurch wurde die Internetnutzung stärker mit der Erledigung alltäglicher Aufgaben verbunden.

Persönliche Lebensumstände und Wendepunkte: Zu Anfang dieses Kapitels wurde darauf hingewiesen, dass gravierende Einschnitte in die Lebensumstände, wie die Geburt von Kindern, Arbeitslosigkeit oder Elternzeit, sich erheblich auf das Ausmaß der Internet-Alltagsintegration auswirken. Allerdings stellen sich die Konsequenzen für Männer und Frauen unterschiedlich dar: Die Geburt eines Kindes beeinflusste oft die Internetnutzung der Mütter, während bei den Vätern keine Veränderung stattfand. Die Mütter integrierten das Internet nicht unbedingt weniger als vorher, nur anders. Die Dauer der Internetnutzung ging beispielsweise zurück, die Alltagsbezogenheit der Onlineaktivitäten verstärkte sich und inhaltlich verdrängte auch bei der Internetnutzung die Haushaltsorganisation die freizeitorientierte Nutzungsweise. Ebenso änderte sich die räumliche Integration, die Mütter versuchten aufgrund der zeitlich gleichgebliebenen Internetnutzung des Partners sich in dessen Nähe aufzuhalten, um Zeit miteinander zu verbringen. Eine gesteigerte Internetnutzung konnte ebenfalls beim Verlust des Arbeitsplatzes sowie dem Eintritt in die Rente festgestellt werden. Das Internet wird dann wie traditionelle Medien (vgl. Gauntlett/Hill 1999; Neverla 2007) zum Füllen der Zeit und zur Strukturierung des Tages eingesetzt.

Länderspezifisches Diffusionsstadium und individueller Einstiegszeitpunkt: In der vorliegenden Studie wurde deutlich, dass der Einzelne sich stärker animiert fühlt, sich mit einer Technologie auseinander zu setzen und den Anschluss an neue Entwicklungen nicht zu verpassen, wenn das Diffusionsstadium einer Technologie in einem Land insgesamt fortgeschritten ist. Genauso verhält es sich mit neuen Onlineaktivitäten. Erfahren NutzerInnen im Austausch mit anderen, dass die Mehrheit bereits bestimmte Onlineanwendungen tätigt, so probieren sie diese eher selbst aus. Dieser empfundene „Druck" kann zu einer frühzeitigen Alltagsintegration des Internets der Individuen führen, denn man möchte nicht von neuen Entwicklungen „abgehängt" sein. Ebenso zeigte sich in der vorliegenden Untersuchung, dass der individuelle Einstiegszeitpunkt in den Diffusionsprozess für das Ausmaß der Alltagsintegration zusätzlich ausschlaggebend ist: Early adopter sind experimentierfreudiger und probieren neue Onlineaktivitäten eher aus als later adopter. Das heißt, je länger man das Internet nutzt, umso routinierter ist die Nutzungsweise und umso größer das Vertrauen, Unbekanntes auszuprobieren.

Geographische Aspekte: Die geographische Abgeschiedenheit Australiens wurde von einigen ProbandInnen als Motivation angegeben, sich frühzeitig intensiv mit dem Internet auseinander zu setzen und das Internet in den Haushalt als Kommunikationsmittel zu integrieren. Da viele Australier Verwandte und Bekannte haben, die über die ganze Welt verstreut sind, nutzen sie einzelne Onlineaktivitäten wie Email für das Kontakthalten stärker. Geographische Gegebenheiten verstärken also im Falle von Australien die inhaltliche Dimension der Internet-Alltagsintegration.

Gesellschaftliche Normvorstellungen: Gerade bei der räumlichen Dimension zeigte sich ein Zusammenhang zwischen Normvorstellungen und dem Ausmaß der Integration des Internets. Viele deutsche Interviewpaare beschrieben, dass der PC/Internetanschluss aus ästhetischen Gründen nicht in das Wohnzimmer, sondern in das Arbeitszimmer gehöre. Gleichzeitig können sich mit voranschreitenden Domestizierungsprozessen diese gesellschaftlichen Normvorstellungen ändern. Wenn immer mehr deutsche Vielnutzer, wie in der vorliegenden Studie nachgewiesen, ihre Arbeitszimmer in Wohnzimmer „verwandeln", z. B. durch die Platzierung von Fernseher und Sitzgelegenheiten, um während der Internetnutzung des Partners Zeit miteinander zu verbringen, dann könnte langfristig auch die strikte Trennung von Computer und Wohnbereich nachlassen (vgl. hierzu ausführlich Kapitel 4.3).

7.2 Gender-Demokratisierungsprozesse im häuslichen Internethandeln

Im vorangegangen Kapitel 7.1.3 wurden einige Aspekte genannt, die im Zusammenhang mit der Internet-Alltagsintegration stehen. Besonders auffällig sind hierbei auch geschlechtskulturelle Prozesse, auf die in diesem Kapitel genauer eingegangen wird.

Ergebnisse repräsentativer Internetnutzungsstudien (vgl. Kapitel 2.1) lassen Fragen in Bezug auf den Faktor Geschlecht unbeantwortet. Warum gehen Frauen kürzer und oft seltener online als Männer? Warum nutzen sie im Vergleich zu Männern multimediale Angebote weniger? Auch die vorliegende Studie kommt zu dem Ergebnis, dass Männer und Frauen häufig das Internet unterschiedlich in ihren Alltag integrieren sowie inhaltlich und zeitlich anders nutzen (vgl. hierzu ausführlich Kapitel 7.1). Wie lassen sich diese Unterschiede nun erklären? Van Eimeren und Frees schreiben in Bezug auf die zurückhaltende Nutzung von Frauen bei einzelnen Onlineaktivitäten: „Da nicht davon auszugehen ist, dass der Nutzung multimedialer Anwendungen bei jungen Frauen technische Barrieren im Sinne von mangelnder Technikkompetenz oder mangelnder technischer Infrastruktur im Wege stehen, dürften die Ursachen eher in den multimedialen Angeboten selbst, sprich deren Inhalten, und der Nutzungssituation zu suchen sein." (van Eimeren/Frees 2007: 365).

Mangelnde Technikkompetenz kann bei den Frauen in der vorliegenden Studie nicht festgestellt werden, im Gegenteil, viele setzen ihr technisches Verständnis und Können *außerhalb* der Partnerschaft durchaus ein. Die Zeitnot, unter der besonders Mütter aufgrund ihrer Doppelrolle leiden, ist eine erste Erklärung für Unterschiede in der Internetnutzung. Allerdings waren diese Muster auch bei Paaren ohne Kinder oder nicht mehr zu Hause lebenden Kindern auffallend. In dieser Arbeit zeigt sich, dass das Internethandeln der Paare von gesellschaftlichen Macht- und Dominanzverhältnissen geprägt ist. Die Interviewten positionieren sich auch über den Umgang mit dem Internet im Geschlechterverhältnis. Der Mikrokosmos des Haushalts und die gesellschaftliche Makroebene beeinflussen sich dabei gegenseitig, es besteht ein Wechselverhältnis zwischen gesellschaftlichen Rollenerwartungen und (Internet-)Handeln (vgl. Röser 2007b). Sozial konstruierte Geschlechterrollen fungieren als Vorbild und werden zugleich durch das Verhalten des Einzelnen mit konstruiert. Aus der Perspektive des (de-)konstruktivistischen Ansatzes konnten in der vorliegenden Studie Prozesse, Mechanismen und Bedeutungen aufgedeckt werden, die dazu führen, Geschlechterrollen im Internethandeln zu reproduzieren oder auch neu zu gestalten: Es handelt sich um ein komplexes Zusammenwirken unterschiedlicher Faktoren, bei dem die technische oder alltagskulturelle Rahmung des Internets eine erhebliche Rolle spielt, weswegen auf diese Gesichtspunkte im Folgenden genauer eingegangen wird.

7.2.1 Technische/Alltagskulturelle Rahmung und geschlechtskulturelle Kodierung des Internets

Die Forschung deutet zum einen auf einen Rückgang der männlichen Kodierung des Internets hin (vgl. Singh 2001) und weist zum anderen eine fortbestehende männliche Dominanz rund um das Internethandeln nach (vgl. Bakardjieva 2005; van Zoonen 2002). Diese Zweideutigkeit kann in der vorliegenden Studie bestätigt werden. Im Zuge der Domestizierung geht die technische Rahmung des Internets insgesamt zurück. Allerdings wurde festgestellt, dass sie aus zwei Bereichen besteht: aus dem Umgang mit Problemen des Internets sowie der alltäglichen Nutzung.

Die Reparatur bleibt weiterhin technisch konnotiert, zuständig für Probleme mit dem Internet bleiben die interviewten Männer. Nach gesellschaftlichen Rollenerwartungen gehört der Technikbereich sowohl in Australien als auch in Deutschland zu den Kompetenzen, die vor allem Männern zugeschrieben werden (vgl. Kapitel 5.1). Die *alltägliche Internetnutzung* wird dagegen nicht (mehr) mit Technikkompetenz assoziiert, sondern ist mittlerweile alltagskulturell gerahmt. Im Zuge dessen geht auch die geschlechtsspezifische Konnotation zurück. Frauen können *Anwendungsexpertinnen* sein, ohne ihre geschlechtliche Identität nach einem traditionellen Rollenbild zu negieren. D. h. die Zuordnung der Internetnutzung zum Technikbereich wird aufgelöst, nicht aber die generelle Zuordnung von Mann und Technik: Der Status des Internets ändert sich von einer Hightech-Technologie, welche mit Technikkompetenz assoziiert und männlich kodiert wird, zu einem Haushaltsgerät *und* alltäglichem Freizeitmedium.

In der vorliegenden Studie sind somit keine gravierende Ausbrüche aus traditionellen Geschlechterrollen zu konstatieren. Vielmehr verschob sich das Internet aus dem technisch konnotierten Bereich, für den traditionell immer noch überwiegend Männer zuständig sind, hin zur zunächst geschlechtsneutralen Alltagstechnologie, die bezogen auf die alltägliche Nutzung in den Kompetenzbereich von Männern *und* Frauen fällt. Im Zuge dieses Prozesses zeigen sich verschiedene Diskurse. Hervorgehoben werden soll an dieser Stelle die festgestellte „Abwertung" der Internetnutzungskompetenz: Die selbstkritische Bewertung der eigenen Technikkompetenz von Frauen ist in Verbindung mit dem Neuheitsgrad des Internets zu sehen: Für Frauen ist in der vorliegenden Studie die technische Konnotation eines Gerätes stärker, je weniger sie sich selbst damit auskennen. Da die interviewten Frauen jedoch immer mehr mit der Internetnutzung vertraut sind, ist diese für sie selbst nicht mehr technisch konnotiert. Diese Ergebnisse der vorliegenden Studie decken sich in diesem Zusammenhang mit Befunden anderer Untersuchungen (vgl. z. B. Dorer 2001; Singh 2001). Frauen wird also im Zuge des Internetdiffusionsprozesses keine höhere Technikkompetenz zugesprochen, vielmehr empfinden die Interviewpaare, dass das Internet im Laufe der Jahre bedienerfreundlicher geworden ist oder wie Torben, einer der deutschen Interviewpartner, es ausdrückt: „Das kann ja eigentlich auch mittlerweile jede Frau bedienen oder installieren" (vgl. Kapitel 5.2.5). Dorer (2001: 242) schreibt in diesem Zusammenhang zutreffend: „Die konstatierten Defizite in ihrer Technikkompetenz sollten durch die Technik selbst – durch eine neue benutzerfreundlichere Oberfläche des Internet – behoben werden, so dass nun frauen- und kindergerecht gesurft werden kann." Der Abwertungsdiskurs wird in der vorliegende Studie von Männern und Frauen gleichermaßen betrieben, indem auch Frauen ihre eigene Kompetenz im Umgang mit Technologien als nicht technisch bewerten, oder wie es die interviewte Natascha im Zusammenhang mit dem Ungang von PC und Internet formuliert: „Nur um den Computer zu bedienen [braucht man keine Technikkompetenz], glaube ich nicht. Nein. […] ich habe es auch gelernt." Es zeigt sich somit ein Kreislauf: Im Zuge des Domestizierungsprozesses nutzen mehr Frauen das Internet und die technische Rahmung geht zurück. Da sich die technische Rahmung hin zu einer alltagskulturellen Rahmung ändert, gehören auch mehr Frauen zu den AnwendungsexpertInnen.

7.2.2 Doing Gender im häuslichen Internethandeln

Die vorliegende Studie verfolgte die Ziele, doing gender-Prozesse rund um das Internethandeln von Paaren aufzudecken und zu eruieren, ob kulturelle Geschlechterrollen in diesem Zusammenhang eine Bedeutung haben oder nicht. (De-)konstruktivistisch angelegte Studien vollziehen damit eine Gradwanderung: Methodologisch umsetzbar ist die Erforschung von doing gender-Mustern nur im Rückgriff auf die Herstellung von Zweigeschlechtlichkeit. Forschungsfragen müssen zunächst operationalisierbar gemacht werden, um geschlechtskulturelle Prozesse aufdecken zu können. Durch die Erforschung, wie *Männer* und *Frauen* das Internet nutzen, werden Differenzen zwischen den Geschlechtern analysiert. So wird jedoch wiederum an der Bipolarität von Geschlecht mitgewirkt und auch zu ihrem Fortbestand beigetragen. Deswegen reflektierte die Verfasserin dieser Arbeit immer wieder den Forschungsprozess und die eigene Forschungsposition, besonders Interpretation, Auswertung und Befunde hinterfragte sie kritisch. Hervorgehoben werden muss zudem, dass die Ausgestaltung der Geschlechtszugehörigkeit durch die Subjekte immer wieder neu hergestellt wird und nicht in allen Situationen eine Rolle spielt (vgl. Ang/Hermes 1994). Deswegen kann auch die vorliegende Studie nur Momentaufnahmen geschlechtskultureller Prozesse abbilden.

Viele der deutschen und australischen Interviewpaare sind sich gesellschaftlicher Rollenerwartungen bewusst, als vorherrschend wird ein traditionelles Rollenbild empfunden. Unabhängig vom Internet impliziert dies zunächst, dass die in der Studie thematisierten Bereiche Technik und Haushaltsaufgaben immer noch geschlechtsspezifisch zugewiesen werden: Von Männern wird Technikkompetenz erwartet und Frauen sind für den Großteil der Haushaltsaufgaben zuständig. Gleichwohl sind Aufbrüche der gesellschaftlichen bipolaren Erwartungen an Männer und Frauen erkennbar: Die Interviewten sehen durchaus Veränderungstendenzen. Zudem werden diese dualistischen Geschlechterzuschreibungen oft als Klischees, Stereotypen oder simple Verallgemeinerungen empfunden, also durchaus kritisch eingestuft – vereinzelt werden aber auch noch genetische Prädispositionen gerade für eine höhere Technikkompetenz von Männern angeführt. Diese Rollenerwartungen finden sich auch in Bezug auf das Internet wieder. Obwohl in der vorliegenden Studie eine generelle Internet-Anwendungskompetenz bei beiden Geschlechtern festgestellt werden konnte und bei schwerwiegenderen Problemen Frauen *und* Männer überfordert waren und Fachleute zur Hilfe rufen mussten, stellen beide Geschlechter ein Technik-Kompetenz-Differential her. Diese bezieht sich vor allem auf den Umgang bei Problemen mit dem Internet, zum Teil auf die Installation und bei einigen Paaren auch auf das Ausüben neuer Onlineaktivitäten. Frauen positionieren sich im Geschlechterverhältnis durch eine höhere, jedoch in minimierter Form ausgelebte Technikkompetenz, Männer halten ihre Rolle als Technikexperten in der Beziehung aufrecht und demonstrieren technisches Können. Unterschiede bezogen auf geschlechtskulturelle Prozesse im Internethandeln lassen sich vor allem an den Stratifikationsmerkmalen Alter und dem Vorhandensein von Kindern ausmachen. Beispielsweise setzen häufig *jüngere Paare und Männer der mittleren Altersgruppe* ein doing gender ein, um gesellschaftlichen Rollenerwartungen zu entsprechen. Ein Technik-Kompetenz-Differential wird nicht nur innerhalb der Beziehung, sondern auch nach außen für andere demonstriert. Einige jüngere Frauen zeigen weniger Selbstbewusstsein in ihre Internetfähigkeiten, auch wenn sie diese vom Partner zugesprochen bekommen. Anderen Männern wiederum ist es wichtig, eine höhere Internetkompetenz als die Partnerin zu besitzen, einen Teil ihrer geschlechtlichen Identität beziehen sie über den Umgang mit technisch konnotierten Tätigkeiten. Auch wenn einige Männer ihren Partnerinnen bei Schwierigkeiten mit dem Internet helfen, so wollen nicht alle ihnen damit die Kompetenzen beibringen, diese Probleme zukünftig selbstständig zu lösen; vielmehr halten sie dieses Abhängigkeitsverhältnis weiter aufrecht. *Mütter* verstecken im doing gender ihre Internetkompetenz, um nicht noch mehr Aufgaben übernehmen zu müssen. Ein Technik-Kompetenz-Differential wird vor allem innerhalb der Beziehung hergestellt. Diese Frauen erfüllen scheinbar allgemeine Rollenzuschreibungen, setzen sie aber für ihre Zwecke ein: Eine vorgebende Technikinkompetenz kann eine strategische Handlung zum Zeitsparen sein. Gerade diese Frauen stehen dabei einer Positionierung im Geschlechterverhältnis im Zuge einer dargestellten verminderten Internetkompetenz bei anderen sehr kritisch bis abwertend gegenüber. Sie sehen ihr eigenes Handeln nicht als Demonstration von „vermeintlicher" Weiblichkeit an, sondern als pragmatische Handlung. Einzelne *ältere Männer* wiederum thematisieren, dass sie ihre Technikkompetenz nicht mehr über den Umgang mit dem Internet demonstrieren müssten, da sie diese im Laufe ihres Lebens oft genug unter Beweis gestellt hätten. In dieser Arbeit wurde jedoch auch auf Situationen aufmerksam gemacht, in denen Paare sich entgegen den von ihnen selbst wahrgenommen traditionellen Rollenerwartungen verhalten: Z.B. Frauen, die in ihrer Beziehung zu ihrer höheren Technikkompetenz im Vergleich zum Partner stehen, die ihrem Partner den Umgang mit dem Internet beibringen, die bei der gemeinsamen Nutzung vor einem Bildschirm die Bedienung übernehmen, die über die Raum- und Zugriffshoheit zum Internet verfügen oder Männer, die zu einer weniger ausgeprägten eigenen Technikkompetenz gegenüber der Partnerin stehen.

Speziell bezogen auf die *Haushaltsaufgaben* zeigt sich zwar in der Anfangsphase, als das Internet noch neu im Haushalt war, dass viele Männer Tätigkeiten wie Bankgeschäfte, das Einkaufen von Lebensmitteln und anderen Gebrauchsgütern online erledigen. Genau wie bei anderen Haushaltsgeräten wiederholt sich beim Internet der gleiche Wechsel der Zuständigkeit im Laufe der Zeit: Werden Routine-Haushaltsaufgaben dauerhaft ausgeführt, übernehmen die Frauen die Erledigung. Aufgrund der Angleichung der Interneterfahrung zwischen den Geschlechtern sowie dem breiteren Internetangebot ist das bei den australischen Paaren bereits der Fall. Für die deutschen Paare werden sich im Zuge der zu erwartenden stärkeren Internet-Alltagsintegration in Zukunft vermutlich ähnliche Entwicklungen zeigen, denn dieser Zuständigkeitswechsel erfolgte bei vielen interviewten Paaren bereits im Laufe des Domestizierungsprozesses anderer Technologien.

Insgesamt kann festgehalten werden, dass auffällige Diskurse rund um die Aspekte Haushaltsaufgaben und Technikkompetenz immer noch auf ein traditionelles Rollenverhalten hinweisen.

Domestizierung als Impulsgeber für Gender-Demokratisierungprozesse

Nach der in Kapitel 7.1.3 aufgestellten Typologie domestizierten die meisten australischen Paare das Internet stärker als die deutschen. Welche Folgen ergeben sich aus dieser höheren Internet-Alltagsintegration für Gender-Demokratisierungsprozesse, vor allem in Bezug auf die Aspekte Technik und Haushaltsaufgaben? Der Vergleich zwischen Australien und Deutschland macht deutlich, dass sich ähnliche geschlechtskulturelle Muster und Diskurse in beiden Ländern zeigen. Es bestätigt sich ein komplexes und zum Teil widersprüchliches Zusammenwirken von Re-Gendering, einer „Reproduktion traditioneller Geschlechterkonstellationen", als auch De-Gendering, einer „Relevanzverminderung geschlechtsgebundener Codierungen" (Röser: 2007d: 169). Die Haushaltsorganisation per Internet und der Technikkompetenzbereich hängen zusammen: Die Technikkonnotation der alltäglichen Internetnutzung lässt nach – parallel dazu wächst der Anteil an Online-Haushaltsaufgaben, die von Frauen durchgeführt werden. Geht die technische Rahmung zurück, sind viele Männer weniger an den Aufgaben interessiert; je alltäglicher die Haushaltsaufgabe, desto geringer die technische Konnotation (vgl. Tab. 7-3). Insgesamt zeigt sich bezogen auf die Bereiche Technikkompetenz und Haushaltsaufgaben, dass das Internet langfristig verstärkt in traditionelle Geschlechterrollenentwürfe und Aufgabenverteilungen eingegliedert wird.

Tab. 7-3: Geschlechtskulturelle Prozesse: Technikkompetenz und Haushaltsaufgaben

	Technikkompetenz	Haushaltsaufgaben
Anfangsphase	– Internet-Anwendung technisch gerahmt – Herstellung des Kompetenz-Differential über Onlineanwendungen (z. B. Runterspielen eigentlicher Anwendungsfähigkeiten von Frauen, der Abwertungsdiskurs wird dabei von beiden Geschlechtern praktiziert	– neue Technologie: kurzfristige Übernahme der Online-Haushaltsaufgaben durch Männer, d. h. stärkere Beteiligung an Hausarbeit
Fortgeschrittene Phase	Alltägliche Nutzung – Rückgang der technischen Rahmung des Internets bezogen auf die alltägliche Nutzungskompetenz	– Haushaltsorganisation per Internet Aufgabe der Frauen; traditionelles Rollenmuster „Haushalts-Stringenz" (Frau zuständig für Großteil der Haushaltsaufgaben)

– Rückgang der traditionell männlichen Kodierung der alltäglichen Internet-Anwendungskompetenz: geschlechtlich ungebunden	– Bi-Funktionalität des Internets (Haushaltsgerät und Freizeitmedium): dadurch fehlendes Bewusstsein über Ausmaß der Haushaltsorganisation durch Frauen
Umgang mit Problemen – Umgang mit Problemen des Internets weiterhin technisch gerahmt – Reparatur weiterhin männlich kodiert und Aufgabe der Männer – Herstellung eines „Kompetenz-Differentials" durch beide Geschlechter	

Die in der vorliegenden Studie aufgezeigten geschlechtskulturellen Prozesse haben durchaus Verallgemeinerungspotenzial und sind nicht nur auf das Internet zu beschränken: Zum einen zeigt sich für die interviewten Paare, dass beispielsweise Männer auch bei der Einführung vieler anderer Technologien zunächst Haushaltsaufgaben mit *neuen* Technologien ausführen, später übernehmen Frauen die Bedienung. Zum anderen handelt es sich auch im Rückgriff auf Theorie und Forschungstand um kein einmaliges Phänomen (vgl. Kapitel 2). Die Einführung von Technologien in die häusliche Domäne wurde bereits in der Vergangenheit mit der Hoffnung verknüpft, die Geschlechterungleichheit aufzulösen. Empirische Studien vermögen dies aber nicht zu bestätigen.

Durch die voranschreitende Domestizierung verbreitete sich das Internet über soziale Grenzen hinweg (vgl. Kapitel 2.1), die Benachteiligung bei der *Teilhabe* (Röser 2007c: 16) von Frauen an der Informationsgesellschaft wurde weitgehend abgebaut. Gerade die Domestizierungsprozesse deuten somit auf eine Verminderung der Gefahr eines dauerhaften digital divide hin. Der Impulsgeber Domestizierung kann im Rückgriff auf die Analyse quantitativer Studien bezogen auf einen ausgeglicheneren Zugang von Männern und Frauen zum Internet bestätigt werden. Die vorliegende Studie verfolgte die These des Impulsgebers Domestizierung hinsichtlich Demokratisierungsprozessen weiter: Überprüft wurde ein möglicher Bedeutungsverlust geschlechtskultureller Kodierungen des Internets. Für die Aspekte *Technikkompetenz und Haushaltsaufgaben* liefert die voranschreitende Alltagsintegration der Technologie nur schwache Impulse für Gender-Demokratisierungsprozesse. Das Internet wird zum neuen Vehikel für traditionelle geschlechtskulturelle Muster. Weiterhin zeigt sich somit eine Ungleichheit bei der alltäglichen Nutzung im häuslichen Kontext zwischen Männern und Frauen: Weibliche und männliche Rollenzuschreibungen sowie Diskurse bleiben auch im Internethandeln bestehen. In der vorliegenden Arbeit wurde der voranschreitende Domestizierungsprozess des Internets aus der Perspektive ausgewählter australischer und deutscher Paare betrachtet. Das Spannungsfeld von Internet-Alltagsintegration und Gender-Demokratisierungsprozessen zeigt sich länderübergreifend. Damit handelt es sich hierbei nicht um ein nationales Phänomen, sondern um übergreifende Muster westlicher Gesellschaften. Die Ergebnisse dieser Arbeit deuten darauf hin, dass sich im Zuge der Alltagsintegration des Internets das Selbstverständnis der Individuen bezogen auf geschlechtskulturelle Prozesse wenig ändert. Nicht Medien sind es, „die den Wandel von Alltag und Kultur vorantreiben, sondern die Menschen in ihrem Umgang mit den Medien" (Krotz 2007: 33).

8 Anhang

8.1 Tabellen- und Abbildungsverzeichnis

Tab. 2-1: Analyseebenen des Domestizierungskonzeptes 18
Abb. 2-2: Diffusionsverlauf des Internets in Australien und Deutschland (vgl. Tab. 2-3) 27
Tab. 2-3: InternetnutzerInnen in Australien und Deutschland . 28
Tab. 2-4: Internetnutzung in Deutschland und Australien in Prozent 1998 bis 2007 31
Tab. 2-5: Haushalte mit Internetzugang 1998–2006 über PC oder Laptop in Australien und Deutschland 33
Tab. 2-6: Orte der Onlinenutzung in Australien 2000 und 2005–06 in Prozent 34
Tab. 2-7: Orte der Onlinenutzung in Deutschland 2000 und 2005 in Prozent 35
Abb. 2-8: Bedeutungszunahme des Zuhauses als Ort der Onlinenutzung in Australien 35
Abb. 2-9: Bedeutungszunahme des Zuhauses als Ort der Onlinenutzung in Deutschland 36
Tab. 2-10: Nutzungshäufigkeit zu Hause in Australien 2005–06 in Prozent 37
Tab. 2-11: Nutzungshäufigkeit in Deutschland an allen Orten 2005 in Prozent 37
Tab. 2-12: Internetnutzung: Warenkauf oder Buchung von Services für private Zwecke in Australien in Prozent . 37
Tab. 2-13: Hauptgründe, um das Internet nicht zum Wareneinkauf zu nutzen (in Prozent) 38
Tab. 2-14: Wofür wird das Internet in Australien hauptsächlich zu Hause genutzt (in Prozent)? 38
Tab. 2-15: Zeitaufwand für Mediennutzung Deutschland 2005 .. 46
Tab. 2-16: Zeitaufwand für Mediennutzung Australien 2006 47
Tab. 2-17: Unterhaltungselektronik: Geräteausstattung (Auswahl) Deutschland im Jahre 2006 51
Tab. 2-18: Unterhaltungselektronik: Geräteausstattung (Auswahl) Australien im Jahre 2006 52
Tab. 2-19: Aneignung von Internetkenntnissen von Frauen und Männern in Prozent 66

Tab. 3-1:	Dimension für die Einordnung länderübergreifender Studien nach Kohn (1989)	79
Tab. 3-2:	Kriterien für die ausgewählten Länder im Überblick	81
Tab. 3-3:	Einzelne Phasen der Studie	83
Tab. 3-4:	Zeitlicher Ablauf der Phasen nach Ländern	84
Tab. 3-5:	Beschreibung der Befragungsgruppe nach Alter und Onliner/Offliner	90
Tab. 3-6:	Detaillierte Beschreibung der Befragungsgruppe Australien	91
Tab. 3-7:	Detaillierte Beschreibung der Befragungsgruppe Deutschland	92
Tab. 3-8:	Allgemeines inhaltsanalytisches Ablaufmodell (Mayring 2007: 54)	100
Tab. 4-1:	Übersicht über Dimensionen, Indikatoren und Leitfragen	107
Tab. 4-2:	Australische Interviewpartner	111
Tab. 4-3:	Deutsche Interviewpaare	112
Tab. 4-4:	Australien: Empfundene Zeitersparnis und Zeitverschwendung der Internetnutzung	119
Tab. 4-5:	Inhalt – Was wird mit dem Internet gemacht?	128
Tab. 4-6:	Australische Männer – Hauptaktivitäten	129
Tab. 4-7:	Australische Frauen – Hauptaktivitäten	129
Tab. 4-8:	Deutsche Männer – Hauptaktivitäten	130
Tab. 4-9:	Deutsche Frauen – Hauptaktivitäten	130
Tab. 4-10:	Australische Männer – Lieblingsmedien	140
Tab. 4-11:	Australische Frauen – Lieblingsmedien	141
Tab. 4-12:	Deutsche Männer – Lieblingsmedien	142
Tab. 4-13:	Deutsche Frauen – Lieblingsmedien	143
Abb. 4-14:	Laptop im offenen Bereich	147
Abb. 4-15:	PC im Essbereich	148
Tab. 4-16:	Übersicht Australien: Platzierung und Nutzungskonstellation	149
Abb. 4-17:	PC im Küchenbereich	151
Tab. 4-18:	Übersicht Deutschland: Platzierung und Nutzungskonstellation	153
Abb. 4-19:	PC im Arbeitszimmer (1)	154
Abb. 4-20:	PC im Arbeitszimmer (2)	154
Abb. 4-21:	Abgetrennter PC-Bereich im Wohnzimmer	155
Abb. 4-22:	„Feststehende" Laptops	156
Tab. 4-23:	Raumhoheit – Australien	158
Tab. 4-24:	Raumhoheit – Deutschland	159
Abb. 4-25:	Fernseher und PC	163
Abb. 4-26:	PC im Schrank	164

Anhang | 293

Tab. 4-27: Australien – Gemeinsame Nutzung vor einem Bildschirm 177
Tab. 4-28: Deutschland – Gemeinsame Nutzung vor einem Bildschirm 178
Tab. 4-29: Beziehungsgestaltung der australischen Paare und Internet: Einschätzung der Interviewerin 183
Tab. 4-30: Beziehungsgestaltung der deutschen Paare und Internet: Einschätzung der Interviewerin 185
Tab. 5-1: Aufteilung allgemeines Technikexpertentum der interviewten australischen Paare 192
Tab. 5-2: Aufteilung allgemeines Technikexpertentum der interviewten deutschen Paare 193
Tab. 5-3: Zusammenfassende Übersicht zur Einschätzung der benötigten Technikkompetenz 199
Tab. 5-4: Überblick Expertentum der australischen Paare 200
Tab. 5-5: Überblick Expertentum der deutschen Paare 201
Tab. 5-6: Begründungen für männliche Konnotation von Technik 211
Tab. 6-1: Aufteilung der Haushaltsaufgaben der interviewten australischen Paare 236
Tab. 6-2: Aufteilung der Haushaltsaufgaben der interviewten deutschen Paare 237
Tab. 6-3: Australien: Inhaltliche Aufteilung der Haushaltsaufgaben 240
Tab. 6-4: Deutschland: Inhaltliche Aufteilung der Haushaltsaufgaben 241
Tab. 6-5: Generelle Zuständigkeit ausgewählter Haushaltsaufgaben in Deutschland und Australien ... 243
Tab. 6-6: Zuordnung der Onlinetätigkeiten – Australien und Deutschland 253
Tab. 6-7: Begründungen für weibliche Konnotation von Haushaltsaufgaben 256
Tab. 6-8: Haushaltstätigkeiten und Technikkompetenz 260
Tab. 7-1: Dimensionen der Internet-Alltagsintegration 268
Abb. 7-2: Alltagsintegration des Internets: Typologie 279
Tab. 7-3: Geschlechtskulturelle Prozesse: Technikkompetenz und Haushaltsaufgaben 288

8.2 Fragebogen

General informations	
Name	
Age	
Children	
Occupation	
Highest school degree and type of further education	
Self rating of own internet skills 1 = highest 5 = lowest	
Comments	
Communication technologies in the household			
Communication technologies	*Since when do you own the technology?*	*How many versions of the technology exist in your household?*	*How many hours per day/week do you use the technology?*
TV			
Radio			
Telephone/landline			
Fax			
Mobile telephone			
PC/Mac (without internet use)			
Laptop (without internet use)			
Internet access (type)			
Video player			
CD-Player			
DVD-Player			
Newspaper			
Magazines			
Books (type of books)			

Further questions	
Have you subscribed a newspaper?	
Yes	
No	
If yes: which one?	
Size of the flat/house?	
Since how long do you live together as a couple?	
Since how long do you live in this household?	
Number of the rooms in your household (including kitchen and bathrooms):	
Where did you place the communication technologies?	
Room	*Communication technology*
Living room	
Bed room	
Kitchen	
Bathroom	
Work room	
Other rooms:	
Thank you!	

8.3 Beobachtungsbogen Wohnungsbegehung

Anleitung	Beobachtungskriterien
• Wohnungsbegehung möglichst mit beiden Partnern durchführen • Tonbandaufzeichnung mitlaufen lassen • ProbandInnen erzählen und Platzierung demonstrieren lassen • Unklares aus Interview zu räumlichen Gegebenheiten nachfragen	Platzierung aller Medien
	Verdeckte versus offene Platzierung
	Gemeinschaftsräume versus Raumhoheiten
	Individuelle Nutzung versus gemeinschaftliche Nutzung
	Ästhetische Aspekte und Möbelausrichtung
	Andere Nutzungsvarianten des Raums
	Mögliche Konfliktpunkte rund um Platzierung
	Sonstige Auffälligkeiten

8.4 Leitfaden

FORSCHUNGSFRAGEN	*INPUT/GESTELLTE FRAGEN*
Einstieg	Vielen Dank, dass Sie sich heute Zeit für meine Fragen genommen haben. Wie bereits am Telefon besprochen, schreibe ich eine Doktorarbeit über das Thema „Internet im häuslichen Alltag", es geht also um die Internetnutzung zu Hause. Dazu führe ich mehrere Interviews mit Paaren. Alle Angaben von Ihnen werden selbstverständlich anonymisiert, es werden also keine Namen oder Adressen von Ihnen weitergegeben. Ich werde Ihnen jetzt einige Fragen zum Internet in Ihrem Haushalt stellen. Haben Sie selbst vorab noch irgendwelche Fragen?
Einzug des Internets in die Wohnung und Kontext der Aneignung	
Was war ausschlaggebend für die Einrichtung eines Internetzugangs zu Hause? (Motive) Wer initiierte die Anschaffung? Was waren die jeweiligen Motive und evt. Probleme bei der Aneignung des Umgangs mit dem Internet? Gab es Unterschiede zwischen den Partnern?	Wie sind Sie überhaupt auf die Idee gekommen, sich zu Hause einen Internetzugang einzurichten? War die Einrichtung des Internetzugangs eine gemeinsame Einscheidung oder ging das von Ihnen oder Ihrer Partnerin/Ihrem Partner aus? Wie war das denn so, als Sie und Ihre Partnerin/Ihr Partner angefangen haben, den Umgang mit dem Internet zu lernen? Waren das ähnliche Abläufe bei Ihnen beiden oder gab es Unterschiede? Was waren Motive und hatten Sie Probleme bei der Aneignung?

Räumliche Aspekte der Nutzung: Zugänge und Zimmer	
Wie viele Zugänge existieren in welchen Räumen aktuell zum Internet?	Wie viele Internetanschlüsse haben Sie und in welchen Räumen sind diese installiert? (Evt. auch nach Wireless-Lan fragen)
Wer nutzt an welchem Ort das Internet? Sind individuelle Zugänge vorhanden?	In welchem Raum nutzen Sie das Internet? Teilen Sie diesen Anschluss mit jemandem?
Welche Bedeutung hat der Raum/die Räume mit dem Internetanschluss für die Person?	Warum nutzen Sie das Internet in diesem Raum? Ist das Zimmer für Sie persönlich wichtig? Halten Sie sich hier verstärkt auf im Vergleich zu anderen Räumen? Hat sich die Bedeutung des Raumes geändert, seitdem Sie den Internetanschluss haben?
Wer hat über den Standort des Internets entschieden? Was waren Motive dafür?	Der Internetanschluss ist ja bei Ihnen im ... Zimmer. Wer hat das entschieden? Warum?
Hat sich die Nutzung der Räume auf Grund des Internets verändert? (Konflikte? Zustimmung?)	Wie wurde das Zimmer vor der Installation des Internets genutzt? Und wie finden Sie das jetzt, dass hier in diesem Raum das Internet genutzt wird?
Ist der Internetanschluss beiden zugänglich oder verfügt einer/eine über eine Raumhoheit?	Wer hält sich mehr in diesem Zimmer auf? Würden Sie sagen, dieses Zimmer ist eher „Ihr" Zimmer oder eher das Ihrer Partnerin/Ihres Partners, bzw. ein gemeinsames Zimmer?
Wo gibt es Rückzugsorte in der Wohnung? Spielt das Internet im Vergleich zu anderen Medien beim Rückzug eine Rolle?	Wenn Sie für sich alleine in der Wohnung sein wollen, was machen Sie dann? In welchen Raum gehen Sie? Nutzen Sie dabei auch Medien? Spielt dabei das Internet eine Rolle? Haben Sie es auch schon mal genutzt, um sich bewusst zurückzuziehen? Und wie ist das bei Ihrer Partnerin/Ihrem Partner?
Im Vergleich: Internetnutzung außerhalb des häuslichen Alltags: Wird das Internet nur zu Hause oder auch außer Haus genutzt? (Arbeit, Reisen)	Nutzen Sie das Internet auch außer Haus (z. B. auf der Arbeit, auf Reisen)?
Zeitliche Aspekte der Nutzung	
Wie ist die Zeitintensität der Nutzung zu Hause?	Wie lange sind Sie denn immer so im Internet? Gibt es feste Zeiten, zu denen Sie das Internet nutzen?
Findet die Internetnutzung in Form einer Routine statt (z. B. bestimmte Tageszeiten)?	Wann nutzen Sie das Internet? Gibt es da bestimmte Zeitpunkte oder Abläufe?

Wie ist die Internetnutzung im Vergleich zur Nutzung von anderen Medien in den Tagesablauf eingebettet (Stellenwert, regelmäßige Nutzung)?	Können Sie bitte einen „typischen" Tag inklusive Ihrer Mediennutzung beschreiben? (Alternativ: Den gestrigen Tag beschreiben) Bei mir wäre das z. B. so: Ich stehe um acht Uhr auf, mache das Radio an, frühstücke und lese dabei die Zeitung, ...
Inhaltliche Aspekte der Nutzung	
Welches sind die Inhalte der Nutzung?	Beschreiben Sie doch bitte, wie Ihre typische Internetnutzung zu Hause aussieht! Was machen Sie da so? (*Zusätzlich Liste mit Online-Anwendungen vorlegen*).
Wie sieht die inhaltliche Nutzung bei der Partnerin/beim Partner aus? (Geht die Partnerin/der Partner anders mit dem Internet um als der/die ProbandIn selbst?)	Wie ist das bei Ihrer Partnerin/Ihrem Partner? Was macht sie/er so im Internet?
Gibt es Paralleltätigkeiten zur Internetnutzung?	Wenn Sie jetzt bitte mal an Ihre letzten Internetnutzungen denken! Wie war das, haben Sie sich da nur auf die Nutzung konzentriert oder auch etwas anderes nebenher gemacht? (Ist das denn immer so?)
Häusliche Aufgabenverteilung und Zeitverteilung	
Werden Aufgaben im Alltag/Haushalt per Internet erledigt? Gibt es Arbeitsteilungen: Bezug zu häuslichen Aufgaben und Geschlechterrollen, z. B. Einkauf etc.?	Erledigen Sie häusliche Aufgaben per Internet? (z. B. Homebanking, Kommunikation mit Verwandten, Einkaufen etc.?) Wie ist das mit Ihrer Partnerin/Ihrem Partner?
Gibt es hier eine unterschiedliche Aufgabenverteilung im Vergleich zu früher (ohne Internet)?	Wer übernahm diese Art der häuslichen Aufgaben, bevor Sie das Internet hatten? (*Falls hier ein Wechsel stattgefunden hat:* Hat das Internet zu einer Verschiebung der Arbeitsteilung geführt? Z B. Sie übernehmen jetzt alle häuslichen Aufgaben im Internet. Hat Ihr Mann/Ihre Frau dafür auch andere häusliche Aufgaben für Sie übernommen, die ohne Internet zu erledigen sind?)
Wie ist die generelle Verteilung von häuslichen Aufgaben (inklusive denen, die im Internet erledigt werden)? Wer verbringt wie viel Zeit im Beruf? Wer hat mehr freie Zeit?	Wie ist das generell bei Ihnen – Wer übernimmt welche Art häuslicher Aufgaben? Wie viele Stunden arbeiten Sie pro Woche? Und Ihre Partnerin/Ihr Partner? Inklusive der Arbeitszeit und Erledigung häuslicher Aufgaben – wer von Ihnen beiden hat mehr freie Zeit zur Verfügung?

Soziale Aspekte der Nutzung: Interaktionen und Zusammenleben	
Welche Konstellationen der Nutzung gibt es? Wie häufig findet die einzelne Konstellation statt?	Nutzen Sie das Internet alleine oder mit Ihrer Partnerin/Ihrem Partner zusammen? (Wie oft?)
Spielen Medien, insbesondere das Internet, in der Gestaltung der Partnerschaft/gemeinsamen Zeit eine Rolle? (Führt das Internet zusammen?)	Wenn Sie sich hier die Liste von Medien anschauen, was würden Sie sagen, welche Medien davon nutzen Sie gemeinsam? Wie ist das mit dem Internet?
Gibt es Gespräche um/über das Internet? Wie ist das im Vergleich zu anderen Medien?	Reden Sie eigentlich auch manchmal über die Nutzung/Inhalte vom Internet? Wie ist das bei anderen Medien?
Hat sich durch das Internet etwas im Zusammenleben/in der sozialen Interaktion geändert?	Inwieweit hat sich der Umgang mit Ihrer Partnerin/Ihrem Partner verändert? Haben sich bestimmte gemeinsame Tätigkeiten/Rituale geändert?
Gibt es Konflikte auf Grund des Internets?	Gab es denn auch schon mal eine Situation, in der Sie wegen des Internets Meinungsverschiedenheiten oder Ärger hatten? Können Sie diese Situation beschreiben?
Kompetenzen: Expertentum, Geschlecht	
Wenn es technische Probleme oder Fragen gibt, wer löst sie für wen (intern im Haushalt und externe Hilfe)?	Wenn es technische Probleme oder Fragen bei der Nutzung/Bedienung des Internets gibt, bei wem holen Sie sich Rat? Und wie ist das bei Ihrer Partnerin/Ihrem Partner?
	Wie finden Sie es, dass sich Ihre Partnerin/Ihr Partner besser auskennt? Warum? Erklärt er/sie Ihnen auch mal etwas? Wie finden Sie das? (bzw. alles umgedreht: ..., dass Sie sich besser auskennen?)
Welche Auswirkungen hat dies auf die Paarbeziehung? (Konflikte?)	Gibt es manchmal Streit deswegen oder sind Sie genervt? Was denken Sie, wie empfindet das Ihre Partnerin/Ihr Partner?
Ist der Fachmann oder die Fachfrau für das Internet in der Beziehung auch der Fachmann oder die Fachfrau für allgemeine technische Dinge oder die Bedienung von Medien? Wenn es einen Unterschied gibt, warum?	Wie ist das generell bei Ihnen? Wer kennt sich mit technischen Dingen besser aus? Wer kennt sich mit der Bedienung von Medien besser aus? (Evt. Warum ist das beim Internet anders?)
Wird das Internet in der eigenen Beziehung als männliche, neutrale oder weibliche Kommunikationstechnologie angesehen?	Wenn Sie dem Internet in Ihrem Haushalt eine Farbe zuschreiben sollten: Rot steht für weiblich, blau für männlich und lila für neutral. Welche Farbe würden Sie wählen? Warum?

Geschlechtskulturelle Konnotation	
Wird das Internet mit Technik assoziiert? Wie stark im Vergleich zu anderen Technologien?	Würden Sie persönlich sagen, dass das Internet etwas mit Technik zu tun hat, bzw. dass man sich technisch auskennen muss, um damit umzugehen? Was genau finden Sie daran technisch? Welche Teile (Inhalte, Onlineanwendungen, Bedienung, PC) machen das Internet technisch?) Muss man für die Bedienung des Internets technisch begabt sein?
	Was verstehen Sie persönlich unter technisch begabt?
	Ordnen Sie bitte die folgenden Haushaltsgeräte nach „hat viel, mittel, wenig mit Technik zu tun" ein (Waschmaschine, Staubsauger, Herd, Computer, Bohrer).
	Unterscheiden Sie bitte bei den folgenden Fragen danach, wie Sie das sehen, was Ihre persönliche Meinung ist und wie Sie meinen, dass es die Gesellschaft sieht!
Wird generell Männern oder Frauen eine höhere Internetkompetenz zugesprochen? Gibt es Unterschiede, wenn es um jüngere oder ältere Menschen geht? Was sind Gründe für die jeweilige Einschätzung?	Sie kennen sich ja besser mit dem Internet aus als Ihre Partnerin/Ihr Partner. Denken Sie, dass das bei den meisten Paaren in Ihrem Alter so ist? Warum? Und wie sehen Sie die Nutzung bei jüngeren Paaren? Warum?
Nach Meinung der Probanden: Was unterscheidet generell (unabhängig von der Handhabung in der eigenen Beziehung) die Internetnutzung zwischen Männern und Frauen. Gibt es angenommene Geschlechterunterschiede bei der Internetnutzung (Stereotypen)?	Wenn Sie bitte generell daran denken, wie Männer und Frauen das Internet nutzen: Finden Sie, es gibt da Unterschiede in der Nutzung oder nicht? (Falls ja, worin unterscheidet sich die Nutzung von Männern und Frauen?) (Können Sie sich an eine Situation erinnern, in der Sie als Paar oder auch bei befreundeten Paaren etwas über die Internetnutzung mitbekommen haben und gedacht haben, das ist ja typisch männlich/weiblich oder finden Sie, da gibt es keine Unterschiede. . . .)
Nach Meinung der ProbandInnen: Existieren Unterschiede der Geschlechter beim Erlernen des Umgangs mit dem Internet?	Was denken Sie generell: Existieren Unterschiede zwischen Männern und Frauen beim Erlernen des Umgangs mit dem Internet oder nicht?

Wird das Internet generell (unabhängig von der Handhabung in der eigenen Beziehung) als ein männliches oder neutrales Medium wahrgenommen?	Wenn Sie dem Internet jetzt eine Farbe zuordnen sollten: Rot steht für weiblich, blau für männlich. Welche Farbe würden Sie dem Internet geben? Warum?
Welche Onlineaktivitäten werden generell als „Frauensache", neutral oder eher „Männersache" angesehen?	Was denken Sie generell: Sind folgende Onlineaktivitäten eher eine männliche, eine weibliche oder eine Sache beider Geschlechter: Email, Suchen im Internet, Homebanking, Internetshopping, Chatrooms?
Welche Haushaltsarbeiten werden generell als „Frauensache", als neutral oder eher als „Männersache" angesehen?	Was denken Sie generell: Sind folgende Hausarbeiten eher eine männliche, eine weibliche oder eine Sache beider Geschlechter: Kochen, Kontakt mit Verwandten pflegen, Einkaufen (Lebensmittel/Getränke Einkauf neue Technologien), Staubsaugen, Putzen, Wäsche waschen...?
	Ich lese Ihnen jetzt zwei Zitate vor und würde gerne Ihre persönliche Meinung dazu hören.
	„Wenn ich ihm einen Besen gebe und sage, putz bitte das Haus, dann geht er weg – gebe ich ihm aber einen Staubsauger, ist er mehr als glücklich, das Haus zu putzen."
	„Technologien sind machtvoll, unverständlich, wissenschaftlich, teuer und vor allem männlich. Was haben sie mit Frauen zu tun?"[1]
	Eine Bekannte von mir hat mir berichtet: Sie habe oft das Gefühl, dass von der Gesellschaft erwartet wird, dass man sich als Frau/Mann nach bestimmten Regeln verhalten muss. Sie selbst liebt das Internet und bastelt damit gerne rum, sie lässt das nach außen hin aber nicht so durchscheinen. Kennen Sie jemanden in einer ähnlichen Situation? Haben Sie so was schon mal gehört? Wie finden Sie das, dass sie ihr Licht unter den Scheffel stellt? Was würden Sie ihr als Freundin raten, wie sie sich verhalten soll?

---

1 Zitat von Faulkner/Arnold (1985:1), übersetzt von der Verfasserin dieser Studie.

Stellenwert und Bewertung des Internets im häuslichen Alltag und Einfluss auf andere Bereiche des häuslichen Alltags	
Wird der Alltag durch das Internet erleichtert oder wird das Internet als hinderlich empfunden, bzw. hat es keine Auswirkungen?	Wie empfinden Sie das Internet in Ihrem Haushalt? Als eine Erleichterung oder empfinden Sie es eher als hinderlich?
Wird das Internet als Zeitersparnis oder Zeitverschwendung empfunden?	Sparen Sie durch das Internet Zeit? Erleichtert Ihnen das Internet bestimmte (häusliche) Aufgaben im Gegensatz zu früher?
Welche Vor- und Nachteile werden in Bezug auf das Internet gesehen?	Welche Vor/Nachteile des Internets sehen Sie?
Welchen Einfluss hat das Internet auf die Zeiteinteilung und auf den organisatorischen Ablauf?	Würden Sie sagen, dass das Internet Einfluss auf Ihre Zeiteinteilung und den organisatorischen Ablauf Ihres Alltags hat?
Mediennutzung allgemein	
Welche Bedeutung haben welche Medien?	Bitte schauen Sie sich die Medienliste an und teilen Sie die Medien in drei Gruppen ein: Medien, die Ihnen sehr wichtig sind, Medien, die Ihnen ab und zu wichtig sind, und Medien, die Ihnen unwichtig sind.
Wie hat sich die Bedeutung anderer Medien durch das Internet verändert?	Erinnern Sie sich bitte an die Zeit, in der Sie noch kein Internet hatten! Haben Sie da bestimmte Medien mehr genutzt? Hat das Internet für Sie bestimmte Medien ersetzt?
Rückfragen/Feedback	Ich bin mit meinen Fragen soweit am Ende. Gibt es von Ihrer Seite noch etwas, das Sie fragen oder anmerken möchten?
	Wie hat Ihnen das Interview gefallen?
	Dann bedanke ich mich für das Gespräch!

8.5 Auszug aus Kodierschema: Dimensionen der Alltagsintegration

Zeitliche Dimension	Inhaltliche Dimension
Definition: In diese Kategorie fallen alle Aspekte zur Alltagsintegration, die den Faktor Zeit thematisieren.	Definition: In diese Kategorie fallen alle Aspekte zur Alltagsintegration, die den Faktor Inhalt thematisieren
1.1 Unterkategorie: Nutzungsdauer	2.1 Unterkategorie: Spektrum der Onlineaktivitäten und Hauptaktivitäten
Definition: Der/die Interviewte spricht über Dauer, Häufigkeit der Internetnutzung. Ankerbeispiel: Amy: Well I use the internet all the day at university and when I come home probably for a maximum of, well it depends if there's a task I need to do I could be on all night, that's probably for between a half and three hours. Kodierhinweis: Abgleich dieser Kategorie mit Angaben des Fragebogens	Definition: Der/die Interviewte äussert sich über das Spektrum der Onlineaktivitäten, welches er/sie ausübt. Darunter fallen auch die Aktivitäten, die nur selten oder nur in der Vergangenheit ausgeübt wurden. Zusätzlich werden Aussagen über Hauptaktivitäten unter diese Kategorie gefasst. Ankerbeispiel: I: So you already mentioned some of the things you do online. I have here a list of online activities. Do you do emailing? Kassandra: Yes. I: With friends, relatives or work related? K: Relatives. I: Do you do goal orientated searching for information? K: Occasionally yes. Kodierhinweis: Abgleich dieser Kategorie mit Angaben des Fragebogens
1.2 Unterkategorie: Nutzungsrhythmen	2.2 Unterkategorie: Motive der Onlineaktivitäten – Alltagsbezug
Definition: Nutzungsrhythmen unter Berücksichtigung der individuellen Lebensumstände der InterviewpartnerInnen werden unter diese Kategorie gefasst. Vor allem Routinen rund um die Internetnutzung stehen im Mittelpunkt.	Definition: Die Interviewten beschreiben, was sie mit den Onlineaktivitäten inhaltlich genau machen. Beispielsweise gehen die InterviewpartnerInnen für die Ausübung eines Hobbys, die Erledigung von Haushaltsaufgaben oder zum Ausführen beruflicher Pflichten online.

Ankerbeispiel: Richard: I get up, have breakfast, get dressed. (...) I'd probably walk down to the newsagent and get my paper, have a coffee, read the paper for half an hour and then I'll come back and check my emails, and usually do that for about an hour. That's generally when I use it actually, in that break during the day." Differenziert werden kann weiterhin in Bezug auf: 1.2.1 Tagesablauf und Mediennutzung 1.2.2 Tagesablauf und Internetnutzung (Zeitpunkte der Nutzung) 1.2.3 Einfluss des Internets auf die Zeiteinteilung (Verschieben, Verkürzen von anderen Aktivitäten)	Ankerbeispiel: Danielle: Oh, he does basically what I do, he's got his hobbies that he looks into, so yeah. I: So you use the same activity but he uses it more for his hobby, more for his personal thing? And you said before that you use it more for the household, is that right? Danielle: Yeah, he'll ... yeah. He might do a few things for business, that he needs to, but then he'll look for his own pleasure as well. Kodierhinweis: Individuelle Lebensumstände sollen in diesem Zusammenhang genauer betrachtet werden. Differenziert werden kann weiterhin in Bezug auf: 2.2.1 Internet als Pflicht oder Hobby 2.2.2 Vor- und Nachteile der Internetnutzung
1.3 Unterkategorie: Zeitlicher Nutzungsmodus	2.3 Unterkategorie: Bewertung der Internetnutzung im Medienmenü
Definition: Unter den zeitlichen Nutzungsmodus fällt die Bewertung der Internetzeit aus Sicht der ProbandInnen, beispielsweise die Einstufung der Internetnutzung als Regeneration oder als Arbeit. Dabei werden in diesem Zusammenhang stattfindende Paralleltätigkeiten betrachtet. Ankerbeispiel: Kassandra: „Sitting down with the internet. I find that you waste too much time in that, your day's gone. It's like art work. You start on a painting, and you look at your watch, and the sun's gone down because you just get absorbed into it. And the net can do that. It can take too much of your time away. I don't like that, I just have to get up. (...) I only go if for a particular reason and when I've had enough, I've had enough and I switch it off and I'll go do some housework or whatever."	Definition: Die Interviewten bewerten die Internetnutzung im Medienmenü, sie äussern sich über die Bedeutsamkeit und Beliebtheit des Internets im Vergleich zu anderen Medien. Ankerbeispiel: Pascal: In der Mitte. Also ist keine Nebensächlichkeit, ist schon integriert. Ist nicht unbedingt so, dass wir überhaupt nicht mehr leben könnten ohne Internet. Also, es wäre schlecht und mit Nachteil verbunden, wenn wir ein paar Wochen kein Internet hätten zu Hause (...). Aber es wäre jetzt nicht total undenkbar.

Differenziert werden kann weiterhin in Bezug auf: 1.3.1 Paralleltätigkeiten und Internetnutzung 1.3.2 Paralleltätigkeiten und andere Mediennutzung 1.3.3 Internetnutzung als Zeitgewinn/Zeitverlust	Differenziert werden kann weiterhin in Bezug auf: 2.3.1 Bewertung einzelner Medien im Medienmenü 2.3.2 Ohne das Internet leben können
1.4 Sonstiges: Dieser Kategorie werden alle Aussagen der Interviewten zugeordnet, die in keine der anderen aufgeführten Kategorien passen.	2.4 Sonstiges: Dieser Kategorie werden alle Aussagen der Interviewten zugeordnet, die in keine der anderen aufgeführten Kategorien passen.

Räumliche Dimension	*Soziale Dimension*
Definition: In diese Kategorie fallen alle Aspekte zur Alltagsintegration, die den Faktor Raum thematisieren.	Definition: In diese Kategorie fallen alle Aspekte zur Alltagsintegration, die den Faktor soziale Beziehungen thematisieren.
3.1 Ort und Gründe für Platzierung	4.1 Fragmentierung
Definition: Die Befragten äußern sich zu Ort und Gründe für die Platzierung des Internets, beispielsweise ob das Internet eher in gemeinschaftlichen oder allein genutzten Räumen untergebracht ist und für welche weiteren Zwecke die jeweiligen Zimmer genutzt werden. Ankerbeispiel: Justin: Because, we mainly use it for the business and I don't think it's good to have it in the living room, where people walk. When you're on the Internet you want to concentrate, do . . . by going on the Internet, and I think its good doing it separate. Kodierhinweis: Abgleich mit Fragebogen und Wohnungsbegehung Differenziert werden kann weiterhin in Bezug auf: 3.1.1 Arbeit und Platzierung 3.1.2 Familienleben und Platzierung 3.1.3 Kommunikation mit anderen Haushaltsmitgliedern und Platzierung	Definition: Die Interviewten thematisieren Aspekte rund um eine Fragmentierung in der Beziehung durch das Internet, wie Konflikte zwischen den Partnern, Unstimmigkeiten in der Beziehung, Personalisierung und symbolischer Rückzug. Ankerbeispiele: Shane: When she gets upset at me that I am on there too much. Kodierhinweis: Ebenso wird nach auffälligen Widersprüchen und Übertragungen in den Aussagen der InterviewpartnerInnen in diesem Zusammenhang gesucht. Differenziert werden kann weiterhin in Bezug auf: 4.1.1 Unstimmigkeiten, wenn nur ein PC vorhanden ist oder vorhanden wäre 4.1.2 Unstimmigkeiten aufgrund der Internetnutzung einer Person 4.1.3 Keine Unstimmigkeiten 4.1.4 Sonstige Unstimmigkeiten 4.1.5 Internetnutzung als Rückzug

3.2 Raumhoheit	4.2 Gemeinschaftsstiftung
Definition: In diese Kategorie fallen alles Aspekte zu Raumhoheiten, v. a. zu Zugriffsdominanzen. Ankerbeispiel: Shane: You can't get on the computer, it's mine [laughs]. No, no, it's a joint area. Yeah, but I dominate.	Definition: Die Befragten thematisieren Formen der Gemeinschaftsstiftung rund um das Internet, wie die gemeinsame Nutzung an einem Bildschirm, die gemeinsame Nutzung in Form von Internetnutzung (ein Partner) und Zusatzaktivitäten (anderer Partner). Das Ausmaß der Gemeinschaftsstiftung wird thematisiert sowie Gespräche über das Internet. Ankerbeispiel: David: Es ist nicht lange her. Da haben wir zusammen drei, vier Stunden vor dem Computer gesessen und uns irgendwelche Videoclips angeguckt. Eine lustige Videoshow in der Art halt. Also es kommt dann vor, dass sie mal dabei sitzt und dass wir dabei einfach bleiben. Differenziert werden kann weiterhin in Bezug auf: 4.2.1 Aufteilung der Internetnutzung alleine oder zusammen vor einem PC 4.2.2 Sich einen PC zusammen teilen 4.2.3 Zur gleichen Zeit zwei PCs in einem Raum nutzen 4.2.4 Eine Person nutzt PC, die andere Person tätigt weitere Aktivitäten im gleichen Raum 4.2.5 Bewusst das Internet nicht nutzen bei Anwesenheit des Partners/der Partnerin 4.2.6 Erledigungen für die andere Person online ausführen 4.2.7 Gemeinsame Mediennutzung generell 4.2.8 Gemeinsame Internetnutzung spielt in keiner Form eine Rolle 4.2.9 Mediengespräche allgemein 4.2.10 Internetgespräche 4.2.11 Internetnutzung als qualitative, gemeinsam verbrachte Zeit einstufen

3.3 Ästhetik und Computer	4.3 Veränderungen der Beziehung durch Internet
Definition: Die Interviewten äußern sich zu dem Aspekt Ästhetik und Computer. Phänomene der Bandbreite zwischen ästhetischer Akzeptanz und Ablehnung werden thematisiert. Ankerbeispiel: Kathy: I bought a cupboard, you know one of those fold away cupboards that's got, it just looks like a cupboard but you fold it out and it's got a drop down desk, fold our keyboard and the computer's in there. So you can close the cupboard and so it can just go in the corner of the room rather than dominating the whole of the room with the office type stuff.	Definition: Die Interviewten äußern Aspekte rund um die Internetnutzung, die Veränderungen in der Beziehung thematisieren. Ankerbeispiel: Amy: In our situation we would probably spend more time on the internet than we would watching TV normally but before we were using the internet on a regular basis it would be that we would stay on the couch for the night.
3.4 Sonstiges: Dieser Kategorie werden alle Aussagen der Interviewten zugeordnet, die in keine der anderen aufgeführten Kategorien passen.	4.3 Sonstiges: Dieser Kategorie werden alle Aussagen der Interviewten zugeordnet, die in keine der anderen aufgeführten Kategorien passen.

8.6 Literaturverzeichnis

Australian Bureau of Statistics (2001): Household Use of Information Technology, Australia 2000. Catalogue No. 8146.0. Canberra: Australian Government Publishing Service.

Australian Bureau of Statistics (2003): Household Use of Information Technology, Australia, 2001–2002. Catalogue No. 8146.0. Canberra: Australian Government Publishing Service.

Australian Bureau of Statistics (2004): Household Use of Information Technology, Australia, 2002 and 2003. Catalogue No. 8146.0. Canberra: Australian Government Publishing Service.

Australian Bureau of Statistics (2005): Household Use of Information Technology, Australia, 2004–2005. Catalogue No. 8146.0. Canberra: Australian Government Publishing Service.

Australian Bureau of Statistics (2006): Household Use of Information Technology, Australia, 2005–2006. Catalogue No. 8146.0. Canberra: Australian Government Publishing Service.

Australian Bureau of Statistics (2007): Household Use of Information Technology, Australia 2006–2007. Catalogue No. 8146.0. Canberra: Australian Government Publishing Service.

Australian Bureau of Statistics (2008): How Australians Use Their Time, Australia, 2006. Catalogue No. 4153.0. Canberra: Australian Government Publishing Service.

Ahrens, Julia (2004): Internet im häuslichen Alltag. Eine explorative Studie am Beispiel von über 50-jährigen Paaren. Unveröff. Magistra-Arbeit, Universität Lüneburg.

Ahrens, Julia (2007): 50plus und abgehängt? Internet im häuslichen Alltag von älteren Paaren. In: Röser, Jutta (Hg.): MedienAlltag. Domestizierungsprozesse alter und neuer Medien. Wiesbaden: Verlag für Sozialwissenschaften, 187–198.

Anderson, Ben/Tracey, Karina (2002): Digital Living: The Impact (or Otherwise) of the Internet on Everyday British Life. In: Wellmann, Barry/Haythornthwaite, Caroline (Hg.): The Internet in Everyday Life. Oxford: Blackwell, 139–163.

Ang, Ien (2008): Radialer Kontextualismus und Ethnographie in der Rezeptionsforschung. In: Hepp, Andreas/Winter, Rainer (Hg.): Kultur – Medien – Macht. Cultural Studies und Medienanalyse. 4. Auflage. Opladen: Westdeutscher Verlag, 61–79.

Ang, Ien/Hermes, Joke (1994): Gender and/in Media Consumption. In: Angerer, Marie-Luise/Dorer, Johanna (Hg.): Gender und Medien. Theoretische Ansätze, empirische Befunde und Praxis der Massenkommunikation: Ein Textbuch zur Einführung. Wien: Braumüller, 114–132.

Atteslander, Peter (2006) Methoden der empirischen Sozialforschung. 11. neu bearbeitete und erweiterte Auflage. Berlin: Erich Schmidt Verlag.

Bakardjieva, Maria (2005): Internet Society. The Internet in Everyday Life. London, Thousand Oaks, New Delhi: Sage.

Bakardjieva, Maria (2006): Domestication Running Wild. From the Moral Economy of the Household to the Mores of a Culture. In: Berker, Thomas/Hartmann, Maren/Punie, Yves/Ward, Katie J. (Hg.): Domestication of Media and Technology. Berkshire: Open University Press, 62–79.

Barthelmes, Jürgen (2001): Funktionen von Medien im Prozess des Heranwachsens. In: Media Perspektiven, Jg. 31, Nr. 2, 84–89.

Bauer, Wolf/Baur, Elke/Kungel, Bernd (Hg.) (1976): 4 Wochen ohne Fernsehen – Eine Studie zum Fernsehkonsum. Berlin: Volker Spiess.

Bausinger, Hermann (1983): Alltag, Technik, Medien. In: Pross, Harry/Rath, Claus-Dieter (Hg.): Rituale der Medienkommunikation. Gänge durch den Medienalltag. Berlin: Guttandin & Hoppe, 24–36.

Bausinger, Hermann (1984): Media, Technology and Daily Life. In: Media, Culture & Society 6, 343–352.

Berker, Thomas/Hartmann, Maren/Punie, Yves/Ward, Katie J. (Hg.) (2006a): Domestication of Media and Technology. Berkshire: Open University Press.

Berker, Thomas/Hartmann, Maren/Punie, Yves/Ward, Katie J. (Hg.) (2006b): Introduction. In: Dies. (Hg.): Domestication of Media and Technology. Berkshire: Open University Press, 1–17.

Boneva, Bonka/Kraut, Robert (2002): Email, Gender, and Personal Relationships. In: Wellmann, Barry/Haythornthwaite, Caroline (Hg.): The Internet in Everyday Life. Oxford: Blackwell, 372–403.

Bonfadelli, Heinz (2005): Die Rolle digital-interaktiver Medien für gesellschaftliche Teilhabe. In: Merz Wissenschaft 49, Nr. 5, 6–16.

Bortz, Jürgen/Döring, Nicola (2006): Forschungsmethoden und Evaluation für Human- und Sozialwissenschafler. 4. überarbeite Auflage. Heidelberg: Springer.

Böttger, Barbara/Mettler-Meibom, Barbara (1990): Das Private und die Technik. Frauen zu den neuen Informations- und Kommunikationstechniken. Opladen: Westdeutscher Verlag.

Brosius, Hans-Bernd/Koschel, Friederike (2005): Methoden der empirischen Kommunikationsforschung. Eine Einführung. 3. Auflage. Wiesbaden: Westdeutscher Verlag.

Butler, Judith (1995): Das Unbehagen der Geschlechter. 5. Auflage. Frankfurt: Suhrkamp.

Campbell, N. Jo (1990): High School Students' Computer Attitudes and Attributions: Gender and Ethnic Differences. In: Journal of Adolescent Research Nr. 5, 485–499.

Chen, Wenhong/Boase, Jeffrey/Wellman, Barry (2002): The Global Villagers: Comparing Internet Users and Uses Around the World. In:

Wellmann, Barry/Haythornthwaite, Caroline (Hg.): The Internet in Everyday Life. Oxford: Blackwell, 74–113.

Clarke, Roger (2004): An Internet primer. Technology and governance. In: Goggin, Gerad (Hg.): Virtual Nation. The Internet in Australia. Sydney: UNSW Press, 13–27.

Cockburn, Cynthia/Ormrod, Susan (1993): Gender and Technology in the Making. London: Sage.

Cole, Jeffrey I./Suman, Michael/Schramm, Phoebe (2001): The UCLA Internet Report 2000: Surveying the Digital Future, Year Two. Los Angeles: Center for Communications Policy, University of California Los Angeles.

Collmer, Sabine (1997): Frauen und Männer am Computer. Aspekte geschlechtsspezifischer Technikaneignung. Wiesbaden: Deutscher Universitäts-Verlag.

Copher, Janell I./Kanfer, Alaina G./Walker, Mary Bea (2002): Everyday Communication Patterns of Heavy and Light Email Users. In: Wellmann, Barry/Haythornthwaite, Caroline (Hg.): The Internet in Everyday Life. Oxford: Blackwell, 263–288.

Cornelißen, Waldtraud (1994): Klischee oder Leitbild? Geschlechtsspezifische Rezeption von Frauen- und Männerbildern im Fernsehen. Opladen: Westdeutscher Verlag.

Cornelißen, Waldtraud (1998): Fernsehgebrauch und Geschlecht. Zur Rolle des Fernsehens im Alltag von Frauen und Männern. Opladen: Westdeutscher Verlag.

Diekmann, Andreas (2008): Empirische Sozialforschung. Grundlagen, Methoden, Anwendungen. 19. Auflage, vollständig überarbeitete und erweiterte Neuausgabe. Reinbek/Hamburg: Rowohlt.

DiMaggio, Paul/Hargittai, Eszter/Celeste, Coral/Shafer, Steven (2004): Digital Inequality: From Unequal Access to Differentiated Use. In: Nechermann, Katryn M. (Hg.): Social Inequality. New York: Russell Sage Foundation, 355–400.

DiMaggio, Paul/Hargittai, Eszter (2001): From the ‚Digital Divide' to ‚Digital Inequality': Studying Internet Use as Penetration Increases. Princeton University Center for Arts and Cultural Policy Studies, Working Paper Series nr. 15.

Dorer, Johanna (1997): Gendered Net: Ein Forschungsüberblick über den geschlechtsspezifischen Umgang mit neuen Kommunikationstechnologien. In: Rundfunk und Fernsehen 45, Nr. 1, 18–29.

Dorer, Johanna (2001): Internet und Geschlecht. Berufliche und private Anwendungspraxen der neuen Technologie. In: Klaus, Elisabeth/Röser, Jutta/Wischermann, Ulla (Hg.): Kommunikationswissenschaft und Gender Studies. Wiesbaden: Westdeutscher Verlag, 241–266.

Dorer, Johanna/Klaus, Elisabeth (2008): Feministische Theorie in der Kommunikationswissenschaft. In: Winter, Carsten/Hepp, Andreas/Krotz, Friedrich (Hg.): Theorien der Kommunikations-

und Medienwissenschaft. Grundlegende Diskussionen, Forschungsfelder und Theorieentwicklungen. Wiesbaden: Verlag für Sozialwissenschaften, 91–112.

Döring, Nicola (2003): Sozialpsychologie des Internet. Die Bedeutung des Internet für Kommunikationsprozesse, Identitäten, soziale Beziehungen und Gruppen. 2. vollständig überarbeitete Auflage. Göttingen: Hofgrefe Verlag.

Faulkner, Wendy/Arnold, Erik (1985): Smothered by Invention. Technology in Women's Lives. London, Sydney: Pluto Press, 1–17.

Fisch, Martin/Gscheidle, Christoph (2006): Onliner 2006: Zwischen Breitband und Web 2.0 – Ausstattung und Nutzungsinnovationen. In: Media Perspektiven Nr. 8, 431- 440.

Flick, Uwe (2007): Qualitative Sozialforschung. Eine Einführung. 11. überarbeitete Auflage. Stuttgart: Lucius & Lucius.

Friedrichs, J. (1990): Methoden empirischer Sozialforschung. 14. Auflage. Opladen: Westdeutscher Verlag.

Frissen, Valerie (1992): Trapped in Electronic Cages? Gender and New Information Technologies in the Public and Private Domain: An Overview of Research. In: Media, Culture & Society 14, Nr. 1, 31–49.

Gauntlett, David/Hill, Annette (1999): TV Living. Television, Culture and Everyday Life. London, New York: Routledge.

Glaser, Barney G. (1978): Theoretical Sensitivity: Advances in the methodology of Grounded Theory. Mill Valley: Sociology Press.

Glaser, Barney G./Strauss, Anselm. L. (1967): The Discovery of Grounded Theory. New York: Aldine Publications.

Gleich, Uli (2004): Digital divide: Führen Internet und Digitales Fernsehen zu einer neuen Wissenskluft? In: Media Perspektiven Nr. 5, 233–238.

Gildemeister, Regine (2004): Geschlechterforschung (gender studies): In: Flick, Uwe Kardoff, Ernst von/Steinke, Ines (Hg.): Qualitative Forschung. Ein Handbuch. 3. Auflage. Reinbek/Hamburg: Rowohlt, 213–223.

Gray, Ann (1987): Behind Closed Doors. Video Recorders in the Home. In: Baehr, Helen/Dyer, Gilllian (Hg.): Boxed in: Women and Television. London: Pandora, 38–54.

Gray, Ann (1992): Video Playtime: the Gendering of a Leisure Technology. London: Routledge.

Green, Hannah/Hannon, Celia (2007): Their Space. Education for a digital generation. London: Demos.

Green, Lelia (1998): Communications and the Construction of Community: Consuming the Remote Commercial Television Service in Western Australia. Unveröffentlichte Dissertation, Murdoch University, Western Australia.

Green, Lelia (2002): Technoculture: From Alphabet to Cybersex. Crows Nest: Allen & Unwin.

Green, Lelia/Holloway, Donell/Quin, Robyn (2004): @home Australian Family Life and the Internet. In: Goggin, Gerad (Hg.): Virtual Nation. The Internet in Australia. Sydney: UNSW Press, 88–101.

Großmann, Nina (2007): Häusliches Medienhandeln der ‚Generation @' – Junge Paare und ihr Umgang mit Internet und Fernsehen. In: Röser, Jutta (Hg.): MedienAlltag. Domestizierungsprozesse alter und neuer Medien. Wiesbaden: Verlag für Sozialwissenschaften, 173–186.

Haddon, Leslie (1992): Explaining ICT Consumption: The Case of the Home Computer. In: Silverstone, Roger/Hirsch, Eric (Hg.): Consuming Technologies: Media and Information in Domestic Spaces. London: Routledge, 82–96.

Haddon, Leslie (2003): Research Questions for the Evolving Communications Landscape. Paper for the conference Front Stage/Back Stage: Mobile Communication and the Renegotiation of the Social Sphere, Grimstad, Norway, 22–24 June.

Haddon, Leslie (2004): Information and Communication Technologies in Everyday Life. A Consise Introduction and Research Guide. Oxford: Berg.

Hall, Stuart (1999): Kodieren/Dekodieren. In: Bromley, Roger/Göttlich, Udo/Winter, Carsten (Hg.): Cultural Studies. Grundlagentexte zur Einführung. Lüneburg: zu Klampen, 113–138.

Hargittai, Eszter (2002): Second-Level Digital Divide. Differences in People's Online Skills. In: First Monday 7, Nr. 4 http://firstmonday.org/issues/issue7_4/hargittai/index.html (30.4.2008).

Hargittai, Eszter (2004a): Digital Inequality. In: OII Internet Issue Brief No. 2.3. Oxford: Oxford Internet Institute.

Hargittai, Eszter (2004b): Internet Access and Use in Context. In: New Media & Society 6, Nr. 1, 137–143.

Hargittai, Eszter/Shafer, Steven (2006): Differences in Actual and Perceived Online Skills: The Role of Gender. In: Social Science Quarterly 87, Nr. 2, 432–448.

Hartmann, Maren (2006): The Triple Articulation of ICTs. Media as Technological Objects, Symbolic Environment and Individual Texts. In: Berker, Thomas/Hartmann, Maren/Punie, Yves/Ward, Katie J. (Hg.): Domestication of Media and Technology. Berkshire: Open University Press, 80–102.

Hartmann, Maren (2008) : Domestizierung 2.0 : Grenzen und Chancen eines Medienaneignungskonzeptes. In: Winter, Carsten/ Hepp, Andreas/Krotz, Friedrich (Hg.): Theorien der Kommunikations- und Medienwissenschaft. Grundlegende Diskussionen, Forschungsfelder und Theorieentwicklungen. Wiesbaden: Verlag für Sozialwissenschaften, 401–416.

Haug, Frigga/Hipfl, Brigitte (Hg.) (1995): Sündiger Genuß? Filmerfahrungen von Frauen. Hamburg: Argument-Verlag.

Haythornthwaite, Caroline/Wellmann, Barry (2002): Moving the Internet out of Cyberspace. In: Dies. (Hg.): The Internet in Everyday Life. Oxford: Blackwell, 3–41.

Heinze, Thomas (2001): Qualitative Sozialforschung. Einführung Methodologie und Forschungspraxis. München, Wien: Oldenburg Verlag.

Helfferich, Cornelia (2005): Die Qualität qualitativer Daten. Manual für die Durchführung qualitativer Interviews. 2. Auflage. Wiesbaden: Verlag für Sozialwissenschaften.

Hirsch, Eric (1992): The Long Term and the Short Term of Domestic Consumption: An Ethnographic Case Study. In: Silverstone, Roger/Hirsch, Eric (Hg.): Consuming Technologies. Media and Information in Domestic Spaces. London, New York: Routledge, 208–226.

Hirsch, Eric (1998): Domestic Appropriations: Multiple Contexts and Relational Limits in the Home-making of Greater Londoners. In: Rapport, Nigel/Dwason, Andrew (Hg.): Migrants of Identity. Perceptions of Home in a World of Movement. Oxford, New York: Berg Publishers LTD, 139–179.

Hofstede, Geert (1980): Culture's Consequences: International Differences in Work-Related Values. Newbury Park: Sage.

Hofstede, Geert/Hofstede, Gert Jan (2006): Lokales Denken, globales Handeln. Interkulturelle Zusammenarbeit und globales Management. 3. vollständig überarbeitete Auflage. München: Beck.

Kennedy, Tracy/Wellmann, Barry/Klement, Kristine (2003): Gendering the Digital Divide. In: IT&Society 1, Nr. 5, 72–96.

Klaus, Elisabeth (1997): Revolutioniert Multimedia die Geschlechterbeziehungen? In: Feministische Studien 15, 7–20.

Klaus, Elisabeth (2001): Ein Zimmer mit Ausblick? Perspektiven kommunikationswissenschaftlicher Geschlechterforschung. In: Klaus, Elisabeth/Röser, Jutta/Wischermann, Ulla (Hg.): Kommunikationswissenschaft und Gender Studies. Wiesbaden: Westdeutscher Verlag, 20–40.

Klaus, Elisabeth (2005): Kommunikationswissenschaftliche Geschlechterforschung. Zur Bedeutung der Frauen in den Massenmedien und im Journalismus. 2. aktualisierte und korrigierte Auflage. Wien: LIT.

Klaus, Elisabeth/Pater, Monika/Schmidt, Uta C. (1997): Das Gendering neuer Technologien. Durchsetzungsprozesse alter und neuer Kommunikationstechnologien. In: Das Argument 39, Nr. 6, 803–818.

Krings, Bettina/Riehm, Ulrich (2006): Internet for All? The Discussion on the „Digital Divide" Revisted. In: Rehberg, Karl-Siegbert (Hg.): Soziale Ungleichheit, kulturelle Unterschiede. Frankfurt, New York: Campus, 3052–3061.

Krotz, Friedrich (2005): Neue Theorien entwickeln. Eine Einführung in die Grounded Theory, die Heuristische Sozialforschung und die Ethnographie anhand von Beispielen aus der Kommunikationsforschung. Köln: Herbert von Halem.

Krotz, Friedrich (2007): Mediatisierung: Fallstudien. Wiesbaden: Verlag für Sozialwissenschaften.

Krotz, Friedrich/Hasebrink, Uwe/Lindemann, Thomas/Reimann, Fernando/Rischkau, Eva (1999): Neue und alte Medien im Alltag von Kindern und Jugendlichen. Deutsche Teilergebnisse einer europäischen Studie. Hamburg: Hans-Bredow-Institut.

Krotz, Friedrich/Thomas, Tanja (2007): Domestizierung, Alltag, Mediatisierung: Ein Ansatz zu einer theoriegerichteten Verständigung. In: Röser, Jutta (Hg.): MedienAlltag. Domestizierungsprozesse alter und neuer Medien. Wiesbaden: Verlag für Sozialwissenschaften, 31–42.

Kubicek, Herbert/Schmidt, Ulrich/Wagner, Heidrose (1997): Bürgerinformation durch ‚neue' Medien? Analysen und Fallstudien zur Etablierung elektronischer Informationssysteme im Alltag. Opladen: Westdeutscher Verlag.

Lally, Elaine (2002): At Home with Computers. Oxford: Berg.

Lamnek, Siegfried (2005): Qualitative Sozialforschung. 4. vollständig überarbeitete Auflage. Weinheim, Basel: Beltz Verlag.

Lenhart, Christian (1995): Computer als Sozialisationsfaktor. Der Einfluss des Computers auf die kindliche Sozialisation im familialen Kontext. Münster: LIT.

Levin, Tamar/Gordon, Clarie (1989): Effect of Gender and Computer Experience on Attitudes Toward Computers. In: Journal of Educational Computing Research Nr. 5, 69–88.

Liff, Sonia/Shepherd, Adrian (2004): An Evolving Gender Digital Divide? In: OII Internet Issue Brief No. 2. Oxford: Oxford Internet Institute.

Livingstone, Sonia (1992): The Meaning of Domestic Technologies: A Personal Construct Analysis of Familial Gender Relations. In: Silverstone, Roger/Hirsch, Eric (Hg.): Consuming Technologies. Media and Information in Domestic Spaces. London, New York: Routledge, 113–130.

Livingstone, Sonia (1999): New Media, New Audiences? In: New Media & Society 1, Nr. 1, 59–66.

Livingstone, Sonia (2001): Children On-line: Emerging Uses of the Internet at Home. In: Journal of the IBTE 2, part 1, 1–7.

Livingstone, Sonia (2002): Young People and New Media. Childhood and the Changing Media Environment. London, Thousand Oaks, New Delhi: Sage.

Livingstone, Sonia (2003): On the Challenges of Cross-National Comparative Media Research. In: European Journal of Communication 18, Nr. 4, 477–500.

Lohse, Gerald L./Bellmann, Steven/Johnson, Eric. J. (1999): Predictors of Online Buying Behaviour. Communications of the ACM 42, Nr. 12, 32–38.

Lohse, Gerald L./Bellmann, Steven/Johnson, Eric. J. (2000): Consumer Buying Behavior on the Internet: Findings from Panel Data. Journal of Interactive Marketing Nr. 14, 15–29.

Lüders, Christian (2004): Beobachten im Feld und Ethnographie. In: Flick, Uwe/Kardoff, Ernst von/Steinke, Ines (Hg.): Qualitative Forschung. Ein Handbuch. 3. Auflage. Reinbek/Hamburg: Rowohlt, 384–401.

Lunn, Robert J./Suman, Michael W. (2002): Experience and Trust in Online Shopping. In: Wellmann, Barry/Haythornthwaite, Caroline (Hg.): The Internet in Everyday Life. Oxford: Blackwell, 549–577.

Lull, James (Hg.) (1988): World Families Watch Television. Newbury Park, London, New Delhi: Sage.

Lull, James (1990): Inside Family Viewing: Ethnographic Research on Television's Audiences. London, New York: Routledge.

Mayring, Phillip (2002): Einführung in die Qualitative Sozialforschung. 5. überarbeitete Auflage. Weinheim, Basel: Beltz Verlag.

Mayring, Philipp (2007): Qualitative Inhaltsanalyse. Grundlagen und Techniken. 9. Auflage. Weinheim, Basel: Beltz.

Media Perspektiven Basisdaten (2006): Daten zur Mediensituation in Deutschland 2006. Dokumentation der Zeitschrift Media Perspektiven. Frankfurt am Main: Arbeitsgemeinschaft der ARD-Werbegesellschaft.

Medienpädagogischer Forschungsverbund Südwest (2003): KIM-Studie (Kinder und Medien) 2003. Computer und Internet. Basisstudie zum Medienumgang 6–13-Jähriger in Deutschland. Baden-Baden: Medienpädagogischer Forschungsverbund Südwest.

Moores, Shaun (2000): Media and Everyday Life in Modern Society. Edinburgh: Edinburgh University Press.

Moores, Shaun (2007): Early Radio. Die Domestizierung einer neuen Medientechnologie in Großbritannien. In: Röser, Jutta (Hg.): MedienAlltag. Domestizierungsprozesse alter und neuer Medien. Wiesbaden: Verlag für Sozialwissenschaften, 117–128.

Morley, David (1986): Familiy Television. Cultural Power and Domestic Leisure. London: Comedia.

Morley, David (1992): Television, Audiences and Cultural Studies. London, New York: Routledge.

Morley, David (1999a): Bemerkungen zur Ethnographie des Fernsehpublikums. In: Bromley, Roger/Göttlich, Udo/Winter, Carsten (Hg.): Cultural Studies. Grundlagentexte zur Einführung. Lüneburg: zu Klampen, 281–316.

Morley, David (1999b): Wo das Globale auf das Lokale trifft. Zur Politik des Alltags: In: Hörning, Karl H./Winter, Rainer (Hg.): Wider-

spenstige Kulturen. Cultural Studies als Herausforderung. Frankfurt: Suhrkamp, 442–475.
Morley, David (2000): Home Territories. Media, Mobility and Identity. London: Routledge.
Morley, David (2001): Familienfernsehen und Medienkonsum zu Hause. In: Television, Jg. 14, Nr. 1, 20–25.
Moores, Shaun (1993): Interpreting Audiences. The Ethnography of Media Consumption. London: Sage.
Moores, Shaun (2000): Media and Everyday Life in Modern Society. Edinburgh: Edinburgh University Press.
Neverla, Irene (1990): Der soziale Zeitgeber Fernsehen. Das elektronische Medium als Komponente und Agent der abstrakt-lineraren Zeit unserer Gesellschaft. In: medien & zeit 5, Nr. 1, 2–12.
Neverla, Irene (1992): Fernseh-Zeit. Zuschauer zwischen Zeitkalkül und Zeitvertreib. Eine Untersuchung zur Fernsehnutzung. München: Ölschläger (UVK).
Neverla, Irene (1999): Chrono-Visionen im Cyberspace. Die Zeitordnung der Medien im Zeitalter des Internet. In: Schneider, Manuel/Geißler, Karlheinz A. (Hg.): Flimmernde Zeiten. Vom Tempo der Medien. Stuttgart u. a.: Hirzel, 131–138.
Neverla, Irene (2007): Medienalltag und Zeithandeln. In: Röser, Jutta (Hg.): MedienAlltag. Domestizierungsprozesse alter und neuer Medien. Wiesbaden: Verlag für Sozialwissenschaften, 43–53.
Neverla, Irene/Kanzleiter, Gerada (1984): Journalistinnen. Frankfurt: Campus.
Nie, Norman H./Hillygus, D. Sunshine/Erbring, Lutz (2002): Internet Use, Interpersonal Relations, and Sociability: A Time Diary Study. In: Wellmann, Barry/Haythornthwaite, Caroline (Hg.): The Internet in Everyday Life. Oxford: Blackwell, 215–243.
Opaschowski, Horst (1999): Generation @. Hamburg: BAT.
Øyen, Else (1990): The Imperfection of Comparisons. In: Dies. (Hg.): Comparative Methodology: Theory and Practice in International Social Research. London: Sage.
Pater, Monika/Schmidt, Uta C. (2007): „Vom Kellerloch bis hoch zur Mansard' ist alles drin vernarrt" – Zur Veralltäglichung des Radios im Deutschland der 1930er Jahre. In: Röser, Jutta (Hg.): MedienAlltag. Domestizierungsprozesse alter und neuer Medien. Wiesbaden: Verlag für Sozialwissenschaften, 103–116.
Prommer, Elisabeth/Mikos, Lothar (2005): Rezeptionsforschung. In: Mikos, Lothar/Wegener, Claudia (Hg.): Qualitative Medienforschung: ein Handbuch. Konstanz: UVK Verlagsgesellschaft, 193–199.
Punie, Valerie/Punie, Yves (2001): Present Users, Future Homes – A Theoretical Perspective on Acceptance and Use of ICT in the Home Environment: TNO rapport STB-01-30a. Delft: TNO.

Pürer, Heinz (2003): Publizistik- und Kommunikationswissenschaft. Ein Handbuch. Konstanz: UVK Verlagsgesellschaft.

Radway, Janice (1984): Reading the Romance. Women, Patriarchy and Popular Literature. Chapel Hill, NC: University of North Carolina Press.

Reimer, Annett (2005): Die Bedeutung der Kulturtheorie von Geert Hofstede für das internationale Management. Wismar. Wismarer Diskussionspapiere Nr. 20.

Reitze, Helmut/Ridder, Christa-Maria (2006): Massenkommunikation VII. Eine Langzeitstudie zur Mediennutzung und Medienbewertung 1964–2005. Baden-Baden: Nomos.

Richards, Lyn (2005): Handling Qualitative Data. A Practical Guide. London: Sage.

Riehm, Ulrich/Krings, Bettina-Johanna (2006): Abschied vom Internet für alle? Der blinde Fleck in der Diskussion zur digitalen Spaltung. In: Medien & Kommunikationswissenschaft, Jg. 54, H. 1, 75–94.

Robinson, John P./DiMaggio, Paul/Hargittai, Eszter (2003): New Social Survey Perspectives on the Digital Divide. In: IT & Society 1, Nr. 5, 1–22.

Robinson, John P./Kestnbaum, Meyer/Neustadtl, Alan/Alvarez, Anthony S. (2002): The Internet and Other Uses of Time. In: Wellmann, Barry/Haythornthwaite, Caroline (Hg.): The Internet in Everyday Life. Oxford: Blackwell, 244–262.

Rogers, Everett M. (2001): The Digital Divide. In: Convergence 7, Nr. 4, 96–113.

Rogers, Everett, M. (2003): Diffusion of Innovations. 5. Auflage. New York: Free Press.

Rompaey, Veerle van/Roe, Keith (2001): The Home as a Multimedia Environment: Families' Conception of Space and the Introduction of Information and Communication Technologies in the Home. In: Communications 26, Nr. 4, 351–370.

Röser, Jutta (2000): Fernsehgewalt im gesellschaftlichen Kontext. Eine Cultural Studies-Analyse über Medienaneignung in Dominanzverhältnissen. Wiesbaden: Westdeutscher Verlag.

Röser, Jutta (2003): Fragementierung der Familie durch Medientechnologien? Häusliches Medienhandeln der Generationen und Geschlechter. In: Medienheft Dossier (CH), Nr. 19, 28–38.

Röser, Jutta (2004): Zuhause in der Mediengesellschaft. Medien und Kommunikationstechnologien im häuslichen Alltag. In: Kübler, Hans-Dieter/Elling, Elmar (Hg.): Wissensgesellschaft. Neue Medien und ihre Konsequenzen. (Reihe Medienpädagogik) [CD-ROM] Bonn: Bundeszentrale für Politische Bildung (o.S.).

Röser, Jutta (2005): Das Zuhause als Ort der Aneignung digitaler Medien: Domestizierungsprozesse und ihre Folgen. In: Merz Wissenschaft 49, Nr. 5, 86–96.

Röser, Jutta (Hg.) (2007a): MedienAlltag. Domestizierungsprozesse alter und neuer Medien. Wiesbaden: Verlag für Sozialwissenschaften.

Röser, Jutta (2007b): Einleitung: Zu diesem Buch. In: Dies. (Hg.): MedienAlltag. Domestizierungsprozesse alter und neuer Medien. Wiesbaden: Verlag für Sozialwissenschaften, 7–14.

Röser, Jutta (2007c): Der Domestizierungsansatz und seine Potenziale zur Analyse alltäglichen Medienhandelns. In: Dies. (Hg.): MedienAlltag. Domestizierungsprozesse alter und neuer Medien. Wiesbaden: Verlag für Sozialwissenschaften, 15–30.

Röser, Jutta (2007d): Wenn das Internet das Zuhause erobert: Dimensionen der Veränderung aus ethnographischer Perspektive. In: Dies. (Hg.): MedienAlltag. Domestizierungsprozesse alter und neuer Medien. Wiesbaden: Verlag für Sozialwissenschaften, 157–171.

Röser, Jutta/Großmann, Nina (2008): Häuslicher Alltag mit Internet und Fernsehen. Fallstudien zum Medienhandeln junger Paare. In: Thomas, Tanja (Hg.): Medienkultur und soziales Handeln. Wiesbaden: Verlag für Sozialwissenschaften, 91–104.

Röser, Jutta/Kroll, Claudia (1995): Was Frauen und Männer vor dem Bildschirm erleben: Rezeption von Sexismus und Gewalt im Fernsehen. Dokumente und Berichte Nr. 32. Herausgegeben vom Ministerium für die Gleichstellung von Frau und Mann Nordrhein-Westfalen. Düsseldorf.

Roth, Erwin (1999): Sozialwissenschaftliche Methoden. Lehr- und Handbuch für Forschung und Praxis. 5. durchgesehene Auflage. München, Wien: Oldenburg Verlag.

Rötzer, Florian (2003): Anmerkungen zur digitalen Spaltung. In: Roters, Gunnar/Turecek, Oliver/Klingler, Walter (Hrsg.): Digitale Spaltung. Informationsgesellschaft im neuen Jahrtausend – Trends und Entwicklungen. Schriftenreihe Baden-Badener Sommerakademie (Band 3), 11–17.

Saparniene, Diana/Merkys, Gediminas (2005): Mediennutzung und Geschlechtsspezifität: Von der Diskriminierung zur Emanzipation. In: Merz Wissenschaft 49, Nr. 5, 29–41.

Schmidt, Uta C./Pater, Monika (1997): „Adriennes Hochantenne". Geschlechtsspezifische Aspekte medialer Durchsetzungsprozesse am Beispiel des Rundfunks. In: Feministische Studien 15, 21–33.

Schönberger, Klaus (1999): Internet zwischen Spielwiese und Familienpost. Doing gender in der Netznutzung. In: Hebecker, Eike u. a. (Hrsg.): Neue Medienwelten. Zwischen Regulierungsprozessen und alltäglicher Aneignung. Frankfurt: Campus, 249–270.

Schumacher, Phyllis/Morahan-Martin, Janet (2001): Gender, Internet and Computer Attitudes and Experiences. In: Computers in Human Behavior 17, Nr. 1, 95–110.

Slevin, James (2000): The Internet and Society. Malden: Blackwell.

Silverstone, Roger (1991): Beneath the bottom line: Households and ICT's. PICT Policy Research Paper No. 17, London.

Silverstone, Roger (1994): Television and Everyday Life. London: Routledge.

Silverstone, Roger/Haddon, Leslie (1996): Design and Domestication of Information and Communication Technologies: Technical Change and Everyday Life. In: Mansell, Robin/Silverstone, Roger (Hg.): Communication by Design. The Politics of Information and Communication Technologies: New York: Oxford University Press, 44–74.

Silverstone, Roger/Hirsch, Eric/Morley, David (1991): Listening to a Long Conversation: An Ethnographic Approach to the Study of Information and Communication Technologies in the Home. In: Cultural Studies 5, 204–227.

Silverstone, Roger/Hirsch, Eric/Morley, David (1992): Information and Communication Technologies and the Moral Economy of the Household. In: Silverstone, Roger/Hirsch, Eric (Hg.): Consuming Technologies. Media and Information in Domestic Spaces. London, New York: Routledge.

Singh, Supriya (2001): Gender and the Use of the Internet at Home. In: New Media & Society 3, Nr. 4, 395–416.

Statistisches Bundesamt (2007): Wirtschaftsrechnungen. Private Haushalte in der Informationsgesellschaft – Nutzung von Informations- und Kommunikationstechnologien (IKT). Wiesbaden.

Statistisches Bundesamt (2006a): Im Blickpunkt – Frauen in Deutschland 2006. Wiesbaden.

Statistisches Bundesamt (2006b): Informations-Technologie in Unternehmen und Haushalten 2005. Wiesbaden.

Statistisches Bundesamt (2005): Informations-Technologie in Unternehmen und Haushalten 2004. Wiesbaden.

Statistisches Bundesamt (2004): IKT in Deutschland. Informations- und Kommunikationstechnologien 1995–2003 Computer, Internet und mehr. Wiesbaden.

Statistisches Bundesamt (2003): Informations- Technologie in Haushalten. Nutzung von Informations- und Kommunikationstechnologien in privaten Haushalten – Ergebnisse einer Pilotstudie für das Jahr 2002. Wiesbaden.

Statistisches Bundesamt (2000): Wirtschaft und Statistik 10/2000, Wiesbaden.

Steigleder, Sandra (2007): Die strukturierende qualitative Inhaltsanalyse im Praxistest. Eine konstruktiv kritische Studie zur Auswertungsmethodik von Philipp Mayring. Marburg: Tectum Verlag.

Süss, Daniel (2000): Kindlicher Medienumgang und elterliche Kontrolle in der Schweiz. In: Brosius, Hans-Bernd (Hg.): Kommunikation über Grenzen und Kulturen. Konstanz: UVK, 309–323.

Swaminathan, Vanitha/Lepkowska-White, Elzbieta/Rao, Bharat P. (1999): Browsers or Buyers in Cyberspace? An Investigation of Factors Influencing Electronic Exchange. In: Journal of Computer Mediated Communication 5, Nr. 2, http://www.ascusc.org/jcmc/vol5/issue2/swaminathan.htm, 30.4.2008.

Teune, Henry (1990): Comparing Countries: Lessons Learned. In: Øyen, Else (Hg.): Comparative Methodology: Theory and Practice in International Social Research. London: Sage, 38–62.

TNS Infratest/Initiative D 21 (Hg.) (2006): (N)Onliner Atlas 2006. Eine Topographie des digitalen Grabens durch Deutschland. http:www.nonliner-atlas.de (30.4.2008).

Turkle, Sherry (1988): Computational Reticence: Why Women Fear the Intimate Machine. In: Kramarae, Cheris (Hg.): Technology and Women's Voice: Keeping in Touch. London: Routledge, 41–62.

van Eimeren, Birgit/Frees, Beate (2005): ARD/ZDF Online Studie 2005: Nach dem Boom: Größter Zuwachs in internetfernen Gruppen. In: Media Perspektiven Nr. 8, 362–376.

van Eimeren, Birgit/Frees, Beate (2006): ARD/ZDF Online Studie 2006. Schnelle Zugänge, neue Anwendungen, neue Nutzer? In: Media Perspektiven Nr. 8, 402–415.

van Eimeren, Birgit/Frees, Beate (2007): ARD/ZDF Online Studie 2007: Internetnutzung zwischen Pragmatismus und YouTube-Euphorie. In: Media Perspektiven Nr. 8, 362–378.

van Zoonen, Liesbet (2002): Gendering the Internet. Claims, Controversies and Cultures. In: European Journal of Communication 17, Nr. 3, 5–23.

Wajcman, Judy (1991): Feminism Confronts Technology. Sydney: Allen & Unwin.

Wajcman, Judy (1994): Technological A/Genders: Technology, Culture and Class. In: Green, Lelia/Guinery Roger (Hg.): Framing Technology. Society, Choice and Change. St. Leonards: Allen & Unwin, 3–14.

Winter, Carsten (2004): Internet/Online-Medien. In: Faulstich, Werner (Hg.): Grundwissen Medien. 5. Auflage. München: Fink, 274–295.

Winter, Rainer (1999): Cultural Studies als kritische Medienanalyse: Vom „encoding/decoding"-Modell zur Diskursanalyse. In: Hepp, Andreas, Winter, Rainer (Hg.): Kultur – Medien – Macht. Cultural Studies und Medienanalyse. 2. überarbeitete Auflage. Opladen/Wiesbaden: Westdeutscher Verlag, 49–66.

Wellmann, Barry/Haythornthwaite, Caroline (Hg.) (2002): The Internet in Everyday Life. Oxford: Blackwell.

West, Candance/Zimmermann, Don H. (1987): Doing Gender. In: Gender and Society 1, Nr. 2, 125–151.

Whitley, Bernard (1997): Gender Differences in Computer-Related Attitudes and Behavior: A Meta-Analysis. In: Computers in Human Behavior Nr. 13, 1–22.
Winter, Rainer (2005): Interpretative Ethnographie. In: Mikos, Lothar/ Wegener, Claudia (Hg.): Qualitative Medienforschung: ein Handbuch. Konstanz: UVK Verlagsgesellschaft, 553–560.
Wirth, Werner (1999): Neue Wissenskluft durch das Internet. Eine Diskussion relevanter Befunde und Konzepte. In: Medien Journal – Zeitschrift für Kommunikationskultur 22, Nr. 3, 3–19.
Witzel, Andreas (1982): Verfahren der qualitativen Sozialforschung. Überblick und Alternativen. Frankfurt: Campus.
www.nua.com/surveys/how_many_online/europe.html (28. 12. 2007)
www.nua.com/surveys/how_many_online/asia.html (28. 12. 2007)
http:go.worldbank.org/1SF48T40L0 (6. 8. 2008)
http://www.noie.gov.au/projects/access/Access/Save@Home/index.htm (30. 4. 2008)

ZfK – Zeitschrift für Kulturwissenschaften

Sebastian Gießmann, Ulrike Brunotte,
Franz Mauelshagen, Hartmut Böhme,
Christoph Wulf (Hg.)

Politische Ökologie

Zeitschrift für Kulturwissenschaften, Heft 2/2009

Oktober 2009, 158 Seiten, kart., 8,50 €,
ISBN 978-3-8376-1190-8
ISSN 9783-9331

ZfK – Zeitschrift für Kulturwissenschaften

Der Befund zu aktuellen Konzepten kulturwissenschaftlicher Analyse und Synthese ist ambivalent: Neben innovativen und qualitativ hochwertigen Ansätzen besonders jüngerer Forscher und Forscherinnen steht eine Masse oberflächlicher Antragsprosa und zeitgeistiger Wissensproduktion – zugleich ist das Werk einer ganzen Generation interdisziplinärer Pioniere noch wenig erschlossen.

In dieser Situation soll die **Zeitschrift für Kulturwissenschaften** eine Plattform für Diskussion und Kontroverse über Kultur und die Kulturwissenschaften bieten. Die Gegenwart braucht mehr denn je reflektierte Kultur, historisch situiertes und sozial verantwortetes Wissen. Aus den Einzelwissenschaften heraus kann so mit klugen interdisziplinären Forschungsansätzen fruchtbar über die Rolle von Geschichte und Gedächtnis, von Erneuerung und Verstetigung, von Selbststeuerung und ökonomischer Umwälzung im Bereich der Kulturproduktion und der naturwissenschaftlichen Produktion von Wissen diskutiert werden.

Die **Zeitschrift für Kulturwissenschaften** lässt gerade auch jüngere Wissenschaftler und Wissenschaftlerinnen zu Wort kommen, die aktuelle fächerübergreifende Ansätze entwickeln.

Lust auf mehr?

Die **Zeitschrift für Kulturwissenschaften** erscheint zweimal jährlich in Themenheften. Bisher liegen die Ausgaben Fremde Dinge (1/2007), Filmwissenschaft als Kulturwissenschaft (2/2007), Kreativität. Eine Rückrufaktion (1/2008), Räume (2/2008), Sehnsucht nach Evidenz (1/2009) und Politische Ökologie (2/2009) vor.

Die **Zeitschrift für Kulturwissenschaften** kann auch im Abonnement für den Preis von 8,50 € je Ausgabe bezogen werden.
Bestellung per E-Mail unter: bestellung.zfk@transcript-verlag.de

www.transcript-verlag.de